조용기, 찰스 피니, 칼 바르트의
로마서 강해, 설교, 주석에 나타난 성경해석

VS

정통 기독교

조용기, 찰스 피니, 칼 바르트의
로마서 강해, 설교, 주석에 나타난 성경해석

VS

정통 기독교

윤광원 지음

좋은땅

서 문

■ 성경해석의 중요성

신앙생활은 각 개인의 욕구와 필요와 평가에 따라 임의(任意)로 해도 되는 것이 아닙니다. 적어도 진정한 기독교인이라면 욕구와 필요와 평가를 성경의 가르침에 따라 내려놓아야 합니다. 그리고 자신에게 주어진 삶에서 하나님의 뜻을 구하며 그 뜻대로 살아내야 합니다.

여기에서 성경의 가르침은 신앙과 삶에 있어서 '신앙의 제일 규범(*Prima fidei regula*)'이 아니라 '유일한 규범(*Sola fidei regula*)'이 되어야 합니다. 그것은 성경에 절대 권위를 둔다는 뜻입니다.

그런데 성경을 신앙과 삶에 있어서 유일한 규범으로 받아들인다고 하더라도 성경을 어떻게 해석하느냐에 따라 삶은 전혀 다른 모습이 될 수 있습니다. 신학적 논쟁들과 이단·사이비에 대한 시시비비, 신앙의 옳고 그름도 결국은 성경해석의 차이에서 나오는 결과이기 때문입니다. 따라서 구원과 영생의 문제를 좌우하는 성경해석의 문제는 결코 가볍게 여길 일이 아닙니다.

성경해석은 해석하는 사람의 의식적, 무의식적 전제에 따라 달라질 수밖에 없습니다. 기복신앙이나 번영신학, 자유주의나 사회주의, 합리주의나 실용주의, 어떤 철학이나 세속적 목적이 성경해석의 전제가 된다면 그 성경해석은 그런 시각으로밖에는 달리 볼 수 없을 것입니다. 그런 경우 자신의 철학이나 가치관에 맞는 성경 본문만을 찾아내어 선택하거나, 성경 본문에 자신의 철학이나 가치관을 뒤섞어 놓거나, 자신의 필요나 욕구나 소원을 투사하여 성경을 왜곡할 것입니다.

이렇게 되면 자신이 가지고 있는 전제에 따라서 자신 안에서 일어나는 어떤 생각이나 느낌이 마치 하나님의 뜻이며 성경 본문의 의미라고 주관적으로 해석하는 일이 아무렇지도 않게 발생할 것입니다. 또한 일반 신자들은 물론이고 신학자들이나 목회자들조차도 성경은 이렇게도 해석할 수 있고 저렇게도 해석할 수 있는 것으로 여기는 지경에 이를 것입니다. 그렇게 된다면 성경은 더 이상 하나님의 절대적 계시가 아니라 신자 개인의 생각과 필요와 욕구와 가치관을 주입하는 도구가 되고 말 것입니다.

그러므로 성경이 정확무오한 하나님의 말씀임을 믿고 강조하는 정도가 아니라 성경 본문의 의도를 따라 정확하고 바르게 해석하는가를 항상 돌아보아야 합니다. 만일 자주 들어왔던 설교나 성경해석을 아무런 검토도 하지 않고, 교회 생활 속에서 굳어진 전통이 곧 성경의 말씀이라고 받아들인다면, 그 결과는 잘못된 신앙으로 말미암아 신앙의 모든 수고와 충성과 헌신조차도 헛된 것이 되고 말 것입니다.

존 맥아더(John MacArthur)는 "성경을 어떻게 해석할 것인가"의 문제에 대하여 다음과 같이 적절하게 지적합니다.

> 해석학의 임무는 본문의 의미를 그 올바른 문맥 속에서 발견하는 일, 선입견을 가지고 성경을 해석하는 것이 아니라 성경 자체의 의미를 도출해 내는 일이다. … 성경의 모든 구절은 일점일획까지 저자가 의도한 의미만 담고 있으며 해석자의 과제는 그 의미가 무엇인지를 식별하는 것이다. … 성경을 이해하는 일

은 ("내가 보기에는 이런 뜻인 것 같다."라는 식의) 개인적인 견해의 문제가 아니다. … 자의적인 해석과 하나님의 말씀이 무엇을 의미하는지를 설명할 능력과 방편을 가진 학식이 있는 이들의 가르침은 엄청난 차이가 있다. 불행하게도 은사주의자들은 자의적인 해석에 끌릴 때가 너무 많은 것 같다.[1]

■ 로마서의 중요성

루터는 그의 『로마서 주석』 서문에서 "이 서신은 신약성경의 진정한 핵심이며 가장 순수한 복음이다. 그러므로 그리스도인은 그 내용을 낱말 하나 하나에 이르기까지 외우도록 알아야 할 뿐만 아니라 영혼의 일용할 양식으로 나날이 그것을 간직하고 살아가는 것이 귀중하며 가치가 있다."[2]라고 로마서의 가치를 높이 평가했습니다.

더글라스 무(Douglas J. Moo)는 그의 『로마서 주석』 서론에서 토마스 드락스(Thomas Draxe)가 로마서를 "구원교리의 정수이자 완성"이라고 평가한 것을 인용하면서 "바울이 로마인들에게 보낸 서신은 철저하게 교리적이다."라고[3] 말합니다. 칼빈은 그의 『로마서 주석』 서문에서 로마서가 복음을 소개하며 그 복음의 주요한 주제는 믿음으로 말미암아 의롭다고 칭함을 받는 것이라고 다음과 같이 말합니다.

1) John MacArthur, *Charismatic chaos*, 이용중 옮김, 『무질서한 은사주의』(서울: 부흥과개혁사, 2008), 131, 132, 133, 135, 이후로는 John MacArthur, 『무질서한 은사주의』, 131, 132, 133, 135. 등으로 표기함.

2) Luther, "Preface to the Epistle to the Romans."(1522), 『독일성서공회 관주해설성경전서』(개역개정판)(서울: 대한성서공회, 2015), 324에서 재인용.

3) Douglas J. Moo, *Epistle to the Romans: new international commentary on the New Testment*, 손주철 옮김, 『NICNT 로마서』(서울: 솔로몬, 2012), 27.

바울은 그의 사도권을 입증하는 것으로 시작하였다. 그리고는 이것으로부터 복음을 소개하는 데로 방향을 바꾼다. 그러나 복음에 대한 이 소개는 불가피하게 믿음에 관한 논쟁을 수반한다. 그래서 그는 성경 원문을 그의 안내자로 삼아, 이 문제로 넘어간다. 그리하여 그는 전체 서신의 주요한 주제를 다룬다. 그 주제는 우리가 믿음으로 말미암아 의롭다고 칭함을 받는다는 것이다. 이 문제를 그가 5장까지 해서 다루고 있다. 그러므로, 이 장들(1-5장)의 주제를 다음과 같이 말할 수 있다: '인간의 유일한 의는 그리스도 안에 있는 하나님의 은혜임. 그 은혜는 복음으로 말미암아 제공되고 믿음으로 수납됨.'[4]

로마서는 "신약성경의 진정한 핵심이며 가장 순수한 복음", "구원교리의 정수이자 완성", "복음의 주요한 주제"인 "믿음으로 말미암아 의롭다고 칭함을 받는다."라는 신앙을 체계적으로 진술한 "철저하게 교리적"인 내용이기 때문에 로마서에 대하여 어떻게 해석하느냐는 다른 어떤 성경의 해석보다도 해석자의 신앙과 신학이 어떠한가를 보다 구체적이고 명확하게 드러낸다고 볼 수 있을 것입니다. 따라서 영향력이 매우 컸음에도 논란이 되었던 인물들이 로마서를 어떻게 해석했는지를 살펴서 바르게 판단하는 것은 그들을 추종하고 있는 신자들에게나 다른 신자들, 특히 교회의 지도자들에게 막중(莫重)하고 긴요(緊要)한 일임에 틀림이 없을 것입니다.

4) John Calvin, *Commentary on the Epistle to the Romans. The Ages Digital Library Commentary*. (Books for the Ages, AGES Software, 1998), 20: "for having begun with the proof of his Apostleship, he then comes to the Gospel with the view of recommending it; and as this necessarily draws with it the subject of faith, he glides into that, being led by the chain of words as by the hand: and thus he enters on the main subject of the whole Epistle justification by faith; in treating which he is engaged to the end of the fifth chapter. The subject then of these chapters By be stated thus, — man's only righteousness is through the mercy of God in Christ, which being offered by the Gospel is apprehended by faith."

■ 조용기에 대한 평가

김호환은 그의 『장로교 신학자가 본 조용기 목사』에서 리전트 신학대학의 신학부 전 학장인 빈슨 사이난(Vinson Synan)의 "전 세계 5억 3천만 명이 넘는 오순절 교도와 카리스마를 지향하는 교회들은 조용기 목사를 탁월한 영적 지도자로 생각한다."라는 말을 인용하면서 "조용기 목사는 한국이 낳은 위대한 목회자다."라며 이렇게 평가합니다.[5]

> 한 저술가의 책이 100만 권 이상 팔렸다면, 그는 분명 베스트셀러 작가라 말할 수 있다. 분명 100만 권 이상의 책이 팔렸다면, 그 책의 저자는 자신의 글 안에서 자신이 살고 있는 시대정신을 공유하고 있을 뿐 아니라, 오히려 시대정신을 이끌어 가고 있다는 또 다른 증거를 가지고 있는 셈이다. … 조용기 목사의 책이 전 세계에 1,000만 권 이상이 팔렸다. 그가 얼마나 우리 시대 기독교계의 관심사인지를 간접적으로 증거하고 있다.

그는 또 몰트만이 조용기를 만난 후 "그는 위대한 신학자다. 그와 나는 희망의 신학을 제시했고, 그는 깊은 통찰력을 소지한 이 시대 탁월한 신학자 중의 한 사람이다."라고 피력했다는 사실을 소개합니다.[6]

영산글로벌미션포럼, 조용기 1주기 추모 기념 "목회자 컨퍼런스"에서 박명수는 "조용기 목사 신학에 가장 큰 영향을 미친 사람이 제2차 세계대전 이후 미국의 가장 대표적인 신유 운동가인 오럴 로버츠 목사라고 생각한

5) 김호환, 『장로교 신학자가 본 조용기 목사』(서울: 쿰란출판사, 2012), 13-14, 이후로는 김호환, 『장로교 신학자가 본 조용기 목사』, 13-14. 등으로 표기함.
6) 김호환, 『장로교 신학자가 본 조용기 목사』, 19.

다. 그에게 영향을 받은 것이 유명한 '삼중 축복'"이라며 "로버츠 목사처럼 조용기 목사 역시 신유는 그리스도의 대속에 근거하고 질병은 사탄의 궤계에 속하며, 그리스도는 영육 간 온전한 구원자요 치유자이며, 우리는 치유가 하나님 뜻임을 알아야 하고, 이 신앙을 통해 우리가 치유를 경험할 수 있다고 했다."라고 강조합니다.[7]

반면 유동식은 조용기의 성령 운동 중심의 신학에 대하여 "창조하시고 역사를 섭리하시며, 인격을 회복하시고 심판하시는 하나님이 없는 성령이란 결국 샤마니즘적인 주력(呪力)으로 전락할 위험성이 있다. 이러한 성령의 권능이 생존적 가치와 연결되어 현세 이익을 추구하게 될 때, 이것은 결국 무교적인 구조를 못 벗어나는 것이 될 것이다."[8]라고 평가합니다.

서광선은 조용기의 기복신앙에 대하여 "성서 전체의 진리와 복음의 정신보다는 신유가 강조되고 삼위일체 하나님에 대한 신앙보다는 성령을 강조하고, 성령께서 하시는 사역 전체에 대한 이해보다는, 성령의 병 고치는 능력과 방언하는 일에만 치중하고 있으며", 그러한 "'신학적' 구조"는 "무속 행위와 동일한 형태"라고 지적합니다.[9]

정진홍은 "'삼박자 구원'이 문자적으로 현실화되기를 기대하는 것이 … 종교적 메시지의 전부라면 그때 그것을 위한 힘의 추구는 종교적인 것이라기보다는 주술적인 것"[10]이라고 우려를 표명합니다.

한완상은 "삼박자의 축복은 영혼의 안녕, 육체의 건강 및 범형(凡亨)의

7) 이대웅 기자, "조용기 목사, 서구 중심이던 오순절 운동 전 세계로 전파", 크리스챤투데이, 2022.09.13. 13:57, https://www.christiantoday.co.kr/news/349925

8) 유동식, "한국교회와 성령운동", 서광선 외 4인. 크리스챤 아카데미 엮음. 『한국교회 성령운동의 현상과 구조』(서울: 對話出版社, 1984), 20.

9) 서광선, "한국교회 성령운동과 부흥운동의 신학적 이해", 위의 책, 58, 60, 61-62, 96.

10) 정진홍, "급성장 대형교회의 현상과 구조", 위의 책, 160.

축복을 포함하는데 이것을 총체적 축복이라고 본다면 결국 주관주의적 인간관이라는 신념 체계는 개인에게 총체적 축복을 보장해 주는 매력을 갖게 된다."[11]라고 지적합니다.

■ 찰스 피니에 대한 평가

루이스 G. 파크허스트(Louis Gifford Parkhurst)는 "설교자 찰스 피니"라는 제목으로 찰스 피니에 대하여 다음과 같이 평가합니다.

> 찰스 피니는 19세기의 가장 위대한 설교자요 신학자였다. … 조직신학 교수로 가르쳤고, … 조나단 에드워드가 18세기의 가장 탁월한 신학자였다면 찰스 피니는 분명히 19세기의 가장 뛰어난 신학자였다는 평을 받을 만하다. …
>
> 그러나 만일 그의 신학이 흠이 있고 비성경적인 것이었다면 결과는 별로 오래 가지 못했을 것이다.[12]

이동준은 찰스 피니의 교회사적 중요성에 대하여 주요 교회사 학자들의 평가를 다음과 같이 소개합니다.

> 미국 일리노이州의 롬바드(Lombard in Illinois)에 있는 노던 신학교(Northern Seminary)에서 기독교 역사학을 가르치고 있는 찰스 햄브릭-스토우(Charles E. Hambrick-Stowe)는 그의 책 『찰스 피니와 미국 부흥의 정신』이라는 책에서 찰스

11) 한완상, "교회의 양적 급성장에 대한 사회학적 고찰", 위의 책, 204.
12) Charles Grandison Finney, *Principles of Victory*, 양낙흥 옮김, 『승리의 원리』(4판)(서울: 크리스찬다이제스트, 1991), 21, 26-27, 29.

피니에 대해서 평가하기를, 찰스 피니는 미국의 많은 훌륭한 부흥 설교가들 중에서 '가장 널리 알려진 인물이다'라고 평가하였다(Hambrick-Stowe, 1996, 11). 이러한 평가는 결코 과장된 것이거나 잘못된 판단이 아니다.

또 다른 미국 교회사 분야의 권위자 중의 한 사람인 마크 놀(Mark A. Noll)은 피니에 대해서 평가하기를, 피니는 부흥 전통에서 차지하는 그의 역할, 그리고 남북전쟁이 발발하기 전의 부흥에서 차지하는 그의 위치로 인해서, '앤드류 잭슨(Andrew Jackson)이나 아브라함 링컨(Abraham Lincoln), 그리고 앤드류 카네기(Andrew Carnegie)와 동등한 위치에 서 있을 만한 인물'이라고 볼 수 있으며, '19세기 미국의 가장 중요한 인물 중의 하나라는 것이 분명하다'라고 했다(Noll, 1992, 176). 찰스 피니는 19세기의 미국 기독교와 일반 사회생활 분야, 특히 사회개혁 부분에서 매우 커다란 발자취를 남긴 인물이라고 평가해도 결코 지나친 말이 아닐 것이다.

한편 미국 교회사 분야에서 가장 권위 있는 책 중의 하나가 예일 대학교의 시드니 알스트롬(Sidney E. Ahlstrom)이 쓴 『미국 사람들의 종교사』(*A Religious History of the American People*)일 것이다. 그는 이 책에서, '찰스 피니는 현대 부흥주의의 아버지이다'(the father of modern revivalism)라고 썼다(Ahlstrom, 1972, 459). 또한 알스트롬은, '피니는 어느 모로 보나, 모든 점에서 미국의 역사에서 엄청나게(immensely) 중요한 사람이었다'라고 말했다(Ahlstrom, 1972, 459).

이어서 하버드 대학교의 교수로서 미국 청교도 및 조나단 에드워즈의 르네상스를 일으킨 장본인이라고 볼 수 있는 페리 밀러(Perry Miller)는 피니에 대해 평가하기를, '피니는 부흥의 열망과 철학을 뛰어나게 성육화시킨 사람이었다. 조나단 에드워즈 이후 미국에서는 그 누구도 피니만큼의 주목을 받은 종교적 지도자는 없었다'라고 말했다(Miller, 1965, 9).

계속해서 휘튼 대학교(Wheaton College)의 역사학 교수였고, 또 제4대 총장으로서 일했던 레이몬드 어드만(Victor Raymond Edman)은 '피니는 주의 길을 예비하고, 성령의 불길을 선포하기 위해 광야에서 나타난 세례 요한과 같은 존재였다'라고 피니를 평가했다(Edman, 1951, 18).

또 브라운대학교의 역사학 교수였던 윌리엄 맥로린(William G. McLoughlin)은 피니를 '현대 부흥주의(Modern Revivalism)의 창시자'로서 평가하고 있다(McLoughlin, 1959, 14). 피니는 그가 살았던 그 당시에도 많은 대중에게 크나큰 영향을 미쳤고, 그가 사망한 이후에도 그가 남긴 종교와 부흥의 영역에서의 유산은 실로 엄청나다고 말할 수 있다.

끝으로 시카고에 있는 무디 성서대학교(Moody Bible Institute)의 교회사 교수였던 모이어(Elgin Sylvester Moyer)는 그의 책 『기독교회의 위대한 지도자들』이라는 책에서, '피니가 약 30만 명에서 약 일백만 명에 달하는 불신자들을 회심시켰던 것으로 많은 사람이 보고 있다'라고 적고 있다(Moyer, 1951, 458).

이렇듯, 피니는 교회사 및 미국의 문화사에서 결코 무시할 수 없는 중요한 한 자리를 차지하는 커다란 인물임은 틀림없다.[13]

그러나 "벤자민 워필드(Benjamin Breckinridge Warfield)는 그의 책 『완전주의(*Perfectionism*)』에서 '찰스 피니의 신학에서는 하나님이 제거될 수 있다'라고 주장하면서 찰스 피니의 신학과 제2 대각성운동을 비판"합니다.[14] 라은성도 찰스 피니는 펠라기우스처럼 원죄론을 부인하고 비난한다

13) 이동준, "찰스 피니의 부흥론과 법학", 기독교학문연구회, 「신앙과 학문」, 2022, vol. 27, no. 4, pp. 224-225.
14) 이길호, "찰스 하지는 원죄교리의 직접전가론을 주장하며 정통 개혁주의 신학 방어", 미주 크리스천 신문사 2022.02.26.

고 지적합니다.[15] 이안 머리(Iain H. Murray)는 이렇게 평가합니다.

> 만일 인간의 본성을 변화시키는 유일한 것이 단지 동기의 유발이라면, 인간의 전적 타락이라는 교리는 어떻게 이해해야 한다는 말인가? 과연 전적으로 타락한 인간의 본성이 인간적인 동기의 유발로 변화될 수 있다는 말인가? 복음을 순종하게 하기 위해 타락한 인간에게 성령 하나님이 하시는 일이란 고작 동기를 변화시켜서 그들을 설득하는 일이란 말인가? … 그는 또한 중생하지 못한 자가 타락한 본성의 지배를 받는다는 사상 역시 그릇된 것임을 분명히 밝혔다. 그는 대담하게도 사람이 타락한 본성이나 거룩한 본성 따위에 지배를 받는 것이 아니라고 선언했다. 피니는 아담의 첫 본성이 거룩한 것도 아니고 죄악에 찬 것도 아니었다고 말한다. … 피니는 아담이 그의 행위를 통제했던 것은 상상으로 만들어진 본성이 아니라 아담 자신의 의지였다고 선언한 것이다.
>
> 그는 또한 아담에게 있었던 일은 여전히 오늘날 모든 사람에게도 똑같이 발생하는 일이라고 주장했다. 모든 사람이 회심하는 데 필요했던 것은 본성의 변화가 아니라 의지의 결정이었다는 것이다. …
>
> 피니는 회심이 전지전능하신 하나님의 재창조 사역이라거나 그 행위와 관련되어 있다는 사상을 비판했고, 회심하지 않은 사람들이 '그들의 창조자에게 순종'하기 위해서는 성령의 영향이 필수적이라고 믿고 기도하는 사람들에게 경고하며 그렇게 기도하지 않도록 명령하기도 했다.
>
> 중생은 '논증'할 때 효과가 발생하는 것이라고 피니는 주장했다.[16]

https://www.chpress.net/column-detail.html?cate=column&c_id=317&id=18863

15) 라은성, 『정통과 이단 (하)』(서울: 그리심, 2007), 347.

16) Iain H. Murray, *Revival & revivalism: the making and marring of American evangelicalism 1750-1858,* 신호섭 옮김, 『부흥과 부흥주의』(서울: 부흥과개혁사, 2005), 375-377.

■ 칼 바르트에 대한 평가

로마가톨릭의 교황 비오 12세(Pius XII)는 '칼 바르트는 아퀴나스 이래 최고의 신학자'라고 평가했습니다.[17] 20세기의 가장 중요한 가톨릭 신학자 중 한 명으로 평가받는 한스 우르스 폰 발타자르(Hans Urs von Balthasar)는 바르트와 그의 『로마서 주석』에 대하여 다음과 같이 평가합니다.

> 우리는 바르트를 우리의 파트너로 선택할 수밖에 없다. 왜냐하면, 그는 개신교가 자신들의 대표로 전적으로 합의한 "최초의 인물"이기 때문이다. 바르트는 개신교의 뿌리, 즉 가장 깊은 근원인 칼뱅과 루터까지 거슬러 올라가는 개신교를 구현하고 있을 뿐 아니라 개신교의 시각, 그 핵심을 꿰뚫어서 가장 철저하게 보여 주는 사람이다. … 그의 책 『로마서』에서 그는 갑자기 엄청나게 큰 크레센도로 하나님은 하나님, 즉 하나님은 주권적인 하나님이시며, 인간의 이성으로 다가갈 수 없는 분이라는 사실을 모든 그리스도인의 귓가에 울리게 했다.[18]

바르트는 "미래의 신학 역사가들이 20세기를 돌아볼 때 가장 영향력이 있었던 기독교 사상가로 꼽을 사람은 의심의 여지가 거의 없이 칼 바르트일 것", "『로마서 주석』의 영향이 컸기 때문에 많은 학자가 19세기 신학의 종말과 20세기 신학의 출발 연대를 1919년에 이루어진 이 책의 출간에 맞춘다."[19]라고 평가받기도 합니다.

17) 정규철, "칼 바르트의 잔재", 리폼드뉴스, 2023/02/21. https://m.reformednews.co.kr/10534
18) Karl Barth, *Römerbrief,* 손성현 옮김, 『로마서』(제2판)(서울: 복 있는 사람, 2017), 6, 이후로는 Karl Barth, 손성현 옮김. 『로마서』, 6. 등으로 표기함.
19) Stanley J. Grenz & Roger E. Olson, *20th-century theology*, 신재구 옮김, 『20세기 신학』(서울: 한

신정통주의자이며 바르티안인 이종성은 "현대신학은 보수주의, 자유주의, 신정통주의 세 주류로 구분할 수 있는데, 이 세 종류 중에 신정통주의가 개혁자들의 사상을 따르는 것이며, 현대인의 감각에 가장 맞게 이야기하며, 전통적인 기독교 교리를 따르려는 시도에 있어서 가장 타당한 입장이라 생각한다."라고 주장합니다.[20]

그러나 정규철은 바르트에 대하여 이렇게 혹평합니다.

> 그의 「교회 교의학」을 보면, … 결론은 언제나 그의 확실한 주관적 평가를 제시했다. 예를 들자면 제1권의 "하나님의 말씀"은 성경에 관하여 방대한 진술을 시도했으나 성경은 그에게 하나님의 말씀이 아니라 고대 동방 종족의 종교의 한 문서에 불과하다는 점을 명시했다. …
>
> 신론에서 삼위일체 하나님을 많이 언급하였으나 예수 그리스도는 하나님이 아니고 인간이라 하여 삼위일체 하나님을 부정하였다. …
>
> 그에게 교회는 인간의 단순한 공동체일 뿐이다. 하나님의 피로 구속받은 백성의 모임이 아니다. 그는 천국과 지옥도 부정하였다. 그러니까 바르트에게 전도는 아무 의미가 없다. …
>
> 우선 성경은 그에게 하나님의 말씀이 아니다. 고대의 한 종족의 종교의 한 문서일 뿐이다. 예수 그리스도는 하나님이 아니라 단지 인간일 뿐이다. 그러면 성경에 기록된 구속 사역은 사실상 의미가 없게 된다. 사랑의 하나님에게 유기와 지옥은 있을 수 없다. 아담의 후손들은 다 유기되고 다 선택되었다. 바르트는 예수 그리스도의 신성을 실제로 부인하니까 삼위일체 하나님도 사실상 부정한다.

국기독교학생회출판부, 1997), 99, 103.

20) 이종성, 『평신도신학』(서울: 총회교육부, 1969), 14-15.

사람은 예수를 안 믿어도 지옥에 갈 일이 없게 된다.

정통교회가 믿고 있는 성경의 영감, 삼위일체 하나님, 예수 그리스도의 신성과 인성, 하나님 아들의 성육신, 이신칭의 등에 대하여 바르트는 수많은 논의 끝에 철저하게 부정하였다.[21]

김용준은 바르트의 성경관에 대하여 이렇게 평가합니다.

바르트는 자유주의의 극단을 비판하려다가 또 다른 극단 즉 '실제를 부정하는 초월의 역사'로 그의 신학을 귀결 … 실제를 부정하는 그의 이해는 곧바로 성경관과 연관되어 있으며, 바르트가 주장하는 성경관은 개혁신학이 주장하는 성경관과는 분명히 다른 방식으로 나아갔다. …

바르트의 성경과 정경에 대한 이해는 전적으로 '인간적인 증거의 성격'(*an dem menschlichen charakter des Zeugnisse*)이다. 그렇기 때문에 '일차적'인 것이 아니라 '이차적'(또는 '부차적')인 것이 되어야 한다. 즉 최소한 하나님의 말씀에서 '말씀'은 '성경을 가리키는 말은 아니다. 적어도 일차적으로는 아니다.'

바르트는 성경이 이차적이라는 인식 안에서 성경을 역사적인 기념물에 불과한 것으로 생각한다. 역사적 기념물이라는 것은 하나님의 영감 된 말씀이기보다는 인간들에 의해 이루어진 하나의 축적물을 의미한다. …

바르트는 '성경을 하나님의 계시의 어떤 증거'(*ein Zeugnis von Gottes Offenbarung*)라고 불러야 한다'라고 이야기하고 있다. 이는 바르트가 성경을 하나님의 말씀 자체라기보다는 계시의 증거일 뿐이라고 말하는 것이다. …

바르트에게 있어서 성경은 '계시가 아니고, 계시의 가능성'인 한에서 이해된다. …

21) 정규철, "칼 바르트의 잔재", 리폼드뉴스, 2023/02/21. https://reformednews.co.kr/10534

> 계시가 아니고 단순히 계시의 가능성이라는 바르트의 신념은 칸트의 이해로부터 근거한다. 칸트는 누구보다도 계시 신앙에 대해서 역설하였다. 그러나 칸트가 말하고자 하는 계시는 결국 윤리로 환원되어 버린 계시였다. …
>
> 결국 바르트와 칸트가 도달한 결론은 다른 것일지 모르지만 두 사람 모두가 가지고 있었던 성경에 대한 이해 방식은 동일한 것이었다.[22]

한종희는 "바르트 신학이 현대철학과 같은 길을 걷고 있기 때문에 기독교일 수 없는 것이 확실해진다. 비록 바르트가 새로운 신학, 새로운 종교를 창건함에 있어서 성경을 사용했을지라도 바르트 신학을 기독교로 볼 수 없는 것은, 마치 문선명이 창건한 통일교가 성경을 사용했어도 기독교로 보지 못하는 것과 같다."[23]라고 혹평합니다. 목창균도 이렇게 평가합니다.

> 바르트는 성경을 무조건 하나님의 말씀과 동일시하는 개신교 정통주의의 성경 무오성의 교리를 비판했다. … 그는 하나님의 말씀과 성경을 동일시하지 않고, 성경을 하나님의 말씀에 대한 증언으로 간주했다. …
>
> 그는 자유주의 신학의 역사 비평적 성서 연구 방법을 수용하여 성경의 무오성을 인정하지 않았으며, 성경과 하나님의 말씀을 동일시하지도 않았다. … 바르트의 신학이 지나치게 하나님의 초월성을 강조한 것이라든지, 보편 구원론적인 경향성을 지니고 있다는 것 등으로 인해 비판받고 있다.[24]

22) 김용준, "칼 바르트의 성경관에 대한 개혁신학적 비판 2", 2016/03/23, http://www.reformednews.co.kr/5488#

23) 한종희, 『정통주의 신학에서 본 칼 바르트 신학 - 계시관을 중심으로 -』(서울: 대한예수교장로회총회출판부, 2002), 17.

24) 목창균, 『현대신학논쟁』(서울: 두란노, 1995), 144, 149.

김영한도 바르트의 신학에 대하여 이렇게 평가합니다.

> 『로마서』 1판에서 바르트는(『교회교의학』에 이르기까지 일관되는 견해) '자연 자체는 가상, 허위, 혼돈의 베일'이라고 피력하면서 자연계시의 가능성을 부정하고 있다. …
>
> 여기서 바르트는 루터와 칼빈이 피력하는 자연 속에 현현하고 있는 신성의 잠재성을 부정하고 있다. 『로마서』 1판 직후의 논문들에서 바르트 사상의 초절적 경향이 짙어진 1920년대의 논문 "성서적 질문, 통찰과 전망"에서 바르트는 그리스도 계시의 역사적 성격, 시공간적 성격을 부정하고 있다. …
>
> 이러한 초절주의 사상은 『로마서』 2판에서는 더욱 심화되고, 『교회교의학』에 있어서도 그대로 관통하고 있다.[25]

아무튼 "칼 바르트의 신학 사상 표현에 있어서, 그의 『로마서 주석』은 가장 굵은 선"으로 나타나기 때문에, 그의 『로마서 주석』을 통해서 그 사상의 정체를 분명하게 파악할 수 있을 것입니다.[26] 어쨌든 그의 『로마서 주석』은 유해무가 지적한 바와 같이 "정상적인 의미의 주석서"라기보다는 "바르트 신학의 선언",[27] 아니 바르트 사상의 선언이라고 보는 것이 훨씬 더 적합할 것입니다.

25) 김영한, 『현대신학과 개혁신학』(서울: 대학촌, 1990), 104, 105.

26) 박윤선, 『성경주석 로마서』(2판)(서울: 영음사, 1989), 48-49.

27) Karl Barth, 손성현 옮김, 『로마서』, 5.

■ 몇 가지 당부와 감사

존 맥아더(John MacArthur)가 이미 지적한 대로 사실 우리 모든 그리스도인에게는 "예수님의 이름으로 전파되는 온갖 가르침을 꼼꼼히 살펴보고 거짓된 가르침과 비성경적인 행동을 폭로하고 비판할 도덕적 의무"[28]와 책임과 사명이 있습니다. 본서는 그런 취지(趣旨)에 입각(立脚)한 것입니다. 그러나 어떤 특정 인물의 인격이나 사상을 단순히 비난하고 공격하거나 매도하려는 의도는 전혀 없음을 밝힙니다.

본서는 철저하게 성경적 개혁주의 입장에서 저술된 것입니다. 그러므로 본서와 같은 입장과 견해를 가지신 분들은 물론이거니와 다른 입장과 견해를 가지고 계신 분들도 그런 충정을 널리 이해하시고 성경의 본래 의도에 얼마나 합당한지를 살펴 주시기를 간곡히 부탁드립니다. 혹 잘못된 부분들이 있으면 구체적이고 명확한 근거를 전제로 비판, 또는 충고해 주시면 달게 받겠습니다.

본서 중에 칼 바르트에 대한 부분은 어려운 표현들이 자주 등장합니다. 칼 바르트의 저서들은 그의 사상을 전문적으로 연구한 학자들조차도 이구동성으로 난해하다고 평가합니다. 그런 까닭에 칼 바르트의 저서들을 다루기 위해서는 그런 난해한 용어와 사상들을 다루지 않을 수 없습니다. 따라서 일반 성도들이 본서를 읽기에는 많은 인내력이 필요할 것입니다. 그러나 계속 읽다 보면 그의 사상의 전체적인 윤곽이 잡힐 것입니다. 그러므로 포기하지 마시고 끝까지 완독하실 것을 간곡히 부탁드립니다. 칼 바르트의 『로마서 주석』 중에 인용한 성경 구절들의 상당 부분은 박윤선 박사님의 로

---

28) John MacArthur, 『무질서한 은사주의』, 11.

마서 주석에서 지적하신 성경 구절들임을 밝힙니다.

본서는 독자분들이 권위 있는 분들의 평가를 직접 확인할 수 있도록, 할 수 있는 대로 직접 인용을 많이 하려고 노력했습니다. 그것이 독자분들께 유익하리라고 생각하기 때문입니다.

부디 저의 글이 한국교회에 큰 유익을 끼칠 수 있기를 간절히 소망하며, 저에게 선한 영향을 주신 모든 분, 저를 아껴 주시는 모든 분, 신앙의 동지들, 영성교회 성도들과 가족들, 독자분들, 편집에 애써 주신 모든 분께 감사를 드립니다.

2025년 6월

대한예수교장로회 영성교회에서

윤광원

목 차

서문 … 4

조용기의 로마서 강해에 나타난 성경해석 vs 정통 기독교

1. 복음과 체험 … 24
2. 구원과 질병 치료 … 49
3. 상급과 종말 … 81
4. 행위와 믿음 … 109
5. 3박자 축복 … 130
6. 방언 … 145
7. 예수의 이름으로 명령하는 문제 … 158
8. 입술의 고백과 구원 … 173
9. 부활과 구원, 율법과 죄, '내 속'과 '내 육신 속', 선택과 타락, 소망과 세상 축복, 자유와 일치 … 188

찰스 피니의 로마서 설교에 나타난 성경해석 vs 정통 기독교

1. 하나님의 진리를 막는 자들에 대한 하나님의 진노 … 202
2. 구속론 … 210
3. 믿음에 의한 성화 … 217
4. 그리스도를 통해 죄에 대하여 죽음 … 228
5. 죄의 삯 … 233

6. 율법적 체험 … 236
7. 교회의 남편 그리스도 … 247
8. 전적 타락 … 255
9. 모든 것이 합력하여 선을 이룸 … 263
10. 율법의 종교와 복음의 종교 … 272
11. 마음의 신앙 … 277

칼 바르트의 로마서 주석에 나타난 성경해석 vs 정통 기독교

1. 바르트 성경해석의 전제 … 284
2. 계시 … 327
3. 일반 계시 … 373
4. 하나님 … 392
5. 성령 수태와 동정녀 탄생 … 423
6. 부활 … 448
7. 성령 … 471
8. 인간과 신앙 … 474
9. 교회 … 516

조용기의 로마서 강해에 나타난 성경해석

vs

정통 기독교

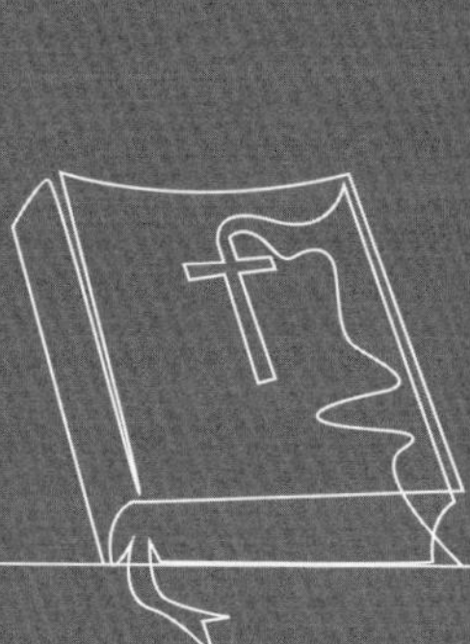

1. 복음과 체험

1) “어떤 신령한 은사”를 체험으로 해석해도 될까요?

롬 1:11 “내가 너희 보기를 간절히 원하는 것은 어떤 신령한 은사를 너희에게 나누어 주어 너희를 견고하게 하려 함이니”

조용기는 ‘어떤 신령한 은사’를 체험에 초점을 맞추어 해석합니다.

> 체험이 있는 신앙이어야 그 뿌리가 깊게 내립니다. 많은 사람이 신앙이라고 하면서도, 신앙의 체험을 무시하고 인간의 지식만을 의지하여 글자 몇 자 더 읽고 신학자의 학설 등을 몇 마디 머릿속에 넣은 후 자신이 성숙한 신앙이라고 우쭐대다가 험한 고난의 풍파가 밀어닥치게 되자 그만 좌절하여 와르르 무너지고 맙니다.[29]

그는 또 “이 땅에 사는 동안에도 죄와 마귀와 절망을 이기고, 파괴와 질병, 가난을 극복하고, 새로운 삶을 창조하고, 생산하며 건설하는” 것이 복음이라고 주장합니다.[30] 복음의 의미를 현실적이고 이 지상적(地上的)인 것으로 매우 축소하고, 체험이 있어야 신앙이 견고해질 수 있으며 그 체험은

29) 조용기, 『로마서 강해』(서울: 서울말씀사, 1998), 34, 이후로는 조용기, 『로마서 강해』, 34. 등으로 표기함.
30) 위의 책, 34.

가난 등 고난을 이겨내는 체험이라고 장황하게 설명합니다.[31] 그는 결국 복음과 신앙, "신령한 은사"를 지나치게 현실적인 문제를 기적적으로 해결하는 체험에 초점을 맞추어 해석합니다.

그는 체험 가운데 특히 질병 치유의 체험을 강조합니다. 예를 들면, **롬 1:16**의 "내가 복음을 부끄러워하지 아니하노니 이 복음은 모든 믿는 자에게 구원을 주시는 하나님의 능력이 됨이라 먼저는 유대인에게요 그리고 헬라인에게로다"라는 말씀을 해석하면서도 "구원을 주시는 하나님의 능력"을 질병의 치료에 초점을 맞춥니다.[32]

이러한 조용기의 성경해석에 대하여 이의(異意) 없이 따르는 신자들도 많을 것입니다. 그가 목회하던 교회가 세계 최대의 교세(教勢)를 자랑하는 교회를 이루었다는 사실과 그의 도서들이 수십 권에 이르고 그 가운데는 천만 부가 팔렸다는 도서도 있을 정도이니[33] 그렇게 단정해도 큰 문제가 없을 것입니다.

그렇다면 그의 성경해석이 과연 정통 기독교의 입장에서 받아들일 수 있는 정당성(正當性)이 있는지 면밀하게 살펴보고 확인하는 것은 매우 중요하고 필요할 것입니다. 왜냐하면 만일 그의 성경해석에 심각한 문제가 있다면, 그의 성경해석을 따르는 수많은 신자에게 그러한 사실을 알리고 그런 잘못된 성경해석에서 벗어날 수 있도록 돕는 것은 기독교인으로서, 또한 목사와 신학자로서 너무도 당연한 의무이고 책임일 뿐만 아니라 사명이

---

31) 위의 책, 33-36.

32) 위의 책, 39-40; "2. 구원과 질병 치료 1) '구원을 주시는 하나님의 능력'을 질병의 치료로 해석해도 될까요?"를 참조 바람.

33) 김호환, 『장로교 신학자가 본 조용기』(서울: 쿰란출판사, 2012), 14, 이후로는 김호환, 『장로교 신학자가 본 조용기』, 14. 등으로 표기함.

기 때문입니다.

본문의 의도와도 전혀 상관이 없는 해석

그렇다면 본 구절을 어떻게 해석하는 것이 정당할까요? 조용기와 그를 따르는 신자들은 "어떤 신령한 은사"를 질병 치유나 가난의 극복 같은 현실적인 문제의 기적적 해결을 체험하는 것으로 해석하고, 그러한 은사들을 다른 사람들에게 베풀 수 있다고 여깁니다.

조용기의 해석은 알버트 반즈(Albert Barnes)의 지적대로 억지이거나 적어도 부자연스러운데, 그 이유는 "신령한 은사"는 기적을 행하는 능력을 가리키는 실례가 없기 때문입니다.[34] 리차드 롱네커(Richard N. Longenecker)의 해석대로 "어떤 신령한 은사"는 바울이 이방인에게 선포한 "기독교의 메시지"이며 그것은 "로마에 있는 그리스도인들과 나눈 것"으로서 **롬 2:16**과 **롬 16:25**에서 "나의 복음"이라고 부른 메시지라고 해석하는 것이 훨씬 더 타당할 것입니다.[35]

또한 "신령한 은사"를 질병 치유나 가난의 극복 같은 현실적인 문제를 기적적으로 해결하는 체험으로 해석하는 것은 본문의 의도와도 전혀 상관이 없습니다. 이 문제에 대하여 박영선은 이렇게 지적합니다.

> '신령하다'라는 말을 우리는 흔히 하나님과 직접적으로 만나 직관적으로 깨달

34) Albert Barnes, *Barnes'notes on the New Testament commentary ROMANS*, 정중은 역, 『로마서』(서울: 크리스챤서적, 1987), 1:11, 이후로는 Albert Barnes, *Romans,* 1:11. 등으로 표기함.
35) Richard N. Longenecker, *Epistle to the Romans*, 오광만 옮김, 『NIGTC 로마서 (상)』(서울: 새물결플러스, 2020), 1:11, 이후로는 Richard N. Longenecker, *Romans,* 1:11. 등으로 표기함.

는 어떤 것이라고 생각하는 경향이 있습니다. 그러나 로마서는 그런 이해와는 사뭇 다르게 이 말을 사용합니다. 바울이 신령한 은사를 나누려는 이유가 12절에 나옵니다. … 신령한 은사를 통해 안위함을 얻으려 한다고 말합니다. 그들의 믿음으로, 또한 복음에 대한 바울의 이해로, 서로 안위함을 얻을 것이라고 말합니다. 이것은 상대방에게 어떤 결함이 있어서 무엇을 보충해 주겠다는 뜻이 아닙니다. 그들이 가진 진리의 내용과 바울이 전하려는 진리에 대한 이해를 서로 나누어 얻는 안위함을 말하는 것입니다. 바울이 나누려는 믿음의 진리가 로마서의 내용이며 **로마서 1장 1절**에서 '하나님의 복음'으로 불린 것입니다.[36]

"어떤 신령한 은사"는 "초자연적이고 신비한 어떤 것으로 인간이 나누어 줄 수 있는 어떤 체험"이 결코 아닙니다.[37] **롬 1:11** 이후의 문맥을 보면 **롬 1:15**에서 그것이 바로 "복음"이라는 것을 확인할 수 있습니다. 물론, 이미 신자들인 그들에게 왜 복음을 전해야 한다고 말하는지 의아(疑訝)해할 수도 있습니다. 하지만 **롬 1:11**에 의하면 그들은 신앙적으로 견고하지 못했고, **롬 1:13**에 의하면 아직 신앙의 열매가 맺히지 않았기 때문입니다. 따라서 바울은 그들을 만나서 복음을 제대로 전하고 가르쳐서 견고하게 세우며, 신앙의 열매를 맺게 하기를 심히 원했던 것입니다. **롬 1:11**은 그런 바울의 심정을 표현한 것입니다. 그러므로 바울이 로마교회 성도들에게 나눠주기를 원했던 "무슨 신령한 은사"는 "신비한 어떤 것"도 아니고, "예언, 방언, 신유 같은 은사나 체험"도 아니며, 다만 "복음"일 뿐입니다.

36) 박영선, 『다시 보는 로마서』(서울: 남포교회출판부, 2015), 1:11, 이후로는 박영선, 『다시 보는 로마서』, 1:11. 등으로 표기함.
37) 이 문단과 그다음 문단은 필자의 『성경해석 바로잡기 500』(파주: 한국학술정보, 2019), 395-396에서 발췌하였으며, 이후로는 윤광원, 『성경해석 바로잡기 500』, 395-396. 등으로 표기함.

또한 신령한 은사를 성도들에게 "나누어 준다"라는 말을 성경의 의도와는 다르게 잘못 해석하는 사람들도 있습니다.[38] 신사도 운동을 하는 사람들이 그 대표적인 예일 것입니다. 그들은 "나누어 준다."라는 말이 "impart"라는 것을 근거로 "impartation", 곧 "안수를 통하여 성령님의 능력과 은사를 전이(轉移)시킬 수 있다."라고 주장합니다.[39] 그러나 그런 주장은 이미 성경에서 정죄 된 것입니다. 시몬(Simon)에게서 그 구체적이고 분명한 예를 찾을 수 있습니다(**행 8:17-20**). 성령님의 능력, 은사는 사람이 안수하여 나누어 줄 수 있는 것이 아니라 하나님께서 원하시는 자들에게 은혜로 나누어 주시는 것입니다(**고전 12:11**). 인간이 다른 인간에게 초자연적이고 신비한 어떤 은사들을 나눠 줄 수 있다고 생각하는 것 자체가 성경적으로 근거가 없고 따라서 용납될 수 없습니다. 모든 은사를 나눠 주시는 분배자는 모든 것을 그리스도에게서 취하시는 성령이시며(**요 16:13-14, 엡 4:7**), 각 사람에게 은사들을 나눠 주시되 믿음의 정도와 교회 안에서 차지하는 자리와 부름을 받은 사역에 따라 나누어 주시기 때문입니다(**롬 12:3, 6, 고후 10:13, 엡 4:7, 벧전 4:10**).[40]

2) "믿음으로 믿음에"를 체험으로 해석해도 될까요?

롬 1:17 "복음에는 하나님의 의가 나타나서 믿음으로 믿음에 이르게 하나

38) 이 문단은 필자의 『성경해석 바로잡기 500』, 396에서 발췌하였음.
39) 이인규, 『평신도들이 혼동하기 쉬운 성경 50』, (파주: 카리스, 2014), 364. 이후로는 이인규, 『평신도들이 혼동하기 쉬운 성경 50』, 364. 등으로 표기함.
40) Herman Bavinck, *Gereformeerde Dogmatiek 4*, 박태현 역, 『개혁교의학 4』 (서울: 부흥과개혁사, 2014), 353, 이후로는 Herman Bavinck, 『개혁교의학 4』, 353. 등으로 표기함.

니 기록된 바 오직 의인은 믿음으로 말미암아 살리라 함과 같으니라"

조용기는 이 구절을 해석하면서도 "믿어서 의로움을 받고 나면, 체험이 다가오기 때문에 더욱 믿게 됩니다."라고 주장함으로써 '믿음에 이르게 하나니'를 체험으로 해석합니다.[41] **롬 1:11**에서 '어떤 신령한 은사'를 체험으로 해석한 것과 같은 방식으로 줄기차게 체험에 집착하는 것을 확인할 수 있습니다.

그러나 과연 그렇게 해석해도 될까요? 복음 이외의 다른 것에서는 하나님이 그의 의를 우리에게 계시하지 않으셨기 때문에 **롬 1:17**은 "복음 외의 다른 곳에서는 구원을 얻을 수 없다."라는 뜻으로 해석할 수 있고, 따라서 "복음을 구원에 이르게 하는 하나님의 능력"이라고 말하는 것이며, 이런 식으로 구원의 "원인으로부터 결과까지"로 논증할 수 있습니다.[42] 하지(Charles Hodge)도 그의 로마서 주석에서 "오직 믿음으로만 의를 받는다." 라는 의미로 해석합니다.[43] 루터(Martin Luther)는 본 구절을 통하여 회심하게 되었는데, 그것은 "하나님 앞에 선 죄인이 은혜로 말미암아, 오직 믿음

41) 조용기, 『로마서 강해』, 41.

42) John Calvin, *COMMENTARY ON THE BOOK OF ROMANS*, 존 칼빈 성경주석 출판위원회 편역, 『존 칼빈 성경주석 로마서』(서울: 성서원, 2003), 1:17, 이후로는 John Calvin, *Romans,* 1:17. 등으로 표기함; 영역본은 *The Ages Digital Library Commentary, Books for the Ages*, AGES Software · Albany, OR USA Version 1.0 © 1998을 인용함.

43) 로이드 존스 목사는 하지의 로마서 주석에 대하여 다음과 같이 추천합니다. "이 『로마서 주석』 책을 기쁜 마음으로 적극적으로 추천합니다. 이 책을 특별히 추천하는 이유가 많습니다. 무엇보다 가장 중요한 이유는 저 자신이 이 책을 통해 큰 유익과 즐거움을 얻었기 때문입니다. 언제나 로마서 주석 책을 고르고자 하면 찰스 하지(Charles Hodge)와 로버트 할데인(Robert Haldane)의 책 가운데 어느 쪽이 더 좋은지 판단하기가 정말 어렵습니다. 하지의 책은 학문적으로 정확하다는 점에서 탁월하지만, 할데인의 책은 따스한 분위기를 풍기고 실제 적용이 더 낫다는 장점이 있습니다. 어쨌든 둘 다 이 중요한 서신의 주석으로 최고입니다."

으로 의롭게 된다는 새로운 통찰"에서[44] 비롯되었습니다. 그러므로 누구든지 그리스도를 믿는 자는 "믿음으로 말미암아", "믿음에 기초하여", "믿음으로" 의롭게 됩니다.[45] 그러므로 여기에는 믿음을 체험으로 해석할 어떤 여지도 끼어들 틈이 없습니다.

"믿음으로"와 "믿음에"를 구분하거나 체험을 통해 믿음이 자라게 된다는 해석의 문제점

조용기는 "믿음으로"를 칭의로, "믿음에"를 체험으로 구분합니다. 그러나 더글라스 무(Douglas J. Moo)는 "믿음으로"와 "믿음에"를 구분하려는 시도(試圖)들이 잘못된 것임을 다음과 같이 지적합니다.

> 하지만 신약에서 분명히 알 수 있는 유일한 병행 구문에 비추어 볼 때 십중팔구 그 단어들의 조합은 수사적(修辭的)인 것이며, 우리로 하여금 하나님과 올바른 관계를 맺게 할 수 있는 것은 믿음이고 "믿음 외에는 아무것도 없다."라는 점을 강조하기 위해 쓰였을 것이다. **하박국 2:4**로부터의 인용은 의에는 오직 믿음으로만 이를 수 있다는 진리를 확증해 준다.[46]

토머스 슈라이너(Thomas R. Schreiner)도 "믿음으로"와 "믿음에"를 구분

---

44) Herman Bavinck, 『개혁교의학 3』, 642.

45) Herman Bavinck, 『개혁교의학 4』, 213-214.

46) Douglas J. Moo, *Epistle to the Romans: new international commentary on the New Testment*, 손주철 옮김, 『NICNT 로마서』(서울: 솔로몬, 2012), 1:17, 이후로는 Douglas J. Moo, *Romans*, 1:17. 등으로 표기함.

하지 않고 "믿음"에 대한 강조라고 해석합니다.

> 그리하여 '믿음으로 믿음에'는 사실상 강조적인 것이며, 또한 믿음의 중심성을 강조하고 있을 가능성이 크다. 이 해석은 구원은 믿는 자를 위한 것이라고 말하는 16절과 하나님 앞에서 의롭게 되려고 하는 사람에게 믿음이 필수적이라고 하면서 **하박국 2장 4절**을 인용하는 17절과 부합한다.[47]

또한 체험을 통해 믿음이 자라게 된다는 해석과 주장에 대하여 알버트 반즈는 다음과 같이 조목조목(條目條目) 바르게 지적합니다.

> (1) 이러한 해석은 참된 것이 아니다. 복음은 그러한 사실을 위하여 의도된 것이 아니다. 복음은 본질적으로 사람들을 구원하기 위하여 단지 좀 더 강화시킬 필요가 있는 어느 정도의 믿음을 가졌다고 생각하지 않는다.
> (2) 이러한 해석은 설득력이 없다. 일반적으로 이해되고 있는 것처럼 하나님의 의를 그의 본질적인 공의가 믿음의 정도에 따라 나타나게 되는 것이라고 말한다면 그 말을 무의미하게 사용하는 것이 될 것이다.
> (3) 그 구절의 문맥이 그런 해석을 허용하지 않는다. 그 구절의 의도는 명백히 웅대한 주제로써 칭의의 교리를 말하려는 것이며 여기에서 점진적인 향상을 중요한 주제로써 설명하려는 것과는 어울리지 않는다.
> (4) 로마서는 사람이 의롭게 된다는 사실을 확립시키기 위한 것임이 분명하다. 이것은 로마서 전체를 관통하는 위대한 사상이며 그것이 어떻게 이루

47) Thomas R. Schreiner, *Romans*, 배용덕 옮김, 『로마서』(서울: 부흥과개혁사, 2012), 1:17, 이후로는 Thomas R. Schreiner, *Romans*, 1:17. 등으로 표기함.

어지는가를 보여 주려는 것이 사도 바울의 주요 목적인 것이다.

(5) 바울이 즉시 인용하고 있는 구절은 그가 믿음의 상이(相異)한 정도를 말하려는 것이 아니라 믿음을 통하여 사람이 의롭게 되어야 한다는 교리를 말하고 있다는 사실을 보여 주고 있다.[48]

믿음은 말씀의 사역과 성례의 시행과 기도에 의해 자라고 강화됩니다(웨스트민스터 신앙고백 14장 1절, **벧전 2:2, 행 20:23, 마 28:19, 고전 11:23-29, 고후 12:8-10**). 하나님께서는 우리의 신앙을 양육하고 견고하게 하며 또한 증가시키기 위하여 성례들을 주셨습니다(제네바 요리문답 190).

물론 바르트(K. Barth)와 같이 "믿음으로"는 하나님의 신실하심이고, "믿음에"는 인간의 믿음이라고 해석한다면,[49] 조용기식의 해석도 가능할 것입니다. 그러나 "믿음으로"와 "믿음에"를 하나님과 신자에게 각각 구분하는 것은 자연스럽지 않으며, 그 이유는 이 두 표현은 둘 다 신자와 관련된 것이기 때문입니다.[50] 아무튼 본 절이 의미하는 것은 구원의 기초인 하나님의 의가 복음에만 나타나기 때문에 복음 이외의 다른 곳에서는 구원을 얻을 수 없다는 뜻일 뿐입니다.[51]

48) Albert Barnes, *Romans,* 1:17.

49) 본 문단은 윤광원, 『성경해석 바로잡기 500』, 398-399에서 발췌하였음.

50) 박윤선, 『성경주석 로마서』 2판(서울: 영음출판사, 1989), 1:17, 이후로는 박윤선, 『성경주석 로마서』, 1:17. 등으로 표기함.

51) John Calvin, *Romans,* 1:17, He therefore intimates, that we cannot obtain salvation otherwise than from the gospel, since nowhere else does God reveal to us his righteousness, which alone delivers us from perdition.

"신령한 은사"나 "믿음"을 체험으로 해석하는 것의 문제점

신령한 은사도, 또한 믿음도 체험으로 해석하려는 것은 조용기뿐만 아니라 은사주의자들이나 오순절주의자들의 일반적인 특징입니다. 여기에 대하여 존 맥아더(John MacArthur)는 "대부분의 은사주의자는 성경이 아닌 개인적 경험을 자신들의 신념 체계의 기초"로 삼고 있다고 지적했으며, 앤더슨(Gordon L. Anderson)도 "하나님에 대한 경험이 그들의 믿음에 기초를 제공한다."라고 지적합니다.[52] 이러한 특징은 신학적으로나 신앙적으로 심각한 문제를 일으킬 수밖에 없습니다. 존 맥아더는 이 문제에 대하여 구체적으로 다음과 같이 지적합니다.

> 은사주의자들이 오류에 빠지는 이유는 참된 체험이란 진리에 대한 반응으로 일어난다는 점을 이해하기보다는 자신들의 가르침을 체험 위에 구축하려는 경향이 있기 때문이다. … 체험이 한 사람의 믿음의 기초가 되면 온갖 거짓된 가르침이 거의 아무런 제한 없이 나타날 수 있다.[53]
>
> 은사주의자들은 … 엉터리 간증을 판단하거나 막을 방법이 없다. 은사주의에서는 체험이 그 자체를 타당하게 만들기 때문이다. 그런 체험들의 타당성을 성경에 비추어 검토하는 대신 일반적으로 은사주의자들은 성경을 체험에 맞추려고 애쓰거나 여의치 않으면 그냥 성경을 무시해 버린다.[54]
>
> 은사주의 운동은 그 내부에서 성경적 권위를 전복시켜 개인적 체험이라는 새

52) John MacArthur, *Charismatic chaos*, 이용중 옮김, 『무질서한 은사주의』(서울: 부흥과 개혁사, 2008), 26, 이후로는 John MacArthur, 『무질서한 은사주의』, 26. 등으로 표기함.

53) 위의 책, 27.

54) 위의 책, 31.

로운 기준으로 대체했다. … 은사주의적인 가르침의 실제적 효과는 올바른 성경 이해보다 개인의 경험을 더 높은 단계로 설정하는 것이다. … 우리의 생각이나 관념이나 체험은, 그것이 성경과 어떻게 비교되는지를 바탕으로 유효하거나 무효하게 된다. … 직관, 경험 및 신비주의는 가톨릭 신학에서 언제나 핵심적인 역할을 했다. 그리고 주관적 관점은 자유주의와 신정통주의의 핵심이기도 하다. 이러한 여러 신념 체계에서는 진리는 직관과 느낌으로 결정된다. 당신에게 일어나는 일이 곧 진리인 것이다.[55)]

벧후 1:19-21에서 베드로는 사실상 변화산의 기적도 놀라운 체험이지만 성경이야말로 더 신뢰할 만한 믿음의 근거라고 말한다. 그는 다름 아닌 영광의 주님을 있는 그대로 보았지만, 성령의 감동을 받은 거룩한 사람들이 기록한 하나님의 말씀이야말로 자신이 믿는 내용의 보다 견고한 기초라고 확신했다. 베드로의 요점은 그토록 많은 은사주의자가 이해하지 못하고 있는 바로 그 문제, 즉 모든 체험은 보다 확실한 성경 말씀으로 검증되어야 한다는 점이었다. 대부분의 은사주의자는 신앙생활의 진보란 보다 많고 보다 낫고 보다 자극적인 체험을 하는 것이라고 생각한다. … 신앙생활은 이 경험에서 저 경험으로의 순례 여행이 되어 버리고 각각의 경험이 이전 경험보다 더 자극적이지 않으면 많은 사람은 뭔가 잘못된 것은 아닐까 하는 의문을 품기 시작한다.[56)]

대부분의 은사주의자들의 신념 체계의 핵심은 성경의 충분성에 대한 부정이다. … 아무도 하나님의 말씀보다 체험을 더 추구해선 안 된다. 모든 체험은 성경의 확인과 검증도 받아야 한다. 성경을 벗어난 어떤 종류의 체험도 다 거짓된 것이다.[57)]

55) 위의 책, 40-41.
56) 위의 책, 46-47.
57) 위의 책, 49-50.

은사주의자들은 체험을 자신들의 실제적 근거로 삼으면서 그와 동시에 성경을 붙들려고 하기 때문에 심각한 모순에 사로잡힌다. … 찰스 파라(Charles Farah)는 하나님의 말씀과 체험 사이의 긴장을 조화시키려고 노력했다. "말씀"으로 번역되는 헬라어에는 두 가지가 있다는 점을 착안(着眼)해서 그는 로고스는 객관적, 역사적인 말씀이고 레마는 개인적, 주관적 말씀이라는 이론을 고안해 냈다. 그러나 이런 생각의 문제점은 헬라어의 의미상으로나 신약의 용례로나 그런 식의 구분은 전혀 없다는 것이다.[58]

이러한 주장은 위험스럽게도 신정통주의 신학자들이 오랫동안 말해 온 내용, 즉 성경은 인간에게 말씀으로 다가올 경우에만 하나님의 말씀이 된다는 주장과 비슷하게 들린다. 그러나 하나님의 말씀은 누군가가 그 능력을 체험했건 그렇지 않건 관계없이 하나님의 말씀이다. 성경이 하나님의 말씀이 되는지의 여부가 읽는 이의 체험에 따라 달라지는 것은 아니다. … 바울은 성경이 이미 하나님의 감동으로 된 것으로 기록되었고 유익하다고 가르쳤지, 읽는 이의 체험에 따라 감동되거나 유익하게 될 것이라고 가르치지 않았다. 분명히 하나님의 말씀은 전적으로 충분하다.[59]

성경은 우리에게 우리 자신의 감정에 의존하거나 우리 자신의 체험에서 진리를 추론하려 애쓰라고 가르치지 않는다.[60]

58) 위의 책, 52.
59) 위의 책, 53.
60) 위의 책, 54.

3) "표적과 기사의 능력", "성령의 능력"을 신자라면 누구나 해야 할 체험으로 해석해도 될까요?

롬 15:18-19 "그리스도께서 이방인들을 순종하게 하기 위하여 나를 통하여 역사하신 것 외에는 내가 감히 말하지 아니하노라 그 일은 말과 행위로 표적과 기사의 능력으로 성령의 능력으로 이루어졌으며 그리하여 내가 예루살렘으로부터 두루 행하여 일루리곤까지 그리스도의 복음을 편만하게 전하였노라"

조용기는 이 구절을 해석하면서 이렇게 주장합니다.

> 바울은 설교도 잘했을 뿐만 아니라, 성령의 능력으로 기사와 이적도 많이 행했습니다. 그런데 오늘날 적지 않는 교회에서 이성적이고 논리적인 설교는 높게 평가하면서, 병고침이나 방언 같은 성령의 기적적인 역사는 기독교의 본질이 아니고 성령의 역사가 아닌 샤머니즘적 요소라고 무시하는 경향이 있습니다. 매우 안타깝고 슬픈 일입니다.[61]

그는 그의 『우리 시대의 지혜서 믿음』에서도 **막 16:17-18**을 근거로 믿는 자가 체험해야 할 기적적인 이적을 "주 예수의 이름으로 귀신을 쫓아냅니다.", "새 방언을 말합니다. 우리가 예수 그리스도를 믿고 성령으로 충만함을 받으면, 하나님께서는 우리가 인간의 말이 아닌, 성령으로 말미암아 초자연적인 말로써 하나님과 교통할 수 있도록 은혜를 베풀어 주십니다.",

61) 조용기, 『로마서 강해』, 448-449.

“뱀을 집으며 무슨 독을 마실지라도 해를 받지 않습니다.”, “병든 사람을 치료합니다.” 등 네 가지로 해석합니다.[62] 기적적인 이적의 체험을 강조하는 것을 확인할 수 있습니다.

기적의 은사는 특정한 사람들에게 한정되고 임시적인 것

그러나 “신자들에게 이런 은사를 주시는 것을 각자 개인에게 적용할 수는 없는데”, 그 이유는 하나님께서는 “그의 은사를 다양하게 분배”하시고 그 가운데 “기적의 은사는 특정한 사람들에게 한정되어 있기 때문”입니다.[63] 하나님께서 적절하다고 생각하시는 정도에 따라 모든 은사와 함께 성령을 각 사람에게 나눠주시므로(제네바 요리문답 41), 하나님께서 주시는 모든 은사는 하나님께서 우리에게 먼저 주시지 않는 한 우리의 것이 될 수 없습니다(제네바 요리문답 342).

물론 “그리스도께서 구별 없이 믿는 자들에게 이런 능력이 따를 것이라고 말씀하신 것”이라고 해석할 위험성도 있지만, 그렇게 말씀하신 것은 “소수에게 주어진 것은 전체 교회에 공통된 것이었으며 한 사람이 행한 기적은 모두의 힘을 북돋아 주는 것”이었기 때문입니다.[64]

그러면 이런 은사들이 그 당시에만 존재했던 임시적인 것이었는지, 아니면 영원히 지속될 은사들이었는지에 대한 문제가 논쟁이 될 수도 있을 것입니다. 그러나 칼빈의 지적대로 “당시 새롭고 아직 알려지지 않고 있던 복

62) 조용기, 『우리 시대의 지혜서 믿음』(서울: 서울말씀사, 1995), 129-134, 이후로는 조용기, 『우리 시대의 지혜서 믿음』, 129-134. 등으로 표기함.

63) John Calvin, *Mark*, 16:17.

64) John Calvin, *Mark*, 16:17.

음을 밝히 드러내는 뜻에서 그 당시만을 위해서 기적이 약속되었다고 보는 것이 타당"할 것입니다.[65] 이 문제에 대하여 H. 바빙크(Herman Bavinck)는 이렇게 적절하게 설명합니다.

> 이러한 기적의 능력은 오랫동안 교회 안에서 여전히 계속되었다. 그러나 기독교가 확립되고 교회가 하나님의 은혜로운 기적들이 영화롭게 되는 대상이 되었을 때 이러한 능력은 그쳤다(아우구스티누스). 이제 하나님은 영적인 기적 가운데서 자신의 능력과 영광을 계시한다(루터). 그럼에도 불구하고 성경은 미래를 가리키는데, 그때 기적은 다시금 효과를 발휘할 것이다. '장차 도래할 시대'는 정의가 거하는 새 하늘과 새 땅에서 비로소 완성될 것이다. 그러면 기적은 '자연'이 될 것이다.[66]

성경에서조차도 기적이 매일 발생하지는 않았고, 일반적으로 선지자나 사도의 말을 입증하기 위해서 매우 특별한 경우에 나타났으며, 특별히 그의 아들 예수님에 대한 아버지의 증거로서 나타났기 때문에, 그리스도인의 일상적인 삶의 부분으로서 기적을 기대하는 것은 바람직하지 않습니다.[67] 표적들과 기사들과 기적들은, 존 위트머(John A. Witmer)의 지적대로, 다만 "사도들의 사역을 입증"하기(**고후 12:12**)[68] 위한 것이었습니다. 이 문제

65) John Calvin, *Mark*, 16:17.

66) Herman Bavinck, 『개혁교의학 1』, 461.

67) John M. Frame, *Salvation belongs to the lord : an introduction to systematic theology*, 김용준 옮김, 『조직신학개론: 구원은 주께 속한 것이다』(서울: 개혁주의신학사, 2011), 40, 이후로는 John M. Frame, 『조직신학개론: 구원은 주께 속한 것이다』, 40. 등으로 표기함.

68) John A. Witmer, *Bible knowledge commentary 24 ROMANS*, 허미순 옮김, 『로마서』(서울: 두란노서원, 2011), 15:18-19, 이후로는 John A. Witmer, *Romans,* 15:18-19. 등으로 표기함.

에 대하여 H. 바빙크도 이렇게 지적합니다.

> 바울은 유대주의자들에 대해 자신의 사도직을 변호할 필요를 느꼈다. … 자신의 사도직은 또한 기적들과 표적들로, 그리고 영적인 복으로 확정되었다.[69]
>
> 선지자들과 전도자들이 실재적(實在的)인 사도들과 긴밀하게 연결되었다고 할지라도, 그들은 사실상 사도들과 본질적으로 차이가 난다. … 그들의 증거는 하나님에 의해 표적들과 기적들과 풍성한 영적 복으로 인침 받았다.[70]

조용기의 체험, 우리의 체험, 바울의 체험

조용기는 많은 기적의 체험이 자신으로 하여금 영적인 권위를 갖게 했고 교회의 성장을 가져왔으며 항상 하나님 보시기에 합당한 결정을 하게 되었다고 주장합니다.

> 나는 목회를 해오면서 4차원의 영성을 통해 성령께서 주시는 비전을 받았고 많은 기적을 체험할 수 있었다. 믿음과 함께 비전을 얻게 되는 경험이 영적인 권위를 갖게 했고, 그것이 오늘날 여의도순복음교회 성장의 출발점이 되었다. 4차원의 영성을 품게 되면 하나님의 생각과 믿음과 꿈과 말로 무장되기 때문에 우리는 항상 하나님 보시기에 합당한 의사결정을 할 수가 있다.[71]

69) Herman Bavinck, 『개혁교의학 1』, 529.

70) Herman Bavinck, 『개혁교의학 4』, 397-398.

71) 조용기, "4차원의 영성, 여의도순복음교회의 부흥 DNA," 교회성장연구소 편, 「여의도순복음교회 성장동력」(서울: 교회성장연구소, 2008), 38-39.

인간은 정도의 차이가 있고 다양하며 흔하지는 않지만, 이성적 설명의 한계를 뛰어넘는 신비한 체험을 하곤 합니다. 그러한 체험에 대하여 대부분은 소중하게 여기는 경향이 있고, 또한 자신의 경험이나 체험에 대해서는 확신하려고 합니다. 유한한 인간이 일상적으로 경험하는 것을 뛰어넘는 신비하고 독특한 체험이기 때문에 그 체험에 절대적인 권위를 두려고까지 합니다. 그런 체험은 인간을 사로잡는 힘이 있습니다.

여기에 대하여 기독교인도 예외일 수는 없을 것입니다. 특히 은사주의 운동에서 신비 체험은 매우 중요한 역할을 합니다. 따라서 체험은 자신의 신앙이 진실임을 입증해 주는 증거이거나 신앙의 깊이를 나타내 주는 증거라고 여기게 됩니다. 이런 까닭에 심지어 체험을 과장하려는 유혹에 넘어가기도 합니다. 이런 일은 기도원 집회나 소위 무슨 은사 집회라는 데서 쉽게 발견할 수 있습니다.

그러나 성경은 여기에 대하여 "그가 그 본 것에 의지하여 그 육신의 생각을 따라 헛되이 과장하고"(**골 2:18**)라고 지적합니다. 심지어 자신이 한 체험으로 성경을 해석하기까지 하지만, 자신의 체험으로 신앙의 기준인 성경을 해석하는 것은 성경의 신적 권위에 대한 심각한 도전이 아닐 수 없습니다. 따라서 "자신의 체험을 절대화하여 마치 성경과 같은 권위를 갖는 계시처럼 여기는 것"은 분명 신앙적으로나 신학적으로나 용납될 수 없습니다.

그들은 체험한 사람만이 성경의 진리를 전할 자격이 있으며 가르칠 권위가 있다고 생각하기도 하고, 심지어 그런 체험이 없는 사람은 성경의 진리를 전할 자격이나 가르칠 권위가 없다고까지 주장합니다. 그런 경우 자신의 체험을 근거로 자신이 마치 사도와 같은 영적인 권위를 가진 자로 착각하거나 주장하며 다른 사람들 위에 군림하는 비신앙적인 태도를 보이기도

합니다.

조용기는 자신의 체험을 바울의 체험에 빗댐으로써 자신의 체험을 사도적 계시의 체험으로 격상시키려고 합니다. 그것은 칼빈의 지적대로 "하나님이 아니라 피조물을 영화롭게 하려 하는" 것이고, "하나님의 말씀이 아니라 비진리를 추켜세우려는" 것이며, "분명히 마귀에게서 오는 것"[72]이 아닌지 묻지 않을 수 없습니다. 그는 자기 자신의 극적인 체험을 남다른 경우로 착각하고[73] 자신의 그런 체험을 "어떤 신령한 은사"라고 해석하면서 바울이 로마교회에 나누어 주기를 원했던 것처럼 자신도 그렇게 해야 한다고 여기는 것으로 보입니다. 그러나 그런 경우 "체험은 권위주의적인 형태"로 나타나게 되는데, "이런 유형의 사람은 자기 자신을 권위자로 착각하고 자신의 권위에 모든 인간을 굴복시키며 개인의 불만과 좌절감을 해결해 주려는 야심과 욕망의 덩어리"[74]가 될 위험성이 큽니다.

소위 "성령 집회" 혹은 "은사 집회"에서 "초자연적인 은사와 기적을 갈구하는 것"은 사람들 위에 군림하며 지배하고 싶은 강렬한 욕구 표출일 가능성이 큰데, 그것은 성령의 뜻보다는 오히려 니체가 지적했던 "권력에의 의지"이기 때문일 것입니다. 그들이 비록 예수님을 구세주로 고백한다고 하더라도 그들이 믿고 섬기는 대상은 성경이 증거하는 예수님이 아니라 이스라엘 백성이 광야에서 만들어내었던, 풍요와 쾌락의 세상적 욕망을 형상화한 우상에 불과할 것입니다. 왜냐하면 성령의 능력은 세상적 욕망의 성취를 추구하게 하는 대신에 자기 자신을 부인하고 자기 십자가를 지고 주님

72) John Calvin, *Romans,* 15:18-19.

73) 민병소, 『순복음의 대명사 조용기』(서울: 들소리사, 1982), 64, 이후로는 민병소, 『순복음의 대명사 조용기』, 64. 등으로 표기함.

74) 위의 책, 64-65.

을 따르도록 인도하는 능력이기 때문입니다.

아무리 대단한 인간이라고 하더라도 그도 역시 다른 사람들과 마찬가지로 시간과 공간의 제한을 받는 유한한 인간일 뿐이며 따라서 그 체험은 무한할 수 없고 불완전하며 극히 제한적일 수밖에 없습니다. 따라서 성경에 의해 검증을 받아야 합니다. 특별히 설교자나 성경을 가르치는 교사는 자신의 체험에 의지하거나 거기에 근거를 두고 성경의 진리를 선포하려는 유혹을 단호하게 물리쳐야 합니다. 인간의 체험이 성경을 해석하는 근거가 된다면 그것은 인간 중심의 자율주의일 수밖에 없고, 그 결과는 하나님의 주권에 대한 심각한 도전이기 때문입니다. 만일 그런 일이 벌어진다면, 성경의 진리에 대한 권위와 신빙성은 심각하게 훼손되고 말 것입니다. 사도들은 누구보다도 신비한 체험을 많이 했지만 그런 체험을 자랑하거나 내세우거나 그런 체험으로 성경을 해석하지 않았던(**마 17:1-13, 벧후 1:16-18**) 것은, 바로 그런 이유 때문입니다.

"이성을 경시한 채 주관적 체험에만 치우치면", "필연적으로 진리 왜곡이라는 심각한 결과"를 초래합니다.[75] "확신의 기초를 하나님의 계시와 하나님께서 이끌어 오신 역사에 두는 것이 아니라, 자신의 체험에 둠으로써 진리에서 이탈"하게 되고, 또한 "하나님께서 정하신 은혜의 방편 외의 것들을 탐닉"하게 됩니다.[76] 물론 "하나님의 진리가 상당히 경험과 맞물려 있지만", 그렇다고 하더라도 "경험이나 감정으로 치우쳤다면 그것은 바른 진리가 아닌데", 왜냐하면 "진리는 언제나 객관적이고" 그로부터의 이탈은 언제나 "신앙을 경험적이고 감정적이며 주관적인 것에 기초할 때 일어나기" 때

75) 박순용, 『기독교 세상의 함정에 빠지다』(서울: 부흥과 개혁사, 2011), 224, 이후로는 박순용, 『기독교 세상의 함정에 빠지다』, 224. 등으로 표기함.

76) 위의 책, 225.

문입니다.[77]

성령세례와 체험

조용기가 말하는 체험이라는 것은 대표적으로 소위 "성령세례의 체험"을 뜻합니다. 그는 특별히 "성공적인 신앙생활을 하기 위해서는 반드시 중생의 체험 위에 성령세례를 체험"해야 한다고 주장합니다.[78]

> 중생은 죄로 말미암아 죽었던 영이 다시 살아나는 영적 변화로서 성령의 기본 사역입니다. 성령세례는 중생한 자가 주의 사역을 감당하고 승리하는 삶을 살기 위해 성령께 사로잡히는 영적 체험의 출발(starting point)입니다. 성령의 은사는 성령세례의 결과로서 주의 일을 부족함 없이 하기 위해 받아야 하는 하나님의 능력이요, 선물입니다. [79]

조용기는 사도행전(**행 1:5, 행 8:17, 행 19:1-7**)을 강해하면서도 다음과 같이 주장합니다.

> 예수님은 그러한 요한의 세례를 말씀하면서 제자들에게 복음의 증인으로서의 권능을 받을 수 있는 성령세례를 주시겠다고 약속하셨습니다.[80]

77) 위의 책, 368.
78) 조용기, 『5중복음과 삼박자 축복』(서울서적, 1991), 117, 이후로는 조용기, 『5중복음과 삼박자 축복』, 117. 등으로 표기함.
79) 위의 책, 130.
80) 조용기, 『사도행전 강해 (상)』(서울: 서울서적, 1991), 18, 이후로는 조용기, 『사도행전 강해 (상)』, 18. 등으로 표기함.

"물세례를 받을 때 이미 성령세례를 다 받은 것이므로 다시 성령세례를 받을 필요가 없다."라고 주장하는 사람들이 있습니다. 그러나 사마리아 성에 있는 사람들이 물세례는 받았으나 한 사람에게도 성령이 임한 적이 없었습니다.[81]

바울이 에베소 교회를 방문했을 때 교세가 연약한 것을 보았습니다. … 그들이 성령을 받았다면 교인이 열두 명 정도일 리가 없기 때문입니다(**행 19:7**). … 오늘날도 예수님을 믿으면서도 성령 충만, 성령세례를 받지 않은 사람들이 많습니다. 그렇기 때문에 신앙생활에 능력이 없고 생명력이 없습니다. … 권능과 능력 있는 신앙은 중생한 성도가 믿은 후 성령의 충만함을 얻을 수 있는 은혜입니다. … 많은 사람은 물로 세례를 받을 때 이미 성령세례를 받은 것이라고 생각하는데 그것은 잘못된 생각입니다. 물로 세례를 받은 사람은 중생했으므로 하나님의 자녀 된 증거로서 성령이 그 마음속에 와 계신 것이지 성령세례를 받은 것은 아닙니다.[82]

과연 그럴까요? 성경은 중생하여 교회 공동체를 형성하게 된 사람들은 "다 한 성령으로 세례를 받아 한 몸이 되었고" 또 "다 한 성령을 마시게 하셨느니라"(**고전 12:13**)라고 선언합니다. "성령세례는 모든 믿는 자를 포함"하고 "성령세례는 우리로 한 몸이 되게 하는 것"이며, 따라서 만일 "교회 안에 성령으로 세례를 받은 사람과 그렇지 않은 사람의 두 그룹"으로 나눈다면, 이는 성경이 분명히 밝힌 것처럼 성령세례는 "연합을 위한 기초"가 아니라 불일치의 기초가 될 것이며,[83] 그렇다면 성경의 가르침과 상반(相反)됩니다. 그러므로 성령세례(**행 2:3-4**)는 신구약의 역사상 단 한 번 일어난 사

81) 위의 책, 175.
82) 조용기, 『사도행전 강해 (하)』(서울: 서울서적, 1992), 138, 139, 140.
83) John M. Frame, 『조직신학개론: 구원은 주께 속한 것이다』, 239.

건이며, 제2의 성령세례를 주장하는 사람들에게서 나타나는 특이한 현상과 이적은 오히려 **살후 2:9-10**[84]에서 지적된 “악한 자의 나타남”이라고 보아야 합니다. 성경은 분명히 “사랑하는 자들아, 영을 다 믿지 말고 오직 영들이 하나님께 속하였나 분별하라 많은 거짓 선지자가 세상에 나왔음이라”(**요일 4:1**)라고 가르칩니다. 성령은 성경에 상반되게 역사하시지 않습니다. 성경의 진리 가운데로 역사하시기 때문에 성경에 어긋나게 역사하는 영이라면 그것은 성령의 역사가 아니라 악한 영의 역사입니다. 존 스토트는 성령세례 문제에 대하여 다음과 같이 분명하게 지적합니다.

> 신약성경에는 성령의 세례에 관해서 이와 비슷한 서술문이나 명령은 나오지 않는다. 그 이유는 바로 성령세례의 입문적 성격에 있다고 나는 제안했다. 사도들의 설교나 서신에도 성령의 세례를 받으라는 권면은 나오지 않는다. 사실상, 성령세례와 관련된 신약성경의 일곱 구절은 모두 부정 과거형이거나, 현재형 또는 미래형의 직설법으로 되어 있으며, 명령형으로 되어 있는 권면은 하나도 없다.[85]

제2의 성령세례의 근거로 제시되는 구절들에 대한 검토

사도행전의 경우 “네 군데의 본문(**행 2장, 8장, 10장, 19장**)만이 방언이나 성령세례를 언급하고 있지만”, “사도행전 10장과 19장에서는 신자들이 믿는 순간 바로 성령세례를 받았고”, “사도행전 2장, 10장, 19장에서는 방언

84) 살후 2:9-10 “악한 자의 나타남은 사탄의 활동을 따라 모든 능력과 표적과 거짓 기적과 불의의 모든 속임으로 멸망하는 자들에게 있으리니 이는 그들이 진리의 사랑을 받지 아니하여 구원함을 받지 못함이라”

85) 존 스토트, 김현희 역, 『성령세례와 충만』(서울: IVF, 2002), 59.

을 말했지만 8장에서는 방언에 대한 기록이 없으며", 사도행전 2장에서는 신자들이 단지 주님의 약속 성취를 기도하며 기다렸을 뿐이고 성령세례를 간절히 구해야 한다는 어떤 요구 조건도 없었으며(**행 1:4, 14**), 사도행전 8, 10, 19장에서는 어떤 간구도 언급되지 않았습니다.[86] 방언이나 성령세례를 언급한 사도행전의 어떤 본문에도 누구나 이와 같은 체험을 반드시 해야 한다고 명시적으로 언급하지 않았습니다.

바울은 "에베소의 제자들에게 두 번째 단계로 진입하는 방법, 즉 그리스도를 통해 구원 그 이상의 무엇인가를 얻는 방법"을 가르치려 하지 않았습니다. 왜냐하면 "에베소 사람들에게 결여된 것은 성령세례에 대한 지식이 아니라 예수 그리스도에 대한 지식"이었기 때문이며, 따라서 "그들이 더 이상 세례 요한의 가르침이 아닌 사도들의 가르침을 따라야 한다는 것을 보여 주기 위해 안수한 것"입니다.[87]

요 20:21-22의 "예수께서 또 이르시되 너희에게 평강이 있을지어다 아버지께서 나를 보내신 것 같이 나도 너희를 보내노라 이 말씀을 하시고 그들을 향하사 숨을 내쉬며 이르시되 성령을 받으라"라는 구절도 "사도들이 실제로 성령을 받았다고 말하지 않았고", 단지 "예수님이 제자들에게 '성령을 받으라'라고 말씀하셨다는 사실만 언급"하고 있기에, 이 말씀은 "오순절에 성취될 약속"이었다는 것을 알 수 있습니다.[88]

행 1:4-5의 "사도와 함께 모이사 그들에게 분부하여 이르시되 예루살렘을 떠나지 말고 내게서 들은바 아버지께서 약속하신 것을 기다리라 요한은 물로 세례를 베풀었으나 너희는 몇 날이 못 되어 성령으로 세례를 받으리라

86) John MacArthur, 『무질서한 은사주의』, 274-275.
87) 위의 책, 293.
88) 위의 책, 278.

하셨느니라"에서 4절의 "아버지께서 약속하신 것"은 "내가 아버지께 구하겠으니 그가 또 다른 보혜사를 너희에게 주사 영원토록 너희와 함께 있게 하리요"(**요 14:16**)라는 말씀을 가리키고, 그것은 "성령이 오실 것이라는 약속"이었지만, "아직 성취되지 않은 약속"이었기에 그 시점에서 제자들은 제2의 성령세례가 아니라 "성령을 아직도 기다리고 있었던" 것입니다.[89]

행 1:8의 "오직 성령이 너희에게 임하시면 너희가 권능을 받고 예루살렘과 온 유대와 사마리아와 땅끝까지 이르러 내 증인이 되리라 하시니라"라는 말씀도 "제자들이 오순절 전까지는 성령을 받지 못했음"을 뜻하며, **요 7:39**의 "이는 그를 믿는 자들이 받을 성령을 가리켜 말씀하신 것이라(예수께서 아직 영광을 받지 않으셨으므로 성령이 아직 그들에게 계시지 아니하시더라)"라는 구절과 **요 16:7**의 "그러나 내가 너희에게 실상을 말하노니 내가 떠나가는 것이 너희에게 유익이라 내가 떠나가지 아니하면 보혜사가 너희에게로 오시지 아니할 것이요 가면 내가 그를 너희에게로 보내리니"라는 구절은 "예수님이 영광을 받으시기 전에는 성령이 오시지 않을 것이라고 명시적으로 진술"하고 있습니다.[90]

다만 "사마리아인들이 구원을 받은 시점과 성령을 받은 시점 사이에 간격이 있는 이유는 그들이 옛 언약과 새 언약 사이의 과도기에 살고 있었기 때문"이었고, "여기서 '아직'이라는 말에 해당하는 헬라어 *οὐδέπω*는 단순히 아직 일어나지 않은 일을 뜻하는 것이 아니라 일어났어야 하는데 아직 안 일어난 일을 뜻"하므로, 다시 말해 이 구절은 "사마리아인들이 구원은 받았지만 어떤 특별한 이유로 일어났어야 할 일 - 성령 강림 - 이 아직 일어나지 않

89) 위의 책, 278.
90) 위의 책, 279.

았다고 말하고 있는 것"입니다.[91)]

은사주의자들은 **마 3:11**의 "나는 너희로 회개하게 하기 위하여 물로 세례를 베풀거니와 내 뒤에 오시는 이는 나보다 능력이 많으시니 나는 그의 신을 들기도 감당하지 못하겠노라 그는 성령과 불로 너희에게 세례를 베푸실 것이요"라는 구절에 나오는 "'불'이라는 말을 오순절에 나타난 '불의 혀같이 갈라지는 것들'을 가리키는 것으로 해석"하지만, 12절의 "손에 키를 들고 자기의 타작마당을 정하게 하사 알곡은 모아 곳간에 들이고 쭉정이는 꺼지지 않는 불에 태우시리라"라는 말씀을 보면 "심판의 불, 지옥의 꺼지지 않는 불을 가리키고 있다는 사실이 명백"하므로 "분명히 오순절에 나타난 불의 혀처럼 갈라지는 것들을 쭉정이를 태우는 꺼지지 않는 불과 동일시할 수는 없고", "이 불은 명백히 심판의 불이며 이 불의 주체는 성령이 아니라 그리스도"입니다(**요 5:22**).[92)] 그렇다면 "요한이 여기서 실제로 말하고 있는 것"은 교회 안에는 성령으로 세례를 받은 사람과 그렇지 않은 사람의 두 그룹이 있다는 뜻이 아니라 "세상에는 두 부류의 사람들, 즉 성령으로 세례를 받을 사람들과 지옥의 꺼지지 않는 불로 세례를 받을 사람들만이 존재한다."라는 것입니다.[93)]

91) 위의 책, 284-285.
92) 위의 책, 300.
93) 위의 책, 300.

2. 구원과 질병 치료

1) "구원을 주시는 하나님의 능력"을 질병의 치료로 해석해도 될까요?

롬 1:16 "내가 복음을 부끄러워하지 아니하노니 이 복음은 모든 믿는 자에게 구원을 주시는 하나님의 능력이 됨이라 먼저는 유대인에게요 그리고 헬라인에게로다"

조용기는 "구원을 주시는 하나님의 능력"을 해석하면서 한 부형(父兄)이 복어를 먹고 중독되어 죽어 가고 있었으나 기도했더니 살아났다고 장황하게 주장함으로써 구원의 능력을 질병의 치료에 초점을 맞추어 해석합니다.[94] 이러한 주장은 그의 설교들을 통해서도 늘 반복됩니다.

> **베드로전서 2장 24절**에 "친히 나무에 달려 그 몸으로 우리 죄를 담당하셨으니 이는 우리로 죄에 대하여 죽고 의에 대하여 살게 하려 하심이라 그가 채찍에 맞음으로 너희는 나음을 얻었나니"라고 말씀합니다. 그러므로 십자가를 바라보면 치료와 건강도 누릴 수가 있는 것입니다.[95]
>
> 하나님이 우리와 같이 계신 데 왜 병들과 고통 가운데 있을 수가 있습니까? … 우리 가운데 치료와 기사와 이적이 일어나야 되는 것입니다. …

94) 조용기, 『로마서 강해』, 39-40.
95) 조용기, "로마서 4:17-18 설교", 설교신문, http://www.sermon66.com/news_view.html?s=k2002&no=177646&l_page=1&find_how=&find_value=&s_id=6438&ss_id=&hd=, 이후로는 조용기, 로마서 4:17-18 설교, 설교신문. 등으로 표기함.

예수께서 우리를 대신해서 십자가에 못 박히시고 몸 찢고 피 흘리시므로 그리스도의 그 십자가 고난을 통해서 우리는 죄에서 용서함 받으며 하나님과 화해를 얻고 성령을 받았으며 이 십자가를 통해서 우리는 마귀를 이기고 질병의 치료를 받았으며 십자가를 통해서 하나님이 저주를 다 청산하고 아브라함의 복을 주셨으며 사망을 철폐하고 우리에게 영생을 열어주신 것을 우리는 믿어야 합니다.[96]

제가 예전에 뉴욕에 가서 복음을 증거했을 때, 그 집회에 와서 구원을 받고 치료를 받은 부부가 강단에 나와서 눈물로 간증했던 것이 생각납니다. 그 부부는 에이즈에 걸렸는데 남편이 에이즈에 걸려 와서 곧장 그 부인도 에이즈에 감염된 것입니다. 그 두 사람이 에이즈 말기가 되어서 둘 다 휠체어로 돌아다녔습니다. 일어나지를 못합니다. 이제는 완전히 에이즈로 말미암아 관절염과 신경통이 몸을 점령하고 죽음을 앞두고 있었습니다. …

그런데 그 후에 뉴욕에 다시 가서 만나 보니까, 하나님의 능력으로 그 두 사람이 완전히 나음을 받았습니다. 그들은 휠체어를 던져 버렸습니다. 정상적인 사람이 되었습니다.[97]

여러분 성경에는 또한 병 낫는 법칙도 기록하고 있습니다. … **야고보서 5장**에 보면 그 법칙을 분명하게 기록하고 있습니다. 우리가 병에서 고침받으려면 먼저 죄를 고백해야 됩니다. "너희 죄를 서로 고하며 병 낫기를 위하여 서로 기도하라" 라고 말씀하신 것입니다. …

"너희 죄를 서로 고하며 병 낫기를 위하여 서로 기도하라 의인의 간구는 역사하는 힘이 많으니라" 두세 사람 의인들, 믿음이 있는 사람들이 계속해서 병의 뿌리가 완전히 뽑힐 때까지 간절히 기도하고 있으면 병 낫는 영적인 법칙을 적용했기

96) 조용기, 로마서 4:17-25 설교, 설교신문.
97) 조용기, 로마서 8:1-9 설교, 설교신문.

때문에 하나님의 성령이 역사하여 주셔서 기적이 일어나 버리고 마는 것입니다.

대다수의 사람이 병을 고침 받지 못하는 것은 죄를 회개 안 하든지, 주의 종들에게 와서 기름 부음을 받고 기도를 안 받든지, 기도만 받고 돌아가고 두세 사람 믿음이 좋은 사람과 병이 뿌리가 뽑힐 때까지 계속해서 부르짖어 기도하는 이런 역사가 없었기 때문에 병이 낫지 아니하는 것입니다.[98]

복음을 부끄러워하지 않는 이유는 질병 치유가 아니라 구원을 주시는 능력이기 때문임

아담의 타락 이후로는 중보자를 떠나서는 어떤 것도 구원에 이르게 하는 능력이 되지 못했기[99] 때문에, 바울은 복음을 "모든 믿는 자에게 구원을 주시는 하나님의 능력"이라고 부르면서,[100] 복음을 가리켜 "구원의 말씀"(**행 13:16**), "믿는 자를 구원하는 하나님의 능력"(**롬 1:16**)[101] 등으로 표현한 것입니다. 그러므로 본 구절은 "복음은 죄와 의와 심판의 세계를 효과적으로 깨닫게 하는 성령의 강력한 내적 힘"(**요 16:8-11**)[102]이라는 것을 말하려는데 있을 뿐입니다.

여기에서 "하나님의 능력"이란 "인간의 능력"과 대조되는 말입니다. 하나님은 "인간의 능력"을 "그리스도의 십자가를 통해 완전히 말살"시키시고,

98) 조용기, 로마서 8:1-2 설교, 설교신문.

99) John Calvin, *Institutes of the Christian Religion*, ed. John T. McNeil, tr. Ford Lewis Battles(Philadelphia: The Westminster Press, 1960), 2권 6장 1절, 이후로는 *Inst.*, 2.6.1. 등으로 표기함.

100) *Inst.*, 2.9.4.

101) *Inst.*, 2.10.3.

102) Charles R. Swindoll, 권달천 옮김, 『찰스 스윈돌 성경연구 2 로마서』(서울: 두란노, 1994), 1:16, 이후로는 Charles R. Swindoll, 『찰스 스윈돌 성경연구 2 로마서』, 1:16. 등으로 표기함.

이제 "영혼이 형통하게 되고, 영에 속한 것을 행할 수 있게" 하는 "하나님의 능력"을 주셨습니다.[103] "하나님의 능력"이란 "세상의 죄를 대적하며 온갖 죄인들을 구원하는 능력과 모든 죄악의 강력한 형태들을 정복하고 이길 수 있는 힘"을 뜻합니다(**고전 1:18**).[104]

"복음"을 "하나님의 능력"으로 표현한 것은 복음이 "진실로 인격적이신 유일한 하나님의 뜻의 능력 있는 구속적 · 보존적 계시"라는 것을 말하려는 것이며, 그렇게 함으로써 "복음의 신적인 기원과 복음의 매우 중요한 기능"을 모두 부각(浮刻)시키려는 것입니다.[105] 바울이 복음을 부끄러워하지 않는 이유는 복음이 구원을 주시는 하나님의 능력이기 때문이라고 말하는데, 그것은 하나님은 복음의 메시지를 통해 구원하신다는 뜻이고(**고전 1:21**), 이는 구원하시는 하나님의 능력이 오직 복음을 통해서만 작동한다는 의미입니다.[106]

고전 1:23-24에서도 "우리는 십자가에 못 박힌 그리스도를 전하니 유대인에게는 거리끼는 것이요 이방인에게는 미련한 것이로되 오직 부르심을 입은 자들에게는 유대인이나 헬라인이나 그리스도는 하나님의 능력이요 하나님의 지혜니라"라고 말씀합니다.[107] 십자가에 죽는 방식으로 믿는 자들을 구원하시는 이 복음은 유대인에게는 거리끼는 것이요 이방인에게는 미련한 것이지만, 믿는 자들에게는 하나님의 능력이요 하나님의 지혜입니다.

103) Wilhelm Pauck 편, *Luther: lectures on Romans,* 이재하 · 강치원 옮김, 『루터: 로마서 강의』(서울: 두란노아카데미, 2011), 1:16, 이후로는 Wilhelm Pauck 편, 『루터: 로마서 강의』 1:16. 등으로 표기함.

104) Albert Barnes, *Romans*, 1:16.

105) Richard N. Longenecker, *Romans*, 1:16.

106) *Epistle to the Romans*, 아바서원 번역팀, 『존 머리 로마서 주석』(서울: 아바서원, 2014), 1:16, 이후로는 John Murray, *Romans*, 1:16. 등으로 표기함.

107) 이 문단은 윤광원의 『성경해석 바로잡기 500』, 397-398에서 발췌함.

그런데도 오늘날 한국교회 안에는 "십자가에 죽는 방식으로 믿는 자들을 구원하시는" 이 복음을 거리끼고 미련하게 여기는 사람들이 많습니다. 구체적인 예를 들면, 전도하면서도 십자가에 죽는 방식으로 믿는 자들을 구원하시는 이 복음을 전하는 대신에 예수 믿으면 건강과 물질적 풍요와 같은 기복적인 것을 누리게 된다는 사이비 복음을 전합니다. 사람들을 부끄러워하지 않고 전도하지만, 그런 식으로 전도하는 것은 사실은 참된 복음을 부끄러워하는 것입니다. 교회 안에서도 십자가에 죽는 방식으로 믿는 자들을 구원하시는 이 복음을 선포하는 대신에, 인간들이 원하고 좋아하는 세상적인 성공담, 심리적 위로, 질병의 치료, 인간적 윤리와 교양을 담은 설교나 성경 공부, 동호회나 문화 강좌와 같은 각종 세상적인 프로그램들로 사람들을 끌어들이고 붙잡아 두는데, 사실은 이것이 복음을 부끄러워하는 것입니다.

바울이 자신은 복음을 부끄러워하지 않는다고 선언한 이유는, 복음이 세상 사람들에게는 부끄러운 것이라는 사실을 전제합니다.[108] 그러므로 바울이 이렇게 선언함으로, 비록 세상 사람들이 복음을 부끄러운 것으로 여긴다고 하더라도 성도들은 그것으로 인하여 복음을 과소평가하지 않고, 그리스도의 십자가의 치욕을 견디도록 준비시키기 위함이었습니다.[109] 크리소스톰(John Chrysostom)도 이렇게 해석합니다.

108) John Calvin, *Romans*, 1:16, He indeed intimates that it was contemptible in the eyes of the world; and he does this by saying, that he was not ashamed of it.

109) John Calvin, *Romans*, 1:16, And thus he prepares them for bearing the reproach of the cross of Christ, lest they should esteem the gospel of less value by finding it exposed to the scoffs and reproaches of the ungodly;

예수는 목수의 아들이었습니다. 그는 평범한 여인의 슬하에서 태어났고 유대에서 자라났습니다. 그는 호위병도 없었고 가진 것도 없었습니다. 그는 치욕스러운 수모를 수없이 당했고 끝내는 포악하고 미천한 강도들과 함께 십자가 위에서 죽었습니다. 그들 자신의 입장에서 보았을 때 전혀 존경의 대상이 될 수 있는 인물이 아니었습니다. 그래서 바울은 "내가 복음을 부끄러워하지 아니하노니"라는 말을 쓴 것입니다. 이는 그들에게도 부끄러워하지 말라는 것을 가르치는 내용입니다.[110]

인간에게 신앙과 구원을 줄 수 있는 것은 오직 복음뿐이기 때문에 복음은 구원을 주시는 하나님의 능력입니다. 따라서 세상이 복음을 치욕스러운 것으로 여길지라도 우리는 부끄러워하지 말아야 합니다. 만일 복음이 질병을 치료하는 능력이거나 가난한 자가 부유하게 하는 능력이라면 그런 복음을 누가 부끄러워할까요? 세상 사람들도 오히려 부러워할 것입니다.

물론 "구원"이란 단어가 "온갖 종류의 악으로부터 구조됨"을 표현하는 보다 넓은 의미로 사용될 수도 있습니다. 그러나 적어도 바울은 그 단어들을 "오직 영적인 구원에 대해서만" 사용했으며, "특히 **로마서 3:23**에 - 그리고 **롬 8:24**에 쓰인 구원에 - 비추어 볼 때, 여기에서 '구원'은 죄인이 '하나님의 영광'에 동참하는 자로 복권(復權)되는 것을 포함"[111]합니다. 따라서 구원을 주시는 하나님의 능력을 질병의 치료로 해석하는 것은 본 구절의 의도에 벗어난 것입니다.

본 구절의 초점은 복음이 어디까지나 "민족과 관계없이 모든 자에게 구원

---

110) John Chrysostom, 송종섭 역, 『크리소스톰 로마서 강해』(서울: 地平書院, 2000), 1:16, 이후로는 John Chrysostom, 『크리소스톰 로마서 강해』, 1:16. 등으로 표기함.

111) Douglas J. Moo, *Romans,* 1:16.

을 주시는 하나님의 분명한 자원",[112] 곧 하나님의 능력이라는 데 있습니다. 복음이 "구원을 주시는 하나님의 능력"이라고 말씀하는 의도는 다만 "모든 믿는 자에게 구원을 주시는", 곧 유대인이든 헬라인이든 누구든지 구원을 주신다는 데 초점이 있기 때문입니다. 여기에서 무슨 질병 치료를 말하려는 의도는 전혀 없습니다. 여기에서 복음의 능력은 질병의 치료 정도가 아니라 **롬 1:17**에 나오는 "복음에는 하나님의 의가 나타나서 믿음으로 믿음에 이르게" 하는 능력입니다.

2) "예수 그리스도를 통하여 생명 안에서 왕 노릇 하리로다"를 질병 치료로 해석해도 될까요?

롬 5:17 "한 사람의 범죄로 말미암아 사망이 그 한 사람을 통하여 왕 노릇 하였은즉 더욱 은혜와 의의 선물을 넘치게 받는 자들은 한 분 예수 그리스도를 통하여 생명 안에서 왕 노릇 하리로다"

조용기는 이 구절을 해석하면서 이렇게 주장합니다.

> 전에는 마귀의 지배를 받아 우리의 육신이 병들고 아팠지만, 이제는 우리가 왕이 되었습니다. 이제 우리 육신의 건강을 지배하는 것은 마귀가 아니라 그리스도 안에서 새 생명을 얻은 우리들입니다. … 이제 기도하실 때마다 예수님의 이름으로 이렇게 외치십시오. '우리 가정이 평안할지어다', '우리 가정에 기쁨이 넘칠지어다', '축복이 임할지어다', '건강이 임할지어다.' 이제 우리는 왕입니다.

112) John A. Witmer, *Romans,* 1:16.

지배하는 자입니다. 예수님의 이름으로 왕 노릇 하십시오.[113]

왕 노릇은 질병 치유가 아니라 그리스도의 영광에 동참함임

이러한 해석은 세상적 가치관으로 성경을 해석하는 것이 아닌가 묻지 않을 수 없습니다. 왕 노릇을 지배의 개념으로, 곧 이제 마귀가 아니라 신자들이 육신의 건강을 지배한다고, 곧 왕 노릇 한다고 해석하는 것에서 그런 의구심이 일어나지 않을 수 없습니다. 특히 "생명 안에서의 왕 노릇"을 질병의 치료(육신의 건강)와 같은 지상적(地上的)인 것으로 환원시키는 어리석음을 범(犯)하고 있다는 우려를 금하지 않을 수 없습니다.

그리스도가 통치하는 왕국(왕직)은 영적인 것이며, 그 왕국은 의와 생명을 지니고 있는 말씀과 성령으로 이루어져 있습니다(제네바 요리문답 제37문). 따라서 그 왕국에서 우리는 그리스도를 통해서 우리의 양심이 죄에서 해방을 받고 또한 그분의 영적인 풍요함으로 충만해져서 의롭고 거룩한 삶을 살 수 있고, 우리 영혼의 적인 악마와 죄와 육과 세상을 이길 수 있는 능력을 소유하게 되는 유익이 있습니다(제네바 요리문답 제42문).

아무튼 이 구절은 "그리스도께서 아담을 능가하시기 때문에, 아담의 죄가 그리스도의 의에 압도"되며,[114] 따라서 "신자들이 마침내 그리스도의 영광에 동참"한다는 것을 가리킵니다.[115] 왜냐하면 "그리스도의 은혜를 통하여 의와 생명이 우리에게 회복"되었기 때문입니다.[116]

113) 조용기, 『로마서 강해』, 160-161.
114) John Calvin, *Romans,* 5:17.
115) 박윤선, 『성경주석 로마서』, 5:17.
116) *Inst.*, 2.1.6.

여기에서 왕 노릇 한다는 말은 "하늘나라에 있는 성도들을 나타내는 데 종종 사용되는 말"이고, 그것은 "성도들이 하늘나라에서 영광스럽고 복된 상태로 높임을 받으리라는 것", 곧 "그들이 모든 원수를 이기며 궁극적인 승리를 거두고 그들의 구원의 대장과 함께 영광스러운 통치에 참여하게 될 것이라는 말"(**계 3:21, 눅 22:30**)입니다.[117] 그러므로 이 말은 종말론적이라고 이해할 수 있는데, 그 이유는 "로마서에서 '조에'(ζωή)는 대개 종말론적이라는 사실"(**롬 2:7, 5:18, 21, 6:22, 23, 8:6, 11:15**) 때문이지만, 그러나 "'종말'이 현재로 들어왔기 때문에 신자들은 지금 '새 생명 가운데 행하므로'(**롬 6:4**), 신자들이 지금 생명 안에서 왕 노릇 하며 완성 때에는 완전하게 왕 노릇 하리라."라고 볼 수 있습니다.[118] 존 머리도 같은 뜻으로 이렇게 해석합니다.

> 생명 안에서의 왕 노릇은 장차 이뤄질 궁극적인 질서를 내다보는 듯하다. 그러나 미래 시제로 나오는 '왕 노릇 하리로다'라는 말은 미래에 왕 노릇 하는 것으로 국한(局限)시킬 필요는 없다. 이는 미래성보다는 생명 안에서 왕 노릇 하는 것의 확실성과 보장에 대한 표현으로 해석할 수 있다. 그러나 확실성의 보장은 그 왕 노릇이 영원히 계속되며, 바울의 가르침과 같이 미래에 가서 가장 완전한 실현 단계에 이를 것임을 의미한다.[119]

117) Albert Barnes, *Romans,* 5:17.
118) Thomas R. Schreiner, *Romans,* 5:17.
119) John Murray, *Romans,* 5:17.

3) "너희 죽을 몸도 살리시리라"를 질병의 치료로 해석해도 될까요?

롬 8:11 "예수를 죽은 자 가운데서 살리신 이의 영이 너희 안에 거하시면 그리스도 예수를 죽은 자 가운데서 살리신 이가 너희 안에 거하시는 그의 영으로 말미암아 너희 죽을 몸도 살리시리라"

조용기는 이 구절도 이렇게 해석합니다.

> 이 구절에서 우리는 우리 몸을 치료하시는 하나님의 역사를 배울 수 있습니다. 죽을 기한이 되지 않았는데 우리 몸에 죽을병이 다가옵니다. … 하나님께서는 친히 성령을 통하여 이러한 질병들을 고쳐 주십니다. 하나님께서는 미래에 죽을 몸을 살려 주실 뿐만 아니라, 현재 우리 육체를 괴롭히는 죽음의 그림자 즉 질병도 없애 주십니다. … 예수님이 채찍에 맞으심으로 우리의 병은 고침을 받았습니다(**사 53:5**). … 그렇기 때문에 '네 영혼이 잘됨같이 네가 범사에 잘되고 강건하기를'(요한 3서 2절) 간구하던 사도 요한의 기원이 오늘 우리에게 이루어질 수 있는 것입니다. … 또한 죄로 인하여 죽은 우리의 몸도 성령을 통하여 매일매일 고침 받고, 세상 끝날 주님 오실 때 다시 부활하여 영원한 새 하늘과 새 땅에 거하게 될 것입니다.[120]

조용기의 질병 치유에 대한 언급들을 그의 여러 저술에서 몇 건 더 열거하면 다음과 같습니다.

120) 조용기, 『로마서 강해』, 239-240.

하나님의 독생자 예수 그리스도께서 채찍에 맞으시고, 십자가에 물과 피를 다 흘리신 것은 우리의 죽을 몸을 살리시고, 우리의 병든 몸을 치료하시기 위한 것이었습니다. 그러므로 우리가 회개하고 예수 이름의 권세로 치료되기를 기도하면, 우리의 몸과 마음의 질병은 떠나가게 되며, 강건한 복을 누릴 수 있습니다.[121]

여러분, 저는 한평생을 병약함과 싸워 왔습니다. 폐병 3기에서 일어났지요, 심장병으로 고생했지요, 장염으로 고생했지요, 탈장으로 고생했지요, 간이 나빠서 고생했지요, 신장에 물혹이 생겨서 고생했지요, 그야말로 온몸이 종합병원이었습니다. 그러나 계속해서 주님께 기도하고 믿음으로 하나하나 치료받은 체험을 가지고 있습니다. … 주님은 우리를 고치시고 건강하게 해 주십니다. 마귀는 우리를 도둑질하고 죽이고 멸망시키기 위해서 우리에게 질병을 가지고 옵니다. 그러나 우리가 죄를 회개하고 예수 그리스도의 말씀을 의지하고 나가면 하나님께서 고쳐주십니다.[122]

예수 그리스도의 십자가에는 치료의 능력이 넘쳐납니다. 마귀는 인간을 병들게 합니다. 과학과 의학과 문명이 발달한 요즘은 오히려 옛날보다 더 무서운 질병이 극성을 부립니다. 그러나 우리가 예수 그리스도의 십자가의 은총을 의지하면 우리 질병의 독을 무력화시킬 수 있습니다.[123]

이러므로 예수님의 보혈은 질병 치유에 대한 증거가 됩니다. 성령은 이 시간에도 말씀하고 있습니다. "저가 채찍에 맞음으로 너희가 나음을 입었느니라." 이 보혈을 통해 질병의 억압에서 해방을 받고 참 자유를 누릴지어다.[124]

121) 조용기, 『우리 시대의 지혜서 믿음』, 237.
122) 조용기, 『우리의 치료자 예수님』(서울: 서울말씀사, 2006), 36-37.
123) 조용기, 『조용기 목사 설교전집』 제11권(서울: 서울말씀사, 1996), 134.
124) 조용기, 『조용기 목사 설교전집』 제14권(서울: 서울말씀사, 1996), 250.

질병 치료에 대한 조용기의 주장들은 대한예수교장로회(통합) 제78회 총회의 "조용기 씨에 대한 연구보고 참고자료"(「교회와 신앙」 1993년 11월호 통권 2호, 139-141)에서도 확인할 수 있습니다.

> 교회에는 세례와 성찬과 함께 병 고치는 3대 의식이 있는데 이것은 교회의 끝날까지 영구적으로 계속되어야 할 의식들입니다. 그럼에도 불구하고 현대 교회는 세례식은 약식 수세로 바꾸고 성찬은 한두 번으로 만족하며 병 고치는 의식은 아예 기대 밖의 것으로 돌려 버리고 말았습니다. 이런 상태는 현대 교회가 하나님의 말씀으로부터 멀리 떨어져 있음을 단적으로 보여 주고 있습니다.[125]
>
> 기독교는 원래 의식을 중요시하지 않습니다. 그러나 세례와 성찬을 포함한 성례와 병 고침의 의식은 교회의 가장 핵심적인 의식이며 이것들은 세상 끝날까지 계속될 것입니다.[126]
>
> 삼위일체 하나님의 성부 하나님이 치료하시는 하나님이요(**출 15:26**), 성자 예수님이 우리의 질병을 위해 못 박히신 하나님이시며, 성신 하나님이 예수님의 대속 사업을 계속하시는 이상, 오늘날 지상의 교회는 어찌하든지 죄를 회개시키고 병 고침을 받게 하는 의식을 행하여야 할 것입니다.[127]
>
> 예수님은 바리새인들을 향하여 "내가 하나님의 성령을 힘입어 귀신을 쫓아내는 것이면 하나님의 나라가 이미 너희에게 임하였느니라"(**마 12:28**) 하셨습니다. 이러므로 귀신을 내쫓고 병을 고치는 일은 곧 천국의 기반이 되는 것입니다. 그러면 오늘날 눈에 보이는 천국은 무엇입니까? 그리스도의 몸 된 교회가 바로 장

125) 조용기, 『삼박자 구원』, 284; 조용기, 『5중복음과 삼박자 축복』, 193.
126) 조용기, 『순복음의 진리 (하)』(서울서적, 1984), 414-415, 이후로는 조용기, 『순복음의 진리 (하)』, 414-415. 등으로 표기함.
127) 위의 책, 425.

차 다가올 천국의 모형인 것입니다. 따라서 교회에는 반드시 병 고침의 역사가 일어나야 하는 것입니다. … 이러므로 교회의 병 고치는 의식은 없어서는 안 될 절대 복음적인 의식입니다.[128]

오늘 교회들은 질병을 가져다주는 귀신을 예수 그리스도의 이름으로 묶어 버리고 치료의 영을 풀어 놓는 병 고침의 의식을 예배 시간마다 가질 필요가 있으며 믿는 자에게는 손을 얹고 병 낫기를 위해 간절히 기도하기를 가르쳐야 할 것입니다. 병 고치는 의식은 예수님께서 천사장의 나팔 소리와 주의 호령으로 강림하실 때까지 교회가 계속하여 지키고 행하여야 할 중대한 의식입니다. 이것은 그리스도의 몸 된 교회가 우리의 병을 짊어지시기 위해 살을 찢으신 그의 몸으로부터 영원토록 받아 누리는 축복이기 때문입니다.[129]

누구든지 진심으로 죄를 자백하고 주 예수님의 보혈과 그 능력을 믿음으로 죄 사함을 얻어 구원을 받으면 자연히 율법의 저주에서 놓여나게 되는 것입니다. … 죄 사함을 얻었으면 그 죄의 형벌, 곧 육신의 질병으로부터 해방을 받아야 마땅한 것입니다.[130]

병든 자마다 이 긍휼과 자비에 힘입어 하나님 앞에 나아가 대제사장이신 예수 그리스도의 피 공로로 죄 사함 얻고 병 고침도 받을 수가 있는 것입니다. 만일 우리가 이런 병 고침의 역사를 기대하지 않는다면 그것은 예수님의 구세주 됨을 부인하는 결과요 하나님의 사랑을 외면하는 결과가 되고 말 것입니다.[131]

예수님의 피로써 죄 사함을 받았다는 성도들이 질병과 그 고통으로부터 대속받기를 원치 않는다면, 즉 병 고침을 기대하지 않고 소원하지 않는다면, 그것 자

128) 위의 책, 426.
129) 위의 책, 427.
130) 조용기, 『삼박자 구원』, 256.
131) 위의 책, 266.

체가 하나님의 뜻을 거스리는 중대한 범죄가 되는 것입니다. 오늘날 실제로 이렇게 반쪽 믿음을 가진 성도들이 많이 있습니다.[132]

성령님은 지금도 우리 가운데서 죄를 사하시고 그 징표로 질병을 고치시는 구원의 이중적 은혜를 부어 주시고 계십니다.[133]

우리는 구원과 신유의 은사를 동시에 받아들이기 때문에 구원받은 사람이면 병 고침도 받아야 된다는 진리를 주장합니다.[134]

오늘날 어떤 이들은 말씀만 증거하고 복음만 증거하여야 한다고 주장합니다. 그들은 복음 증거와 함께 성령께서 표적과 기사로 역사하는 것을 부끄럽게 생각하거나 비난합니다. 그러나 이와 같은 인위적인 경건주의와 율법주의야말로 자기도 못 들어가고 남도 못 들어가게 하는 신앙의 외식인 것입니다.[135]

원래 구원의 개념에는 치료의 개념도 포함되어 있습니다. 그러므로 예수 믿고 구원받는 것은 단지 죽은 후에 천국에 들어가는 것만을 의미하지 않습니다. 현세적인 생활에서 건강한 삶을 사는 것도 포함됩니다. 오늘날 일부 사람들이 기독교 신앙으로 병을 고치는 것을 이단시하거나 샤머니즘으로 몰아붙이는 경우가 있습니다.[136]

우리는 바울 선생에게 다가왔던 다섯 가지 가시를 통해서 오늘날도 이와 같은 가시가 우리에게 다가오는 것을 알 수 있습니다. 첫째 가시는 약한 것들입니다. 여기서 약한 것들은 병을 말하지 않습니다. 왜냐하면 예수님께서는 이 땅에 오셔서 가시는 곳마다, 그의 영이 계시는 곳마다, 죄를 고치시고 병을 고치셨기 때

132) 위의 책, 283.
133) 위의 책, 298.
134) 위의 책, 298.
135) 위의 책, 300.
136) 조용기, 『5중복음과 삼박자 축복』, 22.

문입니다. 예수님이 이 땅에 오신 목적은 인류를 구원하시기 위함이며 하나님께서 주신 가시를 제거하기 위함은 아닙니다. 그러므로 병은 가시가 아닌 것입니다. 여기에서 말하는 약한 것들은 육체적으로 정신적으로 튼튼하지 못하고 허약한 것을 말합니다. … 그러므로 우리에게 약한 것들, 능욕, 궁핍, 핍박, 곤란의 가시들이 다가와서 찌르거든 그것은 곧 하나님께서 우리를 지키시고 부르시는 표적인 줄로 아셔야 할 것입니다.[137]

질병은 하나의 생명체입니다. 살아서 움직이고 그 세력을 확장해 나가다가 결국에는 육체의 생명을 죽이고 그것을 파괴합니다. 이 질병의 배후에는 마귀가 있어서 질병의 생명력과 파괴력을 공급해 줍니다. 이러므로 질병에서 마귀가 떠나고 나면 그것은 마치 영혼 없는 몸이 죽은 것처럼 병균도 분해되어 사라지는 것입니다. … 예수님께서 고치신 모든 병은 그 배후에 마귀가 생명을 공급하고 있었으며 예수님께서 이 마귀의 영혼을 쫓아내시자 질병의 힘은 꺾어져 버렸고 상처 입은 육체에 건강의 생명이 공급되어 깨끗하게 고침받았던 것입니다.[138]

귀신과 마귀는 우리에게 갖가지 질병을 가져다주고 있습니다. 어떤 사람들은 "질병은 병균으로부터 오는 것이 아닌가?" 하고 반문할 것입니다. 그러나 거듭 말씀드리거니와 병균을 비롯하여 모든 조건은 마귀로부터 파괴적인 생명을 공급받고 있는 것입니다. 그러므로 육체의 질병을 고침받기 원하는 사람은 마귀의 가장 큰 무기인 죄와 사망을 철폐하고 묶어 버리기 위해 먼저 죄를 고백하고 예수를 믿어 영혼 속에 사망의 악령의 역사를 물리치고 생명의 성령의 역사를 받아들여야 합니다. 그때 마귀는 떠나고 주님의 생명이 우리 몸속에 부어져서 건강이 넘쳐나게 되는 것입니다.[139]

137) 조용기, 「오늘의 만나」 제1집(서울: 서울서적, 1990), 70-71.
138) 조용기, 『삼박자 구원』, 249-250; 조용기, 『5중복음과 삼박자 축복』, 182.
139) 조용기, 『삼박자 구원』, 250-251.

대한예수교장로회(통합) 제78회 총회에 보고된 "조용기 씨에 대한 연구보고서"(「교회와 신앙」 1993년 11월호 통권 2호, 131)와 "조용기 씨에 대한 연구보고 참고자료"(「교회와 신앙」 1993년 11월호 통권 2호, 138-139)의 내용을 요약하면 다음과 같습니다.

> 조용기에 의하면 병 고침은 교회와 구원의 필연적인 요소가 된다. 그는 병 고침을 세례와 성찬과 함께 교회의 3대 의식이라고 하면서, 병 고치는 의식을 하지 않는 교회는 하나님의 말씀으로부터 멀어진 교회이며[140], 심지어 병 고침을 기대하지 않는 신앙은 예수님의 구세주 됨을 부인하는 것이라고 하고[141], 구원받은 사람이면 병 고침도 받아야 된다고 주장한다.[142]
>
> 그는 마귀와 귀신을 질병의 배후로 보고[143] 이 마귀와 귀신을 쫓아내야 질병을 치료할 수 있다고 주장하는데[144] … 아담이 타락한 이후 예수님께서 십자가에서 죽으심으로 마귀에게 맡겨준 권리증서를 되찾기까지 모든 권리가 마귀에게 있었다고 하면서 이 마귀의 권리가 하나님 앞에서 합법적인 것[145]이라고 주장하는 점은 김기동씨의 사상과 똑같다.

여기에 대하여 여의도순복음교회는 다음과 같은 입장을 내어놓음으로써 이러한 사실을 확인시켜 줍니다.

140) 조용기, 『삼박자 구원』, 284; 조용기, 『5중복음과 삼박자 축복』, 193; 조용기, 『순복음의 진리 (하)』, 414-415.

141) 조용기, 『삼박자 구원』, 266.

142) 위의 책, 298.

143) 조용기, 『순복음의 진리 (하)』, 427; 조용기, 『삼박자 구원』, 249-250.

144) 조용기, 『순복음의 진리 (하)』, 454; 『삼박자 구원』, 249.

145) 조용기, 『순복음의 진리 (하)』, 297.

오순절 교단에서는 병 고침의 역사를 강력히 주장한다. 병 고침을 부인하는 것은 예수님의 사역을 근본적으로 부인하는 것이다. 통합측 보고서에서 이 문제를 부정적으로 언급한 것은 통합측 교단의 병 고침에 대한 교리가 오순절 교단과는 크게 차이가 있음을 보여 준다. 성경은 질병과 죽음이 마귀로부터 온 것임을 명백히 말해 주고 있다. 조 목사는 예수 그리스도께서 십자가에서 완전한 대속을 이루었으므로, 모든 성도는 마귀에게 빼앗겼던 모든 권리를 당연히 되찾을 수 있음과 마귀를 대적하여 승리하는 삶을 살아야 할 것을 주장한다. 이러한 주장은 절대적으로 성경적인 것이다.[146]

"죽을 몸도 살리시리라"라는 뜻은 질병 치료보다 훨씬 큰 것

이러한 해석은 "죽을 몸도 살리신다"라는 말씀의 뜻을 몸의 치료에 초점을 맞추고 있는 것이 아닌가 묻지 않을 수 없습니다. 그러나 과연 그렇게 해석해도 될까요? 이 구절에서 "'죽을 몸'이란 아직도 사망에 굴복한 채로 남아 있는 우리 안에 있는 모든 것"[147]을 가리킨다고 해석해야 하지 않을까요? 또한 "살리리라"라는 말씀도 "복음 아래서 성령의 능력으로 사람이 하나님을 섬길 수 있도록 살게 되리라는 것", 곧 "오랫동안 죄의 지배 아래 있던 부패하고 육신적이며 죽을 수밖에 없는 몸도 다시 살게 되며 하나님을 섬길 수 있도록 회복될 것"이라고[148] 해석해야 타당하지 않을까요? 왜냐하면 "하나님은 모든 믿는 자들의 죽을 몸을 위하여 지금 영적인 부활의 생명을 주시고 그 죽을 몸을 위하여 장래에는 육체적인 부활의 생명을 주시겠

146) 한국교회문화사 편집부 편, 「교회와 신앙」 1993년 11월호(통권 2호), 154-155.

147) John Calvin, *Romans,* 8:11.

148) Albert Barnes, *Romans,* 8:11.

다고 약속"하셨기[149] 때문입니다. 신자들은 그리스도께 연합되었으므로, 하나님께서 예수님을 죽은 자 가운데서 살리심은 신자들도 살아날 것의 보증이 됩니다.[150] 그것은 질병의 치료 정도가 아니라 사망을 이기시고 부활하신 예수님으로 나타내신 하나님의 능력이 우리 안에서 역사하신다는[151] 뜻입니다.

병 고침이 교회와 구원의 필연적인 요소라는 주장은 성경적으로나 기독교 역사적으로도 전혀 근거가 없음

만일 병 고침이 교회와 구원의 필연적인 요소라면 질병으로 죽은 신자들에 대하여 어떻게 설명할 수 있을까요? 그들은 구원받지 못한 것이라고 말해도 된다는 뜻인지 반문하지 않을 수 없습니다. 만일 그렇다면 바울은 구원받지 못한 것일까요?

사탄도 하나님의 주권 아래 있고, 따라서 하나님은 사탄도 도구로 사용하십니다. 질병 또한 하나님의 주권 아래 있고, 따라서 하나님은 질병도 도구로 사용하십니다. 그러므로 바울 사도를 비롯한 신실한 신자들 가운데 질병으로 시달린 사람들도 많습니다. 따라서 병 고침이 교회와 구원의 필연적인 요소라고 주장하는 것은 성경적이지 않습니다.

또한 "교회에는 세례와 성찬과 함께 병 고치는 3대 의식이 있는데 이것은 교회의 끝날까지 영구적으로 계속되어야 할 의식들"이라는 주장은 성경적으로나 기독교 역사적으로도 전혀 근거를 찾아볼 수 없습니다. 더구나 병

149) John A. Witmer, *Romans,* 8:11.
150) Thomas R. Schreiner, *Romans,* 8:11.
151) 박영선, 『다시 보는 로마서』, 8:11.

고치는 것을 세례, 성찬과 함께 교회의 끝날까지 영구적으로 계속되어야 할 의식들이라고 취급하는 것은 마치 로마가톨릭이 세례와 성찬 이외에 5가지를 덧붙여 7성례를 만든 것과 다름없는 반성경적 행위입니다. 따라서 이런 주장에 대해서는 논박할 가치도 없습니다.

하나님께서는 항상 모든 피조물이 하나님의 선하시고 기쁘신 뜻대로 하나님을 섬기도록 통치하시기 위해 자연의 모든 질서를 인도하시는데, 그 가운데 비와 가뭄, 우박과 폭풍과 좋은 날씨, 풍년과 흉년 등이 있고 건강과 갖가지 질병도 있습니다(제네바 요리문답 27). 질병은 건강과 마찬가지로, 또한 궁핍도 번영과 마찬가지로 하나님의 섭리 가운데 하나입니다(하이델베르크 요리문답 27).

'하나님의 성회 총회'의 역사적인 입장과도 다른 무리한 성경해석

조용기의 주장은 성경해석에서뿐만 아니라 그가 속한 '하나님의 성회 총회'가 채택한 '신유에 대한 보고서'(1974.08.20.)에서 그들의 역사적인 입장이 "대속적 치유를 구원과 동일시하지 않는다는 점을 분명히 천명"[152]한 것과도 다릅니다. 왜냐하면 신유를 구원이나 신앙과 무리하게 연결하여 해석하는 것은, 그 근거로 내세우는 핵심 구절들에 대하여 빈약하거나 잘못된 해석, 성경 구절의 선택적 사용, 성경의 전체적 관점을 이해하는 데 실패하

152) Gordon D. Fee, "완전한 건강의 복음?", 김세윤, Gordon D. Fee, Walter C. Kaiser, Jr., Douglas J. Moo, Dennis P. Hollinger, David L. Larsen, *Gospels and contemporary perspectives*, 김형원 옮김, 『탐욕의 복음을 버려라: 부와 건강을 해부한다!』(서울: 새물결플러스, 2011), 31, 이후로는 Gordon D. Fee, "완전한 건강의 복음?", 31. 등으로 표기함.

기 때문입니다.[153] 은사주의자인 고든 피(Gordon D. Fee)조차도 이렇게 지적합니다.

a) "그리스도께서 … 율법의 저주에서 우리를 속량하셨으니"(**갈 3:13**)라는 바울의 언급과 **신 28:21-22**에서는 질병이 율법에 대한 불순종에 내려진 저주 중의 하나로 제시되고 있다. 복음 전도자들은 이 구절들을 기초로 하여 질병은 "율법의 저주"이며 그리스도가 그것으로부터 신자를 구속하셨다고 주장한다.

b) **사 53장, 사 53:4**에 대한 마태의 인용, 그리고 **사 53:5**에 대한 **벧전 2:24**에서의 인용. 이 구절들을 근거로, 특히 베드로전서에서 과거형으로 바뀐 것을 근거로, 치유는 용서와 마찬가지로 속죄에 포함되는 것이라고 주장한다.

c) 하나님이 믿음을 중요시한다고 말하는 모든 구절, 예를 들어 **마 9:29, 막 11:23-24, 요 14:12, 히 11:6, 약 1:6-8** 같은 구절들이 그것이다.[154]

여기서 이 모든 구절을 자세하게 조사하는 것은 불가능하지만 몇 가지 제안을 하려고 한다.

a) 이는 잘못된 "성구 사전"식 해석의 전형적인 예로, 핵심 단어가 포함된 여러 구절을 찾아 연구한 후에 그 구절들이 동일한 의미를 가르치고 있다고 해석하는 것이다. 바울의 "율법의 저주"를 언급할 때 **신명기 28장**의 "저주"를 염두에 두었을 가능성은 거의 없다. 그리고 갈라디아서에 나오는 "속량"이라는 단어는 오직 한 가지 의미를 가질 뿐이다. 사람이 하나님 앞에 어떻게 설 수 있는가 하는 문제, 곧 믿음에 의해서인가, 아니면 율법의 행위에 의해서인가 하는 의미 중 하나일 뿐이다. 바울이 갈라디아서의 문맥에서 지속적으로 지적해 왔던 것과 전혀

153) 위의 책, 29.
154) 위의 책, 30-31.

다른 의미를 성경이 본문 속에 집어넣었다고 볼 수 없기 때문이다.

b) 성경은 구원과 함께 치유를 제공한다고 가르친다는 주장에도 의문의 여지가 있다. 이런 주장은 역사적 오순절주의가 취했던 입장이다. 그러나 하나님의 성회 총회가 채택한 신유에 대한 보고서(1974. 08. 20.)는 자신들의 역사적인 입장이 대속적 치유를 구원과 동일시하지 않는다는 점을 분명히 천명한다. "속죄가 죄의 결과로부터 해방을 가져오는 것"이므로 치유는 "일어난다." 그러나 "아직 우리의 몸은 구속을 받지 못했기 때문에" 부활 때까지 고통과 죽음은 여전히 우리의 운명이다. …

마태는 **사 53:4**가 육체적인 치유를 의미한다고 생각한 것이 분명하다. 그러나 마태는 이를 속죄의 일부분이 아니라 메시아가 하시는 사역의 일부분을 본 것이다. 이와 반대로, 베드로는 **사 53장**의 "치유"를 비유적으로, 즉 우리 죄라는 실병을 치유하는 것으로 보았다. 두 구절 모두 **사 53장**의 "치유"를 속죄에서의 육체적 치유로 보지 않은 것이 분명하다. … 이사야가 염두에 둔 첫 번째 의미는 비유적인 것이었음이 분명하다. 이스라엘은 병에 걸렸다. 이스라엘은 자신의 죄로 인해 심각하게 병들었다(**사 1:6-7**). … 그러나 육체적 질병도 타락의 결과로 인식되고 있기 때문에 우리는 이 비유가 문자적인 의미도 함유하고 있다고 볼 수 있는데, 바로 이것이 마태가 말하는 바다. 이로 보건대 우리는 성경은 속죄의 과정에서 치유가 꼭 일어난다고 가르치고 있지 않음을 알 수 있다. 그러나 신약성경이 십자가를 하나님의 구속사적 사역의 핵심으로 본다는 의미에서 (또한 질병이 궁극적으로는 타락의 결과라는 점에서) 우리는 치유가 속죄에서 중요한 위치를 차지한다고 말할 수 있다. …

c) 완전한 건강과 치유는 당연한 것이라는 그들의 주장은 치유를 속죄의 일부분으로 간주하는 것(하나님이 치유를 신자들에게 약속하셨기 때문에 신자가 하

> 나님께 요구를 하면 반드시 들어주셔야 한다)에 믿음에 대한 구절들을 결합시키는 것으로 마무리된다("치유가 이미 하나님에 의해 제공되었기 때문에 올바른 믿음의 법칙을 사용하면 치유받을 수 있다"). … 하나님은 우리가 원하는 것을 모두 들어주시지는 않는다. 우리의 제한된 지식에서부터 나온 기도는 너무나 자주 우리의 이기심에 물들어 있기 때문이다. … 그러므로 이 구절들과 관련된 핵심 문제는 "이 구절들이 우리를 위해 어떻게 작동하도록" 만들 것인가가 아니라, 그 구절이 성경의 전체 계시에 비추어서 어떻게 이해되어야 하는가다.[155]

"모든 하나님의 자녀는 그 이유 하나만으로 완전한 건강을 누려야 한다."라는 주장은 "치유를 경험하지 못하는 것은 하나님을 진정으로 믿지 못하기 때문"이라는 결론이 나올 수밖에 없는데, 이러한 결론은 "성경, 타락, 혹은 일반 은혜를 신중하게 생각하지 않고 거부한 것"이며, "그리스도가 우리를 모든 저주에서 구원하셨다는 그들의 견해에 근거하여, 타락이 모든 창조 질서에 스며들어 있다는 성경적인 견해를 인정하지 않는 것"입니다.[156] 인간의 몸을 포함하여 모든 창조 세계는 "썩어짐의 종노릇"을 하고 있고 (**롬 8:21**), 우리의 몸이 속량을 받을 때까지는 그 상태가 계속될 것이며(**롬 8:23**), 사도 바울의 사역에는 "표적과 기사와 능력"이 동반되었음에도(**롬 15:19, 고후 12:12**) 불구하고 그 자신이나 그의 동료 누구도 언제나 완전한 건강을 누린 적이 없다는 사실은 그들의 질병이 믿음의 부족으로 생긴 것이거나 그들이 치유된 것도 큰 믿음이 있었기 때문이 아니었음을 입증합니다.[157]

155) 위의 책, 31-36.
156) 위의 책, 37.
157) 위의 책, 38.

그러므로 "죽기 전이나 그리스도의 영광스러운 재림 때까지는 신자의 육체가 부활과 변화를 통해 속량받지 못함"에도(**롬 8:23**) 불구하고 "영혼에 대해 구원의 혜택을 주장할 수 있는 것과 마찬가지로 현세의 육체에 대해서도 동일한 주장을 할 수 있다."라고 주장하는 것은 "'과도하게 실현된 종말론'의 오류"를 범하는 것입니다.[158]

에바브로디도가 병들어 죽게 되었을 때 하나님은 그를 긍휼히 여기셔서 병을 고쳐 주셨지만(**빌 2:27**), 드로비모는 질병으로 밀레도에 남겨졌으며(**딤후 4:20**), 디모데의 경우는 자주 생겼던 위장병에 대해 고쳐 달라고 기도하거나 믿음을 발휘하라고 말하지 않고 질병을 위해 포도주를 사용하라고 권했고(**딤전 5:23**), 바울도 육체적 질병과 고통을 당했다는(**고후 10:10, 4:11, 4:16, 5:1-2, 갈 4:12-15, 고후 12:7**)[159] 사실은 조용기의 주장이 성경적이지 않다는 것을 보여 주는 구체적인 예라고 말할 수 있습니다.

다른 기적적인 은사들처럼 질병을 고치는 능력은 모든 그리스도인에게 주어진 것도 아니고, 성경 역사 전체에 주어진 것도 아니며, 다만 "특별한 시대에 특별한 목적"을 위해 주어졌으며, 따라서 오늘날도 질병을 고치는 은사를 가진 사람을 찾으려고 기대해서는 안 되지만, 그렇다고 하더라도 "하나님이 결코 누구에게도 치유의 은사를 주시지 않을 것"이라고 하나님을 제한할 수는 없습니다.[160]

158) Douglas J. Moo, "부와 건강의 복음이 말하는 신유", 김세윤, Gordon D. Fee, Walter C. Kaiser, Jr., Douglas J. Moo, Dennis P. Hollinger, David L. Larsen, *Gospels and contemporary perspectives*, 『탐욕의 복음을 버려라: 부와 건강을 해부한다!』(서울: 새물결플러스, 2011), 126-127, 이후로는 Douglas J. Moo, "부와 건강의 복음이 말하는 신유", 126-127. 등으로 표기함.

159) Gordon D. Fee, "완전한 건강의 복음?", 38-39.

160) John M. Frame, 『조직신학개론: 구원은 주께 속한 것이다』, 248.

고통과 질병을 구분하는 방식의 문제점

물론 조용기를 비롯하여 신유를 구원이나 신앙과 무리하게 연결하여 해석하는 자들도 구원받은 자의 현실적 고난이나 성경에 등장하는 신앙인들의 고난을 부정하지는 않습니다. 부정하지 않을 뿐 아니라 고난의 유익이나 필요성조차도 적극적으로 주장하기도 합니다. 그 가운데 질병을 고난에 포함하기도 합니다.

그러나 그들은 "고통과 병을 구분"하여 "고통은 우리의 외부에 속한 것이고, 우리가 그리스도를 따를 때 오는 것"이지만, "병이나 질병은 타락과 저주의 결과를 말하는데, 이제는 그리스도에 의해 극복되었다."라고 주장하는데, 성경은 그렇게 구분한 적이 없으며, "하나님은 병뿐만 아니라 모든 악에서 구원하실 수 있으며 실제로 그렇게 하시는" 것도 사실이나, 언제나 모든 신자에게 그렇게 하시지는 않습니다.[161]

"고통의 목적과 가치에 관한 신약성경의 진술에서 질병을 제외하려는" 것은 "질병이 신자들의 믿음을 강화시키려는 의도로 하나님에 의해 '허용된 시련'이라는 생각을 거부하려는 인간들의 생각일 뿐"입니다.[162] **고후 12:7-9**에 의하면 바울에게는 "육체의 가시"가 있었다고 하는데, "이 육체의 가시가 육체적 질병을 언급한 것이라면, 하나님이 경건한 그리스도인을 언제나 질병으로부터 보호해 주시지는 않는다는 것과 자신의 종이 질병으로 고통당하는 것을 긍정적인 목적을 위해 허용하기도 하신다는 것을 보여 주는 결정적인 성경적 증거"가 될 것입니다.[163] 더글라스 무(Douglas J. Moo)는 질

161) Gordon D. Fee, "완전한 건강의 복음?", 40.
162) Douglas J. Moo, "부와 건강의 복음이 말하는 신유", 119.
163) 위의 책, 121.

병에 대하여 다음과 같이 바르게 정리합니다.

1) 질병이 "하나님에 의해 주어진 것"임과 동시에 "사탄의 사자"에 의한 것이라고 생각할 수 있다. 고통에 관한 하나님의 최종적인 권한과 사탄의 행위 사이에 존재하는 긴장에 대해 이보다 더 명확한 설명을 찾을 수 없다.
2) 바울에 대해 믿음이 부족했다고 질책할 수 없다면, 믿음으로 드리는 기도가 언제나 육체적인 치유를 일으키는 것은 아님도 분명하다.
3) 하나님이 자기 백성의 영적인 삶을 성장시키기 위해 육체적 고통을 허락하신다는 명확한 근거를 볼 수 있다.[164]

질병 치유를 구원과 신앙으로 연결하는 근거 구절들에 대한 검토

시 103:3은 "그가 네 모든 죄악을 사하시며 네 모든 질병을 고치시며"라고 약속합니다. 그러나 "이 구절에서 사용된 '병'이라는 단어는 구약성경에서 오직 세 번만 나오며, **신 29:22**과 **역대하 21:19**에서 이 단어는 공(共)히 하나님께서 죄에 대한 심판으로 보내시는 재앙을 뜻하는 단어로 사용"될 뿐이며, 따라서 "질병이 모두 한 개인이 저지른 죄에 대한 인과응보적(因果應報的)이고 직접적인 결과는 아니라는 의미"입니다.[165]

그들은 복음서에는 "예수님이 행하신 33개의 기적이 기록"되어 있는데, 그 가운데 "17개가 치유에 관한 것이고 4개가 치유를 포함한 축귀에 관련된 것"이며, "예수님은 치유 받기를 간절히 원하는 사람들을 그냥 돌려보내

164) 위의 책, 22.
165) 위의 책, 95.

신 적이 한 번도 없고", "오직 믿지 않는 자만이 치유를 받지 못했을 뿐"이므로(**막 6:5-6**) "'어제나 오늘이나 영원토록 동일하신' 예수님은(**히 13:8**) 지금도 교회를 통해서 믿음으로 그리스도께 나오는 자들은 언제든지 고쳐 주실 것"이라고 주장합니다.[166] 그들은 또한 "예수님은 자신의 치유 사역을 계속할 권능과 책임을 자신의 후계자들에게 넘겨주셨고", "누가는 이 명령과 약속의 성취를 기록하고 있으며(**행 3:1-10, 9:32-35, 10:36-43, 14:8-10, 28:7-8, 20:9-12, 5:15, 19:11-12**)", "예수님은 우리에게 '더 큰 일'을 할 수 있을 것이라고 약속하셨으니(**요 14:12**)", "오늘날 교회도 이와 동일하게 '표적과 기사'의 특징을 가져야 한다."라고 주장합니다.[167]

그러나 "열두 명과 칠십 명의 제자들에게 주신 명령은 오늘날의 교회에 곧바로 적용할 수 없고", "**요 14:12**는 제자들이 예수님보다 더 큰 기적을 행할 것이라는 뜻이 아니라, 성령이 오시면 전 세계 사람들이 하나님 나라의 복음을 듣게 될 것이라는 의미"이므로, "사도 시대의 교회에 해당되는 것을 현대 교회에 무턱대고 적용하는 것"은 문제가 있습니다.[168] 하나님의 계획은 "시간의 흐름에 따라 점진적으로 전개되는 것"이기에, "각각의 시대는 서로 다른 요소와 강조점을 갖게 되어 하나님이 한 시대에 선택하신 일하는 방법이 다른 시대에 그대로 사용되리라."라고 가정할 수는 없습니다.[169] 우리는 "예수님이 하신 모든 일을 할 수 없으며, 사도 시대에만 해당되는 특징이 있고, 베드로, 바울, 그리고 다른 사도들은 누구도 가질 수 없는 권위와 지위를 가지고 있었다."라는 점과 성경은 "기적을 사도라는 인물과 밀접하

166) 위의 책, 106.
167) 위의 책, 106-107.
168) 위의 책, 108-109.
169) 위의 책, 109.

게 연결"(**행 5:12, 9:38**)하고 있고, **고후 12:12**는 "사도의 표가 된 것은 내가 너희 가운데서 모든 참음과 표적과 기사와 능력을 행한 것이라"라고 증거하고 있는 점 등을 고려할 때 "예수님과 사도 시대에 일어났던 기적을 오늘날의 교회에서 동일하게 일어날 것이라고 기대할 근거가 없음"을 알 수 있습니다.[170]

그들은 "베데스다 연못가에 '많은' 병자들이 누워 있었지만, 예수님은 오직 한 사람만 고쳐 주셨는데"(**요 5:1-9**), 그 이유는 "구원받을 만한 믿음을 가진 사람이 이 사람뿐이었다."라고 주장하지만, 그것은 "성경이 말하지 않는 내용을 집어넣어 해석하는 것"이며, 따라서 "예수님과 사도들의 치유 사건은 오늘날 우리가 기적적인 치유를 경험할 수 있는지에 대해 어떤 증거도 제공해 주지 않습니다."[171]

그들은 질병 치유를 강조하기 위해 "이는 남편이 아내의 머리 됨이 그리스도께서 교회의 머리 됨과 같음이니 그가 바로 몸의 구주시니라"(**엡 5:23**)라는 구절을 근거로 "예수 그리스도가 몸의 구주시라면 당신의 몸은 온전해져야 한다고 주장"하지만, 그것은 성경 말씀에 대한 심각한 왜곡입니다. 왜냐하면 이 구절은 "신체와는 아무 상관도 없는" 내용이며 여기에서 "'몸'은 분명히 '교회'"이기 때문입니다.[172]

"그가 찔림은 우리의 허물 때문이요 그가 상함은 우리의 죄악 때문이라 그가 징계를 받으므로 우리는 평화를 누리고 그가 채찍에 맞으므로 우리는 나음을 받았도다"(**사 53:5**)에서 "나음"의 "히브리어 'רָפָא(라파)'는 우리가 생각하는 것보다 더 자주 육체적 치유가 아니고 영적인 치유를 이르는 말"

170) 위의 책, 110-111.
171) 위의 책, 112-113.
172) Hank Hanegraaff, 『바벨탑에 갇힌 복음: 번영신학을 고발한다』, 416.

로 사용되고, "배역한 자식들아 돌아오라 내가 너희의 배역함을 고치리라 하시니라 보소서 우리가 주께 왔사오니 주는 우리 하나님 여호와이심이니이다"(**렘 3:22**)에서도 예레미야는 "분명히 육신의 치유를 말하고 있지 않으며", "이사야가 메시아께서 우리의 허물 때문에 찔렸고 우리의 죄악 때문에 상했다"(**사 53:5**)라고 말할 때 "영적인 치유를 염두에 두고 있음이 분명"한 것은 **벧전 2:24-25**의 "친히 나무에 달려 그 몸으로 우리 죄를 담당하셨으니 이는 우리로 죄에 대하여 죽고 의에 대하여 살게 하려 하심이라 그가 채찍에 맞음으로 너희는 나음을 얻었나니 너희가 전에는 양과 같이 길을 잃었더니 이제는 너희 영혼의 목자와 감독 되신 이에게 돌아왔느니라"에서 "그리스도가 '우리의 질병'이 아니라 '우리의 죄를 지셨다'라고 말함으로써" 베드로는 "**사 53:5**가 말하는 치유가 육신적인 것이 아니라 영적이라고 단언"하기 때문입니다.[173] 성경의 "다른 부분들을 확인해 보면 우리 영혼은 구원받았지만, 몸은 아직 완전히 영광의 상태에 도달하지 못했다는 사실"을 알 수 있으며, **벧전 2:24**도 "우리가 건강에 대해서가 아니라 의에 대해 살아야 한다."라는 뜻입니다.[174]

물론 "**사 53:4**는 몸의 치유"에 관한 것으로 해석할 수도 있는데, 그 이유는 **마 8:16-17**에서 "저물매 사람들이 귀신 들린 자를 많이 데리고 예수께 오거늘 예수께서 말씀으로 귀신들을 쫓아내시고 병든 자들을 다 고치시니 이는 선지자 이사야를 통하여 하신 말씀에 우리의 연약한 것을 친히 담당하시고 병을 짊어지셨도다 함을 이루려 하심이더라"라고 말씀하기 때문이지만, 문제는 "**사 53:4**의 언급된 치유는 그리스도의 치유 사역으로 완성되었기에,

173) 위의 책, 417-418.

174) John MacArthur, 『무질서한 은사주의』, 157.

오늘날에도 치유가 일어난다는 보증"은 아닙니다.[175]

롬 8:23의 "그뿐 아니라 또한 우리 곧 성령의 처음 익은 열매를 받은 우리까지도 속으로 탄식하여 양자 될 것 곧 우리 몸의 속량을 기다리느니라"라는 말씀도 "지금도 타락의 영향을 받은 몸을 입고 살고 있다."라고 말씀하며, 또한 "그가 채찍에 맞음으로 너희는 나음을 얻었나니"라는 말씀은 **사 53:5**에서 인용한 말씀으로 이사야는 육체적 치유에 대해서 말한 것이 아니라 "이스라엘이 절실히 필요로 하는 영적 치료에 대해 말하고 있다는 사실"을 확인할 수 있습니다.[176] **사 1:4-6**의 말씀을 전제로 **이사야 53장**을 해석하면, "자신이 채찍에 맞음으로 이스라엘을 낫게 할 고난받는 종을 언급하면서 육체적 치유가 아닌 영적인 치유에 대해서 말하고 있음"을 알 수 있습니다. 물론 "속죄 안에는 분명히 치유가 포함되지만", "천국에서의 영원한 영광이라는 궁극적인 측면에서만"(**계 21:4**) 그렇습니다.[177]

그들은 "**갈라디아서 3장**은 그리스도께서 우리를 율법의 '저주'에서 속량하셨다고 말씀"하시고, "**신명기 28장**은 '율법'의 일부이며 '저주'인 온갖 질병들을 나열하고" 있다고 주장하지만, "바울이 율법의 '저주'에서 속량된 일을 말할 때, 그가 **신명기 28장**에 나오는 '저주들'을 말하고 있을 가능성은 털끝만치도 없으며", "무릇 율법 행위에 속한 자들은 저주 아래에 있나니 기록된 바 누구든지 율법 책에 기록된 대로 모든 일을 항상 행하지 아니하는 자는 저주 아래에 있는 자라 하였음이라"(**갈 3:10**)라는 말씀은 문맥상 "바울이 말하는 '저주'가 우리의 노력으로 하나님의 요구 사항들을 지키며 살아 보

175) Hank Hanegraaff, 『바벨탑에 갇힌 복음: 번영신학을 고발한다』, 419.
176) John MacArthur, 『무질서한 은사주의』, 158.
177) 위의 책, 159.

겠다는 '저주'임을 포괄적으로 보여" 줍니다.[178]

그들은 "여러 계시를 받은 것이 지극히 크므로 너무 자만하지 않게 하시려고 내 육체에 가시 곧 사탄의 사자를 주셨으니 이는 나를 쳐서 너무 자만하지 않게 하려 하심이라"(**고후 12:7**)라는 구절을 근거로 바울이 교만이라는 죄의 결과로 '육체의 가시'를 가지게 되었다고 주장하지만, "본문은 바울에게 주어진 가시로 말미암아 그가 자랑하지 않게 되었지, 자랑했기 때문에 가시를 얻은 것이 아님을 분명히 말"해 줍니다.[179]

예수님은 이 문제에 대해 이렇게 말씀하셨습니다. "제자들이 물어 이르되 랍비여 이 사람이 맹인으로 난 것이 누구의 죄로 인함이니이까 자기니이까 그의 부모니이까 예수께서 대답하시되 이 사람이나 그 부모의 죄로 인한 것이 아니라 그에게서 하나님이 하시는 일을 나타내고자 하심이라"(**요 9:2-3**). "이 사람은 자신의 죄 혹은 부모의 죄 때문에 시각장애자로 태어난 것이 아니었으며", 그의 시각 장애는 "그의 인생에 하나님의 일을 드러내시려는 주권적 행위"였습니다.[180]

마 10:1의 "예수께서 그의 열두 제자를 부르사 더러운 귀신을 쫓아내며 모든 병과 모든 약한 것을 고치는 권능을 주시니라", **고후 12:12**의 "사도의 표가 된 것은 내가 너희 가운데서 모든 참음과 표적과 기사와 능력을 행한 것이라"라는 말씀은 "기적을 행할 능력은 오로지 사도들과 및 그들과 가장 가까운 동역자들에게만 특별히 주어졌음"을 알려 주며, "따라서 기적의 능력은 그 범위가 제한되었고 사도적인 사역에만 국한"되었다는 것이 확실

178) Hank Hanegraaff, 『바벨탑에 갇힌 복음: 번영신학을 고발한다』, 421.
179) 위의 책, 436.
180) 위의 책, 440.

합니다.[181] 물론 "사도들에게 사명을 받은 어떤 이들은 사도들처럼 기적적인 은사로 사역했지만"(빌립, **행 8:6-7**), "그런 능력은 보통 그리스도인에게는 주어지지 않았습니다"(**막 16:20, 히 2:3-4**).[182] "신유의 은사는 성경을 하나님의 말씀으로 확증하기 위한 일시적인 표적으로서의 은사"였기 때문에 "그러한 확증이 이미 이루어진 뒤 신유의 은사는 사라졌지만", "하나님은 오늘날도 병을 고쳐 주시는 것도 사실"입니다.[183]

특히 "성령께서 그 안에 내주하고 계시는 사람에게도 사탄이 역사할 수 있고", "따라서 다양한 사회적인 배경을 지닌 그리스도인들이, 자기가 귀신들을 끌어안고 살고 있기에 축사로 치유를 받아야 한다."라고 주장하는 것은 "성령께서 거하시는 성전이 동시에 마귀의 소굴이 될 수도 있다는 주장"으로 "마귀를 신격화하는 전형적인 사례"이며[184] 이는 성경적으로 용납할 수 없습니다. 질병의 원인을 오직 사탄에게서 찾는다는 것이 얼마나 황당한 것인지를 다음의 사실은 분명하게 보여 줍니다.

> 병의 증상들은 사탄의 책략이 아니라 하나님이 우리 몸 안에 심어 놓으신 강력한 치유 잠재력을 보여 주는 증표다. … 병의 증상들은 신체적으로 임박한 위험을 알려 주는 신호일뿐더러, 몸의 치유 과정을 지시하는 표시등이다. 따라서 병증들은 우리 몸 안에서 일어나고 있는 하나님의 주권적인 치유력의 표시인 경우가 많다. 빨갛게 되는 것은 문제가 된 부위로 백혈구와 치료 체제들을 급히 보내기 위한 적혈구의 증가에서 비롯된 것이다. 그리고 림프액과 죽은 세포가 만

181) John MacArthur, 『무질서한 은사주의』, 317.
182) 위의 책, 318.
183) 위의 책, 322, 342, 344.
184) Hank Hanegraaff, 『바벨탑에 갇힌 복음: 번영신학을 고발한다』, 269-270.

드는 고름은 세포들과 잘 싸우고 있다는 격렬하면서도 아름다운 증거인 것이다. 열도 이와 비슷하다. 열은 몸의 혈액을 좀 더 빨리 순환시키고 특정 박테리아에 대적하는 환경을 만들기 위한 몸의 노력을 반영한다(Paul Brand).[185]

185) 위의 책, 413.

3. 상급과 종말

1) "그 행한 대로 보응하시되"를 "상급 심판"으로 해석해도 될까요?

롬 2:6 "하나님께서 각 사람에게 그 행한 대로 보응하시되"

조용기는 이 구절을 해석하면서 "구원은 예수 그리스도의 보혈로 값없이 받았으나 예수 믿고 난 후 이 땅에 살면서 주의 나라와 그의 의를 구하며 행한 것들에 대해 7년 환난 동안 성도들이 공중에 들려 올라가 잔치할 때 상급 심판이 있습니다."라고 주장합니다.[186]

본문의 의도와는 상관이 없거나 상반되는 해석

하나님께서 각 사람에게 그 행위대로 보응하신다는 말씀은 "구약과 유대교의 일반 교리를 반영"한 것입니다.[187] 이런 배경에서 유대인이 되는 것만으로는 하나님의 진노로부터 피할 수 없다는 점을 상기시키기 위하여 행위에 따른 심판을 강조한 것입니다.[188] "은혜의 법칙을 아직 생각하지 않고" 다만 "행위 문제와 율법의 성격을 가지고 말한 것"으로 "율법은 사람이 행한 대로 갚는다는 것"을 말한 것뿐입니다.[189] 그러므로 이 구절은 율법을 해설

186) 조용기, 『로마서 강해』, 62.
187) Douglas J. Moo, *Romans,* 2:6.
188) Thomas R. Schreiner, *Romans,* 2:6.
189) 박윤선, 『성경주석 로마서』, 2:6.

하는 것을 목적한 것이지 복음에 대하여 말하는 것을 목적으로 하지 않았다는[190] 것입니다.

따라서 "어떤 행위가 보상을 받기 때문에 그것이 공로가 있는 것"이라고 해석하는 것은 잘못된 것입니다.[191] 왜냐하면 이 구절은 "원인과 결과를 말하는 것이라기보다 일의 전후 순서를 말하는 것"이므로 이런 구절들을 근거로 하여 "신자들 자신이 자기들의 구원을 이루는 주체라거나, 구원이 신자들에게서 나온다."라는 식으로 해석하는 것은 성경의 의도와는 상반됩니다.[192] 물론 신자들이 소유하거나 소유하게 될 모든 유익은 각자의 행위에 따른 보상이지만, 궁극적으로는 하나님께서 주신 은혜의 선물들이기 때문입니다.[193]

그러므로 성도들이 "이 땅에 살면서 주의 나라와 그의 의를 구하며 행한 것들에 대해 7년 환난 동안 성도들이 공중에 들려 올라가 잔치할 때 상급 심판이 있다."라고 해석하는 것은 본문의 의도와는 전혀 상관이 없습니다. 또한 마치 하나님의 상급이 인간의 행위에 좌우되는 것처럼 해석하는 것은 성경의 가르침이 아닙니다. 상급이란 인간의 행위를 뛰어넘는 하나님의 은혜의 선물일 뿐입니다. 왜냐하면 우리의 행위란 하나님 앞에서는 상급을 받을 만한 가치가 없기 때문입니다. 그러므로 예수님께서 "이와 같이 너희도 명령받은 것을 다 행한 후에 이르기를 우리는 무익한 종이라 우리가 하여야 할 일을 한 것뿐이라 할지니라"(**눅 17:10**)라고 분명히 가르쳐 주셨습니다.

190) Charles Hodge, *Romans,* 2:6.
191) John Calvin, *Romans,* 2:6.
192) *Inst.*, 3.18.1.
193) Herman Bavinck, 『개혁교의학 4』, 276.

2) "모든 무릎이 내게 꿇을 것이요"를 "상급 심판을 받기 위해서 하나님 앞에 무릎을 꿇는 것"으로 해석해도 될까요?

롬 14:11 "기록되었으되 주께서 이르시되 내가 살았노니 모든 무릎이 내게 꿇을 것이요 모든 혀가 하나님께 자백하리라 하였느니라"

조용기는 이 구절을 해석하면서도 "칠 년 환난 전에 부활한 사람이나 환난 동안에 순교하여 승천하는 사람은 상급 심판을 받기 위해서 하나님 앞에 무릎을 꿇게 됩니다."라고 주장합니다.[194]

본 구절의 초점은 그리스도가 세상의 심판자가 되실 것에 대한 진술

본 구절의 초점은 상급이 아니라 예수님께서 세상의 심판자가 되실 것을 진술하면서 그의 신성, 곧 성부와 동등하신 하나님이심을 증거하는 데 있을 뿐입니다. 이 구절은 "모든 사람이 그를 하나님으로 인정하며 그의 보편적인 통치권을 받아들인다."라는 것을 뜻하고, "심판의 날을 가리키는 것이 아니라 다만 모든 신자가 주님의 통치를 인정하게 되리라는 진리를 표현한 것"입니다.[195] "'무릎을 꿇는 것'과 '자백하는 것'은 하나님의 주권에 복종하고 이를 인정하는 것"을 뜻하기 때문입니다.[196]

이 구절의 앞뒤 문맥을 보면 믿음이 강한 자와 약한 자의 사이에서 서로 비판과 업신여김이 있는 것에 대한 경고입니다. "다른 사람들을 교만하게

194) 조용기, 『로마서 강해』, 422.
195) Albert Barnes, *Romans,* 14:11.
196) Thomas R. Schreiner, *Romans,* 14:11.

판단하고 정죄하는 모든 사람"은 그가 비록 "예수를 믿는 신자라고 해도, 최후의 심판 때 예수를 믿는 다른 신자들을 판단하고 정죄한 그들의 생각과 행동들에 대하여 설명하도록 하나님께 요구받을 것"[197]이라는 경고입니다. 그러므로 이 구절을 상급 심판으로 초점을 맞추어 해석하는 것은 잘못된 것입니다.

3) "아브라함이나 그 후손에게 세상의 상속자가 되리라고 하신 언약"을 "백보좌 심판과 천년왕국"으로 해석해도 될까요?

롬 4:13 "아브라함이나 그 후손에게 세상의 상속자가 되리라고 하신 언약은 율법으로 말미암은 것이 아니요 오직 믿음의 의로 말미암은 것이니라"

조용기는 이 구절에 대해서도 이렇게 해석합니다.

> 예수님은 7년 환난 후의 천년왕국에서 왕의 왕으로서 통치하실 것입니다. 그리고 천년왕국이 지난 후 주님께서 잠시 마귀를 풀어놓아 하나님을 따르는 자와, 하나님께 거역하는 자를 또다시 나누실 것입니다. 그다음 모든 죽은 자들은 부활하여 백보좌 심판에 참예한 후 신천신지가 시작될 것입니다. … 하나님께서는 이 땅과 하늘을 개조하실 것입니다. 맹렬한 불로 태우셔서 깨끗이 하실 뿐이지요.[198]

197) Richard N. Longenecker, *Romans*, 14:11.
198) 조용기, 『로마서 강해』, 119-120.

본문의 초점은 심판이 아니라 하나님의 언약이 오직 믿음의 의로 말미암은 것이라는 것임

이런 주장이 본 구절과 무슨 상관이 있을까요? 물론 "아브라함이나 그 후손에게 세상의 상속자가 되리라고 하신 언약"대로 이스라엘 백성은 단지 가나안 땅을 소유하는 것으로 그치지 않고 그리스도인으로서 세상에 대한 하나님의 종말론적 통치에 참여하게 될 것입니다.

그러나 이 본문의 초점은 하나님의 진노나 심판에 대한 것이 아니라 하나님의 언약이 율법이 아니라 오직 믿음의 의로 말미암은 것이라는 데 있습니다. 그런데도 조용기는 수시로 본문의 초점에서 벗어나 자기주장을 펼침으로써 본문을 왜곡시키고 있습니다.

이 구절은 "지금까지 앞에서 다루어 왔던 율법과 믿음과의 대조를 좀 더 명백하게" "반복해서 언급"합니다.[199] 물론 "은혜와 믿음은 서로 대립하지 않지만", "믿음과 행위, 믿음의 의와 행위에서 나온 의는 서로 대립"하고, "믿음 자체가 의이기 때문에 믿음의 본질 혹은 행위로 의롭게 하는 것이 아니라" "그리스도를 믿는 믿음이 우리의 의이기 때문에 믿음은 믿음의 대상으로 우리를 의롭게"[200] 합니다.

이 구절은 헬라어로 "우 가르"(Οὐ γὰρ, *for*)로 시작되는데, 그것은 바울이 **롬 4:11-12**에서 아브라함의 영적 후손을 밝힘에 있어 율법을 전혀 언급하지 않은 이유를 설명합니다.[201] **롬 4:13**은 "아브라함이 하나님의 약속을 받은 것이 '믿음의 의로 말미암은 것'이었다는 긍정적인 내용을 강조"하며, 이 표

199) John Calvin, *Romans,* 4:13.
200) Herman Bavinck, 『개혁교의학 4』, 246.
201) Douglas J. Moo, *Romans,* 4:13.

현은 "바울의 어휘에서 '그것(약속)을 믿음으로 받은 사람을 하나님이 의로 여기셨다'라고 말하는 축약된 방식"입니다.[202] 따라서 "율법으로는 후사를 이어받을 가능성이 없고", "구원의 능력에 있어서 율법에 집착하는 사람은 믿음의 위력을 믿지 않는 사람"이기 때문에, **롬 4:14**에서 "만일 율법에 속한 자들이 상속자이면 믿음은 헛것이 되고 약속은 파기되었느니라"라고 말씀합니다."[203]

4) "진노하심에서 구원을 받을 것"을 "7년 환난"으로 해석해도 될까요?

롬 5:9 "그러면 이제 우리가 그의 피로 말미암아 의롭다 하심을 받았으니 더욱 그로 말미암아 진노하심에서 구원을 받을 것이니"

조용기는 이 구절에 대해서도 이렇게 해석합니다.

> 하나님의 진노하심이란 세상의 끝날에 올 7년 환난을 뜻합니다. 인류의 역사가 끝나고 천년왕국이 시작되기 전에 있을 7년 환난 동안, 하나님을 배반한 사람들에 대한 주님의 진노하심이 있을 것입니다. 구원받지 못한 자들은 7년 환난을 겪고도 또 영원한 멸망으로 던져질 것입니다. … 성서는 분명히 "그로 말미암아 진노하심에서 구원을 얻을 것"이라고 말씀하고 계십니다. 그러므로 우리 믿는 자들은 7년 환난이 시작되기 직전에 하늘로 들리움을 받아 공중 혼인 잔치에 참여하게 될 것입니다.[204]

202) Richard N. Longenecker, *Romans,* 4:13.
203) John Chrysostom, 『크리소스톰 로마서 강해』, 4:13.
204) 조용기, 『로마서 강해』, 150-151.

본 구절의 초점은 진노하심에서의 구원에 있고 7년 환난에 대해서는 어떤 암시도 없음

이 말씀은 "만일 그리스도께서 그의 죽으심으로 죄인들을 위하여 의를 확보하신 것이라면, 그들이 의롭다 함을 받게 되는 지금에는 그리스도께서 그들을 멸망에서 더욱더 보호해 주실 것"이라는 뜻입니다.[205] 이 구절에서는 7년 환난에 대한 어떤 근거도 찾을 수 없고, 다만 예수 그리스도의 피로 의롭다 하심을 받은 사람은 "죄로 인한 지옥의 형벌로부터 구원받는다."라는 것을 말할 뿐입니다.[206] 예수 그리스도의 피로 의롭다 하심을 받은 사람은 하나님과 화목하게 되었기 때문에, 이제는 하나님의 영광을 바랄 수 있고, 따라서 현재에 대한 안심과 미래에 대한 확신이 비로소 생겨났습니다.[207]

물론 더글라스 무 같은 신학자는 "이 절의 시간 요소는 진노가 여기서 종말론적 심판을 가리키고 있음을 분명히 한다. 그러므로 '구원을 얻을 것'은 전적으로 미래의 시간의 일이다. 그의 특징대로 바울은 구원의 언어를 믿는 자가 죄와 사망과 심판으로부터 최종적으로 구제되는 것을 묘사하기 위해 쓴다."라고[208] 해석합니다. 그러나 "주석가들은 이따금 바울이 사용한 미래시제인 '우리가 구원을 받을 것이라'가 미래를 염두에 둔 것인지 아니면 격언적 방법으로 현재를 염두에 둔 것인지를 결정하는 데 어려움을 느끼지만", "오늘날 해석자들 사이에서 오가는 공론은 바울이 이러한 구별에 많은

205) John Calvin, *Romans,* 5:9.
206) Albert Barnes, *Romans,* 5:9.
207) 박영선, 『다시 보는 로마서』, 5:9.
208) Douglas J. Moo, *Romans,* 5:9.

관심을 두지 않았다."[209]라는 것입니다.

5) "하나님의 아들들이 나타나는 것"을 "하나님의 아들들이 마지막 날에 나타나게 될 것"이라고 해석해도 될까요?

롬 8:19 "피조물이 고대하는 바는 하나님의 아들들이 나타나는 것이니"

조용기는 이 구절도 종말론의 입장에서 해석합니다.

> 본문에서 '하나님의 아들들의 나타남'을 기대한다고 했는데, 이것은 인류의 역사가 끝나고 '주께서 호령과 천사장의 소리와 하나님의 나팔로 친히 하늘로 좇아 강림하시리니 그리스도 안에서 죽은 자들이 먼저 일어날'(**살전 4:16**) 사건을 뜻합니다. … 그러므로 '하나님의 아들들'은 부활한 주의 성도들입니다. … 바울 선생은 19절에서 세상의 모든 피조물이 주의 성도가 천사장의 나팔 소리와 함께 다시 살아나는 그때를 고대하고 있다고 말씀하십니다.[210]

본 구절은 문맥상 확실한 미래적 영광에 비추어 볼 때 현재의 고난은 하찮은 것이라는 뜻임

물론 "피조물은 하나님께서 자기의 자녀들과 맺은 교제를 종말적 영광으로 완성하시고 확정하시기를 사모"합니다.[211] 또한 그리스도인이 "하나님

209) Richard N. Longenecker, *Romans*, 5:9.
210) 조용기, 『로마서 강해』, 247-248.
211) 『독일성서공회해설 관주해설성경전서』(개역개정판)(서울: 대한성서공회, 2015), 로마서 8:19, 이

의 아들들"이라고 하더라도 "다른 모든 사람과 마찬가지로 고난에 처하고 연약함을 겪기 때문에 그리스도인들이 이 세상에서는 별로 하나님의 아들들답게 '보이지' 않지만," "마지막 날은 그리스도인의 진짜 신분이 공공연히 드러날 것"입니다.[212]

그러나 본 구절이 의미하는 것은 "하나님의 아들들이 마지막 날에 나타나게 될 것"이 아니라, "하나님의 아들들이 그들의 썩어질 몸을 벗어 버리고서 하늘의 영광을 입게 될 것"입니다.[213] "생각하건대 현재의 고난은 장차 우리에게 나타날 영광과 비교할 수 없도다"라는 18절과 20-30절의 문맥에서 볼 때 19절의 논지는 "우리의 확실한 미래적 영광에 비추어 볼 때 현재의 고난은 하찮은 것"이라는 뜻입니다.[214] 그러므로 조용기처럼 본문의 의도를 고려하지 않고 자신의 생각을 개입시켜 성경을 해석하는 것은 잘못된 것입니다.

6) "죽은 자 가운데서 살아나는 것"을 "메시아 왕국에 들어갈 때 하나님께 회개하고 돌아온 유대인들도 함께 참여하게 되는 것"으로 해석해도 될까요?

롬 11:15 "그들을 버리는 것이 세상의 화목이 되거든 그 받아들이는 것이 죽은 자 가운데서 살아나는 것이 아니면 무엇이리요"

조용기는 이 구절도 종말론의 입장에서 해석합니다.

후로는 『독일성서공회 관주해설성경전서』, 로마서 8:19. 등으로 표기함.

212) Douglas J. Moo, *Romans,* 8:19.

213) John Calvin, *Romans,* 8:19.

214) Thomas R. Schreiner, *Romans,* 8:19.

탕자가 아버지의 품을 떠났다가 돌아왔듯이 하나님의 품을 떠난 이스라엘 민족이 하나님께 돌아오는 그날 주님은 **누가복음 15장 32절**과 같은 말씀을 하실 것입니다. 그러면 그때는 언제일까요? 칠 년 환난이 끝나고 주님께서 미리 부활한 이방인 성도들과 함께 강림하시고 천년왕국을 세우실 때입니다. 메시아 왕국에 들어갈 때 하나님께 회개하고 돌아온 유대인들도 함께 참여하게 되는 것입니다.[215]

본 구절의 초점은 하나님께서 이스라엘을 받아들이시는 것이 부활과 같다는 것임

본 구절은 유대인들이 돌아오는 때에 대해서는 아무런 언급도 하지 않습니다. 왜냐하면 거기에 초점이 있는 것이 아니기 때문입니다. 본문은 만일 유대인들이 버림을 당함으로 이방인들이 하나님과 화목하게 되는 기회가 주어졌다면, 유대인들이 받아들여질 경우, 하나님께서 더욱더 강력하게 역사하실 것이고, 따라서 그로 말미암아 이방인들이 죽은 자 가운데서 살아나지 않겠느냐는 뜻입니다.[216] 여기에서 "죽은 자 가운데서 살아나는 것"의 뜻은 "화목"과 다를 바가 없습니다.[217]

그런데 여기에서 "죽은 자 가운데서 살아나는 것", 곧 "죽은 자의 부활"은 "가장 놀랍고 획기적인 이미지를 풍기는 사건"이므로, 사도 바울은 "이러한 표현이 유대인들의 회복으로 말미암아 일어나게 될 놀라운 변화와 이방 세계가 회개하는 결과들을 나타내는 데 가장 적절한 표현"으로 사용한 것이며, 따라서 "미래에 유대인들이 복음으로 개종하게 될 사실"과 "유대인들의

215) 조용기, 『로마서 강해』, 340.
216) John Calvin, *Romans,* 11:15.
217) John Calvin, *Romans,* 11:15.

개종이 이방인들의 전반적인 회개가 뒤따르게 될 것"이라는[218] 뜻입니다.

물론 "'죽은 자 가운데서 살아나는 것'이란 말 자체가 부활을 가리킬 수 있지만", "'살아나는 것'(생명)은 흔히 그리스도 안에 있는 새 생명을 가리키고", "바울이 '생명'과 '죽음'이란 말을 사용한 것으로 보아, 그가 굳이 부활을 가리키려고 의도했다면 모호한 것을 피하기 위해서라도 '부활'이란 말을 사용했을 것"입니다.[219] "다른 어디에도 '죽은 자 가운데서 살아나는 것'이란 표현이 부활을 가리키는 곳은 없고", "이 표현과 가장 유사한 표현인 '죽은 자 가운데서 다시 살아난 자'(**롬 6:13**)라는 말은 영적 생명을 의미"하며, 결국 "'생명'과 '죽음'이라는 말의 비유적 용법에 걸맞게 '죽은 자 가운데서 살아나는 삶'이란 표현은 이스라엘 대다수의 회심과 그들이 하나님의 은총과 나라 안으로 용납됨으로 인해 온 세상에 미치는 생명력을 가리키는 데 적절히 사용된 것"으로 보아야 합니다.[220] 그러므로 이 구절의 초점은 "하나님의 은혜가 이스라엘의 실패에도 불구하고 이방에까지 퍼져 나갔으며, 이방을 구한 이 은혜가 결국 이스라엘의 실패와 거부까지 끌어안을 것", 곧 "하나님의 은혜는 우리의 저항과 거부와 무지와 못난 것을 극복"한다는 데 있습니다.[221] 그런데도 조용기는 초점을 벗어나 자기의 주장을 펼치기에 여념(餘念)이 없습니다.

218) Albert Barnes, *Romans,* 11:15.
219) John Murray, *Romans,* 11:15.
220) John Murray, *Romans,* 11:15.
221) 박영선, 『다시 보는 로마서』, 11:15.

7) "이제 우리의 구원이 처음 믿을 때보다 가까웠음이라"를 "이스라엘은 아랍 세계와 손을 잡은 소련과 큰 전쟁 이른바 삼차 세계대전을 하게 될 것이며 여기서 소련은 참패를 당하게 될 것"이라고 해석해도 될까요?

롬 13:11 "또한 너희가 이 시기를 알거니와 자다가 깰 때가 벌써 되었으니 이는 이제 우리의 구원이 처음 믿을 때보다 가까웠음이라"

조용기는 이 구절도 종말론의 입장에서 해석합니다.

> 그때가 어느 때인지는 모르나 장차 이스라엘은 아랍 세계와 손을 잡은 소련과 큰 전쟁 이른바 삼차 세계대전을 하게 될 것이며 여기서 소련은 참패를 당하게 될 것입니다. 그 후 이스라엘은 강력한 국가로 일어날 것이며 어느 시점에 이르면 적 그리스도가 이끄는 구라파 연방 통합국과 7년 조약을 맺을 것입니다. 이것이 바로 성경 요한계시록에서 예언한 7년 대환난의 시작이며, 이 환난이 시작하기 직전 믿는 성도와 교회는 휴거되어 들려 올려가게 될 것입니다.[222]

그는 자신의 저서 『종교냐 사랑이냐』, 『다니엘서 강해』, 『요한계시록 강해』, 『순복음의 진리 (하)』, 『5중복음과 삼박자축복』, "로마서 설교" 등에서도 『로마서 강해』에서와 동일한 주장을 반복합니다.

> 이스라엘 남자는 50세가 되면 군무와 공무에서 은퇴를 합니다. 이스라엘은 1948년 독립 후 50년이 되는 해 1998년에 이 세상에서 국가로서 은퇴를 할 것입

222) 조용기, 『로마서 강해』, 403.

니다. … 이 말은 주의 재림이 대개 이때쯤 된다는 말입니다. … 우리가 이 말씀을 **요한계시록 20장 4절**에 나타난 '천년왕국'과 비교해서 생각하면 인간의 역사는 육천 년에 끝나고 마지막 칠천 년에 안식년이 있다는 것을 알 수 있습니다. … 즉 인류의 역사가 끝나는 때가 되는 것입니다.[223]

여러분과 내가 사는 이 세대가 바로 열 발가락의 시대입니다. 열 왕의 시대입니다. … 우리의 생전에 어느 날 어느 시에 전 세계의 매스컴을 통하여 구라파 10개국이 통합되었다는 뉴스가 울려 퍼질 때, 그리고 통합 구라파 국회에서 대통령을 선출하였다는 소식이 들릴 때는 바로 이 대통령이 적그리스도임을 알 수 있으며 이때로부터 시작하여 요한계시록에 기록된 환난이 시작될 준비가 된 줄 아시기 바랍니다. 그 적그리스도가 일어나 곧장 이스라엘과 7년 우호조약을 맺을 때, 그때로부터 7년 환난이 시작되며 그 시간을 전후하여 그리스도의 교회와 그리스도인들은 하늘로 들려 올라갈 것입니다. 성신 바람을 타고 올라갈 것입니다. 그리고 이 땅에 남아 있는 사람들에게는 영원한 멸망과 환란이 다가올 것입니다.[224]

이것은 옛 로마 판도에서 종말에 열 왕국이 통합할 것을 보여 주고 있습니다. … 그런데 열 뿔 가운데서 일어나는 작은 뿔은 적그리스도를 상징하고 있습니다. 이 적그리스도가 일어나 그중의 세 나라를 넘어뜨리고 나머지 일곱 나라를 통합하여 하나님을 대적할 것인데 이것은 **요한계시록 13장**에 보면 자세히 기록되어 있습니다. 이렇게 하여 이 세상 마지막 역사는 구라파의 열 왕국으로부터 시작될 것입니다. 그리고 이 열 왕국은 오늘날 로마 판도의 구라파에서 시시각각으로 형성되어 가고 있습니다.[225]

223) 조용기, 『종교냐 사랑이냐』(서울: 서울서적, 1984), 190-191.
224) 조용기, 『다니엘서 강해』(서울: 서울서적, 1989), 44-45, 이후로는 조용기, 『다니엘서 강해』, 44-45. 등으로 표기함.
225) 위의 책, 125.

그러나 구라파 10개국이 완전 통합이 이루어질 그때를 기점으로 하여 우리 기독교인들은 언젠가 순식간에 이 지상에서 들려 올라가 버리고 말 것입니다. … 그들은 1980년대에 정치적인 통합을 목표로 작업하고 있습니다. 그들은 그때까지는 틀림없이 통합된다고 장담하고 있습니다. … 그리고 구라파 연방 대통령이 선출되는 때를 전후하여 우리는 들려(휴거) 올라가고 그때 들려 올라가지 못한 사람들은 7년 환란을 지나게 될 것입니다.[226]

오늘날 마지막 시대에 옛 로마 판도에서 이 10개국이 급속도로 통합되어 가고 있으며 지금은 한 나라만 합류하지 않고 있는 상황입니다. 이렇게 해서 통합 구라파 연방이 이루어지면 거기서 대통령이 선출될 텐데 그가 곧 적그리스도며 27절에 나오는 '그'입니다.[227]

여기서 적그리스도의 정체는 보다 확실하게 밝혀집니다. 적그리스도는 시리아에서 날 것이며 유대 민족임에 틀림없습니다. … 이것은 성경이 밝히 보여 주고 있는 사실입니다.[228]

여러분께서 어느 날 잠자리에서 일어나 신문을 펼쳐 들었을 때 구라파 연방의 대통령이 이스라엘과 7년 상호우호 번영 조약 계약을 맺었다는 기사를 읽었다면 이는 가장 슬픈 일인 줄 아십시오. 왜냐하면 그 기사를 읽는 분은 하늘나라에 들려(휴거) 올라가지 못한 사람이기 때문입니다.[229]

성경의 예언대로 구주(歐洲)가 완전히 통합되고 갑자기 적그리스도와 이스라엘이 7년 계약을 맺는다면, 그때에 교회는 어떻게 될까요? 교회는 환란이 다가오기 직전에 올라갈 것입니다. 예수님의 재림은 두 가지 종류가 있습니다. 공중 재

226) 위의 책, 126.
227) 위의 책, 174.
228) 위의 책, 212.
229) 조용기, 『요한계시록 강해』(서울: 서울서적, 1985), 147.

림과 지상 재림입니다.[230]

마지막 때 적그리스도가 나타나기 전에 구라파에 '열 발가락 시대'(**단 2:41-43**)가 나타날 것으로 예언되었는바 지금 구라파에 10개국 EC(유럽공동체)로 결성되어 있음은 우리가 이미 잘 아는 사실입니다. 또한 구라파의 옛 로마 판도에서 열 뿔이 나와 '열 뿔 시대'(**단 7:7**)가 온다고 하였는데, 지금 열 왕(**단 7:24**)이 나와서 구라파 10개국이 통합되어 있습니다. 적그리스도가 나타날 모든 터전이 완비되어 있습니다. 이제 적그리스도가 나타나면 10개국을 모두 자기 손아귀에 넣고 전 세계를 호령할 것입니다.[231]

아버지가 구약 사천 년 동안 일하시고 난 다음에 바통을 아들 예수님께 넘겨 주매, 예수님이 이천 년 동안 일을 하시고 난 다음에 바통을 성령께 넘겨 주었어요. 구약 야훼 하나님 아버지의 시대, 그다음 예수님의 시대, 이제 성령님의 시대에 우리가 살고 있는 것입니다.[232]

본문의 초점은 시한부 종말론에 있지 않고 경종(警鐘)에 있음

본문의 초점은 예수님의 재림의 때(Κρόνος)에 있는 것도 아니고, 7년 환난을 피하고 휴거되는 것에 있는 것도 아닙니다. "11절에서 말하고 있는 비유적 표현은 경종(警鐘)을 가리키는 것"입니다.[233] 성경은 이 시기가 신자들에게 알려진 것이며, 그 시기는 "깨어야 할 적합한 시간(high time)"으로 "크로노스(Κρόνος)가 아니라 카이로스(Καιρός)로서 올바른 순간, 또는 호기"입

230) 조용기, 『순복음의 진리 (하)』, 487-488.
231) 조용기, 『5중복음과 삼박자축복』, 206.
232) 조용기, 로마서 8:1-17 설교, 설교신문.
233) Charles R. Swindoll, 『찰스 스윈돌 성경연구 2 로마서』, 13:11.

니다.[234] 조용기가 말하는 크로노스(Κρόνος)가 아닙니다. 그러므로 본문이 말하려고 하는 것은 "그리스도의 재림에 대한 확신", 곧 "하나님이 정말로 언젠가 그의 피조물을 구원하리라는 것과 그가 언젠가 그리스도의 부활 안에서 약속했던 회복과 재창조를 완수할 것이라는 확신"으로 "우리의 현재를 하나님의 미래에 비출 때" **롬 13:12-14**에서 언급한 "낮에와 같이 단정히 행하고 방탕하거나 술 취하지 말며 음란하거나 호색하지 말며 다투거나 시기하지 말고 오직 주 예수 그리스도로 옷 입고 정욕을 위하여 육신의 일을 도모하지 말라"라는 그리스도인의 삶을 살 수 있다는 데 있습니다.[235]

조용기의 종말론은 일종의 "시한부 종말론"의 성격을 띠고 있으며,[236] 그 초점이 환난으로부터 벗어나는 것에 맞추어져 있습니다. 그러나 본문은 그렇지 않습니다. 바울이 그리스도의 재림이 급박(急迫)하게 이루어질 것 같은 투(套)로 표현했지만(**빌 4:5, 살전 4:15**), 그러나 어디에서도 시한부(時限附) 종말론을 주장한 곳은 없습니다. 초점은 "재림이 금방 있으리라는 확신이 아니라 그것이 언제라도 있을 수 있다는 - 재림은 확실하되 그 시기는 예측할 수 없다는 - 믿음"이라는 것이며, 그것은 "시기의 불확실성에 의해 소망은 고양되고 우리의 각성은 일깨워진다."(Alford)라는 것입니다.[237]

조용기는 시한부 종말론자들과 마찬가지로 예수님의 재림을 '공중 재림과 지상 재림'으로 구분합니다. 그러나 성경에는 이중 재림에 대한 근거가 없습니다. 그는 공중 재림 때에 예수님을 믿었던 성도는 휴거(携擧) 되

234) John Calvin, *Romans,* 13:11.

235) Paul J. Achtemeier, *Romans,* 김도현 번역, 『로마서』(서울: 한국장로교출판사, 2003), 13:11.

236) 대한예수교장로회(통합) 제78회 총회에 보고된 "조용기 씨에 대한 연구보고서"(「교회와 신앙」 1993년 11월호(통권 2호, 130)와 "조용기 씨에 대한 연구보고 참고자료"(「교회와 신앙」 1993년 11월호 (통권 2호, 134-135)를 참조 바람.

237) Richard N. Longenecker, *Romans,* 13:11.

어 예수님을 맞이하여 예수님과 함께 7년을 공중에서 머물게 되지만, 지상에서는 소위 '7년 대환란'이 발생하고, 미지근한 신앙인들은 지상에 남겨지게 되어 7년 대환란의 극심한 고통의 때를 참고 견디어야 하며, 배도(背道)하면 끝장이라고 주장합니다. 그러나 그러한 주장은 성경 어디에서도 찾을 수 없습니다.

물론 그들은 "주께서 호령과 천사장의 소리와 하나님의 나팔 소리로 친히 하늘로부터 강림하시리니 그리스도 안에서 죽은 자들이 먼저 일어나고 그 후에 우리 살아남은 자들도 그들과 함께 구름 속으로 끌어 올려 공중에서 주를 영접하게 하시리니 그리하여 우리가 항상 주와 함께 있으리라"(**살전 4:16-17**)라는 구절을 그 근거라고 주장합니다. 하지만 이 구절은 단지 예수님께서 재림하실 때 믿음을 가지고 죽은 자들이 먼저 일어나고 그 후에 살아남아 있는 자들이 공중으로 끌어올려짐을 받아 공중에서 예수님을 만난다는 것일 뿐, 그 이상의 시한부 종말론자들이 주장하는 내용은 전혀 담고 있지 않습니다.

특별히 "아랍 세계와 손을 잡은 소련과 큰 전쟁", "적 그리스도가 이끄는 구라파 연방 통합국과 7년 조약", "이스라엘은 1948년 독립 후 50년이 되는 해 1998년에 이 세상에서 국가로서 은퇴를 할 것", "이 말은 주의 재림이 대개 이때쯤 된다는 말", "인간의 역사는 육천 년에 끝나고 마지막 칠천 년에 안식년", "구라파 10개국이 통합 … 7년 환난이 시작되며 그 시간을 전후하여 그리스도의 교회와 그리스도인들은 하늘로 들려 올라갈 것 … 이 땅에 남아 있는 사람들에게는 영원한 멸망과 환란이 다가올 것", "교회는 환란이 다가오기 직전에 올라갈 것", "예수님의 재림은 두 가지 종류 … 공중 재림과 지상 재림" 등의 주장은 시한부 종말론 이단들의 주장과 크게 다르지 않습니다. 그 가운데 대부분은 이미 역사적으로 잘못된 것임이 분명하고 구체적으로 드러났습니다.

더구나 성부 하나님께서 구약 사천 년 동안 일하시고, 성자 하나님이신 예수님께서 이천 년 동안 일을 하시고, 이제 성령께서 일하시는 시대에 우리가 살고 있다는 주장은 전형적인 세대주의의 주장으로 이미 성경적으로 잘못된 것으로 판명된 것입니다. 왜냐하면 삼위 하나님은 영원부터 영원까지 항상 함께 일하시기 때문입니다. 성부 시대, 성자 시대, 성령 시대로 구분하는 것은, 성경에서는 전혀 근거를 찾을 수 없는 주장입니다. 이제는 성령님만 일하시는 것이 아니라 성부 하나님과 성자 예수님도 함께 일하십니다.

천년왕국설과 7년 환난에 대한 주장은 성경적인 근거가 없음

조용기의 천년왕국설과 7년 환난에 대한 주장은 성경적인 근거가 없습니다. “천년설은 기독교적인 기원을 갖는 것이 아니라 유대적인 기원과 더 나아가 페르시아적인 기원을 갖는” 것으로 “언제나 지상의 구원과 천상의 구원에 대한 기대들 사이의 타협에 기초하고, 구약의 예언을 통해 일정한 시간이 지난 후 하나님의 왕국에 의해 교체될 지상의 메시아 왕국이 예고된 것으로 생각하여 구약 예언의 정당성을 부여하려고 시도”한 것입니다.[238] “천년설의 강점이 구약성경에 있는 것처럼 여겨지지만”, 구약성경은 “결단코 천년설을 지지하지 않고, 메시아 왕국을 완성된 하나님의 나라로 묘사”하며, “이 나라는 끝이 없고 영원히 지속될 것이며(**단 2:44**), 심판과 부활,

238) Herman Bavinck, 『개혁교의학 4』, 779.

그리고 세상의 갱신"이 뒤따릅니다.[239]

천년설은 원리적으로 볼 때, "유대교와 마찬가지로 영적인 것을 물질적인 것에, 윤리적인 것을 육체적인 것에 종속시키고", "유대인들의 세속적 성향을 강화하고, 그들이 메시아를 거부한 것에 대해 변명의 구실을 주고", "구약을 읽을 때 그들 앞에 놓인 가리개를 더욱 두텁게 하며, 아브라함의 육체적 후손이 그 자체로 여전히 천국에서 특권을 지닐 것이라는 환상을 고무시킨다는 점"에서, "기독교 자체와 모순"됩니다.[240] 이러한 점에서 천년설은 구약과 신약의 관계에 대한 심각한 오해 또는 왜곡에서 비롯된 것으로 볼 수 있습니다.

구약의 독특성은 "무엇보다도 은혜 언약의 시각적인 이미지로 묘사되고 국가적이고 감각적인 형태로 옷 입혀졌고", "죄는 레위기의 부정으로 상징화되었으며", "속죄는 동물을 잡아 바치는 희생 제사를 통해 성취되었고", "정화는 육체를 씻는 것으로 예시되었으며", "하나님과의 교제는 예루살렘으로 올라가는 것관 연관되었고", "하나님의 호의와 가까이 계심에 대한 갈망은 그의 궁정을 사모하는 것으로 표현되었으며", "영생은 이 땅에서 오래 사는 것으로 여겨졌고", "모든 영적인 천상의 영원한 것은, 이스라엘의 이해 수준에 따라 어린아이가 율법의 후견인 아래 두어진 것처럼, 지상의 그림자로 가려졌습니다."[241]

그런 까닭에 "절대다수의 사람들은 자주 이런 외적 형태에 집착한다고 할지라도, 경건한 이스라엘 사람들은 진실로 껍데기 속에 숨겨진 영적인 핵심을 진심으로 꿰뚫어 보았는데, 이런 영적 핵심을 다름 아닌 그림자와 이

239) 위의 책, 779.
240) 위의 책, 787.
241) 위의 책, 785.

미지를 통해 보았기" 때문에 "신약은 옛것이 '장래 일의 그림자이나 몸은 그리스도의 것이며'(**골 2:17**, '이것들은 장래 일의 그림자이나 몸은 그리스도의 것이니라'), '하늘에 있는 것의 모형과 그림자'(**히 8:5a**, '그들이 섬기는 것은 하늘에 있는 것의 모형과 그림자라')"라고 말합니다.[242] "구약의 모든 개념은 그 외적인 국가적 이스라엘의 의미를 벗어 버리고, 그 영원한 영적 의미 가운데 드러나게" 되었습니다.[243]

"천년설은 그리스도의 재림에 앞서 이스라엘의 민족적 회심이 있을 것이며, 유대인들이 팔레스타인으로 돌아올 것이며, 거기서 그리스도의 영도(領導) 아래 열국을 통치할 것이라는 기대를 포함"하고 있지만, 신약성경은 그런 기대에 대한 근거가 전혀 없습니다.[244]

따라서 천년설에 대하여 알렉산드리아 신학자들, 그리고 특히 아우구스티누스는 가장 강력히 반대하였고, 칼빈은 천년왕국론은 "그리스도의 통치를 천 년으로 제한"하는 행위이며, 그들이 "증거 구절로 제시하는 요한계시록의 구절도 사실은 그들을 뒷받침해 주지 않으며", "'천(千)'이란 숫자는(**계 20:4**) 교회의 영원한 복락의 상태를 뜻하는 것이 아니라", 오히려 "교회가 지상에서 수고하는 동안에 당하게 될 온갖 고난의 기간을 지칭하는 것"이라고 지적합니다.[245]

242) 위의 책, 785.
243) 위의 책, 785.
244) 위의 책, 788-789.
245) *Inst.*, 3.25.5.

천년설의 근거로 제시된 구절들에 대한 검토

천년설은 **마 23:37-39**과 **눅 13:33-35**를 근거로 예수님께서 재림하실 때는 유대인들이 예수님을 메시아로 받아들일 것이라고 주장하지만, **요한계시록 20장**에서도 그렇지 않기 때문에, 여기에서는 다만 예수님께서 심판을 위해 재림하실 때 유대인들도 예수님을 메시아로 인정하지 않을 수 없게 될 것임을 말할 뿐입니다.[246]

마 23:37-39, 눅 21:24, 행 3:19-21에는 "과도기적 시기를 수용"하지만, 예수님의 종말론적 담화 가운데 천년왕국에 대한 언급은 한마디도 없습니다.[247] 천년설주의자들은 "천년왕국을 이 담화의 여기저기에 끼워 넣으려고 애를 쓰기에, 예를 들어 그리스도의 첫 번째 재림이 **마 24:27**에 언급되고 두 번째 재림이 30절에서 언급된다고 말하지만", 이런 해석은 전혀 근거가 없습니다.[248]

예수님은 자기 제자들에게 그 어디에서도 "세상의 종말이 오기 전 지상에서의 영광스러운 미래"를 예고하시지 않았습니다.[249] 신약성경 어디에서도 "그리스도의 교회가 언젠가 이 지상에서 권세와 통치권을 쥐게 되리라는 희망은 전혀 보이지 않으며", "심지어 십자가 복음이 널리 퍼짐에 따라 세상의 적대감도 그만큼 드러나게 되리라는 것이 신약성경이 지속적으로 내다보는 기대"입니다.[250]

246) Herman Bavinck, 『개혁교의학 4』, 791.
247) 위의 책, 798.
248) 위의 책, 798.
249) 위의 책, 799.
250) 위의 책, 800.

행 3:19-21에서 언급되는 "'새롭게 되는 날'이란 유대 민족이 회개하고 천년왕국에서 만물이 다시금 본래의 목적에 따라 회복될 때 시작되어 예수님의 두 번째 재림까지 계속될 것"이라고 주장하는 사람들도 있지만, "'만물의 회복의 때'는 천년설주의자들이 천년왕국에서 기대하는 자연적이고 도덕적인 관계의 회복으로 이해하기 힘든" 것은 "이때는 예수님이 천국에서 머무는 마지막 시점이며, 따라서 예수님은 그때까지 아버지의 우편에 머무를 것이며, 성경은 그리스도의 단 한 번의 재림만을 말하므로 만물의 회복의 때는 세상의 종말과 함께 일어날 것이며, 게다가 '만물의 회복'은 천년설이 기대하는 유대 왕국의 회복을 가리키기에는 너무도 강한 표현"이기 때문입니다.[251] 따라서 "새롭게 되는 날은 만물의 회복의 때와 동일한 것이 아니라 이것에 선행(先行)"하는데, 왜냐하면 "베드로는 유대인들의 회개에 대한 이중적인 목적을 말하는데, 이는 새롭게 되는 날이 그들에게 이르고, 하나님이 그들을 위해 임명한 그리스도를 그들에게 보낼 것"이기 때문입니다.[252]

천년설주의자들은 **롬 11:11-32**를 그 근거로 제시하기도 합니다. "그들은 '온 이스라엘'(**롬 11:26**)을 마지막 날에 회심하게 될 이스라엘 백성 전체로" 이해하지만, 여기에 대해서는 다음과 같은 "심각한 반론들"이 있습니다.[253]

(1) **로마서 9장 6절 이하**에서 하나님의 약속은 아브라함의 영적 자손에게 해당되므로 폐하여지지 않았고, 이 영적 자손 가운데서 언제나 성취될 것이라고 말했기 때문입니다(**롬 11:1-10**).

(2) **로마서 9장 1절부터 10장 11절**까지 이스라엘 백성의 그런 기대에 대해 한

251) 위의 책, 792.
252) 위의 책, 792.
253) 위의 책, 794-796.

마디의 언급도 없으며, 그런 기대를 추측하거나 예상하는 표현이 조금도 없습니다. **롬 11:11-24**도 그런 기대를 가리키는 어떤 것도 포함하지 않습니다.

(3) 만일 바울이 **롬 11:25**에서 새로운 사실을 전달하고자 했다면, 그가 취하고 있는 방식은 매우 이상한 것입니다. 그는 그래서, 그 후에, 즉 이방인의 충만한 수가 들어온 후에 온 이스라엘이 구원을 얻으리라고 말하지 않고, "그리하여 온 이스라엘이 구원을 얻으리라", 즉 이런 방식으로 온 이스라엘이 구원을 얻는다고 말합니다. 이것이 의미할 수 있는 것은 오직 '앞 구절들에서 묘사된 것과 같은 방식을 통해서'라는 것뿐입니다. … 이방인들의 플레로마(πλήρωμα, fullness)가 들어올 때, 이스라엘의 플레로마도 이르게 되어, 이런 방식으로 온 이스라엘이 구원을 받습니다.

(4) 바울은 이스라엘의 일부가 완악하게 되었다는 사실을 '비밀'이라고 부릅니다(**롬 11:25**). 다른 곳에서 그는 이방인들이 이제는 성도들과 동일한 후사이고 동일한 시민이며 하나님 집의 권속이라는 사실을 두고 자주 비밀이라고 부릅니다(**롬 11:25**). … 이방 세계로부터 일부가 인도되는 것과 나란히 이스라엘 일부 역시 언제나 그리스도를 믿는 신앙으로 인도될 것입니다.

(5) 그러므로 **롬 11:25**의 '온 이스라엘'은 마지막 날에 집단적으로 회심하게 될 이스라엘 백성이 아니며, 또한 유대인들과 이방인들로 함께 구성된 교회를 말하는 것도 아닙니다. '온 이스라엘'은 수 세기에 걸쳐 이스라엘로부터 인도함을 받게 될 충만한 수를 가리킵니다.

(6) 바울은 이스라엘로부터 얼마나 큰 충만한 수가 들어올 것인지 계산하지 않습니다. … 충만한 플레로마는 이방인의 세계로부터, 또한 이스라엘로부터 올 것이며, 이 플레로마가 '온 이스라엘'이 될 것입니다. 이 플레로마 가

운데 온 이스라엘이 구원을 얻는 것은 마치 전체 교회 가운데서 온 인류가 구원을 받는 것과 같습니다.

(7) 바울이 보여 준 방식이 아닌 다른 이스라엘의 회심을 생각한다는 것은 힘든 일입니다.

천년설을 열렬히 추구하는 사람들조차도 언젠가는 모든 유대인이 예외 없이 회심하게 되리라고는 생각하지 않을 것입니다. 만일 그렇다면 "모든 세기를 걸쳐 국가적 이스라엘이 하나님의 백성이었던 구약 시대에도, 진실로 하나님을 섬기고 경외했던 자들은 언제나 단지 이스라엘의 작은 일부에 지나지 않았다는 역사적 사실과도 모순"됩니다.[254] 이방인들의 충만한 수가 들어오는 것은 "온 이스라엘의 구원에 일시적으로 선행하는 것"으로 볼 수도 없을 뿐만 아니라, **롬 11:26**은 "이방인들의 충만한 수가 들어온 후에 발생하는 새로운 사실"을 언급하지도 않습니다.[255] 비록 종말에 "이스라엘의 민족적 회심을 기대"한다고 할지라도, "유대인들의 팔레스타인 복귀, 성과 성전의 재건, 가시적인 그리스도의 통치"를 성경은 전혀 언급하지 않습니다.[256]

예수님은 "과연 복음이 모든 민족에게 증거되기 위해 사람이 거주하는 온 땅에 전파된 후에야 비로소 끝이 올 것"이라고 말씀했지만(**마 24:14**), 이 말씀은 "기독교가 언젠가는 모든 민족 가운데 지배적인 종교가 되거나 모든 사람 각각에게 알려지게 되리라는 것"을 뜻하지 않으며, "역사는 수백만의 사람들과 수많은 나라가 그리스도가 이 땅에 온 이후 수 세기 동안에도 복음을 전혀 듣지 못하고 죽고 사라졌다는 것"을 통하여 이러한 사실을 가르

254) 위의 책, 797.
255) 위의 책, 797.
256) 위의 책, 797-798.

쳐 주기 때문에 예수님의 말씀은 "단지 복음의 설교가 모든 민족에게 퍼지리라는 것을 의미할 뿐, 이것이 어디에서, 어느 경계선까지, 어느 정도로 일어날 것인지 결코 정확하게 규정하지 않는다."라고 해석해야 합니다.[257]

"사탄이 천 년 동안 결박당할 것"과 "그 기간 동안 순교자들이 살아 그리스도와 더불어 왕 노릇 한다"라는 **요한계시록 20장**의 언급을 근거로, "천년왕국이 분명하고도 논박될 수 없이 가르쳐진 것"으로 이해할 수도 있지만, 그것은 "**요한계시록 20장**에 대한 하나의 해설"로서, "성경의 유비에 따른 것이 아니라 묵시문학의 유비에 따른 것"으로 **요한계시록 20장**은 "그 자체로 천년설 신앙의 본질에 속하는 그 어떤 것도 포함하지 않습니다."[258] 그 이유는 다음과 같이 설명할 수 있습니다.[259]

> (1) 왜냐하면 여기에 유대인들의 회심과 귀환, 예루살렘 성의 재건, 성전과 예배의 회복, 세상의 새로운 회복에 대하여 한마디도 언급되어 있지 않기 때문입니다. 오히려 이 모든 것은 배제되어 있습니다.
>
> (2) 큰 환난 가운데서 신실하게 지켜 온 신자들이 살아서 왕 노릇 하는 것은 지상에서가 아니라 하늘에서 이루어지기 때문입니다. 땅에 대하여 한마디도 언급되어 있지 않습니다.
>
> (3) 요한은 또한 천년왕국에 앞서게 될 첫 번째 육체적 부활과 그 이후에 뒤따를 두 번째 부활을 언급하지 않기 때문입니다. 성경 어디에도 그러한 첫 번째 부활을 가르치지 않습니다. … **고전 15:20-28**에서, 바울은 매우 분명하게 오로지 신자들의 부활만을 다루고 있을 뿐이며, … 신자들의 부활은 그

257) 위의 책, 805.
258) 위의 책, 806.
259) 위의 책, 806-807.

리스도의 재림 때에 일어날 것이며, 그 뒤에 그리스도의 나라를 아버지께 바칠 종말이 있을 것이라고 말합니다(**고전 15:23-24**).

(4) **살전 4:13-18**에는 그와 같은 첫 번째 부활에 대하여 말하지 않습니다.

천년설주의자들은 "데살로니가 사람들이 그리스도 안에서 죽은 자들의 부활과 영생을 의심하지 않았고, 천년왕국 전후에 있을 두 번의 부활을 믿었기 때문에, 이제 이미 죽은 신자들이 단지 두 번째 부활에서만 살아날 것이며 따라서 천년왕국의 영광에 참여할 수 없어서 염려했다."라고 믿지만, 성경은 "첫 번째 부활과 두 번째 부활을 언급하지 않았고", "단지 예수님의 재림 때 아직 살아남은 신자들이 이미 과거에 그리스도 안에서 잠자는 자들보다 더 유익을 누리지 않을 것이라고 주장할 뿐"이므로 이 본문은 "첫 번째 부활과 두 번째 부활에 대해 아무것도 알려 주지 않습니다."[260]

성경 어디에도 "이중적 부활"이 나타나지 않으므로 "**요한계시록 20장**에서 너무 성급하게 그것을 찾으려 하는 것"은 잘못된 것입니다.[261] 이중적 부활은 실제로 **요한계시록 20장**에서도 나타나지 않으며, "요한은 자신이 순교자들의 영혼들을 보았다고 분명하게 말하며(**계 6:9**), 그들의 육체의 부활에 대해서는 전혀 언급하지 않았고", "더 나아가 그는 그 영혼들이 부활했다거나 다시 일으킴을 받았다거나 생명 가운데 들어갔다고 말하는 것이 아니라 그 영혼들이 살아 있으며 곧바로 그리스도와 함께 왕으로서 천 년을 다스렸다."라고 말할 뿐입니다.[262] "죽기까지 신실하게 믿음을 지킨 자들은 살아서 곧바로 그리스도와 함께 살아 왕 노릇" 하는데, "이것이 첫 번째 부활"

260) 위의 책, 807-808.
261) 위의 책, 808.
262) 위의 책, 808.

입니다.[263] 만일 요한이 "첫 번째 부활을 천년설의 의미로 이해했다면, 즉 신자들에게 위로를 줄 필요가 없었을 것"이고, "그들이 천년왕국 전에 부활한다고 말하는 것으로 충분했을 것"입니다.[264]

천 년은 "일반적으로 인정되듯이 상징적인 숫자"이고, 이것은 "신실하게 믿음을 지킨 성도들이 여기 이 땅에서 억압당하고 핍박받게 될 몇 날과 대조되고(**계 12:17**), 또한 영원히 지속될 완성된 영광과도 대조"됩니다(**계 22:5**).[265] 천 년은 "죽은 신자들이 하늘에서 그리스도와 함께 누리는 거룩하고 복된 안식을 가리키는 동시에 그들이 자신들의 피를 신원하여 주시는 날을 고대하는 기대를 가리키는 반면(**계 6:9**), 지상에서는 그리스도를 대항한 세상 왕국과 나라들의 싸움이 여전히 계속"됩니다.[266]

신약성경은 "그리스도의 재림의 시기에 대한 가르침을 전혀 포함하지 않고", "그리스도의 재림이 예루살렘의 멸망 전이나 멸망 후 즉시 일어날 것이라고 그 어디에도 말하지 않으며", "많은 학자가 물론 **마 10:23, 16:28, 24:34, 26:64** 그리고 그 병행 구절로부터 이것을 추론하고 있으나" 예수님은 "자신의 오심을 다양한 의미로 언급했다는 사실은 합당하게 의심할 여지가 없기에" 이는 부당합니다.[267]

예수님은 "자신의 오심이 당시의 세대가 여전히 살아 있는 동안에 발생할 것이라고 말하지 않고, 예루살렘의 멸망과 이와 동반된 사건들 가운데 가시적으로 보여지게 될 전조(前兆)들과 공표(公表)들처럼, 재림의 전조들과

263) 위의 책, 809.
264) 위의 책, 810.
265) 위의 책, 812-813.
266) 위의 책, 813.
267) 위의 책, 815.

공표들이 당시 세대가 여전히 살아 있는 동안에 시작된다."라고 하셨는데, 그 목적은 "재림의 정확한 시기를 알려 주는 것이 아니라 깨어 있도록 촉구하는 것"이므로 "시대의 징조들을 주목하는 것은 예수님의 제자들이 지켜야 할 의무인 반면, 그가 오는 정확한 시간을 계산하는 것은 그들에게 금지된 일이고 또한 불가능한 일"이었습니다.[268]

268) 위의 책, 817.

4. 행위와 믿음

1) "도리어 율법을 굳게 세우느니라"를 "복은 행위로 받는다"라고 해석해도 될까요?

롬 3:31 "그런즉 우리가 믿음으로 말미암아 율법을 파기하느냐 그럴 수 없느니라 도리어 율법을 굳게 세우느니라"

조용기는 이 구절을 해석하면서 "구원은 믿음으로 받고, 축복은 우리의 행위로 받는 것입니다. 우리가 주님을 잘 섬기면 이 세상에서 축복받고 하늘나라에 가서 상급을 받게 될 것입니다."라고 주장합니다.[269]

본 절의 초점은 구원이나 축복이 아니라 믿음은 율법을 폐하는 것이 아니라 온전케 만든다는 것임

본 절이 말하려는 것이 "축복은 우리의 행위로 받는다."라는 것일까요? 이 구절은 "그리스도를 믿는 믿음은 율법의 요구를 충분히 만족시킨다."라는 것, 곧 "그리스도인의 믿음은 율법의 요구를 제쳐 놓는 것이 아니라 하나님의 율법에 있는 그분의 요구를 완전히 성취한다."라는 뜻입니다.[270] "믿음으로 의롭다 하심을 얻는다는 선포는 율법이 증언하는 바와 같이(21절)

269) 조용기, 『로마서 강해』, 105.
270) Richard N. Longenecker, *Romans,* 3:31.

하나님의 뜻에 모순되는 것이 아니라 하나님의 뜻이 효력을 발생하게 한다(세우느니라)."[271]라는 것입니다. "율법은 인간에게 그의 죄에 대하여 가르쳐 주고, 그리고 그를 그리스도에게로 인도할 목적으로 주어졌기 때문"에 "그리스도를 믿는 믿음으로 참되게 확증되고 확립"됩니다.[272] 로마서의 목적은 "오직 하나님이 이유이고 원인"이라는 것, 곧 "목적도 방법도 하나님이 정하셨고, 이루시는 능력도 하나님에게서 나오며" "하나님이 하신 것"이기 때문에 "우리는 마땅히 믿음을 지켜야 하고 순종해야 하지만 이것이 조건이나 원인이 되지 않는다."라는 것을 말하려는 것입니다.[273] 존 머리는 이 구절에 대하여 다음과 같이 상세하게 해석합니다.

> 31절의 해석과 문맥과의 관계에 대해 학자들 사이에 상당한 견해 차이가 있다. 31절은 3장에 속하는가 아니면 4장에 속하는가? 만일 후자를 택할 경우, 31절에서 언급한 율법은 모세오경이나 구약 전체를 의미하는 것으로 해석해야 한다. 이는 바울이 사용하는 율법의 용례에서도 그 근거를 어느 정도 찾을 수 있다(**롬 2:18, 20, 5:13, 7:1, 고전 9:8, 20, 갈 3:19, 21, 23, 4:4**). 바울은 이 경우 아브라함과 다윗에게 호소해(**롬 4:1-8**), 믿음에 의한 칭의 교리가 구약 자체에 뿌리 박고 있었음과 유대인들이 소유했다고 자랑했던 계시의 중심에 있었음을 보여 주기 때문이다. 31절의 '율법'이란 용어를 이렇게 생각한다면, 구약은 은혜의 복음을 뒤집기는커녕 오히려 확고하게 한다고 바울은 말하는 셈이다. 이런 해석은 구약에 대한 바울의 견해와 또 그가 변호하는 복음과 구약의 가르침의 관계가 일치한다(**롬 4:1-25, 갈 3:17-22**). 31절은 구약이 폐지되었다는 것을 강력히 반박하

271) 『독일성서공회 관주해설성경전서』, 로마서 3:31.
272) John Calvin, *Romans,* 3:31.
273) 박영선, 『다시 보는 로마서』, 3:31.

고 4장의 적절한 서론으로서 구약을 확증하는 역할을 한다.[274]

유대인들은 "믿음이 율법에 배치된다는 생각에서 계속 혼란"에 빠지고 있었는데, 성경은 "사람은 믿는 즉시 의롭게 됩니다. 따라서 그 믿음은 율법의 뜻을 굳게 세웁니다. 그리고 율법의 모든 조항을 이루어서 율법의 내용을 온전케 하는 것입니다. 결과적으로 믿음은 율법을 폐하는 것이 아니라 온전케 만듭니다."라고 말함으로써 그들의 혼란을 바로잡아 주고 확신을 주었습니다.[275]

"축복은 우리의 행위로 받는다."라는 주장은 본 구절의 초점에도 어긋날 뿐만 아니라 그 자체가 성경적으로도 잘못된 것입니다. 우리의 육신 가운데에는 언제나 어떤 결함이 있으며 그런 까닭에 우리의 행위들은 그런 것들로 인하여 항상 더럽혀지기 때문입니다(제네바 요리문답 125, 웨스트민스터 신앙고백 16장 5절, 하이델베르크 요리문답 63, 벨직 신앙고백 24, **사 64:6, 시 130:3, 143:2, 갈 5:17, 롬 7:15, 18**). 그러므로 하나님께서 우리에게 상급을 주신다면 그것은 그 행위 자체가 상급을 받을 만한 가치가 있어서가 아니라 다만 오직 은혜일 뿐입니다.

2) "한 의로운 행위로 말미암아 많은 사람이 의롭다 하심을 받아"를 "믿음이 구원의 조건"이라고 해석해도 될까요?

롬 5:18 "그런즉 한 범죄로 많은 사람이 정죄에 이른 것 같이 한 의로운 행

274) John Murray, *Romans,* 3:31.
275) John Chrysostom, 『크리소스톰 로마서 강해』, 3:31.

위로 말미암아 많은 사람이 의롭다 하심을 받아 생명에 이르렀느니라"

조용기는 이 구절을 해석하면서도 이렇게 주장합니다.

> 그런데 이 두 사건에는 중요한 차이가 있습니다. 우리가 죄인이 되는 것은 아담의 실수를 인정하든 하지 않든 관계가 없습니다. 그런데 예수님의 구원 사건은 그렇지 않습니다. 예수 안에서 태어나기 위해서는 물과 성령으로 거듭나야 합니다(**요 3:5**). 성경 말씀에 "영접하는 자 곧 그 이름을 믿는 자에게는 하나님의 자녀가 되는 권세를 주셨으니"라고 했습니다(**요 1:12**). 그러므로 성령의 도우심을 받아 그리스도를 구주로 믿어야만 사망의 지배에서 벗어 버리고 생명 안에서 왕 노릇 할 수 있습니다.[276]

조용기가 믿음을 어떻게 보고 있는지를 알기 위해서는 본 구절뿐만 아니라 그의 다른 저서들에서 어떻게 주장했는지를 살펴볼 필요가 있습니다. 먼저 그의 주장들을 열거해 봅니다.

> 나는 신념으로 사는 사람입니다. 내가 옳다고 생각하는 것은 누가 뭐래도 눈도 깜짝 안 해요. … 죽어서라도 부모인데 … 그 앞에 머리를 조아려 절하는 것이 뭐가 죄가 있어, 우상 아니지, … 제사 지내는 것도 참 좋은 것입니다. 옛날에는 하나님께도 제사를 지냈습니다.[277]
>
> 우리가 하나님 앞에 나아갈 때 우리 마음이 준비되어 있지 아니하면 하나님이

276) 조용기, 『로마서 강해』, 161.
277) 조용기, 「신앙과 신념」 1981.12월호(서울: 순복음사, 1981), 102-106.

아무리 축복을 주시려고 해도 소용이 없습니다.[278]

그들은 '무슨 저런 소리를 하느냐, 목표를 설정하고 쳐다본다고 무슨 기적이 일어날 것이냐'라고 생각한 것입니다. 그러나 내가 분명히 안 것은 사람이 목표를 설정해야 마음에 소원도 생기고 믿음도 생긴다는 것입니다.[279]

그래서 저는 그들이 기도하고 난 다음 마음에 소원하는 대로 목표를 설정하도록 했습니다. 그리고 그것을 자신의 사무실 벽에 붙이게 했습니다. … 그런데 제가 목표를 설정하고 기도하라고 하고 난 후 2년 만에 오스트레일리아 하나님의 성회가 100% 성장했다는 것입니다. 단지 목표 설정만으로 놀라운 역사가 일어난 것입니다.[280]

어느 심리학자가 재미있는 실험을 했습니다. … "당신들이 장차 수년 내에 꼭 이루어지기를 바라는 소원을 종이에 적으십시오. 그러면 그 소원이 이루어질 것입니다." … 그리고 몇 년 후, 심리학자가 그 사람들을 찾아다니며 그들의 소원이 기록된 대로 이루어졌는지 확인해 보았습니다. 그런데 놀랍게도 소원을 적은 사람들은 100% 다 소원이 이루어졌습니다. … 그러나 소원을 적지 않은 사람들은 아무것도 이루어지지 않았습니다.[281]

우리가 호랑이를 그리려고 작정하고 달려들면 아무리 못 그려도 고양이를 그릴 수 있습니다. 그러나 아예 고양이를 그리려고 목표하면 제대로 못 할 경우 쥐새끼밖에 그릴 수 없는 것입니다. 그러므로 처음부터 꿈을 크게 가져야 합니다.[282]

278) 조용기, 『성공하기 원하십니까』(서울: 서울말씀사, 2003), 11, 이후로는 조용기, 『성공하기 원하십니까』, 11. 등으로 표기함.
279) 위의 책, 19.
280) 위의 책, 20.
281) 위의 책, 21-22.
282) 위의 책, 25.

다윗은 이새의 아들 중에서도 가장 말째 아들로 아버지의 인정도 받지 못한 천대받는 아들이었습니다. 그는 양치기로 지내면서 공부를 한 적이 없었습니다. 그러나 그는 양치기를 하면서 하늘과 땅과 천체를 바라보면서 그 마음속에 큰 꿈을 가졌습니다. …[283]

"롯이 아브람을 떠난 후에 여호와께서 아브람에게 이르시되 너는 눈을 들어 너 있는 곳에서 북쪽과 남쪽 그리고 동쪽과 서쪽을 바라보라 보이는 땅을 내가 너와 네 자손에게 주리니 영원히 이르리라"(**창 13:14-15**) … 하나님은 그냥 가나안 땅을 주시겠다고 말씀하시지 않았습니다. 동서남북을 보라고 하셨습니다. 네 눈에 보이는 땅을 내가 너와 너의 자손에게 주리니 영원하리라고 하신 것입니다. 이것은 바라봄의 법칙입니다. 먼저 바라본 것을 주시겠다고 하신 것이지, 바라보지 않은 것을 주시겠다고 하신 것이 아닙니다.[284]

뜨거운 소원과 분명한 목표를 설정한 다음, 자나 깨나 기도하며 그것이 이루어진 모습을 마음속에 간절히 그려 보십시오. 그러면 하나님의 놀라운 축복이 다가올 것입니다.[285]

우리가 성공적인 인생을 살고 하나님의 은총을 받기 위해서는 열화같이 성공과 승리를 소원해야 되는 것입니다.[286]

창자가 등에 들러붙도록 간절해져서 외마디로 소리를 지르는데 창자가 끊어지는 것 같아요. "성령 주시옵소서." 그렇게 간절한 마음으로 구하고 찾고 두드리고 있는데 순식간에 내 몸속에 불길이 확 들어오더니만 그다음은 혀가 꼬부라져 방언을 말하기 시작했습니다. … 완전히 맥이 다 빠져도 간절한 마음이 있어 몸

283) 위의 책, 28-29.
284) 위의 책, 31.
285) 위의 책, 39.
286) 위의 책, 45.

을 떨면서 "주여, 살려 주소서. 주여, 살려 주소서." 하는 사람들은 안수를 해 보면 내 온몸을 통해서 짜릿하게 성령의 불길이 내려가요.[287]

믿음이란 선택입니다. … 온 전체가 절망이요, 암흑일 때 즉 회당장이 처했던 것 같이 사람이 죽었다고 통곡 소리가 진동하고, 종들이 와서 티끌을 날리고 옷을 찢으며 당신의 딸이 죽었다고 흐느껴 울고 있는 현실, 그러한 절망과 좌절과 공포의 현실 한가운데서 두려움이 아니라 예수님을 믿는 것을 선택하는 것, 그것이 믿음입니다. … 환경이 어떠하든지 간에 예수님을 택하고 그 말씀을 택하는 것이 믿음인 것입니다.[288]

믿음의 역사를 체험하기 위해서는 인간 편에서 믿음을 가져야 합니다. 믿음이란 인간 편에서 출발합니다. 그리고 비록 이 인간적인 믿음이 보잘것없는 것일지라도 하나님의 믿음을 선물로 받을 수 있는 기반이 됩니다.[289]

믿음의 역사는 인간적인 믿음 위에 하나님이 주시는 믿음이 더해져야 이루어집니다. … 인간적인 믿음이라는 받침대 위에 하나님의 믿음이 얹혀져야 비로소 믿음의 역사가 일어납니다.[290]

종교개혁 신앙을 심각하게 훼손하는 신인협동설(神人協同說)

여기에서 조용기가 믿음을 "인간의 신념, 소원, 꿈, 바라봄, 목표, 간절한 마음, 선택" 등으로 생각하는 것이 아닌지 묻지 않을 수 없습니다. 더구나 믿음을 "선택"이라든가 "인간 편에서의 출발"이라고 말하는 것을 보면 "믿

287) 위의 책, 48-49.
288) 위의 책, 82-83.
289) 조용기, 『우리 시대의 지혜서 믿음』, 71.
290) 위의 책, 74-75.

음이란 인간 자신에게서 나오는 무엇"으로 보는 것이 분명합니다. 또한 "믿음의 역사는 인간적인 믿음 위에 하나님이 주시는 믿음이 더해져야 이루어집니다."라는 주장은 신인협동설(神人協同說)로 보입니다.

우리는 죄로 죽었던 존재입니다. 성경은 "허물과 죄로 죽었던"(**엡 2:1**), "허물로 죽은"(**엡 2:5**), "범죄와 육체의 무할례로 죽었던"(**골 2:13**), "이는 너희가 죽었고"(**골 3:3**)라고 선언합니다. 다르게 말하면 시체와 같은 존재였습니다. 그런 상태에서는 어떤 소원, 신념, 소원, 꿈, 바라봄, 목표, 간절한 마음, 어떤 반응과 선택과 결단도 있을 수 없습니다. 오직 살아나야만 그 모든 것이 가능합니다.

그렇다면 복음에 반응을 보이고 선택하고 결단하는 모든 신앙의 행위는 인간 편에 그 근거가 있는 것이 아니라 하나님께 있다는 것을 받아들이지 않을 수 없습니다. 믿음의 조성자와 완성자는 예수 그리스도이시며(웨스트민스터 신앙고백 14장 3절, **히 12:2**), 믿음은 하나님의 선물이기(도르트 신경 6장, 14장) 때문입니다.

따라서 신인협동설은 성경적으로 받아들일 수 없습니다. 종교개혁의 가장 큰 목적은 비성경적인 천주교의 신인협동설을 배격하고 오직 하나님의 절대 주권에 의한 성경적인 신앙을 회복하는 것이었습니다. 그러므로 조용기와 같은 주장은 분명히 종교개혁 신앙을 심각하게 훼손하는 것이 아닐 수 없습니다.

아담의 원죄, 원죄의 유전, 인간의 전적 타락, 죄의 종이 된 인간의 타락한 의지를 부정하는 성경해석

조용기가 **롬 5:18**을 해석하면서 무슨 의도로 "죄인이 되는 것은 아담의 실수를 인정하든 하지 않든 관계가 없습니다."라고 주장했는지 궁금합니다. 혹시 인간의 죄가 타고난 것이 아니라는 것을 말하려는 것은 아닌가 의구심이 듭니다. 만일 그렇다면 기독교의 기본 진리인 인간의 원죄를 부정하는 것이 될 것입니다. 그러나 로마서는 전체가 원죄를 설명하는 데 할애되고 있습니다(특히 **롬 5:1-20**).[291]

이 본문의 초점은 대표 원리일 뿐인데 조용기의 해석은 본문을 벗어나고 있습니다. 그는 여기에서 예수님의 구원 사건은 무엇인가 조건이 있어야 한다고 말하려는 듯합니다. 그리고 그것을 영접, 또는 믿음이라고 말함으로써 영접, 또는 믿음을 구원의 조건으로 해석하려고 합니다. 그런 이유로 "이 두 사건에는 중요한 차이가 있습니다."라고 주장합니다. 그러나 성경은 두 사건을 "그런즉(Ἄρα οὖν, *thus, so, in this manner*)으로 연결하고 있기에 그렇게 주장할 수 없습니다.

본 구절이 그런즉(Ἄρα οὖν)으로 시작되는 것은 "12절에서 시작된 조건문의 귀결절이 18절에서 마지막으로 완성된다."라는 것을 보여 주고, 그것은 "한 사람의 범죄는 모든 사람을 정죄에 이르게 한 것과 마찬가지로 한 사람 예수로 말미암은 의로운 행위는 모든 사람이 의롭다 하심을 받아 생명에 이르게 했다."라는 뜻이며, "이렇게 함으로써 아담의 불순종과 그리스도의

291) *Inst.*, 2.1.9.

순종 사이의 병행이 완성"된다는 것을 나타냅니다.[292)]

영접 또는 믿음은 구원, 곧 의롭다 하심을 받는 조건이거나 방법이 될 수 없습니다. 왜냐하면 하나님의 의는 "율법의 행위와 상관없이 그리고 믿음보다 앞서 객관적으로 복음 가운데 제시되었고", "믿음은 결코 칭의의 근거로 제시된 적이 없으며", "의, 칭의는 믿음으로 말미암아 존재하는 것이지만, 결코 믿음 때문에 존재하는 것이 아니기"[293)] 때문입니다.

물론 "**빌 3:9**에서 바울은 '그리스도를 믿는 의', 자신의 믿음에 근거한 '하나님에게서 난 의'를 소유"했지만, "바울이 소유한 의는 분명히 '믿음으로' '하나님에게서 난' 것"이며, "믿음은 결코 의 자체 혹은 의의 일부로 발생하는 것이 아니라 그와 반대로 의는 바로 은혜를 따라 존재하기에 믿음으로 말미암아 존재"합니다.[294)] "믿음이 의로 여겨졌다."라는 표현은 "하나님께서 그리스도 안에서 주어진 자신의 의를 믿음 안에서 한 사람에게 전가하시고 그 근거 위에서 그 사람을 용서하신다는 축약된 표현"이고, "의인은 믿음으로 말미암아 살리라"라는 "다른 표현에 의해 확증"되었으며, "그리스도가 생명이며 생명을 주시기 때문"에 "믿음은 사실상 생명의 원리와 근원"이 아닙니다.[295)]

조용기의 표현대로 "한 범죄로 많은 사람이 정죄에 이른 것"과 "한 의로운 행위로 말미암아 많은 사람이 의롭다 하심을 받아 생명에 이른 것"에는 중요한 차이가 있습니다. 그러나 그가 주장하는 것과는 다른 차원에서 중요한 차이가 있습니다. 여기에서 아담으로부터 영향을 받은 "많은 사람" 및 "모든 사람"은 보편적이지만, 그리스도로부터 영향을 받은 "많은 사람"과

292) Thomas R. Schreiner, *Romans,* 5:18.
293) Herman Bavinck, 『개혁교의학 4』, 245.
294) 위의 책, 246.
295) 위의 책, 292.

"모든 사람"은 그리스도께 속한 모든 자에게 제한되어 있는데, 그것은 "모든 사람이 차별 없이(유대인과 이방인 모두) 하나님의 은혜를 받는 자들임을 나타내기 위해 그리스도의 행위에 대해 보편적인 표현이 사용"되고 있으므로 "모든 사람이 예외 없이 그의 은혜를 받는다고 말하는 것과는 전혀 다릅니다."[296] 15절과 19절에서는 "많은 사람"이란 표현을 사용하고, 여기에서는 "모든 사람"이란 표현을 사용했지만, 그러나 "어느 경우에나 바울의 요지(要旨)는 그리스도와 아담에게 영향받는 집단들의 범위가 각각 동연(同延)[297]이라는 데 있는 것이 아니라, 그리스도가 그에게 속한 사람들에게 미치는 영향이 아담이 그에게 속한 사람들에게 미치는 영향 못지않게 확실하다."라는 데 있습니다.[298] 그러므로 이 구절에서 나타내려는 것은 "의롭게 된 자의 숫자와 정죄받은 자의 숫자의 동일함이 아니라, 정죄에 이르는 길과 칭의에 이르는 길 사이에 존재하는 병행관계", "작동방식"이고, "정죄의 보편적 범위를 칭의에 적용하자는 것이 아니므로" "칭의와 정죄가 작동하는 방식은 비슷하지만, 그 범위는 동일하지 않다."[299]라는 사실입니다.

『4차원의 영적 세계』에서 주장하는 믿음은 성경적 근거가 없는 세속적 관점임

조용기의 대표적인 저술 중에서 『4차원의 영적 세계』는 "세계 37개 국어

296) Thomas R. Schreiner, *Romans,* 5:18.
297) 동연(同延)은 두 개의 개념이 내포는 다르나 외연은 동일할 때 이들 두 개념 사이의 관계를 나타내는 말로 사용됨.
298) Douglas J. Moo, *Romans,* 5:18.
299) John Murray, *Romans,* 5:18.

로 번역되어 전 세계 500만 크리스천들의 삶을 변화시킨 책"(2000년 10월 기준)으로[300] 소개되고 있습니다. 이 저서에 나오는 그의 주장들을 살펴보면 그의 신앙이 종교개혁 신앙, 곧 성경적인 신앙과는 얼마나 다른지 구체적이고도 분명하게 확인할 수 있습니다.

그는 "여러분이 가진 믿음을 사용하려면, 먼저 '분명한 믿음의 대상'을 마음속에 그릴 수 있어야 합니다."[301]라고 주장합니다. 믿음을 사용한다는 말이나, 믿음을 사용하려면 먼저 '분명한 믿음의 대상'을 마음속에 그릴 수 있어야 한다는 주장은 성경 어디에 근거를 두고 있는지 묻지 않을 수 없습니다. 그는 또 "믿음이란, 우리가 '바라는 것들(분명한 것들)의 실상'입니다. 그러므로 믿음에는 우리가 바라는 분명한 목표가 있어야 합니다."라고 주장하는데 과연 "바라는 것들"의 뜻이 그럴까요? 그는 또 "나는 언제나 기도할 때 기도 대상을 명확하게 그려 보려고 애씁니다. 가슴이 떨릴 정도로 생생하게 대상을 그려 봅니다. 그럴 때 능력 있는 믿음의 첫 번째 조건이 갖추어지는 것입니다.", "여러분이 믿음의 생생한 그림을 마음속에 가진 다음에는 그 대상을 향해 불타는 소원을 가져야 합니다."[302]라고 주장하는데, 능력 있는 믿음의 첫 번째 조건이 기도의 대상을 명확하게 그려 보는 것과 대상을 향해 불타는 소원을 가지는 것이라는 주장도 성경적 근거를 찾을 수 없습니다. 그는 또 "마음속에 불타는 소원이 생긴 후에는 믿음의 실상, 즉 확신을 가져야 합니다."[303]라고 주장하는데, 믿음의 실상이 확신이라는 주장

300) 갓피플 몰, https://mall.godpeople.com/?G=9788986463590&r=

301) 조용기, 『4차원의 영적 세계』(서울: 서울말씀사, 2008), 25, 이후로는 조용기, 『4차원의 영적 세계』, 25. 등으로 표기함.

302) 위의 책, 40.

303) 위의 책, 41.

이 성경 어디에 근거한 것일까요?

그는 또 "여러분이 믿음의 생생한 그림을 마음속에 그리고 그 대상을 향해 불타는 소원을 갖고 기도하여 확신을 얻게 된 후에는 믿음의 증거를 보여야 합니다."[304]라고 주장하면서, "여러분의 믿음대로 될 때까지 확신 있는 말로 여러분의 목표를 시인하십시오!"[305]라고 주장함으로써 목표를 시인하는 것이 믿음의 증거라고 주장하는데 그 역시 성경적 근거를 찾을 수 없습니다. 그는 또 "야곱은 얼룩덜룩한 가지들로 된 나뭇가지 울타리를 보고 또 보면서 확실한 모습들을 그의 마음속에 가득 채웠을 것입니다. 그 결과 야곱이 바라본 그 믿음대로 양들은 얼룩지고 점 있고 아롱진 새끼들을 많이 낳았습니다(**창 30:39**)."[306]라고 주장함으로써 양들이 얼룩지고 점 있고 아롱진 새끼들을 많이 낳은 것이 야곱이 바라본 믿음의 결과라고 해석합니다. 그런 해석이 과연 성경적으로 맞는 해석일까요? 다음의 설교는 이런 해석에 대하여 좀 더 구체적으로 알 수 있는 내용입니다.

> 야곱이 아롱지고 점 있는 양에 대한 비전과 꿈을 붙잡았을 때, 그는 성령의 언어를 배우기 시작했습니다. 성령의 언어를 배우자마자, 곧 성령과 대화가 시작되었고, 성령께서 역사하시게 되었습니다.
>
> 오늘날 우리는 야곱을 칭할 때, 믿음으로 그런 일을 계획하고 실천했던 사람이라고 부를 수 있을 것입니다. 성령께서는 양들의 유전인자 변환에 역사하심으로써, 흰색의 양들이 얼룩덜룩하고 점 있고 아롱진 새끼들을 낳게 하신 것입니

304) 위의 책, 45.
305) 위의 책, 53.
306) 위의 책, 71.

다.[307]

> 어머니가 성령의 언어로 변화된 딸의 모습을 그리며 기도했을 때, 성령께서 역사하신 것입니다. … 이것은 완전하게 역사하시는 성령의 이미지에 우리의 생각과 말을 맞추었을 때, 우리가 기도하는 대로 변화의 기적이 실제로 일어난 감동적인 이야기입니다.[308]

이런 주장에 대해서는 "인간의 비전과 꿈이 성령을 조종할 수 있는가? 성령께서는 양들의 유전인자 변환에까지 역사하시는가?"라고 반문하지 않을 수 없습니다. 조용기가 말하는 믿음은 인간의 세속적 욕망을 투영한 인간의 신념이 아닐까요? 물론 여기에 대하여 자유로운 기독교 신자는 많지 않을 것입니다.[309] 강단(講壇)에서 온갖 감동적인 미사여구(美辭麗句)와 논리적인 설득으로 외쳐지는 설교와 가르침들 가운데 상당수(相當數)는 인간의 필요, 욕망, 본능들의 투사는 아닐까 하는 의구심(疑懼心)을 떨쳐 버리기가 어렵기 때문입니다. 만일 하나님도 "우리처럼 생각하고 느끼고 행동하기를 바란다면", "인간의 속성을 하나님께 투사하려는 인간의 욕구가 더욱더 입증될" 것입니다.[310] 그렇다면 하나님의 뜻은 명분(名分)일 뿐 실제로는 자신의 기복적(祈福的)인 욕망의 투사일 것이며, 그것은 인간의 욕망을 종교적으로 포장하여 하나님이란 이름으로 절대화한 우상숭배에 불과할 것입니다. "스스로의 목소리에 순종하면서도 자신들은 예수님 또는 하나님의

307) 위의 책, 71.
308) 위의 책, 80.
309) 이 문단은 윤광원의『지성적 무신론과 기독교』, 42의 내용을 인용하였음.
310) Reza Aslan, God: a human history, 강주헌 옮김,『인간화된 신』(서울: 세종서적, 2019), 8, 11.

음성을 듣고 또 그것을 따라 순종한다고 생각"한다면,[311] 그것은 자신의 욕망을 종교적으로 포장한 우상일 뿐, 성경에 계시된 하나님은 분명 아닐 것입니다. 인간이 자기의 욕망과 편견을 투사하여 만들어낸 하나님은 우상일 수밖에 없기 때문입니다. 물론 "신을 포함한 어떤 사물이나 사람에 대해 가지는 이해에는 어느 정도의 자기 이해나 자기 왜곡을 주입하거나 투사하는 성향"[312]을 피하기는 어려울 것이지만, 그렇다고 하더라도 그것은 분명 올바른 신앙은 아닐 것입니다.

신자에게는 마음, 본능, 자신의 필요와 소원과 욕망을 따라 살지 않을 용기가 필요합니다. 그렇지 않다면 그는 신자일 수 없습니다. 왜냐하면 마음, 본능, 자신의 필요와 소원과 욕망을 따라 사는 것이 죄이기 때문입니다. 그렇다면 마음, 본능, 자신의 필요와 소원과 욕망의 성취를 신앙의 목표로 삼는 것은 기독교와는 거리가 멉니다. 그것은 차라리 우상숭배라고 하는 것이 더 적절할 것입니다.

『3차원의 인생을 지배하는 4차원의 영성』의 내용이 직통 계시라는 주장의 위험성

조용기는 그의 『3차원의 인생을 지배하는 4차원의 영성』을 저술하게 된 목적을 이렇게 주장합니다.

> 사실 이러한 4차원의 영적 개념을 이해하고 삶에 승리의 원동력으로 적용하는

311) Cornelius Van Til, *Defense of the faith*, 신국원 역, 『변증학』(서울: 기독교문서선교회, 1985), 166.
312) Robert Banks, *And man created God : is God a human invention?*, 김은홍 옮김, 『그리스도인을 위한 무신론 사용설명서』(서울: 새물결플러스, 2014), 102-103.

> 원리를 깨달은 것은 스스로 연구한 것도 아니고 제가 누구에게서 배운 것도 아닙니다. 성령님과 오랜 시간 동안 교제하는 가운데 제게 가르쳐 주신 비밀입니다. 그런데 최근에 와서 하나님께서 제게 하루에 1시간 이상씩 계속 계시를 주셨습니다. 저는 기도실에 들어가 앉아서 1시간 이상씩 하나님의 음성만 거듭해서 들었습니다. … 그래서 저는 다시 한번 그러한 계시를 여러분들과 나누고자 하는 간절함이 있어서 이 책을 쓰게 된 것입니다.[313]

여기에 등장하고 있는 "이 책의 내용"이 조용기가 성령님과 오랜 시간 동안 교제하는 가운데 "성령께서 가르쳐 주신 비밀"이라는 주장이나, "최근에 와서 하나님께서 제게 하루에 1시간 이상씩 계속 주신 계시", "기도실에 들어가 앉아서 1시간 이상씩 거듭해서 들은 하나님의 음성", "그러한 계시를 여러분과 나누고자"라는 주장은 그가 "직통 계시"를 받았다는 뜻일까요? 만일 그렇다면 그러한 주장들이 과연 이단과 무슨 차이가 있는지 묻고 싶습니다.

이단 교주들의 한결같은 주장은 자신들이 하나님의 계시를 직접 받았다는 것입니다. 그리고 그 계시를 모은 것이 곧 이단 종파들이 사용하는 경전이며, 그들은 그 경전에 성경과 대등한 권위를 부여(附與)합니다. 아니, 실제로는 대등한 권위가 아니라 성경을 능가하는 권위를 부여하고 있다고 해도 과언이 아닐 것입니다. 왜냐하면 그들의 교주가 받았다는 계시를 모은 경전이 성경을 해석하는 기준이 되고 있기 때문입니다. 조용기의 경우 혹시라도 그가 받았다는 계시가 성경해석의 기준이 되는 것은 아닐까요? 그

313) 조용기, 『3차원의 인생을 지배하는 4차원의 영성』(서울: 교회성장연구소, 2010), 24-25, 이후로는 조용기, 『3차원의 인생을 지배하는 4차원의 영성』, 24-25. 등으로 표기함.

의 성경해석을 보면 그런 의구심을 떨쳐 버릴 수가 없습니다.

하나님의 계시라는 『3차원의 인생을 지배하는 4차원의 영성』을 기꺼이 추천한 기독교 지도자들의 충격적인 추천 내용

더욱 충격적인 것은 한국교회의 기라성(綺羅星)같은 지도자들이 이러한 주장을 담은 책을 극찬하며 추천했다는 사실입니다. 김삼환(명성교회 담임목사)은[314] "그동안 국내를 비롯한 전 세계의 수많은 학자와 목회자, 평신도들에 영감을 주었던 그의 성령 사역을 보다 체계적으로 연구하여 집대성한 노작"이라고 추천했고, 김영길(한동대 총장)은 "20세기 후반 『4차원의 영적 세계』란 책으로 성령 운동에 어두웠던 한국교회와 세계 교회들에게 새로운 도전을 주었던 조용기님께서 다시금 21세기에 들어와 성령 운동을 통해 교회갱신과 교회 성장을 이루기 위해 『3차원의 인생을 지배하는 4차원의 영성』이란 책을 출간"했다고 추천했으며, 김장환(세계침례교 총회장)은 "3차원의 인간세계와 영적 세계의 관계를 이 책만큼 실제적으로 다루는 책은 없을 것입니다."라고 추천했고, 이경숙(숙명여대 총장)은 "이 책은 살아계신 하나님의 말씀을 통해 천지만물 위의 영적 세계를 과학적인 이치로 증명하며, 영원과 무한을 다스리시는 거룩하신 창조주 하나님의 통치원리를 깊이 깨닫게 만듭니다."라고 추천했으며, 옥한흠(국제제자훈련원장)은 "오늘날 한국교회의 괄목할 만한 성장을 뒷받침한 수많은 요인 중에 가장 중대한 영향력은 무엇보다도 세계 최대의 교회를 이끄는 조용기님의 성령 사역임에 틀림없습니다. … 특히 그가 제시하는 영성 훈련 프로그램은 분명

314) 추천자들의 직함(職銜)은 추천 당시 기준임.

더 깊은 성령과의 동역을 갈망하는 평신도와 목회자에게 4차원 영적 세계로 향하는 방향과 목적을 제시하는 나침반이 될 것입니다."라고 추천했고, 정근모(대한민국 국가조찬기도회장)는 "크리스천의 영적 삶을 이보다 더 간결하고 쉬운 말로 안내하는 책을 본 적이 없을 것입니다."라고 추천했으며, 하용조(온누리교회)는 "조용기님의 사역은 영적인 삶의 나침판과 같습니다."라고 추천했습니다.

진심으로 그분들을 비판하거나 매도(罵倒)하려는 의도는 전혀 없습니다. 그분들 나름대로 훌륭하고 본받을 점들이 많다는 것도 인정합니다. 그중에는 제 나름 존경해 온 분들도 있습니다. 다만 한국교회의 지도자들이 분별없이 자본주의에 깊게 경도(傾倒)되어, 세계에서 제일 큰 대형교회를 이루었다는 것 하나만으로, 조용기의 주장을 성경적 · 신학적 검토도 하지 않고 그의 주장이 마치 진리인 것처럼 공개적이고 공적으로 인정해 준 것은 아닌가 생각되어 참으로 답답하고 안타까울 따름입니다.

3) "만일 은혜로 된 것이면 행위로 말미암지 않음"을 "행위는 하나님의 복을 받을 수 있는 하나의 조건이 될 수 있다."라고 해석해도 될까요?

롬 11:6 "만일 은혜로 된 것이면 행위로 말미암지 않음이니 그렇지 않으면 은혜가 은혜 되지 못하느니라"

조용기는 이 구절을 해석하면서 "행위는 하나님의 축복을 받을 수 있는 하나의 조건이 될 수 있습니다. 그러나 행위 그 자체가 우리를 구원하는 것

은 아닙니다."라고 주장합니다.[315]

행위를 은혜에 대립시키고 배제하는 본문에서 굳이 행위를 들먹이는 것은 성경 왜곡임

인간의 행위가 우리를 구원하는 것은 아니지만, 하나님의 축복을 받을 수 있는 하나의 조건이 될 수 있다는 주장이 과연 성경적으로 바른 것일까요? 인간의 행위가 우리를 구원하는 것은 아니라고 굳이 주장하는 이유는 자신은 행위 구원을 주장하지 않는다는 것을 말하려는 것일까요? 그러면서 굳이 행위를 들먹이는 이유가 무엇일까요? 두 주장이 모순된다고 보는 것은 잘못일까요? 본 구절은 '오직 은혜'만을 강조합니다. 6절은 5절에 이어지는 것으로 은혜에 의한 택하심을 설명하는 구절입니다. 따라서 여기에 무슨 행위를 언급한다는 것은 적절하지 않으며 본문의 의도를 왜곡하는 것과 다름없을 것입니다.

성경은 다만 하나님의 택하심이 하나님의 선하신 뜻 외에 다른 이유로 그렇게 하신 것이 아니라고 말씀하고, "행위를 조금이라도 인정하게 되면 그만큼 은혜를 감소시키는 것이 된다는 것"[316]을 선언합니다. 성경은 하나님의 택하심이 "전적으로 하나님의 은혜"(**엡 2:8-9**)임을 "은혜와 행위"를 대비하여 강조합니다(**롬 4:4-5, 9:30-32**).[317] 성경은 "은혜와 인간의 행위를 대립시킴으로써" "은혜가 인간의 행위나 인간의 의지를 조건으로 삼는 것이라

315) 조용기, 『로마서 강해』, 331.
316) John Calvin, *Romans,* 11:6.
317) John A. Witmer, *Romans,* 11:6.

면, 그 은혜는 이미 은혜가 아니다."[318]라고 강조합니다. 바울은 "로마서에서 일찍이 핵심으로 보았던 문제, 즉 하나님이 받아 주신 사람은 하나님의 은혜에만 근거하지, 자신의 행위에 근거하지 않는다는 사실을 강조하고 있음이 분명"합니다.[319] "선택의 교리와 오직 은혜로 말미암는 구원의 교리가 이 구절보다 더 명확하게 드러나는 곳은 없을 것"입니다.[320]

만일 행위가 택함을 받는 요소가 된다면, "은혜가 은혜 되지 못하고", "일단 행위가 구원을 얻는 데 어떤 역할을 하게 되면, 은혜가 배제되는 것은 당연"하므로, 루터는 "노예 의지와 무조건적 선택이라는 교리를 매우 강력하게 변호"했는데, 그 이유는 "어느 하나를 부정하게 되면 오직 은혜와 오직 믿음으로 의롭다 함을 얻는다는 바울의 복음과 타협하는 것이 되기 때문"이었습니다.[321] "은혜는 하나님이 완전히 자유롭게 누구든 은총을 베풀고 싶은 자에게 베푸실 것을 요구"하지만, "만일 하나님의 선택이 사람들이 하는 일에 의거(依據)한다면, 하나님의 자유는 침해되고 하나님은 더 이상 은혜로 행하시지 않게 될 것"이기 때문에 "하나님의 행위가 갖는 은혜로운 성격은 그것과 상충(相衝)되는 관념을 어떤 것이든지 자동적으로 배제하는 신학적 근본원리"가[322] 될 수밖에 없습니다. 그러므로 여기에서 행위가 하나님의 축복을 받을 수 있는 하나의 조건이 될 수 있다는 어떤 근거를 찾는다는 것은 불가능할 뿐만 아니라 본문의 의도와도 상충될 뿐입니다. 칼빈은 이 문제에 대하여 이렇게 지적했습니다.

318) John Murray, *Romans,* 11:6.
319) Richard N. Longenecker, *Romans,* 11:6.
320) Albert Barnes, *Romans,* 11:6.
321) Thomas R. Schreiner, *Romans,* 11:6.
322) Douglas J. Moo, *Romans,* 11:6.

> 우리의 본성대로 보면, 우리에게서 선행이 나오기보다는 차라리 돌에서 기름이 흘러나오기를 기다리는 것이 더 쉬울 것이다. 그토록 수치스러운 상태로 정죄를 받았는데도 불구하고 사람이 아직도 자기에게 무언가 남은 것이 있는 것처럼 생각하고 있다니 얼마나 이상스러운지 모르겠다.[323]

만일 칼빈의 말이 옳다면 조용기의 주장은 설 자리가 없을 것입니다. 바빙크가 지적한 대로, "죽은 믿음이 아니라 살아 있는 믿음은 모든 행위, 공로, 자랑을 배제하며, 사랑 안에서 그 능력을 증거한다."라는[324] 주장이 조용기의 주장보다 훨씬 더 성경적으로 타당하지 않을까요?

323) *Inst.*, 3.14.5.

324) Herman Bavinck, 『개혁교의학 4』, 214.

5. 3박자 축복

1) "하나님과 화평을 누리자"를 소위(所爲) "3박자 축복을 누리는 것"이라고 해석해도 될까요?

롬 5:1 "그러므로 우리가 믿음으로 의롭다 하심을 받았으니 우리 주 예수 그리스도로 말미암아 하나님과 화평을 누리자"

조용기는 이 구절을 해석하면서 다음과 같이 주장합니다.

> 하나님과 화평을 누린다는 것은 하나님과 깊은 믿음의 교제, 기도의 교제, 찬양의 교제 등을 가지며 하나님의 축복을 누린다는 뜻입니다. … 많은 사람이 '영혼이 잘됨같이 범사에 잘되고 강건하게'(**요한 3서 2절**) 해 주시고, '생명을 얻되 풍성히 얻게'(**요 10:10**) 해 주시는 좋으신 하나님의 은총을 알지 못하는 이유는 이미 얻은 평화를 누리지 못하기 때문입니다.[325]

그는 **로마서 8:1-9, 8:28** 설교에서도 동일한 주장을 반복합니다.

> 그런데 여러분, 예수님께서 죄와 사망의 법에서 우리를 해방시켰다는 것은 단지 죄 문제만 해결하신 것이 아닙니다. 죄의 결과로 인간의 삶에 다가온 질병과 저주와 죽음의 문제를 다 해결하신 것입니다. 그러므로 예수님을 믿고 죄와 사

325) 조용기, 『로마서 강해』, 140.

망의 법에서 해방되면 영혼이 잘됨같이 범사에 잘되고 강건한 삶을 살 수가 있는 것입니다. …

그다음, 우리는 성령의 은혜로 가난과 저주에서 해방되어 아브라함의 복을 누릴 수가 있는 것입니다. … 예수 그리스도께서 십자가에 못 박혀 보혈을 흘리심으로 우리의 가난과 저주를 다 청산해 주셨습니다.[326]

죄와 허물, 병, 저주, 죽음을 예수님께서 다 다스려 놓았기 때문에 주님을 의지하면 우리는 넉넉히 이길 수 있는 것입니다.[327]

본문의 화평은 육적인 평안과는 다른, 하나님과 신자와의 관계의 화평임

이러한 주장은 하나님과의 화평을 소위 "3박자 축복"을 통한 심리적 평안으로 해석하려는 것으로 보입니다. 그러나 이 구절에서 말하는 화평은 루터의 해석대로 "모든 선지자가 찬양하고 있는 이 화평은 영직인 화평"이고, 이 화평은 예수님께서 말씀하신 "이것을 너희에게 이르는 것은 너희로 내 안에서 평안을 누리게 하려 함이라 세상에서는 너희가 환난을 당하나 담대하라 내가 세상을 이기었노라"(**요 16:33**)의 평안으로서 육적인 평안과는 다를 뿐만 아니라 환난을 당하며, 오히려 예수님은 "내가 세상에 화평을 주러 온 줄로 생각하지 말라 화평이 아니요 검을 주러 왔노라"(**마 10:34**)라고[328] 말씀하셨습니다. 본 구절에 이어지는 **롬 5:3-5**는 환난 중에도 즐거워해야 할 이유를 말씀하고 있으므로, 이런 문맥을 보아도 조용기의 삼박자 축복에

326) 조용기, 로마서 8:1-9 설교, 설교신문.
327) 조용기, 로마서 8:28 설교, 설교신문.
328) Wilhelm Pauck 편, 『루터: 로마서 강의』, 5:1.

대한 언급은 그 자체의 성경적 근거를 논하기 이전에 얼토당토아니한 주장에 불과하다는 것을 알 수 있습니다.

이 화평은 예수 그리스도를 믿음으로 말미암아 칭의을 받아 하나님과 원수였던 우리가 이제는 하나님의 자녀로서 하나님과 우리가 화평스러운 관계, 곧 심령의 상태보다는 차라리 하나님과 신자와의 관계의 화평"(Greijdanus)를 뜻합니다.[329] 만일 "'내적 평온감' 또는 '평화로운 기분'"이라면, "하나님과 화평"이 아니라 "'하나님의 평강'이라고 해야 맞을 것"입니다(**빌 4:7**).[330] 이 화평은 우리의 정신과 마음의 평온함이라기보다는 하나님과의 화목에서 나오는 평화의 상태이며, 이는 우리가 하나님에게서 멀어져 있었는데 이제 그의 은총으로 새로운 지위를 얻게 되었다는 것을 의미하기[331] 때문입니다.

시대정신에 부합(符合)한 화평, "3박자 축복"

김호환은 그의 『장로교 신학자가 본 조용기』에서 조용기에 대하여 이렇게 평가합니다.

> 한 저술가의 책이 100만 권 이상 팔렸다면, 그는 분명 베스트셀러 작가라 말할 수 있다. 분명 100만 권 이상의 책이 팔렸다면, 그 책의 저자는 자신의 글 안에서 자신이 살고 있는 시대정신을 공유하고 있을 뿐 아니라, 오히려 시대정신을 이끌어 가고 있다는 또 다른 증거를 가지고 있는 셈이다. 그런 이유로, 우리는 위대한

329) 박윤선, 『성경주석 로마서』, 5:1.
330) Douglas J. Moo, *Romans,* 5:1.
331) John Murray, *Romans,* 5:1.

작가들을 그 시대의 정신이라고 부른다. 조용기의 책이 전 세계에 1,000만 권 이상이 팔렸다.[332]

이러한 평가는 일리가 있을 것입니다. 조용기의 "삼박자 축복"의 복음이 인기가 있는 것은 분명 시대정신에 잘 어울리기 때문일 것입니다. 영혼이 잘됨같이 범사에 잘되고 강건하게 사는 것은 이 세상 사람들 모두가 원하는 것입니다. 그러나 시대정신이 기독교 신앙이 될 수 있을까요? 시대정신에 부합(符合)하면 할수록 그것은 기독교 신앙과는 거리가 멀어질 위험성도 그만큼 커지는 것이 아닐까요?

"풍요의 복음이 물질적 부에 몰두하는 것은 성경에 근거해 있다기보다는 사회학에 뿌리를 두고 있고", 그런 까닭에 "너희는 이 세대를 본받지 말고"(**롬 12:2**)라는 성경의 경고에 어긋납니다.[333] "성경은 결코 부(富)를 모든 정력을 쏟아부어 성취해야 할 목적이라고 말하지 않는데", 그 이유는 "이 세상의 것을 우상으로 만들기 때문"입니다.[334] 그러므로 "하나님의 뜻 안에 있기만 하면 모든 게 잘될 것이라는 믿음"은 "성경적 근거가 전혀 없고 이교적(異教的)인 생각"입니다.[335] 그들은 "그러므로 그들을 본받지 말라 구하기 전에 너희에게 있어야 할 것을 하나님 너희 아버지께서 아시느니라"(**마 6:8**)라는 말씀과 "우리의 보잘것없는 마음이 원하는 것"을 동일시하지만, 예

332) 김호환,『장로교 신학자가 본 조용기』, 14.

333) Walter C. Kaiser Jr., "물질축복에 대한 구약성경의 견해", 김세윤, Gordon D. Fee, Walter C. Kaiser, Jr., Douglas J. Moo, Dennis P. Hollinger, David L. Larsen, *Gospels and contemporary perspectives*,『탐욕의 복음을 버려라: 부와 건강을 해부한다!』(서울: 새물결플러스, 2011), 84, 이후로는 Walter C. Kaiser Jr., "물질축복에 대한 구약성경의 견해", 84. 등으로 표기함.

334) 위의 책, 85.

335) 위의 책, 88.

수님은 "우리에게 필요한 것은 오직 세 가지, 즉 먹을 것, 마실 것, 입을 것"이라고 말씀하셨을 뿐(**마 6:8-32**)이고, 또한 성경은 "우리가 먹을 것과 입을 것이 있은즉 족(足)한 줄로 알 것이니라"라고(**딤전 6:8**) 말씀합니다.[336]

2) "의로 말미암아 왕 노릇 하여"를 "영혼이 잘됨같이 범사가 잘되고 강건한 생명 속에서 왕 노릇 한다."라고 해석해도 될까요?

롬 5:21 "이는 죄가 사망 안에서 왕 노릇 한 것 같이 은혜도 또한 의로 말미암아 왕 노릇 하여 우리 주 예수 그리스도로 말미암아 영생에 이르게 하려 함이라"

조용기는 이 구절을 "영혼이 잘됨같이 범사가 잘되고 강건한 생명 속에서 왕 노릇 합니다."라고 해석합니다.[337] 이러한 해석은 그의 "삼박자 구원"에 꿰맞추는 해석이 아닌가 묻지 않을 수 없습니다. 이러한 주장은 그의 다른 저서들에도 나타납니다.

> 예수 그리스도를 믿고 하나님의 자녀로 태어나 새사람이 된 그리스도인들은 이제 물질과 생활을 지배하고 다스리는 복을 누리게 된 것입니다. … 예수님은 하나님께로 돌아오는 사람들에게 죄로 말미암아 다가온 모든 질병과 저주와 가난 대신에, 건강과 복과 부요를 회복시켜 주셨습니다. … 성경에는 예수님께서 가난과 저주를 대속하셨다는 사실을 분명히 증거하고 있습니다. 그러므로 예수

336) 위의 책, 92.
337) 조용기, 『로마서 강해』, 165.

님을 믿는 우리는 물질적인 가난과 저주에서 이미 해방되었습니다. 마지막 아담이신 예수님께서는 첫 아담이 하나님을 반역함으로 말미암아 상실한 물질과 생활의 지배권을 우리에게 회복시켜 주신 것입니다. … 물질과 일상생활의 복은 십일조를 기본으로 한 '물질을 드리는 믿음'을 통해서 나타나게 됩니다.[338]

우리는 물질세계에 대한 올바른 이해를 가져야 한다. 하나님은 분명히 우리를 위하여 이 물질세계를 지어주셨다. 지으시되 풍성하게 지으셔서 우리가 물질 때문에 저주의 땀을 흘리지 않도록 하셨다. 이 물질로 말미암아 우리의 생활이 부요하고 기름지며 범사에 잘되기를 원하셨다.[339]

조용기는 또한 **고후 9:6**의 "이것이 곧 적게 심는 자는 적게 거두고 많이 심는 자는 많이 거둔다는 말이로다"라는 말씀과 **갈 6:7**의 "사람이 무엇으로 심든지 그대로 거두리라"라는 말씀을 근거로 "내 편에서 먼저 심지 않으면 하나님께서 거두게 해 주시지 않고", "또한 내 편에서 먼저 외치지 않으면 저쪽 산에서 울림이 오지 않는다."라고 주장하면서 "살아 있는 믿음의 법칙"인 "심고 거두는 법칙", "산울림 법칙"인 축복의 법칙을 활용하라고 강조합니다.[340] 이러한 주장은 그의 여러 저서에서도 반복됩니다.

하나님께서는 성경 말씀을 씨앗이라고 말씀하였다. "더러는 좋은 땅에 떨어지매 혹 백배, 혹 육십 배, 혹 삼십 배의 결실을 하였느니라"(**마 13:8**). 베드로는 이 말씀의 씨앗을 "영원히 썩지 않는 생명을 주는 씨앗"이라고 말했다(**벧전 1:24**).

338) 조용기, 『우리 시대의 지혜서 믿음』, 153-157.
339) 조용기, 『삼박자 구원』), 113.
340) 조용기, 『믿음의 씨앗』(서울: 영산출판사, 1977), 106, 이후로는 조용기, 『믿음의 씨앗』, 106. 등으로 표기함.

그는 하나님의 말씀을 받은 우리는 이 말씀을 마음의 밭에 심어야 한다고 강조한다. 씨앗을 그릇 속에 그대로 놓아 두면 그 씨앗은 그대로 있지만, 그 씨앗을 땅에 심어 놓으면 한 씨앗이 삼십 배, 육십 배, 백 배의 결실을 한다. 이와 같이 하나님의 말씀도 우리의 마음에 심어지면 영혼 구원의 결실도 맺고, 성령 충만의 결실도 맺고, 물질 축복의 결실도 맺어 수만 배의 결실을 맺는다.[341]

본문은 신자가 왕 노릇 한다는 뜻이 아니라 은혜가 왕 노릇 한다는 뜻임

본문은 분명히 신자가 왕 노릇 한다는 것도 아니고 의가 왕 노릇 한다는 것도 아닙니다. 다만 은혜가 왕 노릇 한다고 말씀합니다. 존 머레이는 여기에 대하여 적절하게 설명합니다.

21절은 왜 은혜가 풍성하게 넘쳤는지 그 목적을 묘사한다. … 은혜는 그것이 의로 말미암아 영생에 이르도록 왕 노릇 하기 위해 넘친 것이다. … 21절에서는 은혜가 영생에 이르도록 왕 노릇 한다. … 분명 바울은 지금 승천해 영광을 받으신 주님을 생각하고 있다. 동시에 은혜가 그리스도의 의로 말미암아 왕 노릇 하는 것을 생각할 뿐만 아니라, 이 은혜의 왕 노릇의 결과인 영생은 영광을 받으신 주님의 중보 사역을 떠나서는 결코 묘사하거나 생각할 수 없다는 사실을 성찰하고 있다.[342]

341) 조용기, 『더 깊은 곳으로』(서울: 영산출판사, 1979), 207-208; 『위대한 환상』(서울: 영산출판사, 1982), 73-84; 조용기, 『믿음의 씨앗』, 118-119.
342) John Murray, *Romans,* 5:21.

성경이 "'의가 그리스도로 말미암아 왕 노릇 하도록'이라고 하지 않고 '은혜도 또한 의로 말미암아 왕 노릇 하여'라고 말"한 것은 "우리의 의(義) 전부가 우리 자신의 공로로부터가 아니고, 하나님의 자비로부터 비롯된 것이라고 하는 진리를 우리의 뇌리에 보다 깊이 새겨 두기를 위함"입니다.[343] 그러므로 이 구절에서 "영혼이 잘됨같이 범사가 잘되고 강건한 생명 속에서 신자가 질병과 저주와 가난을 지배하는 왕 노릇을 한다."라는 해석을 이끌어 내는 것은 순 억지일 뿐입니다.

3박자 축복 신학의 문제점들

서광선은 "삼박자 축복"은 "신령(神靈)의 힘을 빌어서 모든 재앙을 물리치고 많은 복리를 가져오도록 하자는 샤머니즘"과 그 구조에 있어서 근본적으로 다른 것이 없기에, "결국 성령의 이름으로 무속 행위를 하고 있는 것"이 아닌지 신학적 우려를 하지 않을 수 없다고 비판합니다.[344]

민병소도 "순복음 중앙교회는 조용기의 단골판"으로 그 단골판에서는[345]

343) John Calvin, *Romans,* 5:21.

344) 서광선, "한국교회 성령운동과 부흥운동의 신학적 이해", 서광선 외 4인 크리스챤 아카데미 엮음, 『한국교회 성령운동의 현상과 구조』(서울: 對話出版社, 1984), 57-60, 이후로는 서광선, "한국교회 성령운동과 부흥운동의 신학적 이해", 57-60. 등으로 표기함.

345) 한국학중앙연구원 - 향토문화전자대전(디지털진도문화대전, https://www.grandculture.net/jindo/toc/GC00500349?search=H2/3)에 의하면, 단골판이란 호남지역에서 혈통에 따라 세습되는 무당인 단골이 독자적으로 소유·관장하는 종교적 영역으로, 전라남도 진도의 단골판은 여러 단골이 마을별과 씨족별로 모든 단골댁들을 나누어 소유하면서 굿, 맥이, 비손, 명다리, 택일 등의 모든 종교적 의식과 인생상담을 관장하는 독점적인 영역이다. 단골은 자기의 단골댁에서 씻김, 성주굿, 혼사굿 등은 '마령'이라 하는 굿대금을 받고, 간단한 환자가 생기거나 또는 생일을 맞았거나 할 때에는 단골 혼자 단골댁에 가서 무료로 비손을 해 준다. 그리고 '도부'라 하여 1년에 한 번씩 여름에는 보리, 가을에는 쌀을 세금처럼 거두어들인다.

"기복제(재수굿)와 치병제(병굿)의 삼박자 축복이 이행되어진다."라고 지적하면서, 조용기를 내린 무당으로 몰아 "순복음 중앙교회의 예배행위를 샤머니즘화해서 신랄하게 비판"하면서, "실은 우리 전체 기독교인에게 큰 책임이 있다."라고 지적합니다.[346] 심지어 은사주의자인 고든 피(Gordon D. Fee)조차도 이렇게 비판합니다.

> 현대 기독교는 부와 건강의 복음이라고 불리는, 그 속에는 복음의 특성이라고는 전혀 찾아볼 수 없는 악성 질병에 빠르게 감염되어 있다. … 그들의 메시지는 하나님의 진리를 위험하게 왜곡시키고 있으며, 무엇보다 성령 안에서의 삶이 아니라 인간의 타락한 성품에 호소하는 가르침을 전하고 있다. …
>
> 이 주장에 아무리 성경적인 옷을 입힌다고 해도 이것은 성경적이지 않다. 근본적인 문제는 해석학적 문제, 즉 성경을 어떻게 해석하느냐 하는 문제다. … 성경적인 해석이란 자신의 말이나 사람들의 생각에 기초를 둔 것이 아니라 성경에 근거하고 있어야 한다는 말이다. 그리고 좋은 해석이란 본문의 명백한 의미로부터 시작되어야 한다는 것이다. … "명백한 의미"는 무엇보다도 저자의 본래 의도와 관련이 있으며, 말씀을 처음 받은 사람이 명백하게 이해한 것과 관련되어 있다. …
>
> **요한삼서 2절** "잘되고"로 번역된 헬라어는 "잘 지내다"라는 의미로 친구가 편지를 쓰면서 "이 편지를 받을 때 네가 잘 지내기를 기도한다"라는 뜻과 같은 의미다. "범사에 잘되기를 바라고", "건강하기를 바라는" 이 두 가지 내용은 고대의 개인 편지에 등장하는 전형적인 인사 문구다. 요한의 바람을 모든 시대의 그리스도인들이 재정적·물질적으로 번영하기를 바란다는 의미로 확대하는 것은 본문의 의미가 전혀 아니다. 요한은 그럴 의도가 없었고 수신자인 가이오도 그렇게

346) 민병소, 『순복음의 대명사 조용기』, 85.

이해하지 않았다. 이것은 본문의 "명백한 의미"가 아니다. … 이 본문에서 하나님이 우리가 재정적으로 번영하길 원하신다고 주장하는 것은 본문을 오용하는 것이다.

요한복음 10:10에 나오는 "풍성한 생명(삶)"도 물질적인 풍요와는 전혀 상관이 없다. 요한복음에 나오는 "생명" 또는 "영생"은 공관복음의 "하나님 나라"와 동의어다. 이 단어는 문자적으로 "장차 앞으로 올 세대의 생명(삶)"을 의미한다. … "생명(삶)"이나 "풍성히"라는 단어에는 물질적인 풍요함이 전혀 암시되어 있지 않다. 더욱이 이런 생각은 예수님의 가르침 전체는 물론이고 **요한복음 10장**과도 전혀 무관하다. … 코플랜드의 "부자 청년 관원" 이야기에 대한 해석 - 평생에 걸쳐 부를 얻은 한 청년을 예수님은 인정하셨으며, 그것을 나누어 주라고 하신 것은 그저 시험에 불과하고 그렇게 함으로써 더 많은 것을 얻게 하려는 의노였나는 - 은 본문의 의도와는 명백히 상반되는 것으로 자신의 주관적인 해석을 성령의 역사로 돌리는 것은 올바른 행동이 아니다.

자신에게 필요한 구절을 취사선택하는 번영 복음 전도자들의 행위는 신약성경 어디에서도 찾아볼 수 없는 주장을 신봉하게 만들뿐 아니라, 자신들의 가르침에 정반대되는 수많은 성경 구절들은 의도적으로 배제하게 만든다. 이들의 해석학적 선택은 가난과 번영에 대한 이해에서 가장 두드러지는데, 그들은 이 두 가지를 서로 상충하는 것으로 생각한다. … 가난은 저주이고(**신 28:15**) 따라서 하나님의 뜻이 아니며, 번영이 하나님의 뜻이라고 주장한다. 이는 "사회적 통념"에 의해 지지되는 것으로 타락의 본질과 일반 은총의 실재를 제대로 고려하지 않은 것이다. …

그러나 사회적 통념은 성경적이지 않다. 하나님이 자신의 백성을 특별하게 돌보시는 때가 있긴 하지만, 성경을 전체적으로 볼 때 의로운 사람뿐만 아니라 의롭지 않은 사람에게도 해가 비치고 비가 내린다. 예수님은 빌라도가 죽였던 갈릴리 사람들과 망대가 무너져 죽은 열여덟 명이 죄가 더 커서 죽은 것은 아니라고 말씀하셨다(**눅 13:1-5**). 사회적 통념은 진리가 아니다. … 이런 지혜는 악한 사람들이 복을 받지만 선한 사람들이 그렇지 못한 경우, 혹은 그 반대의 경우에 대한 이유를 설명하지 못한다! … **히 11:32-39**에서 어떤 사람들은 믿음으로 위대한 승리를 맛보았지만, 어떤 사람들은 믿음으로 궁핍하게 되었다.[347]

고든 피는 부와 건강의 복음에 내재된 신학적인 약점에 대하여 다음과 같이 바르게 정리합니다.

1) 번영신학의 근저에는 인간 중심의 신학이 자리 잡고 있다. 하나님의 영광을 위해 우리가 부유해야 한다고 주장하지만, 이 가르침은 근본적으로 우리의 이기심과 행복에 호소한다.
2) 이 거짓된 복음은 완전히 잘못된 축복 신학을 가르친다. 하나님의 사랑과 축복은 그분의 자비하심에 기초하고 있으며, 그렇기 때문에 그것은 어떤 형태로든지 무조건적이다. … 반면에 번영의 종교는 우리가 무언가를 얻기 위해 주어야 한다고 가르친다. … 이는 목적으로 수단을 정당화하는 교묘한 술수다.
3) 이런 식의 복음 왜곡은 가난한 자들을 지속적으로 압제하는 생활 방식과 경제 체제를 강화하는 경향이 있으며, 이는 성경의 예언자들에게 강력한 지탄(指彈)의 대상이었다. 풍요로운 사회에서 더 번성하고자 하는 것은 그러한 번영을 가능하게 만드는 모든 정치적 · 경제적 프로그램을 지지하는 것을

347) Gordon D. Fee, "'부와 건강의 복음'이라는 질병", 9-16.

의미하며, 그것은 언제나 경제적으로 수탈을 당한 개인과 국가들의 희생 위에 세워진 것이다.[348]

바울은 "궁핍과 풍부함, 배고픔과 배부름 모두를 알았고 '내게 능력 주시는 자 안에서 모든 것을 할 수' 있었다."라고 했는데, 여기에서 "모든 것"은 문맥상 "궁핍을 의미한다는 것이 분명"하며(**빌 4:10-13**), 따라서 바울은 "음식과 의복에 대해 만족할 줄 모르는 사람들을 향해 '부(富)하려 하는 자들은 시험과 올무'에 빠질 것"이라고 경고했고(**딤전 6:6-10**), 대신에 "나누어 주기를 좋아하고 너그러운 자가 되어야 한다."라고 권면했습니다(**딤전 6:17-19**).[349]

3박자 축복의 근거로 제시된 구절들에 대한 검토

그들은 **갈 3:13**의 "그리스도께서 우리를 위하여 저주를 받은 바 되사 율법의 저주에서 우리를 속량하셨으니 기록된 바 나무에 달린 자마다 저주 아래에 있는 자라 하였음이라"라는 말씀을 "**신명기 28:15-68**에 언급된 질병, 가난, 죽음을 포함한 저주와 연결"하지만, 그것은 "병행 구절이 아닌 본문을 병행 구절이라고 주장"하는 것입니다.[350] 우리가 속량을 받은 저주는 "메시아가 오셔서 죽음의 형벌을 받으셔야 할 만큼 심각했던 우리의 영원한 죽음"이고, "그 죽음의 형벌은 죄로 인해 십자가에 달리는 것(**신 21:22-23**에 따르면 그 자체가 저주받은 사람임을 보여 주는 행위)"이었습니다.[351]

348) 위의 책, 20-22.
349) Gordon D. Fee, "부와 소유에 대한 신약 성경의 견해", 61.
350) Walter C. Kaiser Jr., "물질축복에 대한 구약성경의 견해", 92-93.
351) 위의 책, 93.

부와 건강의 복음이 주장하듯 "우리가 속량받은 '저주'(**갈 3:13**)가 정확히 **신명기 28장**이 말하는 '저주들'(복수로 변화했다는 것에 주목)이라고 확언할 수도 없고", 갈라디아서의 문맥에서는 "구원론적인 반면"에 신명기에서의 문맥은 "민족적이고 경험적인 것"이며, "모세가 주장했던 저주들은 하나님의 자녀라고 주장했던 이스라엘 백성에게 하나님의 심판으로 찾아왔던 것들"입니다.[352]

그들은 "성경 여기저기에서 임의로 본문을 뽑아내 자신들의 주장을 뒷받침하는 증거 구절로 사용"하지만, 우리는 "본문의 문맥과 상관없이 성경을 인용하는 그들의 태도를 거부하고, 각각의 주제들에 대해 광범위하게 가르치는 본문을 자세히 살피고, 성경이 총체적으로 말하고 있는 바가 무엇인지 연구"해야 합니다.[353]

수 1:8도 "번영과 성공을 약속하는 것은 분명"하지만, 그것은 "가나안 땅을 유업으로 받게 될 것이라는 아브라함 언약의 연장"이었고, 여기서 말하는 성공은 "군사적인 것으로 재정적인 성공이 아닙니다."[354]

하나님께서 아브라함과 맺은 언약은 "인류를 죄에서 구속하시려는 하나님의 주권적인 계획"이고(**롬 4장, 갈 3:6-9**), 성경 전체를 관통하는 메시지는 "하나님의 구속 사역"이지 "우리를 부자로 만들어 주는 계약이 결단코 아닙니다."[355] 따라서 "아브라함의 자손이 약속된 땅을 차지하리라는 하나님의 약속은 아브라함과 그의 자손들이 '더 나은 본향을 사모하니 곧 하늘에 있는 것'(**히 11:16**)을 상속하게 하는 전체 과정의 한 예비 단계"였고, "이 계

352) 위의 책, 99.
353) 위의 책, 100.
354) 위의 책, 98.
355) Hank Hanegraaff, 『바벨탑에 갇힌 복음: 번영신학을 고발한다』, 374.

획은 아브라함의 자손들을 애굽의 400년 노예살이에서 모세가 이끌어낼 때 그 초점이 더 선명"해졌습니다.[356]

막 10:17-31은 "자기가 낸 것의 100배를 어떻게 받을 수 있는가를 보여 주기는커녕, 부(富)의 속임수를 묘사"하며, 따라서 "예수님이 말씀하시는 배가(倍加)는 물질적인 것이 아니라 영적인 것, 문자적인 것이 아니라 비유적인 것"입니다.[357]

막 12:44의 "그들은 다 그 풍족한 중에서 넣었거니와 이 과부는 그 가난한 중에서 자기의 모든 소유 곧 생활비 전부를 넣었느니라 하시니라"에서 "가난한 중에서"는 그리스도께서 "가난한 과부"(42-43절)의 헌금을 "여러 부자"(41절), 그리고 "풍족"(44절)과 대조하신 것, 곧 "과부의 개인적인 갈망이 아니라, 찌든 가난의 상태를 가리키는 것"이므로 "하나님께 바라는 것이 있어서 헌금을 했다."라는 뜻으로 해석하는 것은 본문의 의도와는 전혀 다릅니다.[358] **눅 21:4**에 나오는 가난한 과부 이야기 병행구는 "원함 대신 핍절이라는 단어를 사용하고 있는데", "핍절은 극도의 가난을 뜻하는 15세기의 어휘"였고, "**막 12:44**에서 원함으로 번역된 단어는 헬라어 휘스테레시스(ὑστέρησις), 즉 가난에서 파생한 것"입니다.[359]

3박자 축복의 복음은 어쩌면 광야의 이스라엘 백성의 신앙과 흡사(恰似)하다는 의구심을 떨칠 수 없습니다. **출 32:1-6**은 이스라엘 백성의 신앙 상태를 분명하게 묘사하고 있습니다. 그들은 여전히 여호와 하나님을 부르고 있었지만, 그러나 그들이 섬기는 신은 "애굽과 가나안 땅에서 농사를 지을

356) 위의 책, 377.
357) 위의 책, 382.
358) 위의 책, 387.
359) 위의 책, 388.

때 다산(多産)과 풍요를 기원하는 우상이었던 송아지"였습니다.[360] 그들은 분명히 하나님을 버리지 않았고 열성으로 섬겼지만, 그들이 하나님으로 생각한 것은 금송아지에 불과했습니다. "광야의 삶에서 질려가던 그들은 풍요와 비옥의 신인 금송아지를 하나님께 투사하여 하나님이 그런 존재이기를 원하게 된 것"입니다.[361] 그것은 **느 9:18**에서 분명하고 단호하게 "또 그들이 자기들을 위하여 송아지를 부어 만들고 이르기를 이는 곧 너희를 인도하여 애굽에서 나오게 한 신이라 하여 하나님을 크게 모독하였사오나"라고 지적하고 책망합니다.

360) 손희영, 『세속화와 복음』(서울: 복 있는 사람, 2011), 47, 이후로는 손희영, 『세속화와 복음』, 47. 등으로 표기함.
361) 위의 책, 252.

6. 방언

1) "성령이 말할 수 없는 탄식으로"를 "방언 기도"로 해석해도 될까요?

롬 8:26 "이와 같이 성령도 우리의 연약함을 도우시나니 우리는 마땅히 기도할 바를 알지 못하나 오직 성령이 말할 수 없는 탄식으로 우리를 위하여 친히 간구하시느니라"

조용기는 이 구절을 해석하면서 "그런데 우리 인간들이 구할 바를 알지 못하기 때문에 성령께서 친히 우리를 위하여 말할 수 없는 탄식으로 간구하시는 것입니다. 성령의 말할 수 없는 탄식에는 방언 기도도 포함됩니다. 성령께서 친히 방언을 통하여 간구해 주심으로 우리의 어려움을 해결해 주십니다."라고 주장하면서, 미국의 베일러스 목사의 간증을 통해, 방언 기도로 말미암아 교통사고로 죽게 된 그의 아버지를 무사하게 했다고 예를 들었습니다.[362] 조용기는 자신이 방언을 받았다는 경험을 이야기하면서 성령을 받는 것과 방언을 분리할 수 없는 것처럼 주장합니다.

> 그러다가 신학교 2학년에 올라가서 보니까 1학년 학생 중에 성령 받은 남학생이 저녁기도회 때 그의 뒤에 앉아서 방언으로 유창하게 기도를 하는 것이었다. 그러자 그는 그때부터 간절한 마음으로 삼각산에 올라가 소나무를 끌어안고 기도하기 시작했다. '하나님 아버지, 성령 주옵소서. 성령을 안 주시면 나는 목회

362) 조용기, 『로마서 강해』, 253-254.

안 할랍니다. … 왜 나는 성령 안 주십니까?' … 그렇게 간절히 찾고 구하고 두드리고 있는데 순식간에 내 몸속에 불길이 확 들어오더니만 그다음에는 혀가 꼬부라져서 방언을 말하기 시작했습니다. 나는 한국말로 성령을 달라고 말하는 줄 알았는데, 입에서 방언이 자꾸 물줄기 같이 나와요.[363]

그는 **롬 8:1-17** 설교에서도 이렇게 주장합니다.

이스라엘 백성들이 예수님을 십자가에 못 박고 성도들은 다 동분서주 산지사방으로 흩어졌으나 나중에 한자리에 모여서 마가 요한의 다락방에서 기도할 때, 성령이 임하셨습니다. 성령이 임한 증거로 모든 사람이 방언을 했습니다. 방언을 하니까 방언을 귀로 듣고 성령이 오신 것을 깨달아 아는 것입니다. …

제가 오늘 설교하러 나오기 전에 "하나님, 내가 떨리는 입술로 방언이 어떤 것인지 성도들에게 보여 드려야 될 텐데 용서해 주시고 격려해 주시면 내가 그렇게 하겠습니다" 허락을 받고 나왔습니다. 그냥 떨리는 입술이라는 것은 기도하다가 혀가 질서를 놓아 버린 것 같이 돼서 "랄라라라~ 랴랴랴~ 루루루루(방언)" 떨리는 입술입니다. 방언은 정확한 말입니다. … 여러분 알아들었습니까? 통역하는 영이 임해야 알아들을 수 있습니다. 모르는 소리가 아니라 성령께서 그 사람의 입술을 통해서 말씀하는 것이므로 큰 유익이 됩니다. …

특별히 방언을 말하는 은사를 받은 사람은 방언을 많이 하고 많이 성령이 계신 것을 증거할 수 있습니다. 사람들은 방언을 하게 되면 성령을 인정할 수 있게 되는 것입니다.

그러면 체험적으로 성령이 와 계신 것을 알기 때문에 용감하고 담대하게 되고

363) 조용기, 『성공하기 원하십니까?』, 47-48.

기쁘게 되는 것입니다. 성령 받은 신자가 다 용감해지는 것은 성령을 받고 방언으로 말하면 성령이 와 계시다는 증거가 되기 때문에 성령님을 인정하고 환영하고 모셔 드리고 의지하면 놀라운 역사가 나타나는 것입니다. 방언을 하면 방언은 자기의 덕을 세우고 어려운 고통 속에 있는 이웃을 도와주기 위해서 방언으로 기도해 줄 수도 있는 것입니다.

저는 방언 기도를 한 시간, 두 시간 계속한 적이 많이 있습니다. 여러분 자기에게 마음에 답답하고 괴로운 일이 생겼는데 그것을 처리할 도리가 없습니다. 위기에 빠졌다는 공포심만 마음에 생기는 것입니다. 그럴 땐 방언으로 기도하셔야 돼요. 방언으로 30분, 1시간, 2시간, 3시간 소리 내어 기도하고 나면 나중에 마음속에 있는 고통이 다 사라지고 평안해지는 것입니다. 그러면 성령께서 기도를 들었다는 것을 우리에게 확정해 주는 것으로 강하고 담대해지는 것입니다. … 바울은 **고린도전서 14장 18절**에 "내가 너희 모든 사람보다 방언을 더 말하므로 하나님께 감사하노라"라고 말씀합니다. 바울이 그렇게 열심히 전도하고 어려운 일을 겪으면서 승리해 나간 것은 자기를 위해서 기도할 때 아는 말로만 기도하는 것이 아니라 방언으로 많이 기도했기 때문에 하나님의 도움을 받았던 것입니다.[364]

미국 하나님의 성회는 제4차 총회를 거쳐 1916년 교단 신조를 제정하기에 이르렀고, 여기에서도 방언이 성령세례의 유력한 증거라는 내용을 담은 '근본 진리의 선언'이 채택되었으며, 10개 항의 교단 신조를 채택했는데 그 중에 제8항은 "우리는 **사도행전 2장 4절**에 입각한 성령세례가 이를 구하는 모든 신자에게 주어진다는 것을 믿는다."라고 했습니다.[365] 그들의 『오순절

364) 조용기, 로마서 8:1-17 설교, 설교신문.
365) 기독교대한하나님의성회 30년사 편찬위원회, 『기독교대한하나님의성회 30년사』, 29.

교의학』은 **고전 12:31**의 "더욱 큰 은사"와 "신령한 것"은 방언의 은사가 확실하다고 주장합니다.

> 바울은 "내가 너희 모든 사람보다 방언을 더 말하므로 하나님께 감사하노라"(**고전 14:18**)라고 했으며, "더욱 큰 은사를 사모하라"(**고전 12:31**)라고 말하고 있다. 따라서 여기서의 '더욱 큰 은사'와 '신령한 것'이라고 하는 것은 방언의 은사가 확실하며 이러한 방언의 은사는 그리스도인들에게 가능할 뿐 아니라 그들이 사모해야 할 바람직한 은사인 것이다.[366]

성령의 말할 수 없는 탄식은 인간의 방언이 아니라 성령께서 하시는 탄식임

본 구절이 방언 기도를 정당화하는 구절일까요? 주석가들 중에는 "바울이 여기서 방언의 은사를 암시한다."라고 주장하는 사람들이 적지 않지만, 바울은 "열광주의자들의 견해와 반대로 방언을 천상적 환희의 선취(先取)로 여긴 것이 아니라 아직도 구원받지 못한 그리스도인들을 위한 언어 도움으로 이해"했습니다.[367] 이 구절에 대하여 더글라스 무는 이렇게 주석합니다.

> 탄식을 신자들이 내는 소리라고 하는 다른 사람들은 바울이 **고린도전서 12-14장**의 '방언'을 언급하고 있다고 생각한다. 방언과 마찬가지로 '탄식'은 성령의 영

366) 기독교대한하나님의성회, 『오순절 교의학』(서울: 기하성출판국 2003), 270.
367) 『독일성서공회 관주해설성경전서』, 로마서 8:26.

감을 받아 나온 '기도 소리'인데, 지상의 언어로는 표현될 수 없는 발성의 형태를 띠고 있다는 것이다. 그러나 이것은 납득할 수 없는 설명이다. 방언의 은사를 바울은 일부 신자들만 갖는다고 분명히 말하지만(**고전 12:30**), 여기서의 '탄식'은 모든 신자를 돕는 중보의 수단이기 때문이다. 더군다나 우리의 출발점으로 돌아가서 볼 때, ἀλαλήτοις라는 단어는 십중팔구 '말할 수 없는'이라는 뜻이라기보다는 '무언(無言)의'라는 뜻이며, 그러므로 '탄식'을 방언과 동일시하는 것은 거의 불가능하다. … 뿐만 아니라 그 탄식은 신자의 탄식이 아니라 성령의 탄식일 것 같다. … 그러므로 나는 우리가 하나님의 뜻을 알지 못하고, 따라서 하나님께 구체적으로 확실하게 호소할 수 없기 때문에 하나님의 영이 나서서 하나님의 뜻에 완전히 부합하는 중보 기도를 친히 하나님께 드린다고 바울이 말하고 있는 것으로 이해한다.[368]

신약신학의 권위자 토머스 R. 슈라이너도 말할 수 없는 탄식을 방언으로 해석하는 것을 거부하는 결정적인 이유들을 다음과 같이 열거합니다.

(1) ἀλαλήτοις라는 단어는 말로 발설할 수 없는 것을 의미할 수도 있지만, 오히려 이것은 '무언(無言)의', 즉 어떤 발성도 전혀 하지 않는 것을 의미한다.

(2) στεναγμοῖς라는 단어가 반드시 문자적인 것을 의미하는 것은 아니다. 즉, 탄식하는 것을 못 들을 수도 있다. 탄식이 은유적인 것일 수 있다는 것은 22절에서 피조물의 탄식에 대한 언급에서 분명히 드러난다. … 성경 어디에서도 성령은 들을 수 있도록 탄식한다고 말하지 않기 때문에 여기서도 문자적인 의미일 가능성은 없다. 우리는 성령의 탄식이 신자들의 탄식을 통

368) Douglas J. Moo, *Romans*, 8:26.

해서 표현된다고 대답할 수도 있다. 이것이 사실일 수도 있지만, 그 경우에 도 반드시 탄식을 들을 수 있는 것은 아니다.

(3) 방언을 말하고 있다는 것에 대한 가장 심각한 반론은 **롬 8:26-27**이 모든 그리스도인을 가리키는 반면, 방언을 말하는 것은 오직 소수에게만 해당된다는 것이다. **롬 8:26-27**에서는 어떤 신자도 여기 묘사하는 성령의 도우심으로부터 배제된다는 그 어떤 증거도 없다. 실제로 어떤 신자가 바울이 말하는 내용의 울타리 밖에 있다면 8장 전체 논증은 무너질 것이다.[369]

국제적인 신약학자 리차드 N. 롱네커도 본 구절이 말할 수 없는 탄식을 은사적 방언으로 해석하려는 의도가 없으며, 여기서 말하는 탄식은 신자의 탄식이 아니라 성령의 탄식이라고 해석합니다.[370] 여기에서 "탄식"은 "어떤 사람들이 주장하는 것처럼 혀를 가지고 하는 기도가 아니고", 곧 "믿는 자들이 하는 것이 아니고 성령께서 하시는 것이며, 말로 표현되는 기도가 아닙니다."[371] 성경의 초점은, "우리가 드리는 모든 기도가 순전히 성령의 은혜로 말미암는다는 것을 더욱 분명하게 드러낼 목적"입니다.[372]

모든 인간은 연약합니다. 예수님을 믿는 모든 신자도 예외는 아닙니다. 따라서 "우리의 바람을 반영하고 우리의 가치들을 표현하며 우리가 자신의 자원이라고 믿고 있는 것들을 나타내는 우리의 기도에 있어서, 우리는 자신이 마땅히 기도해야 하는 것들을 충분히 알지 못한다."라는 사실입니다.[373]

369) Thomas R. Schreiner, *Romans,* 8:26.
370) Richard N. Longenecker, *Romans,* 8:26.
371) John A. Witmer, *Romans,* 8:26.
372) John Calvin, *Romans,* 8:26.
373) Richard N. Longenecker, *Romans,* 8:26.

이러한 곤경에서 "바울은 우리의 연약함과 관련된 성령의 은혜를 이야기하면서" "성령이 말할 수 없는 탄식으로 우리를 위하여 친히 간구하시는" "성령의 특별한 활동에 초점을 맞추고" 있습니다.[374] 따라서 여기에서 방언에 초점을 맞추는 것은 본문의 초점을 흐리게 하거나 왜곡하는 것입니다.

웨스트민스터 신앙고백(21장 3절)과 제2스위스 신앙고백(23장)은 방언으로 기도하는 것을 금합니다. 그 이유에 대하여 제네바 요리문답(247문)은 방언으로 기도하는 것이 "하나님을 조롱하는 것이며 일종의 사악한 위선"이라고 설명합니다. 왜냐하면 하나님께 방언으로 기도할 아무런 이유도 없기 때문입니다. 방언으로 기도하면 오래 기도할 수 있다거나 하나님께서 잘 들어 주신다거나 성령께서 함께하신다는 증거가 된다거나 담대해지기 때문이라는 주장은 성경 어디에서도 지지받을 수 없습니다.

성령의 말할 수 없는 탄식이 인간의 방언이라는 근거로 제시된 구절들에 대한 검토

고전 12:31의 "너희는 더욱 큰 은사를 사모하라"에서 헬라어 원문에 사용된 동사 형태는 직설법(사실의 진술)도 될 수 있고 명령법(명령)도 될 수 있습니다. 알버트 반즈가 옳게 지적한 대로 아람어 신약성경에서는 "너희는 가장 좋은 은사를 사모하니 내가 더 탁월한 길을 너희에게 보이리라"라고 번역할 수 있고, 심지어 "은사주의 계열의 고든 피도 직설법을 옹호하는 견해의 타당성을 인정"합니다.[375] 이러한 사실은 "그러나 너희는 눈에 띄는 은

374) John Murray, *Romans,* 8:26.

375) John MacArthur, 『무질서한 은사주의』, 367.

사를 질투심으로 탐내고 있다."라는 일종의 책망이며 그렇게 해석해야 "내가 또한 가장 좋은 길을 너희에게 보이리라"라고 한 말이 더 잘 이해될 수 있습니다.[376]

고린도 교인들은 "이기적인 의미에서 자신을 세우려고 방언을 사용"하고 있었고, 방언에 대한 그들의 열망은 "다른 신자들 앞에서 가장 볼만하고 눈에 띄는 은사를 사용하려는 욕망에서 비롯된 것"이었으며, "그런 과시를 통해 유익을 얻는 사람은 방언을 말하는 사람 외에는 아무도 없으며 방언을 말하는 사람이 방언에서 얻는 주된 가치는 자신의 자아를 세우는 일이라는 점"에서, "교회 안의 나머지 사람들을 무시하고 방언으로 전달돼야 하는 메시지를 모호하게 만들며, 오로지 자신의 자아를 만족시키고 남에게 과시하고 자신들의 영성을 서로에게 입증하기 위해서만 방언을 했다는 점"에서 "영적인 은사는 은사를 받은 개인의 유익을 위해 사용하도록 허락된 것이 결코 아니라는 것"을 망각한 것입니다.[377]

고전 14:21-22의 "율법에 기록된 바 주께서 이르시되 내가 다른 방언을 말하는 자와 다른 입술로 이 백성에게 말할지라도 그들이 여전히 듣지 아니하리라 하였으니 그러므로 방언은 믿는 자들을 위하지 아니하고 믿지 아니하는 자들을 위하는 표적이나 예언은 믿지 아니하는 자들을 위하지 않고 믿는 자들을 위함이니라"라는 말씀은, **사 28:11-12**의 인용으로 "이스라엘 민족에게 하나님이 이방인의 언어로 계시를 말씀하실 것임"을 예언한 것입니다. 이 말씀은 "이스라엘의 불신에 대한 하나의 책망"이었고, 따라서 "그런 책망이 의미 있는 표적"이 되려면 방언 곧 이방인의 외국어여야 했다는

376) 위의 책, 367.
377) 위의 책, 365-366.

의미입니다.[378]

막 16:17-18의 "믿는 자들에게는 이런 표적이 따르리니 곧 그들이 내 이름으로 귀신을 쫓아내며 새 방언을 말하며 뱀을 집어 올리며 무슨 독을 마실지라도 해를 받지 아니하며 병든 사람에게 손을 얹은즉 나으리라 하시더라"라는 구절을 근거로 "이런 표적들이 오늘날 모든 신자의 기준이 돼야 한다는 주장"은 **고후 12:12**의 "사도의 표가 된 것은 내가 너희 가운데서 모든 참음과 표적과 기사와 능력을 행한 것이라"라는 말씀과 **히 2:3-4**의 "우리가 이같이 큰 구원을 등한히 여기면 어찌 그 보응을 피하리요 이 구원은 처음에 주로 말씀하신 바요 들은 자들이 우리에게 확증한 바니 하나님도 표적들과 기사들과 여러 가지 능력과 및 자기의 뜻을 따라 성령이 나누어 주신 것으로써 그들과 함께 증언하셨느니라"에 의하여 부정됩니다.

사도행전(8장, 10장, 19장)에는 "누군가가 성령이나 방언을 간절히 구했다는 어떤 암시도 존재하지 않고", 성경 어디에서도 "안디옥, 갈라디아, 빌립보, 골로새, 로마, 데살로니가, 고린도 교회의 누군가가 성령이나 방언을 구했다."라는 언급은 없습니다.[379]

히 13:8의 "예수 그리스도는 어제나 오늘이나 영원토록 동일하시니라"라는 구절을 근거로 방언과 기적과 신유도 영원하다고 주장하지만, **고전 13:8-10**의 "사랑은 언제까지나 떨어지지 아니하되 예언도 폐하고 방언도 그치고 지식도 폐하리라 우리는 부분적으로 알고 부분적으로 예언하니 온전한 것이 올 때에는 부분적으로 하던 것이 폐하리라"라는 말씀으로 부정됩니다. 그렇다면 방언을 주장하는 사람들은 "서기 1세기에 나타난 방언과

378) 위의 책, 363.
379) 위의 책, 280.

기적과 신유가 오늘날에도 똑같이 일어나고 있다는 주장을 정당화하기 위해 이 구절에 원래 있지도 않은 의미를 억지로 집어넣는" 것이라고 보아야 합니다.[380]

방언은 인간의 언어와는 다르다는 주장에 대한 반론

조용기는 **행 10:46**을 강해하면서 이렇게 주장합니다.

> 성령세례를 받으면 보고 들을 수 있는 증거가 나타납니다. … 오순절 마가 요한의 다락방에서도 120명의 문도에게 성령이 임하자 다 방언으로 말하고 하나님을 높였습니다. … 우리는 방언으로 말할 때 무슨 내용을 말하고 있는지 그 뜻을 이해하지 못할 때도 있습니다. 그러나 우리는 방언을 통하여 영으로 하나님과 깊은 교제를 하며 신앙이 자라게 됩니다. 그러므로 방언 기도를 하면 말할 수 없는 큰 힘을 얻게 됩니다.[381]

방언의 은사를 "개인적인 기도의 언어, 하나님만이 아시는 하늘의 언어, 천상의 말, 또는 일종의 초자연적인 언어"라는 주장은 성경적 근거도 없고, 성경에는 "천사들이 하늘의 언어를 사용한다는 증거"도 없으며, "천사들은 성경에 나타날 때마다 인간이 쓰는 보통의 언어로 의사소통"(**눅 1:11-20, 26-37, 1:8-14**)을 했고, "성경 어디에도 방언의 은사가 인간의 언어와는 다른 것이라고 가르치지 않았으며", "또한 **고전 12-14장**에 묘사된 진짜 방언

380) 위의 책, 152.
381) 조용기, 『사도행전 강해 (상)』, 231-232.

이 실질적으로 오순절에 임한 **사도행전 2장**에 묘사된 기적의 언어와 다르다는 어떤 암시도 없습니다(두 군데 모두에 나오는 헬라어는 'γλῶσσα'임)"[382]

흠정역(KJV)은 "**고린도전서 14장**에서 '미지의 언어(unknown tongue)'라는 표현을 반복적으로 사용"하는데, 그것을 근거로 "방언은 이 세상의 언어가 아닌 언어를 묘사하는 것"이라고 주장하지만, 그것은 '미지의(unknown)'라는 말이 "번역자들이 덧붙인 말이고 헬라어 원문에는 나타나지 않는다(εὐχαριστῶ τῷ θεῷ μου, πάντων ὑμῶν μᾶλλον γλώσσαις λαλῶν·)."라는 것을 모르거나 무시한 것입니다.[383] 그러므로 **고전 13:1**은 "바울이 의미 없는 무아지경의 말이나 일종의 하늘의 언어 내지 천사의 언어를 옹호하고 있음"을 입증하는 데 사용할 수 없습니다.[384]

만일 바울이 "개인적인 기도의 언어나 자연 발생적인 천상의 소리에서 비롯된 무아지경의 말을 염두에 두었다면" "누군가 교회에서 방언을 말하면 통역을 해야 한다."라고(**고전 14:13, 27**) 명령할 수는 없었을 것입니다.[385] "'통역'으로 옮겨진 헬라어는 'ἑρμηνεύω'인데 이는 '번역'을 뜻하고"(**요 9:7, 히 7:2**), "통역의 은사는 전혀 배운 적이 없는 언어를 번역해서 다른 사람들에게 그 메시지로 덕을 세우는 초자연적인 능력"이므로(**고전 14:5**), 방언이 "무아지경의 말이나 뜻 모를 말"이라면 번역할 수 없을 것이기 때문입니다.[386]

382) John MacArthur, 『무질서한 은사주의』, 361.
383) 위의 책, 362.
384) 위의 책, 362.
385) 위의 책, 363.
386) 위의 책, 363.

방언은 중단되었음

고린도 교회 성도들 가운데 일부가 "눈에 띄는 은사"를 구하고 있는 것에 대하여 바울은 "사랑은 언제까지나 떨어지지 아니하되 예언도 폐하고 방언도 그치고 지식도 폐하리라"라고(**고전 13:8**) 말씀합니다.[387] 여기에서 "그치고"라는 말은 "헬라어 동사 'παύω'로 '영원히 그치다'라는 뜻"이기 때문에 "일단 방언이 그치면 다시는 나타나지 않을 것이라는 의미를 내포"합니다.[388] 존 맥아더는 방언이 중단되었다는 증거를 이렇게 제시합니다.

> 첫째, 방언은 기적적, 계시적 은사였다. … 기적과 계시의 시대는 사도들과 더불어 끝났다. 신약성경에 기록된 마지막 기적은 대략 서기 58년경에 일어난 멜리데 섬에서의 신유 사건이다(**행 28:7-10**). 서기 58년부터 요한이 계시록을 완성한 96년까지 아무런 기적도 기록되지 않았다. 방언이나 신유 같은 기적적인 은사는 초기 서신인 고린도전서에만 언급되어 있다. 후대의 두 서신서인 에베소서와 로마서는 둘 다 성령의 은사에 대해 길게 논하고 있지만, 기적적인 은사에 대해서는 어떤 언급도 하지 않는다. 그 시기에 이르면 기적은 이미 과거지사(過去之事)로 간주 되고 있다(**히 2:3-4**). 사도적 권위와 사도적 메시지는 더 이상의 확증을 필요로 하지 않았다. 계시적 은사는 이제 더 이상 어떤 목적에도 기여하지 못했다. 사도 시대가 사도 요한의 죽음과 함께 끝나자 사도들의 신분을 증명해 준 표적들은 현실에서 사라졌다(**고후 12:12**).
>
> 둘째, 방언은 믿지 않는 이스라엘 민족에게 표적으로 사용하기 위한 은사였

387) 위의 책, 368.
388) 위의 책, 368.

다. 방언은 하나님이 이방인을 포함하는 새로운 역사를 시작하셨음을 뜻했다. 하나님은 이제 모든 민족에게 모든 언어로 말씀하시기를 원하셨다. 막힌 담은 무너졌다. 그래서 방언은 은사를 불순종한 한 민족에 대한 하나님의 저주를 상징할 뿐만 아니라 온 세계에 대한 하나님의 축복을 상징했다. 방언은 주로 표적으로 주어진 은사이므로(**고전 14:22**) 적절하게 교회에 덕을 세울 수가 없었다. 방언은 또한 자기 자신을 내세우는 데 악용되기 십상이었다(**고전 14:4**). 교회는 그리스도의 몸을 세우기 위해 모이는 집단이지 자기만족이나 개인적 체험 추구를 위해 모이는 집단이 아니다. 그러므로 방언은 교회에서 제한된 효용성밖에 갖지 못했고 그래서 영구적인 은사로 주어진 것이 결코 아니다. … 신약성경 후대에 기록된 책들은 다시는 방언을 언급하지 않는다. 사도 시대 이후에도 그 누구도 방언을 언급하지 않았다.[389]

그런데도 김동수는 "방언에 대한 평가는 그 사람의 방언의 체험 유무와 거의 일치하였다. 예외는 없었다."[390]라고 주장합니다. 만일 그런 주장이 옳다면 체험이 판단의 기준이 된다는 뜻이 되는데, 과연 그럴까요? 성경이 아니라 개인적 체험이 판단의 기준이 된다는 주장은 적어도 신자로서, 더구나 목사로서 또한 신학자로서는 도무지 용납될 수 없는 반성경적인 말이 아닐까요?

389) 위의 책, 369-372.
390) 김동수, 『방언은 고귀한 하늘의 언어』(서울: SFC, 2008), 136.

7. 예수의 이름으로 명령하는 문제

1) "그의 부활과 같은 모양으로 연합한 자도 되리라"를 "귀신과 질병과 환경에 대하여 예수의 이름으로 명령할 수 있다."라고 해석해도 될까요?

롬 6:5 "만일 우리가 그의 죽으심과 같은 모양으로 연합한 자가 되었으면 또한 그의 부활과 같은 모양으로 연합한 자도 되리라"

조용기는 이 구절을 해석하면서 이렇게 주장합니다.

> 하나님 우편에 그리스도와 연합하여 같이 앉아 있으니 그와 함께 생명 안에서 왕 노릇 할 수가 있습니다. 그리하여 진리를 깨달은 사람은 예수의 이름으로 명하매 귀신이 쫓겨 나가고, 예수의 이름으로 명하매 병이 낫고, 예수의 이름으로 명하매 환경의 변화가 다가오게 되는 것입니다.[391]

그는 이미 **롬 5:17**을 해석하면서도 이렇게 주장했습니다.

> 전에는 마귀의 지배를 받아 우리의 육신이 병들고 아팠지만, 이제는 우리가 왕이 되었습니다. 이제 우리의 육신의 건강을 지배하는 것은 마귀가 아니라 그리스도 안에서 새 생명을 얻은 우리들입니다. … 이제 기도하실 때마다 예수님의 이름으로 이렇게 외치십시오. '우리 가정이 평안할지어다', '우리 가정에 기쁨

391) 조용기, 『로마서 강해』, 176.

이 넘칠지어다', '축복이 임할지어다', '건강이 임할지어다.' 이제 우리는 왕입니다. 지배하는 자입니다. 예수님의 이름으로 왕 노릇 하십시오.[392]

이 구절의 초점은 다만 그리스도의 죽음의 효과를 단순히 지적하는 데 있을 뿐임

이 구절의 초점은 우리의 육신을 죽이고 우리 속에서 성령의 더 좋은 성품을 새롭게 해 주심으로 나타나는 "그리스도의 죽으심의 효과를 단순히 지적"하는 데 있을 뿐입니다.[393] 더구나 "우리의 신체적 죽음과 부활을 다루고 있지 않고", "죄에 대한 우리의 죽음과 영적 생명에 대한 우리의 부활을 다루고 있으며", "이것은 앞의 문맥에서도 분명히 드러나며, 뒷 구절들(**롬 6:6-9**)에서는 더욱 분명"합니다.[394] 그러므로 본문은 "우리가 죄로부터 벗어나는 사실이 주님이 무덤에서 부활하신 것과 유사하다는 것", 곧 "주님이 무덤에서 살아나셨듯이 우리도 죄로부터 벗어나 새로운 생활을 누린다."라고 해석해야 맞습니다.[395]

그러므로 조용기가 본문을 신자가 왕 노릇 한다는 뜻으로 해석하는 것은 본문의 의도를 벗어난 해석입니다. 또한 신자가 "하나님 우편에 그리스도와 연합하여 같이 앉아" 있다는 해석은 성경에 근거가 없는 생소(生疎)한 주장입니다. 신자가 그리스도와 연합한 자가 되었다는 것을 근거로 그렇게 해석한다면, 신자가 마치 그리스도와 동등한 통치자가 된다는 주장처럼 들립니

392) 조용기, 『로마서 강해』, 160-161.
393) John Calvin, *Romans,* 6:5.
394) John Murray, *Romans,* 6:5.
395) Albert Barnes, *Romans,* 6:5.

다. 만일 그렇다면 그것은 신화사상(神化思想)을 의미하는 것이 아닌지 반문하지 않을 수 없습니다. 인간은 신(神)이 될 수 없습니다. 예수님과 연합하였다고 해서 인간이 예수님과 같은 신적인 존재가 되는 것은 아닙니다.

인간은 작은 신(神)이 아님

부와 건강의 복음주의자들은 **요 10:31-39**를 근거로 "인간이 작은 신(神)임을 보여 주는 적극적인 증거"라고 주장합니다. 예수님께서 "너희 율법에 기록된 바 내가 너희를 신(神)이라 하였노라 하지 아니하였느냐"라고(**요 10:34**) 하신 말씀은 **시 82:6**의 인용으로 여기에 등장하는 신이라는 용어는 문자적으로 신을 뜻하는 것이 아니라 사람들을 살릴 수도 있고 죽일 수도 있는 권세를 가졌다는 의미에서 이스라엘의 재판관들을 신이라고 불렀던 것입니다. 만일 재판관들을 "신들"이라고 표현한 것을 문자적으로 받아들인다면 이스라엘의 하나님 유일 신앙을 부정하는 것이 될 것입니다.

물론 때때로 그들은 다른 신들을 섬긴 것도 사실이고 하나님을 우상을 섬기듯이 섬긴 것도 사실이지만 하나님 유일 신앙을 공적으로 부정한 적은 없었습니다. 분명한 것은 **시 82:6-7**의 말씀이 **사 43:10-12**의 "나 여호와가 말하노라 너희는 나의 증인 나의 종으로 택함을 입었나니 이는 너희가 나를 알고 믿으며 내가 그인 줄 깨닫게 하려 함이라 나의 전에 지음을 받은 신이 없었느니라 나의 후에도 없으리라 나 곧 나는 여호와라 나 외에 구원자가 없느니라 내가 알려 주었으며 구원하였으며 보였고 너희 중에 다른 신이 없었나니 그러므로 너희는 나의 증인이요 나는 하나님이니라 여호와의 말씀이니라"라는 말씀과 모순될 수 없다는 사실입니다.

예수님께서 바리새인들을 향해 "뱀들아"(**마 23:33**)라고 부르신 것을 문자적으로 받아들일 수는 없는데, 그것은 "아무리 악한 자들이라도 문자적으로 뱀은 아님이 분명하기 때문"입니다. 마찬가지로 "사람을 신이라 말씀하신 것"을 문자 그대로 받아들일 수 없는 이유도 사람이 "작은 신들이 아닌 것은 더 확실"하기 때문입니다.[396]

그들은 신자에게 신적인 권세를 덧입히기 위하여 **벧후 1:4**의 "신성한 성품에 참여하는 자가 되게 하려 하셨느니라"라는 말씀을 근거로 신자가 "하나님의 본질 혹은 본성을 취한다는 뜻"으로 해석하기도 합니다. 그러나 그것은 본문을 심각하게 왜곡하는 것입니다. 왜냐하면 "구속받은 사람이 하나님의 도덕적인 속성들을 반영할 수 있기는 해도, 하나님의 정확한 복제물로서는 자격이 없기" 때문입니다.[397] **벧후 1:4**에 이어지는 5-11절은 "신사의 신화(神化)를 말하는 것이 아니라 세상의 타락에 상응하는 도덕적 본성(4절)에서 하나님의 성품을 반영하는 것으로, 지속적으로 변혁하는 과정에 관해 말한 것"(5-11절)입니다.[398]

찰스 캡스와 제리 세이빌은 **창 1:26-27**의 "'모양'에 해당하는 히브리어(דְּמוּת 데무트)가 문자적으로 '그 종의 정확한 복제'라고 주장"하지만, "히브리어 학자들은 '모양'(דְּמוּת 데무트)이라는 단어는 **창 1:26-27**에 나온 '형상'(צֶלֶם 첼렘)이라 번역된 다른 단어를 규정하고 한정 짓는다는 점을 지적"하는데, 이것은 "'인간이 하나님의 복제물, 달리 말하자면 축소품이라는 인상을 피하기 위함'"이며, 따라서 "'모양'에 해당하는 히브리어는 동일

---

396) Hank Hanegraaff, 『바벨탑에 갇힌 복음: 번영신학을 고발한다』, 241.
397) 위의 책, 242.
398) 위의 책, 242.

체가 아니라 유사성 혹은 흡사함"을 뜻합니다.[399] 여기에 대하여 행크 해네그래프(Hank Hanegraaff)는 이렇게 지적합니다.

> 우리가 하나님의 형상으로 지어진 것은 맞지만, 자존, 독존, 영원, 전지, 전능, 무소부재(無所不在), 그리고 절대적 권위 등 전가될 수 없는 혹은 나눌 수 없는 하나님의 성품 중 어느 하나도 가지고 있지 않다. 하나님은 영원하시지만(**시 90:2**), 사람은 어떤 한 시점에 창조된 존재(**창 1:26-31, 욥 3장, 38:4, 21**), 지상에 잠시 거주하는 존재일 뿐이다(**욥 7장**). 하나님은 스스로 생명이시지만(**요 5:26**), 사람은 존속을 위해 하나님을 의지한다(**행 17:28**). 하나님은 권능이 있으시지만(**욥 42:2**), 인간은 유약하다(**고전 1:25**). 하나님은 전지하시지만(**시 147:5, 사 40:13-14**), 인간의 지식은 제한되어 있다(**사 55:8-9**). 하나님은 무소부재 하시지만(**렘 23:23-24**), 인간은 한 번에 한 장소에만 있을 수 있다(**시 139:1-2**). 인간은 하나님의 복제품이 아니라 좀 더 정확하게 표현하자면 하나님의 반영이다. 인간이 하나님의 형상으로 지어졌다는 것은, 인간이 하나님의 나눌 수 있는 성품들을 한정되고 불완전한 방법으로 나누고 있다는 뜻일 뿐이다.[400]

이 구절은 신자의 이중적인 특징을 말할 뿐임

또한 본문은 "연합한 자가 되었으면", "연합한 자도 되리라"라는 표현을 통해 "여전히 '이 세대'에 살고 있으면서 '올 세대'에 속한 사람"이기 때문에 "이전의 두려움과 '옛 생활'의 긴장들에서 해방을 경험하면서도, 다른 한편

399) 위의 책, 243.
400) 위의 책, 244.

그들의 삶에서 새로운 긴장을 경험"하는 신자의 이중적인 특징을 나타냅니다.[401] 신자의 이중적인 특징에 대하여 롱 네커는 이렇게 설명합니다.

> (1) '우리 주 예수로 말미암아' 하나님의 은혜로 의롭게 되었지만, 여전히 '의의 소망'을 기다리기도 한다는 것(**갈 5:5**),
> (2) 새로운 부활의 생명으로 다시 살아났지만, 여전히 '그리스도의 부활에 연합되기를' 기다리고 있다는 것(**롬 6:5**),
> (3) '그리스도와 함께 십자가에 못 박혔고' 그래서 '죄에서 해방되었지만', 동시에 더 이상 '죄에 종노릇 하지' 말아야 한다고 독려할 필요가 있다는 것"이며(**롬 6:6-7**), 따라서 기독교적 선포에는 '이 세대'와 '올 세대' 간의 기본적인 긴장이 존재합니다.[402]

2) "죄가 너희 죽을 몸을 지배하지 못하게 하여 몸의 사욕에 순종하지 말고"를 "죄에 대하여 물러가라고 외치라."라는 뜻으로 해석해도 될까요?

롬 6:12 "그러므로 너희는 죄가 너희 죽을 몸을 지배하지 못하게 하여 몸의 사욕에 순종하지 말고"

조용기는 이 구절을 해석하면서 다음과 같이 주장합니다.

> 죄가 이 죽을 몸을 이용해서 여러 가지 정욕을 가져옵니다. 왕 노릇 하려고 이

401) Richard N. Longenecker, *Romans,* 6:5.
402) Richard N. Longenecker, *Romans,* 6:5.

죽을 몸을 휘어잡으려 합니다. 그러나 우리는 죄에 대하여 죽었기 때문에 합법적으로 죄가 우리에게 왕 노릇 할 권리는 전혀 없습니다. 그러므로 죄가 와서 유혹해도 '잔소리 마라. 나는 죄에 대하여 죽었다. 죄하고는 인연이 끊어졌으니 물러가라'라고 외쳐야 합니다. 이렇게 할 때 몸의 사욕은 순종치 않게 되는 것입니다.[403]

그는 **롬 4:17-18, 롬 4:18-25, 롬 8:1-9** 설교에서도 동일한 주장을 되풀이 합니다.

예수님께서는 "내가 진실로 너희에게 이르노니 누구든지 이 산더러 들리어 바다에 던져지라 하며 그 말하는 것이 이루어질 줄 믿고 마음에 의심하지 아니하면 그대로 되리라"(**마 11:23**)라고 말씀하셨습니다. 우리가 태산 같은 문제를 만날 때, 입술의 말로써 명령을 하라는 것입니다. 그럴 때 하나님의 기적이 일어나는 것입니다.[404]

여러분 성경에 우리보고 귀신 쫓아내라 그랬지 하나님이 내가 쫓아내 줄게 그렇게 말했습니까? 이미 이천 년 전에 귀신 쫓아내는 작업은 여러분과 나에게 맡겨 놓은 일인 것입니다. 하나님께서 한번 맡겨 놓으면 하나님은 그 권능을 빼앗지 않습니다.

저희가 내 이름으로 귀신을 쫓아내게 됐으니 쫓아내는 것은 여러분과 내가 예수 이름으로 쫓아내는 것이지 하나님이 쫓아내 주지 않습니다. … 그러므로 오늘 여러분과 나는 예수 믿자마자 뱀과 전갈을 밟으며 원수의 모든 능력을 제어할 권세를 받았기 때문에 귀신을 여러분이 쫓아내야만 되는 것입니다. 귀신을 어떻

403) 조용기, 『로마서 강해』, 182.
404) 조용기, 로마서 4:17-18 설교, 설교신문.

게 쫓아냅니까?

입술의 고백으로 쫓아내는 것입니다. 여러분 예수께서 성경 말씀으로 귀신을 쫓아낸 것처럼 귀신 쫓아내는 데 기도할 필요가 없습니다. … 여러분과 나의 입술에 검이 있으니 이 검을 사용해서 쫓아야죠. 한번 쫓아서 안 되면 두 번 쫓고 세 번 쫓아야 되는 것입니다. …

우리의 눈에는 안 보이지만 사탄이 볼 때는 여러분이 하나님 말씀으로 내어쫓을 때 여러분의 입에서 검이 나오기 때문에 거기에 찔려서 견디지 못하고 쫓겨나와 버리고 마는 것입니다.

이러므로 오늘 우리는 예수 이름으로 입술의 고백이 원수 마귀에게 얼마나 치명타를 준다는 것을 알아야 되는 것입니다. 그러지 못하고 자꾸만 꿇어앉아 가지고서 하나님이여 귀신을 쫓아 주시옵소서. 원수 마귀를 쫓아 주시옵소서. 이렇게 하는 것은 하나님을 무시하는 것입니다. …

여러분이 귀신을 쫓아내는 것입니다. 성경 **요한계시록 12장 11절**에 보면 "또 여러 형제가 어린양의 피와 자기의 증거하는 말을 인하여 저를 이기었다고"라고 말한 것입니다.[405]

여러분, 이제는 우리가 마귀를 이길 수 있는 권세를 가지고 있는 것입니다. **누가복음 10장 19절**을 다 같이 읽어 보십시다. … 주님께서 우리에게 뱀과 전갈을 밟으며 원수의 모든 능력을 제어할 권세를 주신 것입니다. 육체적인 힘이 없어도 권세를 가지고 있는 사람은 말만 가지고도 움직이고 다스릴 수가 있는 것입니다.

자동차는 힘이 있지만 교통순경의 손가락 하나에 꼼짝 못 하고 서고 맙니다. 왜냐하면 교통순경은 권세를 가지고 있기 때문입니다. 여러분, 하나님의 자녀로서 권세를 가지고 있는 것입니다. 여러분이 말하면 마귀도 꿈쩍 못하고 무릎을

405) 조용기, 로마서 4:18-25 설교, 설교신문.

꿇어야 되는 것입니다.[406]

이러한 주장은 그의 『4차원의 영적 세계』에서도 잘 나타나 있습니다.

> 여러분은 믿음의 영역인 성령의 4차원의 영적 세계를 통해서 예수 그리스도의 이름으로 생활과 환경에 기적이 일어나도록 명령할 수 있습니다. … 예수 그리스도의 이름으로 추하고 혼란한 것이 아름답게 되고, 상한 자와 고통당하는 자에게 치료가 임하도록 명령할 수 있는 것입니다.[407]

그는 예수 그리스도의 이름으로 명령할 수 있다는 것을 언어 중추 신경과 혀를 연결하여 "뇌 속의 언어 중추 신경이 다른 모든 신경을 지배한다는 것을 아십니까? … '혀는 신체의 가장 작은 부분이지만, 온몸을 굴레 씌울 수 있다'라고 기록되어 있지요(**약 3:2**)"[408]라고 주장하기도 합니다. **약 3:2**가 과연 그런 뜻일까요?

그는 심지어 "내가 치료에 대한 하나님의 말씀을 선포하지 않으면 성령께서 그 일을 행하실 적절한 재료를 취하지 못하시는 것입니다. 이와 같이 여러분이 선포하기 전에는 성령께서 여러분이 원하는 기적을 베푸실 재료를 취하지 못하시는 것입니다."[409]라고 주장함으로써 인간이 하나님의 말씀을 선포하느냐 하지 않느냐에 따라서 성령의 일하심이 좌우되는 것처럼 주장하기도 합니다. 그는 **롬 10:8-10**을 해석하면서도 인간의 말이 마치 예수 그

406) 조용기, 로마서 8:1-9 설교, 설교신문.
407) 조용기, 『4차원의 영적 세계』, 85-86.
408) 위의 책, 87-88.
409) 위의 책, 96.

리스도의 역사하심을 좌우하는 것처럼 주장합니다.

> 여러분을 구원하는 말씀이 어디에 있습니까? 그 말씀은 여러분의 입에 있으며 여러분의 마음속에 있습니다. 예수님께서는 여러분의 신실한 마음을 주목하시고 여러분이 하는 말과 함께하십니다. 그러므로 여러분은 하나님의 말씀을 시인함으로써 예수님의 임재 속에 들어갈 수 있고, 여러분이 표현하는 믿음의 말을 통해 예수님께서 권능을 나타내실 수 있는 것입니다. 여러분이 믿음의 말을 분명하게 말해야 예수 그리스도께서도 분명히 역사해 주십니다.[410]

성경적 근거가 없는 주술적인 해석

외친다는 의미가 무엇일까요? 단순히 외치면, 곧 주문을 외치듯이 외치면 된다는 뜻일까요? 만일 그렇다면 그것은 주술적 방법과 무엇이 다른 것인지 묻지 않을 수 없습니다. 그리고 인간이 생활이나 환경, 질병 등을 향하여 명령하면 생활이나 환경, 질병이 순종할 수 있는 것인지, 또 인간의 고백으로 구원이나 성령의 일하심이나 예수 그리스도의 역사하심이 좌우되는 것인지, 그리고 그 근거는 성경 어디에 있으며 그 근거로 제시하는 성경에 대한 해석이 옳은지 묻지 않을 수 없습니다. 적어도 정상적인 신자라면 감히 그런 주장은 할 수 없을 것입니다. 왜냐하면 그런 주장은 자신을 예수님의 위치에 올려놓지 않고는 불가능하기 때문입니다. 따라서 구원이나 성령의 일하심이나 예수 그리스도의 역사하심이 신자의 말에 달려 있다고 주장한다면, 그는 더 이상 정상적인 기독교인은 아닐 것입니다.

410) 위의 책, 102.

부와 건강의 복음은 “아픈 것은 결코 하나님의 뜻이 아니다. 치유는 믿음을 행사하는 것을 통해 이뤄진다. 사람은 오직 무엇이든 말하고 요구하고 이를 믿고 받아야 된다.”라는 전제를 가지고 있기 때문에, “질병을 향해 긍정의 말을 하라.”, “권위를 가지고 병에게 명령하기만 하면 치유받을 수 있다.”라고 주장합니다.[411]

그들은 “하나님이 그분의 말씀 중에 번영을 통제하는 법칙들을 만들어 놓으셨으며, 그 법칙들은 마치 중력이나 우주의 물리 법칙처럼 작동한다고 주장”하며, “이 번영의 법칙을 제대로 작동하게 만드는 것은 우리의 믿음”, “소위 긍정적인 생각이나 자세, 말”이기 때문에, “그저 ‘우리의 보잘것없는 마음이 원합니다’라고 말하기만 하면 진짜로 그 일이 일어난다는 것”인데, 이런 “마술에 가까운 개념”을 “공개적으로 신봉”한다는 것은[412] 정상적인 사고를 하는 기독교인이라면 있을 수 없는 일입니다.

본문의 초점은 몸의 사욕에 순종하지 말라는 것임

신자들은 그리스도의 죽으심으로 죄에 대하여 죽었지만(**롬 6:5**), 그들은 “여전히 ‘이 세대’에 속해 있으며, 그래서 그들은 여전히 죄의 유혹을 받을 수 있고, 심지어 죄의 지배를 받을 수도” 있으므로 성경은 “‘죄가 너희 죽을 몸을 주장하지 못하게 하여 몸의 악한 욕망에 순종하지 말라!’ 또는 ‘죄가 너희를 주장하지 못하게 하라!’, 그리고 계속해서 그리스도인들이 ‘우리가 은혜를 더하게 하려고 죄를 계속 지어야 한다’라거나, ‘우리는 율법 아래 있지

411) Walter C. Kaiser Jr., “물질축복에 대한 구약성경의 견해”, 95.
412) 위의 책, 90-91.

않고 은혜 아래 있다'라는 비뚤어진 구실을 대며 그들의 죄악된 행위를 정당화하려고 해서는 안 된다."라고 권면합니다.[413]

신자들이 죄에 대하여 죽었다는 것은 죄에 대하여 어떤 욕구도 더 이상 느끼지도 않는다거나 죄와 싸우지도 않는다는 뜻이 아닐뿐더러, 죄는 "신자들을 위협하는 하나의 세력"이고 그것은 "외적인 것"만 있는 것이 아니라 신자들에게는 죄에 대한 욕구도 있으므로 이러한 욕정들을 의도적으로 저항하고 극복하지 않으면 안 됩니다.[414]

물론 그리스도의 죽으심으로 죄에 대하여 죽었다면, "죄가 너희 죽을 몸을 지배하지 못하게 하라"라는 말은 모순처럼 생각할 수도 있을 것입니다. 존 머리는 여기에 대하여 이해하기 쉬운 비유를 들어 다음과 같이 설명합니다.

> 가령, 아직 해방되지도 않은 노예를 보고 "노예처럼 행동하지 말라."라고 말하는 것은 그의 노예를 조롱하는 것이다. 그러나 실제로 자유를 얻은 노예를 보고 그런 말을 한다면, 그것은 그의 해방의 특권과 권리를 향유하는 데 필요한 호소다. 그런즉 죄가 왕권을 가지고 있지 않는 만큼, 죄로 왕 노릇 하게 허용하지 말라는 것이다. 죄의 통치에서 해방되었다는 사실은 "죄가 너희 죽을 몸을 지배하지 못하게 하라."라는 권면의 기초이자 그 실현을 도모하는 것이다.[415]

413) Richard N. Longenecker, *Romans,* 6:12.
414) Thomas R. Schreiner, *Romans,* 6:12.
415) John Murray, *Romans,* 6:12.

롬 4:17의 "기록된 바 내가 너를 많은 민족의 조상으로 세웠다 하심과 같으니 그가 믿은바 하나님은 죽은 자를 살리시며 없는 것을 있는 것으로 부르시는 이시니라"라는 구절을 "믿음의 힘으로 '없는 것을 있는 것처럼' 부를 수 있다.", "달리 말해서 그들이 말하는 믿음의 관점에서는 말만 하면 다 현실이 된다."라고 해석하는 것은 "주변 문맥을 볼 때 **롬 4:17**은 그런 것을 말하고 있지 않고", "오히려 그 반대로 '우리가 아니라 생명을 주시는 하나님께서 없는 것을 있는 것처럼 부르신다'라는 것"을 뜻합니다.[416]

사도 바울은 **고후 12:7-9**에서 "여러 계시를 받은 것이 지극히 크므로 너무 자만하지 않게 하시려고 내 육체에 가시 곧 사탄의 사자를 주셨으니 이는 나를 쳐서 너무 자만하지 않게 하려 하심이라 이것이 내게서 떠나가게 하기 위하여 내가 세 번 주께 간구하였더니 나에게 이르시기를 내 은혜가 네게 족하도다 이는 내 능력이 약한 데서 온전하여짐이라 하신지라 그러므로 도리어 크게 기뻐함으로 나의 여러 약한 것들에 대하여 자랑하리니 이는 그리스도의 능력이 내게 머물게 하려 함이라"라고 말씀합니다. 바울은 "가시(헬라어 'σκόλοψ'는 말뚝을 가리킴)가 자기를 꼼짝 못 하게 할 정도로 자기 육체에 정통으로 박혔다."라고 표현함으로써 "고통스럽고 몹시 괴로웠음"을 고백합니다.[417] 그런데도 바울은 "사탄의 사자를 꾸짖고 결박하고 예수님의 이름으로 어떤 일을 하라고 명령하지 않았고", 심지어 "그 사자에게

416) Hank Hanegraaff, 『바벨탑에 갇힌 복음: 번영신학을 고발한다』, 381.
417) John MacArthur, *Our sufficiency in Christ*, 이용중 옮김, 『그리스도만으로 충분한 기독교』(서울: 부흥과 개혁사, 2008), 229, 이후로는 John MacArthur, 『그리스도만으로 충분한 기독교』, 229. 등으로 표기함.

말도 걸지 않았으며", "오늘날 영적 전투 운동에 관여하는 이들이 주장하는 방법들"을 사용하는 대신에 "다만 주님께 기도할 뿐이었고", "더구나 바울은 자신이 원하는 응답을 받지도 못했습니다."[418] 바울은 비록 사도였지만 "명백히 자신에게는 승리를 '선포'하거나 병을 고치거나 사탄에게 자신이 원하는 일을 하도록 명령할 영적 권세가 없다고 생각"했으며, 그는 다만 "주님을 신뢰하며 하나님의 뜻은 언제나 의롭다는 사실을 알고 사탄이 준 육체의 가시를 견뎌냈습니다."[419]

살전 2:17-18에서도 바울은 비록 사도였지만 그가 데살로니가 교회를 방문하는 것을 방해한 사탄의 그 어떤 장애물도 무력화할 수 없었음을 보여줍니다. 사탄을 꾸짖고 사탄에게 명령하실 수 있는 분은 오직 한 분 주님밖에 없으므로, 우리가 사탄을 꾸짖을 수 있고 사탄에게 명령할 수 있다고 주장하는 것은 한마디로 우스꽝스러운 일입니다.[420]

사탄은 아무 제한 없이 활동하는 것이 아니라 하나님의 주권 아래에 있고, 하나님은 그 거룩하시고 선하신 뜻을 이루시기 위하여 사탄도 사용하십니다. 하나님은 바울에게 사탄의 사자를 주셔서 너무 자만하지 않게 하셨습니다(**고후 12:7**). 바울에게는 "여러 계시를 받은 것이 지극히 크므로" 크게 자만할 위험성이 있었습니다. 그래서 사탄의 사자, 곧 육체의 가시를 주셨습니다. 하나님은 베드로에게도 사탄이 시험하게 하셨습니다(**눅 22:31**).

서머나 교회의 경우 주님은 "사탄을 꾸짖거나 서머나 교회의 성도들을 박해에서 건져 주시지 않았는데", 그 이유는 "오늘날 많은 이들이 가르치는 것

418) 위의 책, 229.
419) 위의 책, 229.
420) 위의 책, 229-231.

과는 반대로 주님은 건강과 부와 번영을 약속하지 않으셨기 때문"입니다.[421]

"사탄에게 승리하는 일은 사탄에 대해 일종의 가상적인 권세를 주장하는 문제가 아니라", "단지 의를 추구하고 죄를 피하며 진리 안에 굳게 서기만 하면" 됩니다.[422] **엡 6:13-18**의 "그러므로 하나님의 전신 갑주를 취하라 이는 악한 날에 너희가 능히 대적하고 모든 일을 행한 후에 서기 위함이라 그런즉 서서 진리로 너희 허리띠를 띠고 의의 호심경을 붙이고 평안의 복음이 준비한 것으로 신을 신고 모든 것 위에 믿음의 방패를 가지고 이로써 능히 악한 자의 모든 불화살을 소멸하고 구원의 투구와 성령의 검 곧 하나님의 말씀을 가지라 모든 기도와 간구를 하되 항상 성령 안에서 기도하고 이를 위하여 깨어 구하기를 항상 힘쓰며 여러 성도를 위하여 구하라"라는 말씀은 사탄에게 승리하는 일은 사탄을 꾸짖고 명령하는 등의 "기술의 문제가 아니라 개인적인 성품의 문제"임을 확인시켜 줍니다.[423]

"예수님은 마귀에게 시험을 받으셨을 때 마귀를 조롱하거나 정죄하거나 결박하거나 지옥으로 보내거나 마귀의 목을 짓누르시지 않았고", 다만 "'기록되었으되'라고 말씀하신 뒤에 구체적으로 각각의 시험과 관련된 성경 말씀을 인용하셨을 뿐"입니다(**마 4:1—11, 눅 4:1-13**).[424]

421) 위의 책, 236.
422) 위의 책, 241.
423) 위의 책, 240.
424) 위의 책, 242.

8. 입술의 고백과 구원

1) "말씀이 네게 가까와 네 입에 있으며 네 마음에 있다"를 "긍정적이고 창조적인 말과 위대한 신앙의 고백대로 이루어진다."라고 해석해도 될까요?

롬 10:8 "그러면 무엇을 말하느뇨 말씀이 네게 가까와 네 입에 있으며 네 마음에 있다 하였으니 곧 우리가 전파하는 믿음의 말씀이라"

조용기는 이 구절을 해석하면서 이렇게 주장합니다.

> 하나님께서 우리에게 주신 구원의 기쁜 소식인 복음을 받으러 하늘에 올라갈 필요도 없으며 음부까지 내려갈 필요도 없습니다. 구원받는 것이 바로 우리의 입에서 시인되고 마음에 믿으면 되는 것이기 때문입니다. 얼마나 간단합니까? 그런데 놀랍게도 우리의 입으로 시인하는 내용이 우리의 마음에 신앙으로 뿌리를 박는다는 것입니다. 아무리 마음에 믿고 싶어도 입으로 "나는 믿음이 없어요. 나는 기도도 못하고 전도도 못해요." 하면 마음에 그러한 말씀이 뿌리를 내리고 맙니다. 그러므로 우리의 입술을 통하여 긍정적이고 창조적인 말을 할 뿐만 아니라 위대한 신앙의 고백을 자주 해야 합니다. 하나님께서 기뻐하시는 말을 계속적으로 하는 가운데 우리의 신앙이 더욱 깊어지게 되는 것입니다. [425]

그는 **로마서 4:17-22, 4:17-18, 10:7-10** 설교에서도 동일한 내용을 반복합

425) 조용기, 『로마서 강해』, 305.

니다.

여러분, 성경을 보면 하나님께서 말씀하시기를 "내 삶을 두고 맹세하노라 너희 말이 내 귀에 들린 대로 내가 너희에게 행하리라"(**민 14:28**)라고 하셨습니다. 또 잠언에는 "죽고 사는 것이 혀의 힘에 달렸나니 혀를 쓰기 좋아하는 자는 혀의 열매를 먹으리라"(**잠 18:21**)라고 했습니다. 이렇게 말이라는 것은 매우 중요한 것입니다.

여러분 하나님의 역사는 말로써 이루어지는 것입니다. 하나님께서는 그의 말씀으로 천지와 만물을 지으셨습니다. 예수님은 말씀으로 귀신을 쫓아내시고 걷지 못하는 자를 일으키시고 파도를 잠잠케 하시고 죽은 자를 살리셨습니다. 이처럼 말씀이 결정적인 역할을 하는 것입니다. 그러므로 우리가 생각이 긍정적이 되고 꿈을 가지고 믿음을 가졌으면 그것을 입술의 말로써 표현해야 되는 것입니다.[426)]

하나님의 창조의 비결은 꿈과 믿음 그리고 창조적 입술의 고백입니다. … 우리의 믿음은 입술의 고백으로 강화되고 자라는 것입니다. 여러분의 생각이나 꿈을 마음속에 그냥 가지고 있으면 속에 있다가 사라질 뿐입니다. 그러나 그것을 입술로 말하면 밖에 나와서 에너지가 되고 여러분의 삶에 변화와 창조를 가져오는 것입니다.

여러분은 모두 예수님을 믿음으로 4차원의 신령한 사람이 된 것입니다. … 신령한 사람의 말은 창조적인 힘이 있어요. 말을 하면 기적이 일어나는 것입니다. 죽은 자를 살리시며 없는 것을 있게 하시는 하나님의 능력이 여러분 속에 들어와

426) 조용기, 로마서 4:17-22 설교, 설교신문.

있는 것입니다.[427]

우리는 과거에 스스로 말한 대로 만들어진 현재를 살고 있습니다. 우리의 말은 창조력이 있기 때문에 입으로 말한 것이 우리의 환경을 만들어냅니다. … 그러므로 바로 지금 우리가 하는 말이 앞으로 우리가 살아갈 환경을 만들어냅니다. 그러므로 말 한마디도 조심해야 합니다. 무시하면 안 됩니다. 우리 입술의 말이 우리의 인생을 만들어가기 때문입니다. …

우리는 우리의 입에서 나오는 말을 통해 구원을 받습니다. 마음으로 아무리 믿어도 구원받지 못합니다. 마음에 가득한 것을 입으로 시인해야 구원을 받는 것입니다. **로마서 10장 10절**은 "사람이 마음으로 믿어 의에 이르고 입으로 시인하여 구원에 이르느니라"라고 말씀합니다. …

단순한 신앙고백이라도 그 말씀을 나타내면 주님께서 구원을 이루십니다. 예수님께서 십자가에 못 박혀 고난당할 때 한 강도는 예수님을 비난했으나 다른 강도는 죽어가는 그 처지에도 피투성이가 된 주님께 "주님, 주님의 나라에 임할 때 나를 기억하소서"라고 고백하듯 말했습니다.

그러자 예수님께서 그 강도에게 "오늘 네가 나와 같이 낙원에 있으리라"라고 말씀하시고 구원해 주셨습니다. 이처럼 말 한마디가 천국과 지옥을 갈라 놓는 것입니다. 우리의 입술의 말을 주님께서 듣고 계시기 때문에 천당과 지옥을 만들어 내는 것입니다. …

말은 곧 씨앗입니다. **잠언 18장 21절**은 "죽고 사는 것이 혀의 힘에 달렸나니 혀를 쓰기 좋아하는 자는 혀의 열매를 먹으리라"라고 기록합니다. 우리가 말을 하면 그 심어 놓은 말의 씨앗이 열매를 맺어 나중에 우리가 먹게 됩니다.[428]

427) 조용기, 로마서 4:17-18 설교, 설교신문.
428) 조용기, 로마서 10:7-10 설교, 설교신문.

이러한 주장은 그의 『우리 시대의 지혜서 믿음』에서도 반복됩니다.

> 한편, 우리에게 하나님의 믿음이 오면 이 믿음을 담대하게 입으로 시인해야 합니다. 우리 앞에 거대하게 도사리고 있는 문제의 산을 향하여, '문제는 해결될지어다', '병은 물러가라'라고 담대하게 명령해야 합니다. 그리고 의심치 말고 감사하면 입술의 시인대로 이루어집니다.[429]
>
> 우리의 입술의 고백은 구원받는 믿음으로 이끌어 줍니다. … 성경은 "네가 만일 네 입으로 예수를 주로 시인하며 또 하나님께서 그를 죽은 자 가운데서 살리신 것을 네 마음에 믿으면 구원을 받으리라. 사람이 마음으로 믿어 의에 이르고 입으로 시인하여 구원에 이르느니라"(**롬 10:9-10**)라고 말하고 있습니다. 그러므로 구원에 이르는 믿음이 있느냐 없느냐를 알 수 있는 것은 그 사람이 어떤 말을 하는지를 보면 알 수 있습니다.[430]
>
> 고백하는 믿음은 예수 그리스도의 역사를 일으키십니다. **히브리서 4:14**에서는 "그러므로 우리에게 큰 대제사장이 계시니 승천하신 이 곧 하나님의 아들 예수시라 우리가 믿는 도리를 굳게 잡을지어다"라고 했습니다. "믿는 도리를 굳게 잡는다."란 말을 풀이하면, '입술로 신앙 고백하는 것을 힘차게 부여잡고 있으면, 주님께서 우리의 대제사장이 되셔서 우리를 위해 일해 주신다'라는 의미입니다.[431]
>
> 비록 병든 사람이 의사로부터 치료받기 힘들다는 진단을 받았을지라도, "예수님께서 채찍에 맞으심으로 나는 고침을 받았다."라고 입술로 고백하고, 그 고백을 힘차게 부여잡으면, 그는 예수님의 역사하심으로 치료받는 기적을 체험할 수

429) 조용기, 『우리 시대의 지혜서 믿음』, 78.
430) 위의 책, 142, 143.
431) 위의 책, 144.

있습니다. 이와 같이 우리가 입술로 신앙고백을 할 때, 예수님께서는 이것을 재료로 하여 우리의 영혼을 잘되게 하시고, 범사에 형통케 하시며, 항상 강건케 하시는 역사를 베풀어 주시는 것입니다.[432]

목표를 분명히 세우고 나서 입으로 시인하는 것이 믿음을 개발하고 활용하는 데 있어서 중요한 출발점이 되기 때문입니다. … 그가 자신의 분명한 목표를 세우고 입으로 시인하자, 그가 시인한 대로 예수님의 치료가 임했던 것입니다(**눅 18:35-43**).[433]

예수님께서는 병자를 고치실 때 아무런 준비도 갖추지 않은 사람들까지 치료해 주시지는 않았습니다. 입으로 자기가 나을 것을 분명히 시인한 사람들에 한해서 '네 믿음이 너를 구원했다.'라고 말씀하셨던 것입니다.[434]

그는 또 이렇게 주장합니다.

나는 47년 목회를 하면서 '교회가 안 된다' 생각한 적이 단 한 번도 없었습니다. '교회는 된다', '성도는 모여 온다', '기적은 일어난다'라고 생각했습니다. 그러면 내 4차원의 세계 속에서 이 긍정적인 메시지를 3차원에 보내 줍니다. 그렇기 때문에 나의 목회는 늘 내가 마음에 믿은 대로 이뤄졌습니다. 성경의 "네 믿음대로 될지어다"라는 말씀처럼 믿음대로 결과를 보았습니다. 내가 생각한 것이 나의 3차원 세계에 그대로 이뤄진 것입니다.[435]

나는 앉아 있을 때나 자동차에 있을 때나 늘 내 자신을 프로그래밍합니다. "나

432) 위의 책, 145-146.
433) 위의 책, 161-162.
434) 위의 책, 176.
435) 조용기, 『3차원의 인생을 지배하는 4차원의 영성』, 42.

는 나를 구원해 주신 예수님을 믿습니다. 예수님의 보혈로 죄가 용서받았음을 믿습니다. 성령님이 오셔서 나를 거룩하게 하심을 믿습니다. 병이 나음을 믿습니다. 복 받은 것을 믿습니다. 나는 부활하고 영생 천국을 얻은 것을 믿습니다. 나는 하나님의 소유된 백성임을 믿습니다." 하고 고백합니다. 이렇게 나는 나 자신을 믿음으로 프로그래밍합니다.[436]

믿음으로 말미암아 의롭게 된다는 말씀이 가까이 있다는 뜻일 뿐임

긍정적이고 창조적인 말을 해야 한다거나 위대한 신앙의 고백을 자주 해야 한다거나 하나님께서 기뻐하시는 말을 계속적으로 해야 한다는 주장은 일종의 주문이 아닌가, 또는 주술적 수단과 방법이 아닌가 묻지 않을 수 없습니다. 또한 긍정적이고 창조적인 말이나 신앙의 고백을 자주 해야 한다는 것과 본문이 무슨 관계가 있는지 묻지 않을 수 없습니다. 또한 "말씀이 네게 가까와 네 입에 있으며 네 마음에 있다"라는 말씀을 "구원받는 것이 바로 우리의 입에서 시인되고 마음에 믿으면 되는 것"이라고 해석하는 것이 본 구절의 의도와 무슨 상관이 있는지도 묻지 않을 수 없습니다. "말씀이 네게 가까와 네 입에 있으며 네 마음에 있다"라는 말씀은 말씀이 가까이 있는데 그 정도가 우리의 입에 있는 것처럼, 또는 마음에 있는 것처럼 가깝다는 뜻일 뿐, 구원이 말을 하듯이 간단하고 쉬운 일이라는 뜻과는 전혀 상관이 없습니다. 여기에 대하여 『독일성서공회 관주해설성경전서』는 "인간이 행함이 아니라 하나님의 이 행위가 생명으로 인도하며 그것은 각 사람에게

436) 위의 책, 43.

가까이 있으며 복음의 소식 속에, 즉 믿음에 관한 말씀 속에 현재해 있다." 라고[437] 바르게 해설합니다.

믿음의 말씀(복음)은 율법과 대조적으로 언제든지 접근할 수 있는 조건 아래 있다는 뜻임

여기에서 "믿음의 말씀"은 환유법이며, 믿음과 관련이 있기 때문에 "'약속의 말씀', 즉 복음 자체를 대신하여 사용된 것"이므로 "율법과 복음이 대조되어 있다는 것"을 이해해야 합니다.[438] 복음은 "구원이 율법으로 말미암아 제시된 그 힘들고 어렵고 불가능한 조건 - 모든 계명들을 다 지킨 자들만이 구원에 이르게 된다는 - 아래서 주어지는 것이 아니라, 쉽고도 언제든지 접근할 수 있는 조건 아래서 주어진다는 것을 가르치는 것"이며, 따라서 "이 성경 말씀(**로마서 10장**)은 의지의 자유를 내세우는 데에는 아무런 가치"도 없다는 뜻입니다.[439]

그러므로 인간의 의지로 어떤 긍정적이고 창조적인 말을 하거나 신앙을 고백함으로 구원이 이루어지고 질병과 가난이 물러간다는 식으로 주장하는 것은 성경적인 근거도 없거니와 본문의 의도와도 상반된 것입니다. "믿음의 말씀"은 "율법의 계명들과도, 또한 약속들과도 구별"되는 복음을 뜻하는데, 왜냐하면 "하나님께서 자비롭게 사신들을 보내사 이 세상을 자기와 화목(**고후 5:19-20**) 시키시지 않으면 그 무엇으로도 믿음을 세울 수 없기

437) 『독일성서공회 관주해설성경전서』, 로마서 10:8.
438) John Calvin, *Romans,* 10:8.
439) *Inst.*, 2.5.12.

때문"입니다.[440] 복음을 "믿음의 말씀"이라고 말하는 이유는 "하나님의 긍휼하심에 근거한다는 사실 이외에는 믿음을 성립시키는 다른 확고한 조건이 없기" 때문입니다.[441]

롬 10:6-8은 "그리스도의 지상에 오심과 죽은 자들 가운데서의 그리스도의 부활은 이를 통해 믿음의 의가 완전히 그리스도 안에서 현존하기에 하늘에 오르거나 음부에 내려갈 필요가 없게 만든다고 주장"하며, 그 이유는 "그것은 사실상 그리스도가 이미 하늘에서 내려오셨으며 죽은 자들로부터 부활하셨다는 사실에 대한 부인이었기 때문"입니다.[442]

"'말씀이 네게 가까워'라는 말의 의미는 그 교리가 이해하고 받아들이기에 어렵지 않다는 것", 곧 "복음은 우리 가까이 있다는 것"이고, "'네 입에 있으며'라는 말의 의미는 그 교훈이 아주 친숙하고 이해되기 쉬운 것이어서 실지로 그들의 입에서 일상 대화처럼 되었다는 말"이며, "'네 마음에 있다'라는 말은 그 교훈이 그들의 정신 속에 있어서 묵상과 성찰의 주체가 된다는 의미로 사용"된 것입니다.[443] "믿음과 생명을 위해 계시된 것들은 접근이 가능"하고 따라서 우리는 "그런 것들을 발견하기 위해서 하늘로 올라갈 필요도 없고, 바다 끝으로 갈 필요"도 없으며, "이 사실을 보여 주는 가장 뚜렷한 증거"는 "그리스도께서 이미 하늘에서 내려오셔서 인간들 가운데 거하셨다."라는 것입니다.[444]

---

440) *Inst.*, 3.2.29.
441) *Inst.*, 3.2.30.
442) Herman Bavinck, 『개혁교의학 3』, 508.
443) Albert Barnes, *Romans,* 10:8.
444) John Murray, *Romans,* 10:8.

적극적인 말과 긍정적인 사고의 능력에 대한 근거로 제시된 구절들에 대한 검토

"**롬 10:9-10**에서 발견하는 '말'의 권세 - '네가 만일 네 입으로 예수를 주로 시인하며 … 구원을 받으리라' - 가 물질계에도 동일하게 적용된다."라는 주장에 따르면, "말은 그 내용을 성취할 수 있는 힘을 갖고 있다.", "하나님이 믿음의 말씀으로 우주에게 존재하라고 말씀하셨듯이 우리의 믿음의 말도 이런 내재적인 능력을 갖고 있다."라는 것이지만, "성경은 긍정적인 말의 힘을 지지하지 않으며", "그것은 하나님의 주권을 사람의 말에 종속시키는 것이며 하나님을 우리의 종으로 만드는 것"입니다.[445] 만일 "하나님이 긍정적인 말에 의해 좌지우지될 수 있다면", 하나님은 "믿음의 공식에 묶여 있는 우주의 종으로 전락할 것"입니다.[446]

렘 1:9-10, 23:29, 사 55:11, 시 33:9, 107:20, 104:7, 민 23:20도 "말의 신적 능력"을 주장하는 근거가 될 수 없습니다. 왜냐하면 "권세를 보여 주는 말들 대부분이 말 그 자체의 성격 때문이 아니라 그것이 하나님의 말씀이거나 그 말을 한 사람이 하나님의 말씀을 전달하는 예언자였기 때문에 능력이 있다.", 곧 "말씀을 전달하는 권위를 가지고 있기에 그가 말하는 것이 성취되는 힘이 있다."라는 이유 때문입니다.[447]

인간의 말이나 명령, 꿈, 소원, 생각이 그대로 이루어진다는 사상은 하나님의 신성을 소유한다는 주장과 별반 다르지 않습니다. 왜냐하면 말이나 명령, 꿈, 소원, 생각을 그대로 이루실 수 있는 분은 오직 하나님뿐이시기

445) Walter C. Kaiser Jr., "물질축복에 대한 구약성경의 견해", 79.
446) Hank Hanegraaff, 『바벨탑에 갇힌 복음: 번영신학을 고발한다』, 200.
447) Walter C. Kaiser Jr., "물질축복에 대한 구약성경의 견해", 80-82.

때문입니다. 따라서 조용기의 주장은 "창조주 하나님과 신성을 공유하는 하나님과 같은 인간"을 전제로 하는 뉴에이지(New Age) 사상과 유사한 것이 아닌가 의심하지 않을 수 없습니다.

약 5:14-16의 "너희 중에 병든 자가 있느냐 그는 교회의 장로들을 청할 것이요 그들은 주의 이름으로 기름을 바르며 그를 위하여 기도할지니라 믿음의 기도는 병든 자를 구원하리니 주께서 그를 일으키시리라 혹시 죄를 범하였을지라도 사하심을 받으리라 그러므로 너희 죄를 서로 고백하며 병이 낫기를 위하여 서로 기도하라 의인의 간구는 역사하는 힘이 큼이니라"라는 구절도 "병든 사람이 믿음으로 치유받을 수 있다는 주장을 지지해 주지 않는데", 그 이유는 "이 구절에 대한 최선의 해석은 기름을 바르는 행위는 상징적인 행동이며, 병에 걸린 사람이 하나님의 특별한 관심을 받고 있음을 확인하게 해 주려는 의도에서 나온 행동이라는 것"과 "14절에서 기도하라고 조언한 대상이 장로들이기 때문에 15절의 기도를 뒷받침하는 믿음도 병든 사람이 아니라 장로들의 믿음이어야 하기" 때문입니다.[448]

부와 건강의 복음주의자들은 "믿음이란 의지를 가지고 키울 수 있는 어떤 감정이라고 가정하고, 그렇기 때문에 병을 치유해 주실 것이라는 하나님의 약속을 주장하기 위해서 '충분한' 믿음을 가져야 한다고 독려하지만", "하나님의 뜻과 역사(役事) 없이 믿음을 만들어 낼 수는 없기" 때문에 "야고보가 15절에서 기도 뒤에 '믿음'이라는 단어를 덧붙인 것은 인간이 충족시켜야 할 어떤 조건을 말한 것이 아니라, 궁극적으로 하나님에 의해서만 충족되는 조건을 말한 것"입니다.[449] 기도해도 "치유 받지 못하는 이유는 고백하지

448) Douglas J. Moo, "부와 건강의 복음이 말하는 신유", 132-135.
449) 위의 책, 136.

않은 죄 때문일 수도 있고(15절), 하나님이 치유를 완성하기 위해 우리에게 주신 믿음을 억제하기 때문일 수도 있으며, 대부분의 경우처럼 지금 당장은 하나님께서 치유하시는 것을 원치 않으시기 때문"일 수도 있습니다.[450] 또한 "'주님의 뜻이라면'이라고 기도하는 것은 의심이나 불신의 표시가 아니라 하나님의 마음을 알지 못하는 우리의 겸손한 마음을 나타내는 것"일 뿐입니다.[451]

잠 18:21의 "죽고 사는 것이 혀의 힘에 달렸나니 혀를 쓰기 좋아하는 자는 혀의 열매를 먹으리라"를 근거로 "성경이 긍정적인 고백을 가르치고 있음을 입증"하려고 하는 것도 본문을 왜곡하는 것입니다. 물론 본문은 "언어가 다른 사람에게 참화를 끼칠 수 있다고 분명히 말씀하고 있지만", 우리의 말이 "현실을 창조해 내는 권능"을 가지고 있다는 뜻은 아니며, 그 이유는 "오직 하나님만이 그렇게 하실 수 있기" 때문입니다.[452] **잠 18:20-21**은 "우리의 언어가 다른 사람을 참담하게 만들 수 있다고 했지만, 우리의 혀에 하나님의 창조력이 있다고는 눈곱만치도 시사하지 않습니다."[453]

히 11:3의 "믿음으로 모든 세계가 하나님의 말씀으로 지어진 줄을 우리가 아나니 보이는 것은 나타난 것으로 말미암아 된 것이 아니니라"라는 구절을 근거로 "하나님이 믿음으로 세상을 만드셨기 때문에 그분 역시 믿음의 존재임을 말하고 있다."라고 주장하지만, 이 구절은 "하나님이 믿음으로 세상을 지으셨다는 것이 아니라, 우리가 믿음으로 하나님이 세상을 지으셨음

450) 위의 책, 137.
451) 위의 책, 138.
452) Hank Hanegraaff, 『바벨탑에 갇힌 복음: 번영신학을 고발한다』, 200.
453) 위의 책, 215.

을 안다는 말씀"입니다.[454]

하나님은 "영원히 모든 것을 보고 아시는 분, 최고의 절대적인 권위를 행사하시는 분"이시기 때문에 "하나님에게는 믿음이 필요 없는데도", "하나님이 믿음을 가지셔야 한다."라고 주장한다면, 그것은 하나님도 "지식과 권능에 관하여 자기 밖의 다른 것에 의존하신다는 뜻"이 되므로 이는 가히 신성모독적인 주장입니다.[455] 성경은 하나님의 능력을 제한하려고 하는 자들에게 "네가 이 일을 행하여도 내가 잠잠하였더니 네가 나를 너와 같은 줄로 생각하였도다 그러나 내가 너를 책망하여 네 죄를 네 눈앞에 낱낱이 드러내리라 하시는도다 하나님을 잊어버린 너희여 이제 이를 생각하라 그렇지 아니하면 내가 너희를 찢으리니 건질 자 없으리라"(**시 50:21-22**)라고 분명히 경고합니다.

막 11:22의 "예수께서 그들에게 대답하여 이르시되 하나님을 믿으라"에 대하여 찰스 캡스는 그의 『하나님의 창조력』에서 "'하나님과 같은 믿음을 가져라, 혹은 하나님이 가지고 있는 믿음을 가져라 … 하나님은 믿음의 하나님이다'"라고 직역하였고, 케네스 해긴은 그의 『믿음 성경공부』에서 "하나님이 믿음을 가지고 있다는 데 동의할 뿐만 아니라, 이것이 '헬라어 학자들'의 가르침이라고 지적"하지만, "헬라어 문법에 관해 최고의 권위자로 널리 인정받는 학자 A. T. 로벗슨"은 "'Ἔχετε πίστιν θεοῦ.''에서 "θεοῦ가 "목적 소유격"이며, "목적 소유격이란 명사가 행위의 목적"이기 때문에 "이 말은 '하나님을 믿다'"로 해석해야 하며, 따라서 "'하나님의 믿음'이란 번역은 억지"이며 "'하나님이 소유한 것은 믿음이 아니다', '오히려 믿음은 하나님을 목적어로 취

454) 위의 책, 211.
455) 위의 책, 212.

하고 있다"'라고 못 박습니다.[456]

인간의 믿음에 구원을 이루는 창조적인 능력이 있는 것은 아닙니다. "**요한복음 9장**에서 맹인이 시력을 얻은 것은 그가 빛에 노출되었기 때문이 아닌데", 그것은 "빛을 아무리 비춰도 시력은 회복되지 않고", "맹인은 낮에도 어둠 속에 있는 것처럼 볼 수 없으며", "세상의 모든 빛을 동원해도 맹인을 보게 할 수는 없기" 때문입니다.[457] "사람은 복음을 배우고 입으로 진리를 시인하며, 복음에 담긴 사실들을 지적으로 받아들일 수 있지만", "그의 보이지 않는 눈을 열고 새 마음을 주는 신적 기적이 없는 한, 그는 단지 신학을 배운 이방인일 뿐 그리스도인은 될 수 없습니다."[458]

마 19:16-22에 등장한 한 청년이 돌아간 것은 그릇된 메시지를 들었다거나, 들은 것을 믿지 않았기 때문이 아니라, 예수님의 말씀에 순종하기를 원하지 않았기 때문입니다. 그 청년이 구원을 받고 싶은 열망을 가졌던 것은 죄로부터 벗어나는 것이 아니라 "영혼의 공허함 때문에" "불안과 좌절감을 물리치고 기쁨, 사랑, 평안, 소망을 얻으려는 시도였을 것"인데, 그것은 구원을 받고 싶은 "타당한 이유가 될 수 없습니다."[459]

"현대 복음 전도자들은 대부분 안타까울 정도로 죄의 실상을 지적하지 않고", 다만 "행복과 기쁨과 만족 등 온갖 긍정적인 것들을 제시"함으로써 "오늘날 그리스도인들은 자신의 심리적인 필요를 찾기만 하면 된다고 배우게"

456) 위의 책, 207-210.

457) John MacArthur, *Gospel according to Jesus*, 황을호 옮김, 『주님 없는 복음: 예수님이 전한 복음에서 무엇이 빠졌는가?』(서울 : 생명의말씀사, 2017), 131, 이후로는 John MacArthur, 『주님 없는 복음: 예수님이 전한 복음에서 무엇이 빠졌는가?』, 131. 등으로 표기함.

458) 위의 책, 131.

459) 위의 책, 146.

하고, "예수님은 어떤 문제든 해결하는 만병통치약이라고 소개"합니다.[460] 그러나 "구원은 감정적 고양을 원하는 사람들을 위한 것이 아니라, 용서받기 위해 하나님께 나아오는 죄인들을 위한 것"입니다.[461] 다만 "심리적인 위로만 제시할 뿐 죄로부터 돌아서서 그리스도의 주재권에 대한 고백을 요구하지 않는 메시지"는 참된 복음이 아니며, 따라서 구원과는 무관합니다.[462]

복음 초청은 우리의 구주와 주님 되신 예수님께서 우리의 삶에 들어오시도록 허락하라는 간청이 아니라, "회개하고 그리스도를 따르라는 호소이면서 명령"이어야 합니다.[463] 예수님은 "헌신 되지 않은 대중의 긍정적인 반응을 환영하기보다, 자신의 소유를 모두 그의 나라에 투자할 의향이 있는 사람들만" 찾으십니다.[464]

긍정적이고 창조적인 말이나 신앙고백이 있다고 하더라도 순종하는 삶이 없다면 구원의 증거로 여겨질 수 없습니다(**마 7:21-23**). 구원받았다면 필연적으로 변화된 삶이 열매로 맺혀야 합니다(**요일 3:10**). 아무리 긍정적이고 창조적인 말을 하고 신앙고백이 있다고 하더라도 불순종은 불신입니다.[465] **약 2:14-16**은 "행함이 없는 믿음은 죽은 것으로서 구원할 수 없다"라고 말씀하였고, **히 3:18-19**는 "이스라엘의 불순종이 그들의 불신의 증거"라고 말씀하였으며, **요 3:36**에서는 "'믿는다는 것'은 '순종하는 것'과 동의어처럼 사용"했습니다.[466] "위대한 믿음 장인 **히브리서 11장**은 순종과 믿음을 분

---

460) 위의 책, 146.
461) 위의 책, 150.
462) 위의 책, 153.
463) 위의 책, 182.
464) 위의 책, 233.
465) 위의 책, 88.
466) 위의 책, 288, 293, 294.

리 불가능한 것으로 제시"하며, "1세기 그리스도인에게 신앙(faith)과 신실(faithful)은 본질적으로 같은 개념"이었습니다.[467]

467) 위의 책, 295-296.

9. 부활과 구원, 율법과 죄, '내 속'과 '내 육신 속', 선택과 타락, 소망과 세상 축복, 자유와 일치

1) "그의 살아나심으로 말미암아 구원을 받을 것"을 "예수님의 부활하심으로 구원이 완성되었다."라고 해석해도 될까요?

롬 5:10 "곧 우리가 원수 되었을 때에 그의 아들의 죽으심으로 말미암아 하나님과 화목하게 되었은즉 화목하게 된 자로서는 더욱 그의 살아나심으로 말미암아 구원을 받을 것이니라"

조용기는 이 구절을 해석하면서 이렇게 주장합니다.

> 예수님의 죽으심으로 우리의 죄가 청산되고, 예수님의 부활하심으로 구원이 완성되었습니다. … 예수님께서 십자가에 달리심으로 우리의 죗값은 치러진 것입니다. 그러나 죗값이 치러졌다고 구원을 받은 것은 아닙니다. 하나님과의 화목을 회복한 우리들은 '그의 살으심을 인하여' 구원을 얻게 된 것입니다.[468]

속죄와 화목을 분리하거나 사람이 믿고 회개할 때 화목 된다는 견해 전체는 정죄 되었음

예수님의 죽으심으로 죄를 청산받은 것(죗값을 치루심)은 하나님과의 화

468) 조용기, 『로마서 강해』, 151-152.

목을 회복한 것이지만 그것이 구원받은 것과 다르다는 주장이 과연 성경적으로 타당한 것일까요? **롬 3:23-24**은 "모든 사람이 죄를 범하였으매 하나님의 영광에 이르지 못하더니 그리스도 예수 안에 있는 속량으로 말미암아 하나님의 은혜로 값없이 의롭다 하심을 얻은 자 되었느니라"라고 말씀합니다. 속량이 곧 구원이고(개역개정은 속량으로, 새번역과 현대인의 성경은 속량을 구원으로 번역) 그것은 곧 의롭다 하심을 받은 것이고(칭의) 하나님과의 화목이기도 합니다. 그러므로 예수님의 죽으심으로 죄가 청산되고(죗값을 치루심), 그 결과 하나님과의 화목을 회복한 것이지만 그것이 구원받은 것과 다르다는 주장은 잘못된 것입니다.

우리가 우리의 죄로 말미암아 하나님과 원수 되었지만, 이제 죄가 그리스도의 대속의 죽음으로 말미암아 제거되었기 때문에 하나님과 화목하게 되었습니다. 이 화목은 "복음의 내용"으로 "모든 것이 완수되었고, 하나님과 화목 되었으며, 우리 편에서 더 이상 할 것이 없다."라는 것을 뜻하므로 "속죄와 화목을 분리시키는 견해"는 이미 "정죄" 되었습니다.[469] 우리는 "그리스도 안에 있는 하나님과의 화목"으로 "죄의 용서, 의롭다 함, 입양, 영생과 하늘의 상속권, 또한 구속이나 대속"을 받았습니다.[470] "그리스도의 죽으심과 부활은 모두 신자가 의롭다 하심을 받는 것의 구성 요소들"이며, 따라서 "그리스도의 죽으심과 부활은 구원을 일으키는 데 있어 떼어 놓을 수 없는 것들"입니다.[471] "그리스도의 죽음과 부활은 결코 분리될 수 없으므로" 그리스도의 죽으심으로 인한 유익이 그리스도의 부활로 인한 유익과 "결단코 떨어질 수 없고"(**롬 6:3-5, 고후 5:14, 엡 2:4-7, 골 3:3, 4**), 따라서 "예수님의

469) John A. Witmer, *Romans,* 5:10.

470) Herman Bavinck, 『개혁교의학 3』, 557-558.

471) Thomas R. Schreiner, *Romans,* 5:10.

죽으심이 주는 유익을 누리는 사람들은 또한 그의 부활의 생명에 수반되는 모든 혜택"도 누립니다.[472]

"구속, 속죄(속죄희생, 속죄적 희생), 화목은 전적으로 하나님의 업적이며, 예수 그리스도의 죽음으로 성취"되었습니다.[473] 그런데도 "화목하게 된 자로서는 더욱 그의 살아나심으로 말미암아 구원을 받을 것"이라고 말씀하는 이유는 "그리스도가 획득했고 신자들이 동참할 새 생명은 그들이 심판 때 구원받게 될 수단이라는 사실을 가리키기" 때문입니다.[474] 그리스도의 죽으심으로 말미암아 하나님과의 화목이 성취되었다면, 그의 살아나심은 "보다 큰 능력과 효험을 가지게 되는 것"입니다.[475] 그리스도께서 속죄의 죽음으로 우리를 하나님과 화목시키시는 큰일을 이루어 주셨다면 승리하신 구세주로 살아 계시고 승귀(昇貴)하신 지금은 우리를 더욱 지켜 주실 수 있습니다.[476]

2) "율법이 없으면 죄가 죽은 것임"을 "법이 없었다면 죄도 없었을 것이고 법이 없으면 곧 죄는 죽은 것이 되는 것"이라고 해석해도 될까요?

롬 7:8 "그러나 죄가 기회를 타서 계명으로 말미암아 내 속에서 온갖 탐심을 이루었나니 이는 율법이 없으면 죄가 죽은 것임이라"

472) John Murray, *Romans,* 5:10.
473) John A. Witmer, *Romans,* 5:10.
474) Douglas J. Moo, *Romans,* 5:10.
475) John Calvin, *Romans* 5:10.
476) Albert Barnes, *Romans,* 5:10.

조용기는 이 구절을 해석하면서 "만약 법이 없었다면 죄도 없었을 것이고 마귀가 달려들어 우리의 정욕을 충동질하고 탐심을 가져다주지도 않았을 것이기 때문에 법이 없으면 곧 죄는 죽은 것이 되는 것입니다."[477]라고 주장합니다.

율법이 없으면 문자적으로 "죄가 죽었다."라는 뜻으로 해석하는 것은 잘못된 것임

만일 죄에 대한 욕구가 율법을 통해서 생겨나고, 율법이 실제로 죄를 짓게 한다면, 율법은 선하지 않다는 말이 성립될 것입니다. 그러나 성경은 단호하게 "율법은 거룩하고 계명도 거룩하고 의로우며 선하도다"(**롬 7:12**)라고 선언합니다. 따라서 "율법이 없으면 죄가 죽은 것"이란 말을 "율법이 존재하지 않았다면, 사람들이 죄로 말미암아 고민하지 않았을 것"이라는 의미로 해석한다면, "'율법이 죄다'라는 진술처럼 분명히 잘못된 주장"이 될 것이므로, 율법이 없으면 문자적으로 "죄가 죽었다."라는 뜻으로 해석하는 것은 잘못된 것입니다.[478]

이 구절은 "율법이 전달해 주는 죄에 대한 지식과 관련"되어 있으며, 따라서 "마치 그가, '감추어져 있을 동안에는 아무튼 존재하지 않는 것처럼 보이던 나의 모든 탐심을 율법이 내 안에서 들추어냈다'라고 말한 것과도 같다." 라는 뜻이기 때문에 "율법이 없으면 죄에 대한 지식이 묻혀 있다."라고 해석해야 합니다.[479] "죄가 죽은 것임"이라는 말은 "죄가 아예 존재하지 않는다

477) 조용기, 『로마서 강해』, 207.
478) Richard N. Longenecker, *Romans,* 7:8.
479) John Calvin, *Romans,* 7:8.

고 말하는 것이 아니라, 존재하되 죽어 있음", 곧 "죄의 우둔함과 비활동성을 가리키는 것"이기 때문에, 이런 뜻에서 "죄는 죽은 상태라고 말할 수 있으며, 이는 곧 '죄가 살아나는 상태'와 대조"를 이룹니다.[480] 다시 말하면 "죄가 '죽었다'라는 것은 죄가 존재하지 않았다는 뜻이 아니라, 율법이 주어지기 전에는 율법이 주어진 이후처럼 '활성을 갖지' 않았다, 또는 '위력을 갖지' 않았다는 뜻"입니다.[481] 죄는 율법 없이도 존재하지만, 율법이 없으면 죄가 덜 활동적인데, 그것은 "율법이 '죄의 정욕들'을 일깨워 주기 때문"입니다.[482]

그러므로 성경은 "죄가 기회를 타서 계명으로 말미암아 내 속에서 온갖 탐심을 이루었나니"라고 말씀합니다. 이 말씀은 "사람은 무엇이든지 하지 말라고 하면 즉시 거기에 무엇인가 '재미있는' 것이 있음에 틀림이 없다는 결론을 내리고 더욱더, 아니 어쩌면 무엇보다 먼저 그것을 하려고 하게 된다."라는 이야기와 같다는 것이며, 이러한 경우는 "이스라엘이 하나님의 법 안에서 그 법의 정당한 주권자에 의해 부과된 제약들에 부닥쳤을 때, 바로 그 제약에 자극을 받아 반항을 하게 되었다는 것"으로 적용할 수 있으며, "바로 이런 식으로 율법이 모든 사람의 마음속에서 이미 내재하는 죄가 되는 경향에 남용되어 온갖 종류의 죄가 되는 경향들을 자극하는 수단이 되었다."라고 말할 수 있습니다.[483] 그러나 하나님께서 율법을 주신 이유는 "탐심을 불일 듯 일어나게 하기 위한 것이 아니라, 오히려 탐심을 끄는 데 있었기" 때문에, "잘못은 율법에 있는 것이 아니라 우리에게" 있는 것입니다.[484]

480) John Murray, *Romans,* 7:8.
481) Douglas J. Moo, *Romans,* 7:8.
482) John A. Witmer, *Romans,* 7:8.
483) Douglas J. Moo, *Romans,* 7:8.
484) John Chrysostom, 『크리소스톰 로마서 강해』, 7:8.

3) "내 속 곧 내 육신에"를 "내 속"과 "내 육신 속"으로 구분한 것이라고 해석해도 될까요?

롬 7:18 "내 속 곧 내 육신에 선한 것이 거하지 아니하는 줄을 아노니 원함은 내게 있으나 선을 행하는 것은 없노라"

조용기는 이 구절을 해석하면서 이렇게 주장합니다.

> 바울 선생님은 '내 속'과 '내 육신 속'을 구분하고 있습니다. 이것은 앞의 17절에서 '내 자신'과 '내 안에 거하는 죄'를 구분한 것과 같은 방식입니다. "내 육신에 선한 것이 거하지 아니한다"라는 바울의 고백은 '내 자신'의 일부인 '내 육신'에 속한 것에 선한 것이 거하지 않았다는 뜻입니다. 중생하지 않은 사람은 그의 죄스러운 육신이 곧 그 자신입니다. 그러나 중생한 그리스도인들은 육신이 남아 있기는 하지만 육신이 곧 그 자신은 아닙니다.[485]

"내 속"과 "내 육신"은 같은 것을 의미함

바울이 "내 속"과 "내 육신"을 구분하고 있다고 주장하는 것은 초등 문법에도 맞지 않습니다. 우리말 성경(개역한글, 개역개정, 새번역 등)에서도 "내 속 '곧' 내 육신"이라고 번역했습니다. "내 속"과 "내 육신"은 같은 것을 의미한다는 사실은 헬라어 번역본과 영어 번역본을 통해서도 확인할 수 있습니다.

485) 조용기, 『로마서 강해』, 215.

οἶδα γὰρ ὅτι οὐκ οἰκεῖ ἐν ἐμοί, τοῦτ' ἔστιν ἐν τῇ σαρκί μου,

NASB: For I know that nothing good dwells in me, that is, in my flesh;

KJV: For I know that in me (that is, in my flesh,)

NIV: I know that nothing good lives in me, that is, in my sinful nature.

"'내 속'이라는 말의 뜻은 '내게 관한 한'을 의미"하며, "육신"이라는 용어는 "인간 본성의 모든 자질과 그리고 인간 안에 있는 모든 것을 언제나 포함"합니다.[486] "'육신'이라는 단어는 영혼의 감각적인 부분만을 일컫는 것이지, 그보다 높은 부분은 거기에 해당되지 않는다."라는 주장은, "사람이 '육'이므로(**요 3:6**) 반드시 거듭나야 한다"(**요 3:3**)라는 말씀으로 철저히 반박될 수 있는데, 왜냐하면 "그저 영혼의 일부만 새롭게 변화되었다면, 그 영혼은 거듭난 것이 아니고", "영혼 전체가 완전히 새로워질 때만, 그 영혼은 거듭난 것"이기 때문입니다.[487] "영이 육신과 완전히 대비되고 있어서, 그 중간에 무엇이 있을 여지가 전혀 없으므로", "사람에게 있어서 영적인 것이 아닌 것은 모두가 '육신적인 것'"이며, 따라서 "우리가 본성적으로 가지고 있는 것은 모두가 육신인 것"입니다.[488] 그러므로 바울은 "서둘러 '내 속에'란 말이 나의 죄의 본질 안에('육신')를 의미한다고 설명"합니다.[489] **롬 7:17-20**은 "사람들의 근본적인 문제를 '내 속에 거하는 죄'(**롬 7:17, 20**), 즉 '내 육신(죄성)에서'(**롬 7:18**) '내'가 알고 경험하는 것"으로 제시합니다.[490]

486) John Calvin, *Romans,* 7:18.
487) *Inst.*, 2.3.1.
488) *Inst.*, 2.3.1.
489) John A. Witmer, *Romans,* 7:18.
490) Richard N. Longenecker, *Romans,* 7:18.

"육신(σάρξ)은 영과 대조를 이루는데, 결국 죄가 있어 거룩하게 될 필요가 있는 인간의 영과 대조가 아니라, 거룩한 혹은 하나님의 영과 대조"를 이루기 때문에, "육체(σάρξ)는 영육 간에 하나님을 떠나 피조물을 향하는 인간의 죄로 기울어진 경향"을 가리키며, 따라서 "바울이 사용하는 육체라는 단어가 우리에게 선명하게 이해되는 때는 우리가 물질적인 것과 비물질적인 것의 일반적인 헬라어 용법을 버리고, 땅의 것과 하늘의 것, 신적인 것과 피조적인 것, 아래의 것과 위의 것의 성경적인 개념의 대조를 취할 때"입니다.[491]

4) "원 가지들도 아끼지 아니하셨은즉"을 "택함받은 자의 타락"으로 해석해도 될까요?

롬 11:21 "하나님이 원 가지들도 아끼지 아니하셨은즉 너도 아끼지 아니하시리라"

조용기는 이 구절을 해석하면서 이렇게 주장합니다.

> 오늘날 그리스도인들 가운데는 한 번 택함을 받으면 절대로 타락할 수 없다고 말하는 사람들이 있습니다. 그러나 성경은 그렇게 말씀하고 있지 않습니다. 택함받은 사람이 절대 타락할 수 없다면 하나님께서 21절과 같이 말씀하시지 않았을 것입니다. … 하나님께서 선택해 주셨지만 언제나 인간은 하나님을 불신앙하고 배반할 수 있는 가능성이 있습니다. … 그러므로 하나님의 선택하심은 자유

491) Herman Bavinck, 『개혁교의학 3』, 59-60.

의지를 완전히 무시하신 선택이 아니라 자유의지를 존중한 선택인 것입니다.[492]

하나님의 선택은 어떤 것에 의해서도, 누구에 의해서도 좌우될 수 없음

택함을 받았어도 구원을 잃을 수 있을까요? 그렇다면 하나님께서 선택하셨더라도 인간의 의지에 따라 그 선택을 잃을 수도 있다는 말인데, 만일 그것이 사실이라면 하나님은 주권자도 되실 수 없고 전능자도 되실 수 없을 것입니다. 과연 하나님의 선택은 인간의 자유의지를 존중한 선택일까요? 그렇다면 선택(구원)의 주도권은 인간에게 있다는 말이 되는데, 만일 그것이 사실이라면 그것 또한 하나님은 주권자이시며 전능자이시라는 말이 성립될 수 없을 것이며, 그런 하나님은 하나님일 수 없을 것입니다.

또한 하나님의 선택이란 시간적으로 보면 예정을 뜻하기 때문에, 자유의지를 존중한 선택과 모순될 수밖에 없습니다. 하나님의 선택은 "하나님의 영원한 계획에 그것이 기초하고 있기 때문"에 "변경될 수 없고",[493] 인간의 자유의지를 존중한 선택일 수 없습니다. 성경은 하나님의 선택이 어떤 것에 의해서도, 누구에 의해서도 좌우될 수 없음을 분명하게 선언합니다.

"아버지께서 내게 주시는 자는 다 내게로 올 것이요 내게 오는 자는 내가 결코 내쫓지 아니하리라"(**요 6:37**)

"나를 보내신 이의 뜻은 내게 주신 자 중에 내가 하나도 잃어버리지 아니하고 마지막 날에 다시 살리는 이것이니라"(**요 6:39**)

492) 조용기, 『로마서 강해』, 343-344.
493) John Calvin, *Romans,* 11:21.

"내 양은 내 음성을 들으며 나는 그들을 알며 그들은 나를 따르느니라 내가 그들에게 영생을 주노니 영원히 멸망하지 아니할 것이요 또 그들을 내 손에서 빼앗을 자가 없느니라 그들을 주신 내 아버지는 만물보다 크시매 아무도 아버지 손에서 빼앗을 수 없느니라"(**요 10:27-29**)

"예수께서 대답하여 이르시되 심은 것마다 내 하늘 아버지께서 심으시지 않은 것은 뽑힐 것이니"(**마 15:13**)

"그러나 이 모든 일에 우리를 사랑하시는 이로 말미암아 우리가 넉넉히 이기느니라 내가 확신하노니 사망이나 생명이나 천사들이나 권세자들이나 현재 일이나 장래 일이나 능력이나 높음이나 깊음이나 다른 어떤 피조물이라도 우리를 우리 주 그리스도 예수 안에 있는 하나님의 사랑에서 끊을 수 없으리라"(**롬 8:37-39**)

"너희 안에서 착한 일을 시작하신 이가 그리스도 예수의 날까지 이루실 줄을 우리는 확신하노라"(**빌 1:6**)

5) "소망 중에 즐거워하며"를 "내일은 오늘보다 나아지며, 다음 달은 금번 달보다 나아지고, 명년은 금년보다 나아질 수 있다는 소망"으로 해석해도 될까요?

롬 12:12 "소망 중에 즐거워하며 환난 중에 참으며 기도에 항상 힘쓰며"

조용기는 이 구절을 해석하면서 이렇게 주장합니다.

또한 이 땅 위에서 사는 동안에도 주님의 은혜로 말미암아 내일은 오늘보다 나아지며, 다음 달은 금번 달보다 나아지고, 명년은 금년보다 나아질 수 있다는 소망 가운데 우리는 날마다 살아갑니다. 이러한 소망이 우리에게 있기 때문에 현재의 상황과 조건이 어렵고 고통스러울지라도 흔들리지 않을 수 있는 것입니다.[494]

여기에서의 소망은 "복음이 주는 영광과 영생에 대한 소망"임

세상에서 나아질 것이란 소망 때문에 흔들리지 않을 수 있을까요? 세상에서 나아지는 것은 일시적이므로 거기에는 참된 소망이 있을 수 없습니다. "소망 중에 즐거워하며"라는 말은 오히려 세상에서 나아질 것이란 소망 때문에 즐거워하지 말라는 뜻입니다. 왜냐하면 이 구절에서 말하는 소망은 "복음이 주는 영광과 영생에 대한 소망"이기 때문입니다.[495]

"항상 기뻐하라"(**살전 5:16**)라는 말씀도 예수님의 재림을 전제한 것으로, 이 세상에서 나아질 것이란 것과는 오히려 상반된 것입니다. "항상 기뻐하라"라는 말은 우리가 이 세상에서 나아질 것이 없다고 하더라도 기뻐하라는 뜻입니다. 그렇다면 우리가 항상 기뻐할 수 있는 것은 이 세상에서 나아질 것이라는 소망 때문이 아니라 "복음이 주는 영광과 영생에 대한 소망"일 뿐입니다.

이 구절은 "우리에게 현재의 축복으로 만족하거나 마치 우리의 행복이 지상에 있다는 식으로 지상 내지는 지상적인 것에 우리의 기쁨을 두는 것을 금하고", 오히려 "우리가 우리의 마음을 하늘로 들어 올려 충분하고 확고한 기쁨을 누릴 것을 당부"하고 있으며, 그 이유는 "우리의 기쁨이 내세의 소망

494) 조용기, 『로마서 강해』, 378.
495) Albert Barnes, *Romans,* 12:12.

에 의존할 경우 이것이 역경에서의 인내를 낳는 것은 그 어떤 슬픔의 감성도 이 기쁨을 압도할 수 없을 것이기 때문"입니다.[496]

6) "한마음과 한입으로"를 "장로교는 장로교 식으로, 감리교는 감리교 식으로, 그리고 순복음교회는 순복음 식"이라고 해석해도 될까요?

롬 15:6 "한마음과 한입으로 하나님 곧 우리 주 예수 그리스도의 아버지께 영광을 돌리게 하려 하노라"

조용기는 이 구절을 해석하면서 "장로교는 장로교 식으로, 감리교는 감리교 식으로, 그리고 순복음교회는 순복음 식으로 신앙생활 하도록 하나님께서 자유를 허락해 주신 것입니다."라고 주장합니다.[497]

교리가 상반되고 성경에 위배되는 경우에는 일치할 수 없음

물론 "비본질적인 것들로 인한 교회의 분열은 교회의 기본적인 사역 즉, 복음의 선포와 하나님을 영화롭게 하는 일에 쏟아야 할 귀중한 시간과 정력을 낭비"하게 합니다.[498] 그러나 교리가 상반되고 성경에 위배되는 경우에도 일치해야 할까요? 또한 자유를 제한하지도 않고 타협하지 않으면서 일치할 방법이 과연 있을까요? "한마음과 한입으로"을 조용기식으로 해석한다면 무분별한 타협에 의한 일치가 있을 뿐입니다.

496) John Calvin, *Romans,* 12:12.
497) 조용기, 『로마서 강해』, 439.
498) Douglas J. Moo, *Romans,* 15:16.

이 구절은 "유대인과 이방인의 하나 됨을 위해 기도함으로써 그들이 함께 조화를 이루어 예배해야 할 것임"을 뜻하는데, 이러한 조화는 "내적으로나(ὁμοθυμαδόν, *with one mind*, 한마음으로), 외적으로나(ἐν ἑνὶ στόματι, 한입으로) 진정한 것"이 되어야 한다는 말씀입니다.[499] "'한마음과 한입'(**행 1:14, 2:46**)은 내적 및 외적으로 하나님을 영화롭게 할 때 수반되는 연합"을 표현할 뿐입니다.[500]

"다양한 신학적인 견해와 교회의 운영 방식과 관점을 가진 복음주의자들을 하나로 묶기 위해, 기독교 교리의 가장 본질적인 요소 두 가지(성경을 인정하자는 것과 그리스도가 십자가에서 이루신 대속 사역의 중심성과 필요성을 공유하자는 것)를 제외한 나머지에 대해서는 다양성을 인정하자는 결의가 채택되었지만", "즉 교회의 정치 형태나 방언 및 세례 형식에 대한 입장이 다르더라도 성경과 예수 그리스도라는 공통분모만 있으면 문제될 것이 없다는 입장을 취했지만", "다양성을 타고 세상 정신이 급속히 유입되면서, 이 두 가지조차 유지하지 못하고 말았으며", "거기서 더 나아가 본질적인 것 두 가지를 오히려 부차적인 것으로 여기고 부차적인 것을 더 중요시"하게 되었습니다.[501]

499) Thomas R. Schreiner, *Romans,* 15:16.
500) John Murray, *Romans,* 15:16.
501) 박순용, 『기독교 세상의 함정에 빠지다』, 361.

찰스 피니의 로마서 설교에 나타난 성경해석

vs

정통 기독교

1. 하나님의 진리를 막는 자들에 대한 하나님의 진노

롬 1:18 "하나님의 진노가 불의로 진리를 막는 사람들의 모든 경건하지 않음과 불의에 대하여 하늘로부터 나타나나니"

불의의 진정한 의미는 도덕적으로 뒤틀리고 왜곡된 어떤 것일까요?

찰스 피니는 의란 "도덕적으로 올바른 것을 의미"하므로, 불의란 말의 진정한 의미는 의의 반대 개념인 "도덕적으로 뒤틀리고 왜곡된 어떤 것, 즉 하나님의 율법의 올바름과 조화를 이루지 못하는 것", "태만, 즉 마땅히 되어야 하는 인격으로 되지 않고 마땅히 해야 할 일을 하지 않는 것"이라고 해석하면서, "그것은 오직 그리고 전적으로 자의(自意)에 의한 것", "자신의 자유로운 선택에 의한 것"이라고 주장합니다.[502]

그는 불의의 의미를 해석하기 위하여 먼저 의에 대하여 "도덕적으로 올바른 것"이라고 해석하는데, 이는 다분히 윤리 · 도덕적 해석으로 보입니다. 그러나 본문은 그런 의미로 사용하지 않았습니다. 여기에서 의란 **롬 1:17**의 하나님의 의를 뜻하며, 그것은 "우리를 구원으로 인도하는 의"를 의미합니다(**롬 3:21, 22, 10:3, 고후 5:21, 빌 3:9**).[503] 이러한 개념은 구약의 **시 98:1-2,**

502) Charles Grandison Finney, *Principles of Victory*, 양낙흥 옮김, 『승리의 원리』(4판)(서울: 크리스챤 다이제스트, 1991), 42, 이후로는 Charles Grandison Finney, 『승리의 원리』, 42. 등으로 표기함.
503) John Murray, *Epistle to the Romans*, 아바서원 번역팀, 『존 머리 로마서 주석』(서울: 아바서원,

사 46:13, 51:5-8, 54:17, 56:1, 61:10-11, 62:1 등의 표현에서도 "하나님의 구원과 하나님의 의는 사실상 동의어"입니다.[504)]

본 서신의 주제가 칭의라는 것을 전제한다면, 여기에서 "하나님의 의는 공의의 속성이 아닌 어떤 것", 곧 "우리를 칭의에 이르게 하는 하나님의 의"로써 "값없이 주어지는 의의 선물"(**롬 5:17**)을 의미하며, 따라서 이 의는 "인간의 불의와도 대조되는 것은 물론이거니와 인간의 의와도 대조"됩니다.[505)] 이러한 사실은 18절의 "하나님의 진노"가 17절의 "하나님의 의"와 정반대 개념이라는 사실에서도 드러나며, 이는 "하나님의 의(17절)가 공의의 속성이 아니라, 구체적으로 드러날 하나님의 진노를 대비하기 위해 복음 안에서 마련된 의임"을 나타냅니다.[506)]

찰스 피니는 "하나님의 진노가 하늘로부터 좇아 나타나나니"란 무슨 말이며, 왜 그것은 이처럼 모든 불의에 대해 나타나는가에 대하여 "불의로써 진리를 막는다는 것은 도덕의 법칙을 의무의 규칙으로 삼는 것을 완전히 거부하는 것을 의미. … 법적인 의무는 인정하지만 도덕적 의무는 수긍하지 않는 … 도덕적 진리를 알고 있으나 그것에 순종하지 않으며 의무라는 것을 인정하나 그것을 준수하기를 거부하는 사람은 모두 불의로써 진리를 막고 있는 것"이라고 주장합니다.[507)] 그는 계속해서 인간의 의지를 강조하기 위해 도덕의 법칙, 도덕적 의무, 도덕적 진리라는 표현을 동원합니다. 의와 불의에 대한 의미를 도덕적 의미라고 전제했기 때문에 그렇게밖에는 해

2014), 1:16-17, 이후로는 John Murray, *Romans*, 1:16-17. 등으로 표기함.

504) John Murray, *Romans*, 1:16-17.

505) John Murray, *Romans*, 1:16-17.

506) John Murray, *Romans*, 1:18.

507) Charles Grandison Finney, 『승리의 원리』, 45, 47.

석할 수 없을 것입니다.

그러나 존 머리(John Murray)가 명확하게 주석했듯이 18절의 "하나님의 진노"가 17절의 "하나님의 의"와 정반대 개념이며, 그것은 "하나님의 의(17절)가 공의의 속성이 아니라, 구체적으로 드러날 하나님의 진노를 대비하기 위해 복음 안에서 마련된 의"라는 사실을 왜곡한 것입니다.

19절 이후의 문맥을 고려할 때 18절의 불의가 "참된 종교를 경시하는 것"[508]이며, 여기에서 불의는 모든 경건하지 않음과 동일한 의미라는 것을 알 수 있습니다. 여기에 대해서는 롱네커(Richard N. Longenecker)의 주석이 도움이 될 것입니다.

> 바울은 이 두 명사(경건치 않음과 불의)를 분명히 병행하여 제시하며 두 단어를 하나의 형용사 '모든'으로 소개한다. 이것은 그가 두 단어가 이사일의(二事一意)와 같은 것을 표현한다고 생각했음을 암시한다. 그러므로 우리는 바울이 두 유형 또는 두 차원의 인류의 악을 언급하고 이 두 용어를 사용한 것으로 이해해서는 안 된다. 첫 번째 단어인 '경건치 않음'은 하나님을 대적하는 것으로, 두 번째 단어인 '불의'는 사람들의 상호관계를 염두에 두고 있는 것처럼 말이다.[509]

따라서 여기에서의 의와 불의를 인간의 도덕적 의미로 해석하는 것은 본문을 왜곡하는 것입니다. 그러면 찰스 피니가 의와 불의를 도덕적 의미로

---

508) John Calvin, *COMMENTARY ON THE BOOK OF ROMANS*, 존 칼빈 성경주석 출판위원회 편역, 『존 칼빈 성경주석 로마서』(서울: 성서원, 2003), 1:18, 이후로는 John Calvin, *Romans*, 1:18. 등으로 표기함; 영역본은 *The Ages Digital Library Commentary, Books for the Ages*, AGES Software • Albany, OR USA Version 1.0 © 1998을 인용함.

509) Richard N. Longenecker, *Epistle to the Romans*, 오광만 옮김, 『NIGTC 로마서 (상)』(서울: 새물결플러스, 2020), 1:18, 이후로는 Richard N. Longenecker, *Romans*, 1:18. 등으로 표기함.

해석하려는 의도가 무엇일까요? 인간의 의지를 강조하려는 것이 아닐까요? 그가 불의에 대하여 "그것은 오직 그리고 전적으로 자의(自意)에 의한 것", "자신의 자유로운 선택에 의한 것"이라는 주장은 이러한 사실을 확인시켜 줍니다. 그러한 경향은 로마서 설교 내내, 그리고 그의 저술들에서 일관성 있게 반복하여 나타납니다. 그러나 하나님의 말씀인 로마서 전체는 일관성 있게 그와는 정반대로 결코 인간의 의지를 강조하지 않습니다.

불의로 진리를 막는다는 말속에 내포된 의미

찰스 피니는 또한 "불의로 진리를 막는다"라는 말속에 내포된 의미는 "진리의 합법적 영향력을 억눌러서 진리가 그의 의지를 제대로 지배하지 못하게 하는 것"이라고 해석한 후, "진리의 자극을 인간 스스로 억제하고 저지하지만 않으면 마음은 자연히 하나님께 대한 순종으로 인도"[510)]한다고 주장합니다.

그러나 "불의로 진리를 막는다"라는 말은 "복음과 그리스도의 십자가에 대한 말씀과 십자가 아래에서의 삶에 대해 가장 강렬하게 저항하고, 다른 사람들도 그렇게 하도록 자극"한다는 뜻입니다.[511)] 다르게 말하면, "하나님을 알게 하는 진리를 믿지 아니함"[512)]을 뜻합니다.

여기에서 "'진리'는 어떠한 방법을 통해서든지 알려진 하나님의 진리를

510) Charles Grandison Finney, 『승리의 원리』, 43.

511) Wilhelm Pauck 편, *Luther: lectures on Romans,* 이재하 · 강치원 옮김, 『루터: 로마서 강의』(서울: 두란노아카데미, 2011), 1:18, 이후로는 Wilhelm Pauck 편, 『루터: 로마서 강의』 1:18. 등으로 표기함.

512) 박윤선, 『성경주석 로마서』 2판(서울: 영음출판사, 1989), 1:18, 이후로는 박윤선, 『성경주석 로마서』, 1:18. 등으로 표기함.

말하며 특히 사도 바울이 계속해서 말하고 있는 본성의 빛을 통하여 알려진 진리"를 말합니다.[513] 이 진리는 "사람들로 하여금 핑계치 못하게 하는 데만 유용한 신(神)지식"으로 "구원을 얻게 해 주는 신(神)지식"과는 크게 다르며,[514] 따라서 이 진리로는 찰스 피니의 주장처럼 인간 스스로 억제하고 저지하지 않더라도 하나님께 대한 순종으로 인도할 수 없습니다. 그렇다면 찰스 피니는 인간의 의지를 강조하기 위해서 성경을 억지로 왜곡한 것이 아닐까요? 여기에 대하여 박영선은 이렇게 강해합니다.

> 예수를 믿어 회개하는 실존적 순간은 신자 각자에게 가장 중요한 사건일 것입니다. 그러나 이런 순간은 모두 하나님의 행위 곧 하나님의 자비와 긍휼과 의로우심과 능력이 펼쳐진 역사적 사건 위에서 가능하게 됩니다. 우리가 아직 죄인되었을 때 하나님께서 약속하시고 그것을 지키셨기 때문에 우리의 행위, 회개, 결단, 신앙이 가능한 것입니다.[515]

하나님의 진노의 근원과 방식

찰스 피니는 이렇게 주장합니다.

> 우리가 신앙 고백자들만큼 선량하다면 왜 구원받지 못하겠는가? … 하나님의

513) Albert Barnes, *Barnes'notes on the New Testament commentary ROMANS*, 정중은 역, 『로마서』(서울: 크리스챤서적, 1987), 1:18, 이후로는 Albert Barnes, *Romans*, 1:18. 등으로 표기함.
514) John Calvin, *Romans*, 1:20.
515) 박영선, 『다시 보는 로마서』(서울: 남포교회출판부, 2015), 1:18, 이후로는 박영선, 『다시 보는 로마서』, 1:18. 등으로 표기함.

진노의 또 하나의 계시는 죄인들을 사법적으로 포기하는 것이다. 하나님은 명백히 자신의 영을 거두어들이시고 그들을 절망적 유기에 넘겨 버리심으로써 그들의 구원을 위해 더 이상의 어떤 일도 하실 수 없다는 것을 명백히 나타내신다. … 하나님께서 인간의 사악함에 체념했다는 것을 표시하는 한 방법이다.[516]

이러한 주장은 하나님의 주권을 무시하고 인간의 행위에 인간의 구원이 달려 있는 것으로 왜곡하는 것입니다. 인간들이 선량하지 않음으로 하나님께서 체념하시고 유기에 넘겨 버리신다면 세상에 구원받을 수 있는 사람은 없습니다. **로마서 3장**은 율법을 지키거나 행위로, 또는 선량함으로 구원받을 수 없는 인간의 상태에 대하여 분명하게 말씀합니다. 인간의 구원은 전적으로 하나님의 주권에 달려 있으며, 오직 은혜일 뿐입니다. 찰스 피니는 "하나님의 진노의 또 하나의 계시는 죄인들을 사법적으로 포기하는 것"이라고 주장하지만, 그와 반대로 하나님의 은혜의 또 하나의 계시는 죄인들을 사법적으로 칭의를 선고하는(법정적 칭의) 것입니다.

사람들의 모든 악과 불의에 대하여 하나님의 진노가 하늘에서 나타나, 율법에 따라 반드시 정죄를 받아야 하지만, 하나님은 그리스도 예수 안에서 우리의 모든 죄를 관대하게 용서하시고, 비난하지 않으시며, 진노와 형벌 대신에 신적 자비와 긍휼로 우리를 돌아보셨습니다.[517] **롬 4:1-8**은 "그런즉 육신으로 우리 조상인 아브라함이 무엇을 얻었다 하리요 만일 아브라함이 행위로써 의롭다 하심을 받았으면 자랑할 것이 있으려니와 하나님 앞에서는 없느니라 성경이 무엇을 말하느냐 아브라함이 하나님을 믿으매 그것이

516) Charles Grandison Finney, 『승리의 원리』, 48-50.

517) Herman Bavinck, *Gereformeerde Dogmatiek 4*, 박태현 역, 『개혁교의학 4』 (서울: 부흥과개혁사, 2014), 239, 이후로는 Herman Bavinck, 『개혁교의학 4』, 239. 등으로 표기함.

그에게 의로 여겨진 바 되었느니라 일하는 자에게는 그 삯이 은혜로 여겨지지 아니하고 보수로 여겨지거니와 일을 아니할지라도 경건하지 아니한 자를 의롭다 하시는 이를 믿는 자에게는 그의 믿음을 의로 여기시나니 일한 것이 없이 하나님께 의로 여기심을 받는 사람의 복에 대하여 다윗이 말한 바 불법이 사함을 받고 죄가 가리어짐을 받는 사람들은 복이 있고 주께서 그 죄를 인정하지 아니하실 사람은 복이 있도다 함과 같으니라"라고 선언합니다. 바빙크(Herman Bavinck)는 이렇게 지적합니다.

> 펠라기우스주의적 사고를 가진 사람들은 칭의의 근거를 믿음, 즉 사람의 좋은 성품, 미덕들과 선행에 두고 이것들을 완전한 것으로 여기는데, 왜냐하면 그들은 완전의 보증을 자기 안에 지니고 있거나 또는 하나님이 그리스도의 뜻을 따라 그들을 완전한 자로 여기기 때문이다. 하지만 이 사람들은 모든 점에서 성경의 가르침 그리고 기독교의 고백서와 모순된다. 왜냐하면 그 어떤 육체도 율법의 행위로 의롭다 하심을 얻을 수도 없고 장차 얻지 못하리라는 성경의 증언 때문이다(**사 64:6, 롬 3:19, 20, 8:7, 엡 2:2** 등). 이신칭의 이후 성취한 행위는 의로 여겨질 수 없다. 왜냐하면 이 경우에 구원의 질서가 뒤바뀌고 칭의가 성화에 의존하며, 또한 하나님의 율법의 완전한 요구에 상응하지 못한 이 선행은 언제나 여전히 불완전하고 죄로 오염되어 있기 때문이다.[518]

찰스 피니의 결론에 대한 반문

찰스 피니는 **롬 1:18**에 대한 설교의 결론으로 결국 하나님의 진노를 도덕

518) 위의 책, 243.

성과 연결하여 "당신이 모든 도덕적 요청과 의무 중에 최대의 것 - 하나님을 사랑하고 순종한다는 것 - 을 무시하고 있으면서 당신의 도덕성에 대해 논의해 봐야 무슨 소용이 있겠습니까?"[519]라고 주장합니다.

과연 그럴까요? **롬 1:21-23**은 **롬 1:18**의 사람들의 불의와 경건하지 않음에 대해서 보다 구체적이고 직접적으로 설명합니다. 그것은 곧 "사람들이 참되신 한 분 하나님을 예배하기를 버리고 우상숭배로 돌아섰다는 의미에서 사람들이 불의하고 경건하지 않다는 것"[520]입니다. 단순히 "모든 도덕적 요청과 의무 중에 최대의 것 - 하나님을 사랑하고 순종한다는 것 - 을 무시" 하는 것이 아니라는 뜻입니다. "창조자를 피조물로 대치하는 것이, 즉 예수 그리스도의 아버지 대신 우리 자신이 주가 되는 것, 그것이 바로 우상숭배"라는 것이 바로 성경의 결론입니다.[521]

아르미니우스는 기독교의 교리 또는 신학의 "가장 가깝고 직접적인 대상은 하나님 자신이 아니라 인간이 하나님께 행해야 하는 의무와 행동"이라고 단언하며, 그의 관심을 "예수님은 무슨 일을 하셨는가?"가 아니라 "예수님이라면 어떻게 하실까?"에 초점이 맞추어졌는데,[522] 찰스 피니 또한 그런 이단의 전철을 밟고 있는 것은 아닐까요?

519) Charles Grandison Finney, 『승리의 원리』, 53-54.
520) Thomas R. Schreiner, *Romans*, 배용덕 옮김, 『로마서』(서울: 부흥과개혁사, 2012), 1:18, 이후로는 Thomas R. Schreiner, *Romans,* 1:18. 등으로 표기함.
521) Paul J. Achtemeier, *Romans,* 김도현 번역, 『로마서』(서울: 한국장로교출판사, 2003), 1:18, 이후로는 Paul J. Achtemeier, *Romans,* 1:18. 등으로 표기함.
522) Michael S. Horton, *Christian faith*, 이용중 옮김, 『(언약적 관점에서 본) 개혁주의 조직신학』(서울: 부흥과개혁사, 2012), 104, 이후로는 Michael S. Horton, 『(언약적 관점에서 본) 개혁주의 조직신학』, 104. 등으로 표기함.

2. 구속론

롬 3:25-26 "이 예수를 하나님이 그의 피로써 믿음으로 말미암는 화목제물로 세우셨으니 이는 하나님께서 길이 참으시는 중에 전에 지은 죄를 간과하심으로 자기의 의로우심을 나타내려 하심이니 곧 이때에 자기의 의로우심을 나타내사 자기도 의로우시며 또한 예수 믿는 자를 의롭다 하려 하심이라"

회심의 의미를 차근히 설명해 주면 회심할 수 있을까요?

이 본문에 대하여 찰스 피니는 이렇게 설교합니다.

> 이 본문에서 사도는 … 죄를 용서하시는 데서 나타난 하나님의 의를 피조물들 앞에 제시하고 있는 것입니다. … 우리가 하나님과 그의 통치에 대한 우리의 관계에 있어 우리 마음의 저항할 수 없는 죄에 대한 확신을 심각히 생각할 때, 우리는 우리가 죄인이며 율법과 공의에 비추어 아무 소망이 없는 자들이라는 것을 깨닫지 않을 수 없습니다. … 이제 만일 하나님이 거룩하시고 선하시다면 그는 그릇된 행위를 반대하시고 그것을 벌하실 것임에 틀림없습니다. … 이 정도까지는 간단한 자연의 빛에 의해서 쉽게 그리고 확실히 생각할 수 있을 것입니다. 성경이 없다 하더라도 이 정도는 아주 분명하게 알 수 있을 것입니다. 심지어 불신자들까지도 그 정도는 알 수 있습니다.[523]

523) Charles Grandison Finney, 『승리의 원리』, 57.

많은 사람은 그 통치적 의미를 이해하게 되기까지는 그 사실을 거부합니다. 그 사실이 그토록 자주 의심을 받는 이유는 그것에 대한 설명이 부족하기 때문입니다. 그들은 하나님을 잘못 전달했던 것입니다. 사람들이 잘못된 설명과 함께 구속의 사실을 일체 거부하는 것은 하등의 이상한 일이 아닙니다.[524]

찰스 피니의 설교에 대하여 이동준은 잘 요약했습니다.

피니는 죄인들에게 회개하라라고 그저 추상적이고 이론적인 교리나 구호만을 외치는 것은 실제로 좋은 '방법'이 될 수 없다는 것을 강조하고 있다. 죄인이 회개하여 참 그리스도인이 되기 위해서는 복음을 전하는 자가 그 '방법'을 알아야 한다는 것이다. 그 '방법'이란, 다름이 아니고, 회심 대상자에게 회심의 의미를 차근히 설명해 주는 것이다. 그럼으로써 그 회심자는 자신의 마음과 이성 속에서, 그러한 즐거움을 상실할지도 모른다는 것에서 오는 회심에의 주저(躊躇)를 떨쳐버리고, 확고하게 회심의 자리에 설 수 있는 것이다.[525]

회심은 전적인 하나님의 주권적 역사임

본문의 초점은 찰스 피니의 해석처럼 구원은 하나님의 전적인 은혜가 아니라 우리 마음의 저항할 수 없는 죄에 대한 확신, 우리가 죄인이며 율법과 공의에 비추어 아무 소망이 없는 자들이라는 것을 깨달음, 하나님의 심판을 이해하고 받아들이는 것일까요? 그리고 성경이 없다 하더라도 이 정도

524) 위의 책, 59.
525) 이동준, "찰스 피니의 부흥론과 법학", 기독교학문연구회, 「신앙과 학문」, 2022, vol. 27, no.4, pp. 233, (221-246).

까지는 심지어 불신자들까지도 간단한 자연의 빛에 의해서 쉽게 그리고 아주 분명하게 알 수 있을까요? 만일 그렇다면 그런 주장은 이미 이단으로 정죄 받은 펠라기우스의 주장과 무슨 차이가 있을까요? 그가 "우리가 원하기만 하면, 은혜를 통해 구원을 간구하는 것이 아니라, 정당하게 구원을 획득할 수 있습니다.", "그리스도께서 우리를 위해 순종하신 것이 아니었습니다. 그리스도께서는 그분 자신을 위해 순종하셔야만 했습니다."[526]라고 주장한 것을 보면 펠라기우스의 주장과 별 차이가 없어 보입니다.

여기에서 "'의롭다 하려 하심'의 헬라어(δικαιοῦντα)는, 의를 이룸(질적으로 의롭게 만듦)이 아니고 칭의(불의한 자를 예수님의 공로로 인하여 의롭게 보아줌)의 의미"[527]입니다. 그 말은 "우리가 우리 자신을 의지함으로 우리를 하나님이 받아들일 수 있게 만듦으로써 한 것"이 아니라 "예수님은 우리로 그를 의지할 수 있게 허락하심으로 그것을 가능케 한 것"[528]이라는 뜻입니다. 더글라스 무(Douglas J. Moo)는 루터의 주석을 바탕으로 이렇게 주석합니다.

> 루터는 이 문단을 '성경 전체의 … 주안점'이라고 했는데, 그것은 이 문단이 루터가 성경의 심장이라고 부른 이신칭의에 초점을 맞추기 때문이다. 루터는 이 '조항'에 사활이 걸려 있다고 믿어, '그 조항이 서면 교회가 서고, 그 조항이 무너지면 교회는 무너진다'라고 말했다(루터의 **시 130:4** 주석). 후에 루터파는 그들이 이 교의에 부여한 중심적인 역할을 부각시키기 위해 '교회가 서느냐 무너지느냐

526) Charles Finney, *You can be holy*, 윤지영 옮김, 『내가 거룩하니 너희도 거룩하라』(서울: 필그림, 2011), 11, 이후로는 Charles Finney, 『내가 거룩하니 너희도 거룩하라』, 11. 등으로 표기함.
527) 박윤선, 『성경주석 로마서』, 3:25-26.
528) Paul J. Achtemeier, *Romans,* 3:25-26.

를 결정하는 조항'이라는 표어를 만들어 냈다.[529)]

롬 3:25는 "하나님 자신이 예수님을 화목제물로 '세우셨다'라는 것"을 보여 주고, 그것은 "하나님 자신이 자신의 진노를 만족하게 하고 달래기 위한 주도권"을 가지고 계심을 나타냅니다.[530)] 따라서 복음을 거부하는 것은 복음을 전하는 자가 설명을 제대로 하지 못해서도 아니고, 복음을 들은 자의 이해 부족 때문도 아닙니다. 물론 복음을 전하는 자가 설명을 제대로 해야 하고 복음을 들은 자의 이해도 필요합니다. 그러나 본문의 초점은 "'그리스도 안에 있는 구속'의 성격과 수단을 펼쳐서 이 구속이 아버지 하나님의 뜻과 주도로 일어난다."라는 데[531)] 있습니다. 여기에 대해서는 존 머리도 이렇게 주석합니다.

> 우리는 하나님이 그를 화목제물로 세우셨다는 사실에 주목해야 한다. 그리스도를 화목제물로 세우신 분은 하나님이시다(**롬 5:8, 10, 8:3, 고전 8:6, 고후 5:18, 19, 히 2:10-13**). … 바울은 여기서 아버지께서 칭의의 주도권을 갖고 화목을 위한 대책을 마련하셨다고 말한다. '세우셨다'라는 용어는 이런 의미에서 가장 적절하게 전달할 수 있는 번역이다. 그것은 **롬 1:13**과 **엡 1:9**에서처럼 '의도했다'라는 의미일 수 있다. 그러나 다른 그리스 문헌에서 쓰인 용례를 보면 이 단어는 공중 앞에 내세운다는 것을 의미한다. 이 단어의 형태는 재귀적인 개념을 암시한

529) Douglas J. Moo, *Epistle to the Romans: new international commentary on the New Testment*, 손주철 옮김, 『NICNT 로마서』(서울: 솔로몬, 2012), 3:25-26, 이후로는 Douglas J. Moo, *Romans,* 3:25-26. 등으로 표기함.

530) Thomas R. Schreiner, *Romans,* 3:25-26.

531) Douglas J. Moo, *Romans,* 3:25-26.

다. 이 경우 하나님이 친히 자기를 위해 하나의 화목제물을 세우셨다는 사실을 다소 강조하는 것이다. 이 견해는 이 단락의 전체적인 의도와 다른 곳에 나타난 바울의 가르침과 잘 일치한다. … 하나님이 화목제물을 세우신 것에는 하나님의 의를 드러내고자 하는 목적이 있었다. … '간과하심으로'는 칭의가 아니다. 칭의는 하나님의 공의를 유감없이 충족하고 입증할 수 있는 화목제물을 필요로 한다.[532]

그러므로 "객관적인 의미에서 죄 용서가 단지 믿음을 통해서만 수용되고 회심의 길을 통해 자기의 소유로 삼을 수 있다고 하더라도", 죄 용서는 믿음과 회심보다 앞섭니다.[533] 따라서 "**롬 3:21-26**의 '하나님의 의'를 고려할 때", 그 의는 사람과 상관없이 그리스도 안에 있고, 따라서 사람이 믿음으로 하나님의 의를 자신의 것으로 삼아 그것으로 "하나님 앞에서 고려되는 사람의 의"를 생각해서도 안 되고, 또한 "하나님에 의해 사람에게 주입되고 하나님에게서 나온 것 혹은 하나님 앞에서 (유효한 것으로) 고려되는 사람의 의"를 생각해서도 안 됩니다.[534] 여기에 대하여 바빙크는 이렇게 설명합니다.

로마교, 항변파, 합리주의자들, 신비주의자들과 현대 개신교 신학자들의 견해로 이들은 상호 간 여전히 많은 차이가 있지만, 다음과 같은 공통점을 갖는다. 그들은 믿음을 어떤 방식으로든지 그리스도의 인격과 연관시킬지라도, 죄인을 사면하는 하나님의 의를 부분적으로나 전체적으로 인간에게서 찾는다. 그래서 이 의가 물론 불완전하다고 할지라도 하나님은 완전한 것으로 여기는데, 이는 그리

532) John Murray, *Romans*, 3:25-26.
533) Herman Bavinck, 『개혁교의학 4』, 201-202.
534) 위의 책, 212-213

스도의 뜻 때문이든지, 또는 이 의가 복음 안에 있는 하나님의 뜻에 대한 순종으로 사람으로 하여금 하나님께 용납되게 하기 때문이든지, 또는 이 의가 근본적으로 완전하며 완전한 미래의 보증을 스스로 지니고 있기 때문이다. 하지만 이러한 견해는 성경의 분명한 선언에 대해 존재할 수 없다.

첫째, 자신의 의를 따라 사면하는 하나님의 의는, 하나님이 그리스도 안에서 자신과 세상 사이에 초래한 화목과 마찬가지로 율법의 행위와 상관없이 그리고 믿음보다 앞서 객관적으로 복음 가운데 계시되었다. … 하나님이 그리스도 안에서 주었던 의, 그리고 이 의를 근거로 자기 모든 백성을 위한 언약의 중보자인 그리스도를 그의 부활로 의롭다고 한 의와 나란히 병행하는 또 하나의 의, 즉 믿음이나 사랑에 있는 의란 존재하지 않는다.

둘째, 믿음은 결코 칭의의 근거로 제시된 적이 없다. 의, 칭의는 믿음으로 말미암아 존재하는 것이지만, 결코 믿음 때문에 존재하는 것이 아니다. … 그러므로 믿음은 행위가 아니라, 모든 행위의 포기, 죽은 자를 살리고, 그리스도를 다시 살리고, 그리스도 안에서 하나님께로서 난 의를 주는 하나님에 대한 무제한적 신뢰이므로, '믿음이 의로 여겨진다'라는 표현은 믿음 자체가 의의 행위로서 그리스도 안에 있는 하나님의 의 대신에 또는 나란히 하나님에 의해 수용되었다고 의미할 수 없다.[535]

구원은 하나님의 "택하심에 의해서가 아니라 사람이 구원을 위한 조건을 충족시키느냐의 여부에 대한 하나님의 판단에 의해 시작되거나 유지"된다는 주장은 결국 "구원이 하나님이 아니라 사람에 의해 시작되고 유지된다."라는 뜻이 되는데, 그것은 "'죄와 허물로 죽어 있어서' 하나님에게 적대적이

535) 위의 책, 244-246.

었으며, 그분이 그들을 살리고 난 후에야 비로소 구원 얻는 진리를 찾거나 이해하게 되었다."라는 성경의 가르침과 모순됩니다.[536]

물론 자유로운 결심으로 회개하고 믿게 되지만, "이 자유로운 결심은 스스로 이루어 낸 행위가 아니라 하나님의 사역(적용)의 결과"입니다.[537] 사죄는 오직 그리스도 안에 있는 하나님의 값없는 은혜의 역사이기 때문에 회개는 죄에 대한 어떤 대가의 지불이나 사죄의 원인이 될 수 없습니다(웨스트민스터 신앙고백 15장 3절). 그러므로 찰스 피니의 아르미니우스적인 주장은 "인간 구속의 유일하며 충분한 근거인 그리스도의 사역과 유일한 동인(動因)인 성령의 역사에 대한 명백한 충실성"을 위협합니다.[538] 구원을 어떤 식으로든 이해나 깨달음, 의지의 선택이나 결단과 같은 인간 자신의 행위에 의한 것으로 본다면, 구원은 결국 전적인 하나님의 은혜와 그리스도의 대속의 은혜를 축소하게 하며, 구원은 결과적으로 인간에 의해 좌우하게 된다는 주장이 되므로 이는 성경적으로 용납할 수 없습니다.

536) Michael S. Horton, Norman L. Geisler, Stephen M. Ashby, J. Steven Harper, J. Matthew Pinson, *Four views on eternal security*, 이한상 옮김, 『한 번 받은 구원 영원한가: 견인에 대한 네 가지 관점』(서울 : 부흥과개혁사, 2011), 383, 384, 이후로는 Michael S. Horton 외, 『한 번 받은 구원 영원한가: 견인에 대한 네 가지 관점』, 383, 384. 등으로 표기함.
537) 위의 책, 386.
538) 위의 책, 387.

3. 믿음에 의한 성화

롬 3:31 "그런즉 우리가 믿음으로 말미암아 율법을 파기하느냐 그럴 수 없느니라 도리어 율법을 굳게 세우느니라"

구원에 조건이 필요할까요?

찰스 피니는 "복음은 구원의 조건으로 회개를 요구합니다. 회개란 무엇입니까? 죄의 포기입니다. 인간은 하나님의 율법을 범한 것을 회개하고 돌아와 율법에 순종해야 합니다. 이것은 순종의 요구에 해당하는 것입니다." 라고 설교합니다.[539]

과연 구원의 조건이란 것이 필요할까요?[540] 회개가 구원의 조건일까요? 믿음은 의지의 선택과 결단일까요? **행 16:31**의 "가로되 주 예수를 믿으라 그리하면 너와 네 집이 구원을 얻으리라"라는 말씀을 보면 그렇게 해석할 여지도 있어 보입니다. 그렇다면 과연 안 믿을 수도 있는데 믿어야 된다는 의미일까요? 물론 보편구원론자이든지 개혁주의자이든지 동일하게 복음을 전할 때는 "주 예수를 믿으라 그리하면 너와 네 집이 구원을 얻으리라"라고 말하기 때문에 그런 의미로 이해될 수도 있을 것입니다.

그러나 여기에는 양보할 수 없는 중요한 차이점이 있습니다. 보편구원론자들은 그리스도는 오직 구원의 가능성만을 획득했고, 이 구원이 실제적으

539) Charles Grandison Finney, 『승리의 원리』, 70.
540) 이 문단과 그다음 문단은 필자의 『성경해석 바로잡기 500』(파주: 한국학술정보, 2019), 391에서 발췌하였음, 이후로는 윤광원, 『성경해석 바로잡기 500』, 391. 등으로 표기함.

로 어떤 사람의 소유가 되는 것은 그 사람 자신에게 달려 있으며, 그들에게 있어서 믿음은 가능한 구원을 실제적 구원으로 만드는 하나의 조건과 공로가 되고, 그 구원은 죽을 때까지 불확실한 상태에 둘 수밖에 없습니다.[541] 그러나 그리스도께서 전체적이고 완전하며 실제적인 구원을 획득하셨기 때문에, 믿음은 공로나 조건이 될 수 없고, 인간 자신들의 입장에 근거한 것보다 훨씬 안전하고 확실한 구원을 보장받을 수 있습니다.[542]

믿음을 방법이나 조건, 노력, 선행, 공로 등 인간적 근거를 가지고 설명한다면, 하나님의 은혜의 은혜 됨(은혜의 완전성)을 훼손합니다. 무엇이든지 인간이 가진 것으로는 믿는 데 있어서 어떤 면으로든지 전혀 유익하거나 유리한 것이 없습니다. 구원은 세상이 줄 수 있는 어떤 것이나, 인간이 가질 수 있고 가지고 있는 그 어떤 것으로도 얻을 수 없기 때문입니다. 믿음이란 오직 하나님의 방법, 하나님께만 근거가 있는 것이고, 하나님의 선물, 하나님의 전적인 은혜입니다. 따라서 "믿으라."라는 말은 "믿음은 구원의 선행조건이 아니라, 오히려 자신에게는 구원을 위한 어떤 근거도 없음을 인정하라."라는 의미입니다. 여기에 대하여 박영선은 명확하게 강해합니다.

> 우리는 '믿음'이라는 말을 조건으로 사용할 때가 많습니다. "예수를 믿어야 한다, 영접해야 한다, 회개해야 한다." 같은 조건으로 말입니다. 그러나 로마서에서는 믿음을 그런 의미로 사용하지 않습니다. 로마서는 앞부분에서 인류의 현실에 대해 율법 앞에 "의롭다 하심을 얻을 육체가 없다, 모두가 죄인이다, 방법이 없다, 모든 입을 막았다, 필멸의 운명밖에 남은 것이 없다."라고 선언합니다.

541) Herman Bavinck, 『개혁교의학 4』, 28.
542) 위의 책, 28.

바울은 **3장 21절**에서 이런 인류의 현실에 대해 '그러나'로 뒤집습니다. 그래서 여기에서의 믿음은 이제까지 없었던 방법을 소개하는 단어가 됩니다. 하나님은 우리로서는 어떻게 할 수 없고, 아무런 해결책도 없는 곳에 길을 내고 답을 내셨습니다. 그렇게 죽음과 사망과 멸망의 자리에서 승리를 만들어 내는 하나님의 능력, 그것이 믿음인 것입니다. … 이 율법이 할 수 없는 것을 하나님이 개입하여 하나님이 하십니다. 본문에서는 그것을 믿음이라, 하나님의 의라고 하여 율법과 대조합니다. 그러므로 우리는 로마서에서 믿음이라는 말을 대할 때면 하나님이 우리에게 하신 일을 강조하기 위해 사용하고 있다는 사실에 주의할 필요가 있습니다. 믿음은 하나님께서 하신 일, 우리의 자격과 조건을 묻지 않고 하나님 홀로 하신 일을 집중적으로 강조하기 위해 사용되고 있습니다. …

하나님이 우리에게 주신 것은 우리의 행위에 대한 보상으로 주신 것이 아닙니다. 또한 우리의 요구에 반응하신 것도 아닙니다. 오직 하나님의 뜻과 그리스도 예수 안에서 주신 은혜로 말미암은 것입니다. 오직 하나님이 이유이고 원인입니다. 목적도 방법도 하나님이 정하셨고, 이루시는 능력도 하나님에게서 나옵니다. 하나님이 하신 것입니다. '하나님이 하신다'라는 것이 왜 중요합니까? 우리가 하나님을 믿고 이해하는 것이 하나님의 일을 성취하는 원인이 아니라는 점이 드러나기 때문입니다. 이 부분에서 오해하시면 안 됩니다. 우리는 마땅히 믿음을 지켜야 하고 순종해야 하지만 이것이 조건이나 원인이 되지 않습니다. 로마서에서 하고 싶은 이야기가 바로 이것입니다. 우리가 자격이 있거나 우리가 이해해서 합의해야 구원이라는 결과가 생기는 것이 아닙니다. 하나님께서 이 일을 이루어 놓으셨다는 사실이 먼저 있고, 이 사실에 기초해서 나중에 우리가 이해하게 되는 것입니다. 우리가 이해해서 사실이 존재하는 것이 아닙니다. 사실이 먼저 있고 이해가 나중에 좇아옵니다. 마찬가지로 우리가 믿으면 어떤 일이 가치 있는 실체가 되고 우리가 안 믿으면 그만인 것이 아닙니다. 우리가 믿지 않으면 예수님이 오신 것이 무효가 되고 헛것이 되는 것이 아닙니다.[543]

그렇다면 성경은 왜 믿음을 구원의 조건 또는 원인인 것같이 진술한 것일까요? 여기에 대하여 칼빈은 성경의 진정한 의도가 무엇인지 구체적이고 명확하게 설명합니다.

주께서는 그의 긍휼하심으로 영생을 유업으로 얻도록 정하신 사람들을 일상적인 그의 경륜을 따라서 선행을 수단으로 하여 그 영생을 소유하도록 인도하시는데, 그의 경륜의 순서에서 먼저 오는 것을 나중의 오는 것의 원인이라 칭하는 것이다. 이런 식으로 하나님은 때때로 영생이 행위에서 나오는 것으로 말씀하시기도 하는데, 영생이 행위 때문에 얻어진다는 뜻이 아니라, 하나님께서는 그가 택하신 자들을 의롭다 하시고 마지막에 그들을 영화롭게 하시는데(**롬 8:30**) 이때에 앞에 오는 은혜가 그다음에 이어지는 은혜로 나아가는 계단의 역할을 하므로 그것을 일컬어 원인이라 하는 것이다. 그러나 참된 원인을 찾아야 할 때는 언제나 행위를 의지해서는 안 되고 오직 하나님의 긍휼하심만을 바라보라고 명하시는 것이다. '죄의 삯은 사망이요 하나님의 은사는 … 영생이니라'(**롬 6:23**)라는 사도의 가르침은 대체 어찌 된 것인가? 생명과 사망은 서로 대조시키면서 어째서 의와 죄는 서로 대조시키지 않는가? 죄를 사망의 원인으로 말하면서 어째서 의가 생명의 원인이라는 말은 하지 않는가? 그렇게 말했다면 여기 나타나는 대조가 완벽했을 텐데, 그렇게 하지 않음으로써 그 대조가 약간 깨어져 버리긴 했다. 그러나 사도는 이러한 대조법을 통해 진리의 사실을 표현하고자 한 것이다. 즉,

543) 박영선, 『다시 보는 로마서』, 3:31.

사망은 인간의 범죄 때문에 오는 것이지만 생명은 오직 하나님의 긍휼하심에 의존하는 것이라는 것이다.[544]

이신칭의(以信稱義)의 교리는 율법에 대한 순종을 낳음으로 성화에 이르게 할까요?

찰스 피니는 또 "이신칭의 교리는 율법에 대한 진정한 순종을 낳음으로 성화에 이르게 하는 유일한 길입니다.", "성화는 성결이며 성결은 율법에 대한 순종 이외에 아무것도 아닙니다.", "그리고 그것은 하나님과 사람에 대한 사랑입니다.", "단순한 믿음의 행위에 의해 주어지는 값없는 칭의를 설교하는 것은 율법에 대한 순종을 일으키는 유일한 길입니다."[545]라고 주장합니다.

과연 "단순한 믿음의 행위에 의해 주어지는 값없는 칭의를 설교하는 것은 율법에 대한 순종을 일으키는 유일한 길"일까요? 찰스 피니는 믿음을 행위로 해석하기 때문에 그렇게 주장하지만, 로마서에서 믿음은 인간의 행위와는 대조적인 하나님의 은혜를 의미합니다. 아무리 믿음이라는 단어를 사용한다고 하더라도 그 단어에 인간의 행위를 전제한다면 그것은 은혜라고 말할 수 없습니다. 또한 값없는 칭의의 설교 그 자체가 율법에 대한 순종을 일으키는 원인이 될 수 없습니다. 그것은 하나님께서 사용하시는 은혜의 수단에 불과할 뿐이기 때문입니다.

하나님은 예수님을 믿는 자들에게 영생을 주시는데, 그 믿음은 인간이 행

544) John Calvin, *Institutes of the Christian Religion*, ed. John T. McNeil, tr. Ford Lewis Battles (Philadelphia: The Westminster Press, 1960), 3권 14장 21절, 이후로는 *Inst.*, 3.14.21. 등으로 표기함.
545) Charles Grandison Finney, 『승리의 원리』, 71, 74.

하는 선한 공로의 행위가 아니라 구원받을 자격이 없지만, 호튼(Michael S. Horton)의 표현대로 구원의 은혜를 받기 위해 뻗는 "빈손"일 뿐입니다.[546] "믿음은 칭의의 기초가 아니라 단지 칭의의 수단일 뿐"이며, 따라서 우리는 "믿음으로 인해서가 아니라 믿음을 통해 받은 그리스도의 의로 인해 의롭게 되는 것"이므로 "믿음은 자아 안에서 생겨나는 것이 아니라 복음 선포를 통해 밖에서부터 우리에게 찾아오는 것"(**롬 10:17**), "칭의 행위 속에서 믿음 자체는 완전히 수동적이며 선물로 받는 것"입니다.[547] 바르트, 브루너, 특히 불트만과 같이 믿음을 하나님의 명령에 대한 순종적인 반응으로 보는 것은,[548] 믿음의 원인을 인간에게 돌리는 것입니다.

성경은 "유대인의 율법주의를 반대"하는데, 그 이유는 "죄로 인해 그 어떤 육체도 율법의 행위로 더 이상 의롭게 될 수 없고", "공로에 의지하여 하나님께 대하여 스스로를 자랑할 수 있기 때문"입니다.[549] 그러나 그렇다고 "율법이 그 자체로 거룩하고 의로우며 선한 것이라는 사실"을 거부하는 것은 아닙니다.[550] 율법이 "그리스도 안에서 그 목적과 마침"이 되었고, "신자는 율법의 종된 멍에에서 벗어나 자유롭게" 되었음에도 "이 자유는 율법의 윤리적 내용을 취소하는 것이 아니라 확정하며, 율법의 요구는 누구보다도 성령을 따라 행하는 자 안에서 충족"되는데, 왜냐하면 "성령이 우리의 마음을 새롭게 하고 하나님의 뜻이 무엇인지 살피고 알고 행하도록 가르치기

546) John M. Frame, *Salvation belongs to the lord : an introduction to systematic theology*, 김용준 옮김, 『조직신학개론: 구원은 주께 속한 것이다』(서울: 개혁주의신학사, 2011), 181, 이후로는 John M. Frame, 『조직신학개론: 구원은 주께 속한 것이다』, 181. 등으로 표기함.

547) 위의 책, 583.

548) 위의 책, 584.

549) Herman Bavinck, 『개혁교의학 4』, 210.

550) 위의 책, 211.

때문"입니다.[551)]

이신칭의(以信稱義)와 지식

찰스 피니는 또 "죄인은 전적으로 은혜에만 의지해야 하며 완전하고 충족한 칭의는 최초의 신앙 행위에 의해 단지 은혜로 주어지는 것이지 죄인이 하게 될 어떤 행위에 대한 대가로 주어지는 것은 아니라는 것을 깨닫게 해 주어야 합니다.", "죄인들은 구원의 전 계획에 대해 가능한 빨리 완전한 지식을 습득해야 합니다.", "죄인들은 율법과 자신의 죄와 자기에게 스스로를 구원할 길이 없다는 것과 하나님의 사랑의 넓이와 길이와 높이와 깊이를 이해해야만 합니다.", "회심자가 깨어지는 정도는 복음을 깨달은 정도에 비례하는 것"[552)]이라고 주장합니다.

찰스 피니는 "전적으로 은혜에만 의지해야 하며", "단지 은혜로 주어지는 것", "죄인이 하게 될 어떤 행위에 대한 대가로 주어지는 것은 아니라는 것"이라고 말하면서도, "완전하고 충족한 칭의는 최초의 신앙 행위"에 의한 것이라고 주장하며 반복적으로 깨달음, 완전한 지식, 이해 등을 강조합니다. 만일 칭의가 "최초의 신앙 행위"에 의한 것이라면 "전적으로 은혜에만 의지"해야 한다거나, "단지 은혜로 주어지는 것"이라거나, "죄인이 하게 될 어떤 행위에 대한 대가로 주어지는 것은 아니"라는 주장은 서로 모순됩니다. 또한 칭의가 전적인 하나님의 은혜로 주어지는 것이라면 깨달음, 완전한 지식, 이해 이전에 선행되어야 합니다. 깨달음, 완전한 지식, 이해는 칭의의

551) Herman Bavinck, 『개혁교의학 3』, 163-164.
552) Charles Grandison Finney, 『승리의 원리』, 80, 81, 82.

결과로 가능하기 때문입니다. 율법으로 구원받는 것은 아니지만 깨달음, 완전한 지식, 이해가 있어야 한다는 것은 결국 인간에게 구원의 어떤 조건이나 근거를 두는 것이므로 칭의가 전적인 하나님의 은혜로 주어지는 것이라는 성경의 가르침과 모순됩니다. 그것은 일종의 신인협력설(Synergism)의 한 형태에 불과합니다.

그러므로 "찰스 피니를 중심으로 한 2차 부흥 운동은 상당히 인간 의지 중심의 알미니안적인 부흥 운동"이라고 평가를 받습니다.[553] "바울 당시 유대교의 최소한 몇몇 종파들은 신인협력설을 믿었는데, 이는 자신들의 행위가 비록 하나님의 은혜의 기치(旗幟) 아래 행해졌지만, 구원을 얻는 데 있어 어떤 역할을 하는 것으로 생각"한 것인데, 성경은 "그러한 신인협력주의를 강하게 반대하며, 오직 믿음을 통해 언약에 들어가는 것"임을 분명히 밝힙니다.[554]

그러나 그렇다고 하여 그것이 율법 폐기를 의미하지는 않습니다. "바울은 은혜의 교리에서 도덕률 폐기론적 추론이 나올 위험성을 잘 알고 있었기" 때문에 **로마서 6장**에서 "도덕률 폐기론적 추론을 논박할 뿐만 아니라 그것은 터무니없는 것이라고 논증"함으로써 "용납할 수 없는 왜곡된 견해를 경계"합니다.[555] 여기에 대하여 이안 머리(Iain H. Murray)는 다음과 같이 명확하게 설명합니다.

> 하나님은 약속들과 의무들을 축복의 도구적인 수단들로 주신 것이지 그것들

553) 이길호, "찰스 하지는 원죄교리의 직접전가론을 주장하며 정통 개혁주의 신학 방어", 미주 크리스천 신문사 2022.02.26.
https://www.chpress.net/column-detail.html?cate=column&c_id=317&id=18863

554) Thomas R. Schreiner, *Romans,* 3:31.

555) John Murray, *Romans*, 3:31.

을 축복의 원인으로 주신 것이 아닙니다. 왜냐하면 하나님의 은혜는 결과만 아니라 수단도 함께하시기 때문입니다. 하나님의 행하심은 사람의 행동에 따라 달라지는 것이 아닙니다. 오히려 이 문제는 하나님이 사용하시는 거룩한 수단들과 인간이 해야 할 의무가 완전히 결합되어 있다는 관점에서 풀어야 합니다. 그렇기 때문에 인간에게 요구된 것 역시 인간 스스로의 공로가 아니라 하나님의 은혜로 돌려야 합니다. 하나님은 우리에게 새 마음을 주십니다(**겔 36:26**). 그렇지만 그분은 "네 자신이 새 마음을 가지라"(**겔 18:31**)라는 명령도 하십니다. 죄인의 영적인 부활은 하나님의 역사입니다(**엡 2:5**). 그러나 하나님은 "잠자는 자여 깨어서 죽은 자들 가운데서 일어나라 그리스도께서 네게 비취시리라"(**엡 5:14**)라는 말씀도 하십니다. …

성경은 분명히 회개와 믿음이 모두 하나님의 은혜라고 밝혀두고 있지만, 그러나 회개와 믿음은 또한 분명히 죄인 된 인간의 의무로도 제시되고 있습니다(**행 3:19**). …

인간의 행위가 하나님의 축복의 원인이라고 고집하는 것은 구원의 전체적인 본질을 왜곡하는 것입니다. 그것은 마치 주님께서 "딸아 네 믿음이 너를 온전케 하였느니라"라고 하신 말씀을 그 여인이 바로 치유의 원인이라고 해석하는 것과 같은 실수를 범하는 것입니다.[556]

구원은 우리의 수락, 깨달음, 굴복으로 이루어질까요?

찰스 피니는 **롬 5:8**의 "우리가 아직 죄인 되었을 때에 그리스도께서 우리

556) Iain H. Murray, *Pentecost-Today?* 서창원 옮김, 『성경적 부흥관 바로 세우기』(서울: 부흥과개혁사, 2001), 97-99, 이후로는 Iain H. Murray, 『성경적 부흥관 바로 세우기』, 97-99. 등으로 표기함.

를 위하여 죽으심으로 하나님께서 우리에 대한 자기의 사랑을 확증하셨느니라"에 대하여 이렇게 설교합니다.

> 구원에 이르게 하는 믿음은 하나님께서 우리를 사랑하셨다는 이 위대한 사실을 마음으로 믿는 믿음이라는 것을 우리는 보았습니다. …
>
> 사람들이 회개하고 하나님께 굴복하기가 그토록 어렵다고 생각하는 이유 가운데 가장 큰 것은 … 단순한 믿음으로 그것을 수락하지 않기 때문이라는 것입니다. 만일 그들이 그것을 수락해서 그것을 마음으로 깊이 깨닫는다면 마음으로 굴복하고 사랑하게 되는 능력을 나타낼 것입니다.
>
> 만일 당신이 진정으로 회개하고 예수를 구주로 영접한다면 예수는 기꺼이 당신을 죄로부터 구원하실 것임에 틀림없다고 생각해도 좋습니다. … 바로 이 목적을 위해 죽기까지 고난당하셨으므로 이제 당신이 조건을 충족시키는 것만 남아 있는 것입니다. 그리하면 당신은 진노에서 구원을 얻을 것입니다.[557]

그렇다면 구원으로 말미암아 믿음이 발생하는 것이 아니라 믿음으로 말미암아 구원을 받는다는 뜻일까요? 과연 구원의 조건이란 것이 있을까요? 회개와 영접이 구원의 조건일까요? 구원의 조건이나 그 조건으로 회개와 영접, 수락, 깨달음을 든다면, 그것은 본문의 의도를 벗어난 것이고 성경 전체의 통일성에도 맞지 않습니다. 『독일성서공회 관주해설성경전서』는 여기에 대하여 이렇게 풀이합니다.

> 하나님께서 예수를 죽음에 내어 주심과 예수께서 자신의 목숨을 내어 주심에

557) Charles Grandison Finney, 『승리의 원리』, 90-91, 94.

드러난 하나님의 사랑은 인간 쪽에서 사랑받을 만한 가치 있는 무슨 일을 전제함 없이 구원 사업을 성취했다. … 화해는 바울 서신에서 언제나 하나님에게서 나오는 행위이다. 그것은 인간 쪽에서 이루어야 할 아무런 속죄 공적을 전제하지 않는다.[558]

칼빈은 이렇게 해석합니다.

나는 죄 사하심이 값없이 주어진다는 것을 주장하고자 한다. 성경에서 이것만큼 분명하게 제시되어 있는 것이 없다. 우선, 용서가 순전한 너그러움에서 비롯된 선물이 아니라면 대체 무엇이란 말인가? 빚을 돌려받고서 영수증을 써 주는 빚쟁이를 가리켜 용서해 준다고 말하지 않는다. 돈을 하나도 받지 않고 순전히 자비로운 마음으로 기꺼이 빚을 탕감해 주는 사람이 용서해 주는 사람일 것이다.[559]

사도 바울의 목표는 우리로 하여금 감사하는 마음을 갖게 하는 데 있는 것이 아니고, 우리 영혼의 확신과 안전을 확립시키는 데 있다. … 만일 그리스도께서 그의 죽으심으로 죄인들을 위해 의를 확보하게 하신 것이라면, 그들이 의롭다 함을 받게 되는 지금에는 그리스도께서 그들을 멸망에서 더욱더 보호해 주실 것이라는 것이다. … 만일 그리스도께서 우리를 위한 구원을 끝까지 안전하고 확고하게 견지하지 않으신다면, 그가 한 번 그 구원을 확보한 것만으로는 충분하지 못했을 것이다. … 그리스도께서 우리에게 베푸신 그의 은혜를 거두실 것을 두려워할 필요가 없다고 그는 선언하고 있다.[560]

558) 『독일성서공회해설 관주해설성경전서』(개역개정판)(서울: 대한성서공회, 2015), 로마서 5:8, 이후로는 『독일성서공회 관주해설성경전서』, 로마서 5:8. 등으로 표기함.
559) *Inst.*, 3.4.25.
560) John Calvin, *Romans,* 5:8.

4. 그리스도를 통해 죄에 대하여 죽음

롬 6:11 "이와 같이 너희도 너희 자신을 죄에 대하여는 죽은 자요 그리스도 예수 안에서 하나님께 대하여는 살아 있는 자로 여길지어다"

신자에게는 죄 없이 사는 것이 가능할까요?

찰스 피니는 이렇게 해석합니다.

> 여기서 바울이 인간, 그 옛 죄인이 그리스도와 함께 십자가에 못 박혔다고 말하고 있는 것을 볼 수 있을 것입니다. 십자가의 도덕적 능력에 의해 너무나 철저히 부수어졌기 때문에 한때 죄인이었던 그가 이제 다시는 죄를 섬기지 않을 것이라는 말입니다. …
>
> 죄없이 사는 것이 정당함을 보여 줍니다. …
>
> 그러한 기대를 하는 것은 위험천만의 오류라고 가르치는 것은 불신을 가르치는 것입니다. …
>
> 이 본문이 성화를 다루고 있다는 것은 아무도 부인할 수 없습니다. …
>
> 죄에 대한 완전한 승리 …
>
> 믿음이란 최소한 그것이 가능한 것이라는 확신을 포함합니다. …
>
> **로마서 7장(7:24)**을 보십시오. 거기에는 죄에 대한 깨달음을 가진 정도가 아니라 죄에 대해 참으로 깊은 확신을 가진 사람이 나타나 있습니다. …
>
> 그 심한 고통(죄에 대한 참으로 깊은 확신)을 치유할 수 있는 방법이 있다면

그것은 의심할 나위 없는 복음일 것입니다.[561)]

과연 신자는 다시는 죄를 섬기지 않을까요? 신자에게는 죄없이 사는 것이 가능할까요? "그러한 기대를 하는 것은 위험천만의 오류라고 가르치는 것은 불신을 가르치는 것"일까요? 그렇다면 예수님께서 가르쳐 주신 주기도문 중에 "우리가 우리에게 죄지은 자를 사하여 준 것 같이 우리 죄를 사하여 주시옵고"라는 기도는 무슨 뜻일까요? 예수님께서 가르쳐 주신 기도는 불신자가 아니라 신자에게 가르쳐 주신 기도입니다. 그 가운데 이런 내용이 있다는 것은 신자라도 죄를 지을 수 있다는 사실을 전제하는 것이 아니고 무엇일까요? 찰스 피니식으로 주장한다면 예수님께서 그런 기도를 가르쳐 주실 리가 없습니다. 칼빈은 여기에 대하여 이렇게 주석합니다.

이 세상에서 스스로 완전하기를, 그래서 모든 잘못과 죄책으로부터의 자유를 꿈꾸는 자들은 하나님의 교회에서 떨어져 나가므로 자기들의 죄와 결별하는 것이 아니라 오히려 그리스도와 결별하는 셈이다. 그리스도께서 자신의 모든 제자에게 날마다 죄의 용서를 빌라고 가르치시지만 이런 처방 같은 것에 허비할 시간이 없다는 자들은 여기서 제외된다.[562)]

우리는 우리의 육신으로 더불어 투쟁해야 할 뿐만 아니라, 우리 자신 속에서와 하나님 면전에서 우리의 불행한 상태를 계속적으로 애통하고 비탄해야 한다는 점이다. 바울은, 오직 단 한 분의 구원자가 있다는 것을 알지 못하는 불신자들처럼, 그가 의심에 빠져 있기나 한 듯이 누가 그를 건져내 줄 것인가를 묻고 있는

561) Charles Grandison Finney, 『승리의 원리』, 99, 105-106, 107-108, 109.
562) John Calvin, *Matthew,* 6:12.

것이 아니다. … 그가 말하는 '사망의 몸'이란, 죄 덩어리 또는 인간 전체를 형성하고 있는 구성 요소들을 뜻하나, 예외적으로 그의 경우에서만은 죄의 잔재들이 남아 있어서 그를 사로잡고 있다는 뜻이다. … 바울의 이 본문 말씀은 육신의 모든 자랑을 파괴하는 데 도움을 준다는 점에서 주목할 만하다. 본문에서 배울 수 있는 것은, 가장 완전한 사람일지라도 그들이 육체 안에 거하고 있는 한 재난을 당하게 된다는 것이다.[563]

불완전한 삶과 구원

찰스 피니는 이렇게 설교합니다.

죄에 대한 저주의 공포를 없애 주고 그러면서도 그들은 죄 가운데서 자신들을 위해 살도록 내버려 두고 그들이 평생을 죄 가운데 자신을 기쁘게 하기 위해 살았음에도 불구하고 그리스도께서 마침내 그들을 천국으로 데려갈 것이라고 주장하는 것은 하나의 거대한 면제부 제도임이 분명한 것입니다. … 여러분이 그들에게 "당신은 그것이 옳다고 생각합니까?" 하고 물으면, 그들은 "아뇨, 옳다고 생각하지 않습니다."라고 대답합니다. "그렇다면 왜 그런 식으로 삽니까?" "오, 우리는 모두 불완전한 인간이잖아요. 그러니 육체를 가지고 사는 현세에서는 불완전 이상의 것을 기대할 수가 없잖아요?" 그럼에도 불구하고 그들은 결국 구원을 받으며 죄 용서를 받으리라고 기대합니다. 어떻게? 그들은 모든 죄에서 돌아선다는 조건 위에서가 아니라 복음이 하나의 거대한 면죄부 제도 - 교황 레오 10세가 발행해서 그 시대의 범죄하는 신앙고백자들을 위로하는 데 사용했던 것보

563) John Calvin, *Romans,* 6:11.

다 더 거대한 - 라는 가정 위에서인 것입니다.[564]

여기에 대하여 슈라이너(Thomas R. Schreiner)는 이렇게 주석합니다.

'죄에 대하여 죽은 자'가 되는 것이 신자들이 죄를 지을 수 없다는 것을 의미하지는 않는다. 오히려 그것은 그리스도 안에 있는 자들에게 죄의 지배와 통치가 끝났다는 것을 의미한다. 만일 죄가 더 이상 신자를 지배하지 못한다면, 당연히 신자들은 하나님께 대해 살아있다는 결론이 나온다. 'ζῶντας'(살아 있는)라는 단어는 신자들이 이미 부활했다는 사상을 전해주는 것이 아니다(**6:5, 8**). 신자들의 부활은 여전히 미래의 실재다. 그럼에도 부활의 능력이 현새에 영향을 미쳐 신자들이 이제 새로운 방식으로 살아갈 수 있게 되었다(4절). … 신자들은 '죄가 지배하지 못하도록' 해야 한다. 다시금 죄가 신자들을 위협하는 하나의 세력으로 간주된다. 죄에 대한 위협은 외적인 것만이 아니다. 죄에 대한 욕구는 신자들에게 일어나며, 따라서 우리는 이러한 욕정들을 의도적으로 저항하고 극복하지 않으면 안 된다. 죄에 대해 죽는 것은 죄에 대한 어떤 욕구도 더 이상 느끼지 않고 혹은 이와 싸우지도 않는 그런 방식으로 생각해서는 안 된다. … 우리가 그리스도 예수와 연합함으로써 지금 하나님께 대해 살아 있는 자가 된 것은 우리가 죽을 몸으로부터 해방되었다는 것을 의미하지 않는다. … 신자들이 여전히 부활을 기다리고 또한 여전히 악한 사욕들로 인해 위험에 빠지기 때문에 구속의 완성되지 않은 측면이 분명히 나타난다. 그럼에도 신자들이 그리스도와 함께 죽었으며 그리스도의 부활의 능력을 지니고 있기 때문에, 신자들은 현재에도 죄를 지배할 수 있으며 그 결과 몸의 사욕에 순종하지 않는다.[565]

564) Charles Grandison Finney, 『승리의 원리』, 113.
565) Thomas R. Schreiner, *Romans*, 6:11.

여기에서 "여길지어다"는 명령문이지만 "권면의 성격"을 가지는데, 그것은 "이미 전제되어 있기 때문"이며, 따라서 이 명령은 "그리스도와 연합됨을 통해 이미 얻은 사실을 깨닫고 그것을 사실로 여겨야 한다는 의미"입니다.[566]

물론 **요일 3:9**는 "하나님께로부터 난 자마다 죄를 짓지 아니하나니 이는 하나님의 씨가 그의 속에 거함이요 그도 범죄하지 못하는 것은 하나님께로부터 났음이라"라고 말씀합니다. 그러면 여기에서 "죄를 짓지 아니하나니"(ἁμαρτίαν οὐ ποιεῖ)가 과연 거듭난 신자는 죄를 짓지 않는다는 뜻일까요? 헬라어의 시제로 보면 현재 동사입니다. 따라서 "상습적 범죄를 하지 않는다는 뜻이고 일시적인 실수까지(**롬 8:23**) 하지 않는다는 의미는 아니라는 것"을 알 수 있습니다.[567]

찰스 피니는 또한 "우리를 향한 그리스도의 사랑은 우리로 범죄하는 것을 억제할 수 없습니까? … 예수께서 당신을 죄와 지옥에서 구원하시기 위해 죽어 주셨는데 당신이 계속해서 죄를 짓는 것이 가능한 일입니까?"[568]라고 묻습니다. 그의 주장은 구원받은 사람은 죄를 짓지 않는다는 소위 "구원파"의 주장이 아닌가 묻고 싶습니다. 아니면 그리스도의 죽음이 하나님의 사랑을 강요하거나 유도하는 것이라는 주장이 아닌가 묻고 싶습니다. 그리스도의 죽음은 하나님의 사랑을 강요하거나 유도하는 것이 아니라, 하나님의 사랑이 그 유일하고 적절한 대책으로 그리스도의 죽음을 초래했을 뿐입니다.[569]

566) John Murray, *Romans*, 6:11.
567) 박윤선, 『개혁주의 교리학』(수원: 영음사, 2011), 345.
568) Charles Grandison Finney, 『승리의 원리』, 96.
569) John Murray, *Romans*, 5:8.

5. 죄의 삯

롬 6:23 "죄의 삯은 사망이요 하나님의 은사는 그리스도 예수 우리 주 안에 있는 영생이니라"

사망이 죄의 삯인 것과 마찬가지로 영생도 그럴까요?

찰스 피니는 이 구절에 대한 설교에서 "영생"이 "하나님의 은사"라는 사실을 해석하지 않고 죄의 삯에 대해서만 언급합니다. 그는 죄의 속성, 율법에 나타난 형벌의 몇 가지 속성, 이 형벌은 어떤 것이어야 하는가에 대해서만 설교합니다. 본문이 의도하고 있는 것이 과연 그런 것일까요? 본문의 초점과 의도는 죄의 삯이 사망이라는 것에 있는 것이 아니라 하나님의 은사는 그리스도 예수 우리 주 안에 있는 영생이라는 데 있습니다. 사망은 죄에 대한 대가이지만, 영생은 대가가 아니라 선물이라는 것입니다. 그럼에도 찰스 피니는 국가의 법률을 비유로 하여 영생도 사망이 죄의 삯인 것과 같은 방식으로 발생한다고 주장하려는 것이 아닌가 의구심을 가지지 않을 수 없습니다. 크리소스톰(John Chrysostom)은 이렇게 주석합니다.

> 죄의 삯을 말한 다음, 바울은 축복의 경우에는 같은 순서를 유지하지 않습니다. 왜냐하면 선행은 삯을 말하지 않고, 하나님의 은사를 말하기 때문입니다. 이것은 그들이 해방되는 것이 저절로 되는 것이 아니며, 또한 그들이 당연히 받아야 할 것이 아니라는 사실을 일깨워 주기 위한 것입니다. 뿐만 아니라 그것은 대

가나 수고의 보상으로 된 것이 아니며 전적으로 은혜에 의한 것이라고 말합니다.[570]

박윤선도 이렇게 주석합니다.

> 이 말씀이 밝히 가르치는 것은, 사망은 인간에게 당연히 와야 할 값(삯)이지만, 영생은 그런 인과관계(因果關係)없이 전혀 하나님의 주권적 은혜로 임한다는 것이다. 그렇기 때문에 죄인들은 소망을 가진다. 죄인들은 예수 그리스도를 믿기만 하면 영생을 받는다. 이런 은사를 방해하는 심리는, (1) 믿음보다 업적을 앞세움이고, (2) 믿음보다 자기의 결심을 앞세움이고, (3) 믿지는 않고 낙심함이고, (4) 자기를 거부하지 않고 교만함이다. 인간은, 자기 자신의 그 무엇으로는 하나님 앞에 설 자리가 없다.[571]

"죄의 권세 아래 있는 사람들이 겪는 (영원한) 사망"을 "'삯'이라는 단어"로 표현한 것은 "죄가 거두는 형벌은 받아 마땅하다는 것"이며, 그것은 "하나님으로부터 '값없이 주시는 선물'로 받는 '생명'과 대조"된다는 것을 의미합니다.[572] 존 머리도 이렇게 주석합니다.

> 우리가 사망의 상속자가 되는 것은 인과응보의 원리에 따른 것이지만, 우리가 영생을 받는 것은 과분한 은총의 원리에 따른 것이다. 사망은 획득한 것이나, 영

570) John Chrysostom, 송종섭 역, 『크리소스톰 로마서 강해』(서울: 地平書院, 2000), 6:23, 이후로는 John Chrysostom, 『크리소스톰 로마서 강해』, 6:23. 등으로 표기함.
571) 박윤선, 『성경주석 로마서』, 6:23.
572) Douglas J. Moo, *Romans*, 6:23.

> 생은 값없이 받은 것이다. … '하나님의 은사는 그리스도 예수 우리 주 안에 있는 영생이니라'라는 어구의 지배적인 사상은 하나님의 값없는 은혜를 인과응보와 대조시키는 것이고, 이 값없는 선물의 엄청난 규모가 그 선물의 성격에 의해 강조되어 있다. 여기서 말하는 것은 값없이 주시는 은혜가 결국 우리의 영생이 된다는 것이 아니라, 이것도 맞는 말이긴 하지만, 정확하게 말하자면 값없는 선물이 영생에 있다는 뜻이다. 삯이 작용할 때는 우리의 운명은 사망뿐이다. 불가피한, 궁극적인 의미의 사망이다. 그렇지만 하나님의 은사가 작용할 때 우리의 운명은 생명이다. 영원하고 불멸하는 생명이다. 그런즉 구원을 얻기 위해 어떤 공로가 필요하다는 생각은 본문의 사상에서 완전히 벗어나는 것이다.[573]

찰스 피니는 본문에 대한 설교에서 "영생"이 "하나님의 은사"라는 사실을 해석하지 않고 죄의 삯에 대해서만 언급하는 이유는, 신자들이 죄에 대하여 가볍게 여길 위험성이 있다고 여기기 때문일 것입니다. 물론 죄에 대하여 가볍게 여길 위험성이 있습니다. 율법폐기주의나 방임주의에 빠질 위험성이 있습니다. 그러나 그것은 "**롬 6:16-23**에서 바울 논증의 핵심은 은혜 아래 있는 것이 신자들로 하여금 죄를 조장하는 것이 아니라는 사실"[574]을 의도적으로 간과하는 것입니다.

573) John Murray, *Romans*, 6:23.
574) Thomas R. Schreiner, *Romans*, 6:23.

6. 율법적 체험

롬 7장은 그리스도인의 경험인가 회심치 않은 자의 경험인가?

이 문제에 대하여 찰스 피니는 다음과 같이 설교합니다. 이 문제는 매우 중요하므로 찰스 피니의 주장이 무엇인지 보다 분명하게 이해할 수 있도록 설교 내용 중 많은 부분을 인용합니다.

> 지금까지 광범위한 지지를 받아오고 있는 주장 하나는, 본 장(**로마서 7장**)의 후반부가 그리스도인 경험의 축소판이라는 것입니다. 그것은 그리스도인의 상황과 실재를 묘사하고 있으며, 내재하는 죄와의 전투를 보여 주기 위해 기록되었다는 것입니다. 그러나 그것은 비교적 현대적 견해입니다. 본 장에 쓰여진 후 수 세기 동안 그러한 견해를 주장한 사람은 아무도 없었습니다.[575]
>
> 만일 본문이 사실상 죄를 깨달은 죄인, 즉 순전히 율법 체험하에 있는 사람들을 묘사하고 있다면 그것이 그리스도인의 경험이라고 상상해서 자기 자신의 경험과 부합하다고 생각하는 사람은 치명적인 실수를 범하고 있는 셈이 될 것입니다. 만일 바울이 여기서 율법적 동기와 고려하에 있는 죄인의 경험을 묘사하고 있다면, 자기 경험이 **로마서 7장**과 일치한다고 해서 그것을 진정한 그리스도인의 경험이라고 믿는 것은 치명적인 실수임에 틀림없습니다.[576]
>
> 인간은 모든 경우에 본성상 자기가 더 좋다고 생각하는 대로 행동한다는 것은

575) Charles Grandison Finney, 『승리의 원리』, 143.
576) 위의 책, 144.

진리입니다. … 행위는 욕망에 의해서가 아니라 선택에 의해 주장됩니다. …

모든 경우에 있어 행위는 선택을 따르는 것입니다. …

중생하고 회심한 사람은 다른 모든 것보다도 하나님의 영광을 더 좋아합니다. 그는 그것을 최고의 애정의 대상으로 선택하는 것입니다. …

사람이 진정으로 거듭날 때 그의 선택은 습관적으로 옳으며 물론 그의 행동도 주로 올바릅니다.

유혹의 힘이 때때로 그릇된 선택이나 혹은 연속적으로 그릇된 선택을 하게 만들 수도 있지만, 그러나 그의 습관적인 행동 방향은 올바른 것입니다. 회심한 사람의 의지나 선택은 습관적으로 옳으며 그의 행위도 물론 그러합니다. …

사실상 하나님의 법이 옳다는 것을 이해하면서도 그의 양심이 율법에 찬성하지 않는 도덕적 존재란 하늘이나 땅이나 혹은 지옥에 존재하지 않는 것입니다. …

사람들이 하나님의 법의 탁월성을 볼 뿐 아니라 그것을 강하게 시인하여 그것에서 즐거움을 얻으면서도 그것에 순종하지 않을 때 우리는 그들이 얼마나 절망적으로 사악한지를 알 수 있으며 죄는 더욱 뚜렷이 죄 된 것으로 나타나는 것입니다.

사람들은 흔히, "나는 이런저런 일을 하고자 하지만 할 수가 없어"라는 말을 합니다. 그것은 단지 그들이 그것을 원할 뿐 실제로 그대로 행하는 쪽을 선택하지는 않는다는 의미입니다. 그래서 그들은 단지 그것을 행하지 않겠다는 의미로, "나는 그렇게 할 수 없어"라고 말하는 것입니다. 그것은 만일 그들이 하고자 했더라면 할 수도 있었다는 말인 것입니다.[577]

자기 자신에 대해서 말하고 있건 혹은 다른 사람에 대해 말하고 있건 혹은 어떤 경우를 가상하고 있건 그 목적은 행위의 일반적인 원리와 모든 사람이 그런

577) 위의 책, 144-147.

상황 속에서는 동일한 행동을 할 것이라는 사실을 보여 주는 것입니다. …

사도가 여기서 사용하고 있는 많은 말은 종교의 형식만 남아 있는 타락자들에게 적용될 수 있습니다. … 만일 진정한 회심자가 타락자가 되었다면 그는 죄인들과 똑같은 동기에 의해 행동합니다. 그리하여 양자에게 동일한 말을 적용할 수 있습니다.

그러므로 우리 앞에 있는 몇 마디 말을 타락자가 되어 버린 그리스도인들에게 적용시킬 수 있다고 해서 본문에 묘사된 경험이 그리스도인의 경험이라고 말할 수는 없으며 단지 타락자와 죄인은 여러모로 비슷할 뿐이라는 것입니다. …

본 장에서 사용되고 있는 몇 가지 표현들은 습관적인 타락자가 아니라 잠시 동안 유혹과 정열에 넘어가서 마치 자신의 모든 것이 잘못된 것처럼 말하는 신자의 경우를 묘사하는 것으로 생각됩니다. … 그러나 그것은 본문의 의도에 대해서는 아무것도 증명하지 못합니다. 왜냐하면 그가 이러한 상태 속에 있는 한 회개하지 않은 죄인과 똑같은 영향 아래에 있기 때문입니다. 그런고로 똑같은 말을 일관성 있게 양자에게 적용할 수 있습니다. 비록 어떤 표현들은 이 그럴듯한 의미를 가질 수도 있겠지만 본문 전체의 관점은 그것이 그리스도인의 경험을 묘사한 것이 아님을 명백히 보여 주고 있습니다. 그런고로 내 자신의 견해는, 사도가 여기서 묘사한 것이 죄인의 경험, 즉 무분별한 것이 아니라 죄를 깊이 깨달았으나, 회심치 않은 자의 경험이라는 것입니다. 그 이유는 다음과 같습니다.

① 여기서 사도는 분명히 어떤 사람의 습관적인 특징을 묘사하고 있습니다. 이 사람은 전적으로 육체의 지배 아래에 있습니다. 그것은 현재의 유혹의 권세 아래에서 자신의 일반적인 특성과 일치하지 않는 행동을 하는 사람에 대한 묘사가 아닙니다. 그것은 율법에 찬성하면서도 시종일관 습관적으로 죄에 빠지는 사람입니다.

② 그리스도인의 경험을 그의 주장의 예증으로 언급하는 것은 그의 목적과 완전히 무관한 일이 될 것입니다.[578]

그는 "율법은 선하나 나는 육신적이다."라는 말로 시작합니다. '육신적'이라는 말을 그는 그리스도인에 관해 단 한 번 사용합니다. 그것은 낮은 수준에 놓여 있는 사람들에 대한 언급이었습니다. …

이러한 그리스도인들은 신앙이 타락한 자들이며 그들은 마치 회심치 않은 육신적 사람들인 것처럼 행동했던 것입니다. 그 말 자체는 일반적으로 최악의 죄인들을 지칭하는 데 사용됩니다. 바울은 여기서 그것을 그렇게 정의합니다.

"육신적인 것은 죄 아래 팔린 것이다."라고 말합니다. 바울이 이 편지를 썼을 때 그런 말을 자신에 대해 사용할 수 있었겠습니까? 그것이 자기 자신의 경험이었겠습니까? 그가 죄 아래 팔렸겠습니까? 그것이 그 위대한 사도에게 해당되었겠습니까?[579]

사도는 온전히 죄의 주관하에 있는 사람의 습관적 특성을 묘사하고 있다는 것을 기억하십시오. 그리스도인의 경험을 제시하는 것은 전혀 그의 의도가 아니었습니다. 그는 율법의 정당성을 변호하고 있었으며 그래서 율법 아래에 있는 사람의 경우를 취하는 것이 필요했던 것입니다. …

왜냐하면 만일 그것이 그리스도인의 경험이라면 율법이 정욕을 굴복시키고 사람을 성화시키는 데 효과가 없다는 것뿐만 아니라 복음 또한 효과가 없다는 것을 증명할 것이기 때문입니다.[580]

그들은 죄를 깨달은 상태에 있을 뿐이지 그리스도인은 아닌 것입니다. …

만일 그것이 여러분의 경험이라면 여러분은 아직 죄의 속박 속에 있습니다.

578) 위의 책, 149-151.
579) 위의 책, 153-154.
580) 위의 책, 157-158.

… 이제 그런 경험을 가지고 있으면서 사도 바울의 옆자리에 앉을 수 있다고 생각하여 자신을 속이지 마십시오.[581)]

이 문제에 대하여 박윤선은 다음과 같이 주석합니다.

크로솨이데(F. W. Grosheide)는 말하기를 "이 부분 말씀이 회개한 자(영의 새로운 것으로 섬기는)의 생활을 가리킨다. 회개한 바울이라야 여기서 말한 것 같은 율법관을 가질 것이다."라고 하였다. … 니즈렌(A. Nygren)도 이 부분 말씀(**14-25**)이 바울이 기독자가 된 후의 생활을 진술한다고 하였다. 그는 대략 다음과 같은 몇 가지 이론을 전개하였다. (1) 본 장 **7-13절**은 과거사로 기록되었으나, **14절 이하**는 현재사로 되어 있으니만큼, 14절부터는 기독자가 된 바울의 집필 당시 생활 실정을 가리키는 것이 분명하다. (2) 바울이 기독자가 된 후에도 죄는 그의 생활에서 완전히 없어진 것이 아니다. 그는 아직도 육체로 살고 있으며, 따라서 죄악으로 더불어 접촉점을 가진 것이다. 그리스도인은 그리스도 안에서 한 지체이지만, 겸하여 아담 안에 한 지체인 것이다. 그러므로 그는 죄로 더불어 끊임없이 전투하는 생활을 가진다(**갈 5:17**). 어거스틴도 펠라기우스와 더불어 투쟁하는 중에 마침내 확신을 가졌으니, 곧 바울이 이 부분에서 기독자의 생활을 취급했다는 것이다.[582)]

칼빈도 이렇게 설명합니다.

581) 위의 책, 160-161.
582) 박윤선, 『성경주석 로마서』, 7:24.

그는 그리스도인의 갈등, 즉 신자가 언제나 자기 속에서 느끼는 바 육체와 영 사이의 갈등에 대해서 말하고 있는 것이기 때문이다. … 더욱이, 여기서 사도가 중생한 자들에 대하여 말하고 있다는 것이 분명히 드러난다. 왜냐하면 자기 자신에게 선한 것이 거하지 않는다고 말한 다음, 그것이 그의 육신을 지칭하는 것이라는 설명을 덧붙이고 있기 때문이다(**롬 7:18**). 따라서, 그는 악을 행하는 것이 그가 아니요, 자기 속에 거하는 죄라고 선언하는 것이다(**롬 7:20**). … 하나님의 성령으로 말미암아 중생하였으되 아직 육신의 잔재를 지니고 있는 사람이 아니라면, 마음속으로 이런 갈등을 경험하는 사람이 과연 누구이겠는가?[583]

위트마이어도 마찬가지로 주석합니다.

그동안 이 세상에서는, 내 자신이 마음으로는 하나님의 법을 위하는 종이고 죄의 본질로는 죄의 법을 위하는 종이다. 죄로부터 해방되기를 기다리는 동안, 믿는 자들은 여전히 자신의 거듭난 마음(새로운 본질 혹은 능력)과 자신의 죄의 본질 혹은 능력 사이에 일어나는 갈등을 겪는다.[584]

박영선도 동일하게 강해합니다.

로마서 7장 24절의 고백은 신자라면 누구나 하는 경험일 것입니다. … 믿지 않는 자들도 비슷한 고백을 합니다. 믿지 않는 자는 양심과 윤리와 도덕의 차원에서 이 고백을 하고, 믿는 자는 예수를 믿는다는 이유로 더 깊고 처절하게 이 고백

583) *Inst.*, 2.2.27.
584) John A. Witmer, *Bible knowledge commentary 24 ROMANS*, 허미순 옮김, 『로마서』(서울: 두란노서원, 2011), 7:24, 이후로는 John A. Witmer, *Romans,* 7:24. 등으로 표기함.

을 하는 점이 다를 뿐입니다. … 예수를 믿지 않을 때는 모르고 그랬을지라도 이제는 예수를 믿었으니 선을 지향하며 의롭게 살아야 되지 않는가 하는 문제입니다. 이 고민에 부딪히면서 신자들은 예외 없이 모두 "오호라 나는 곤고한 사람이로다"의 과정을 거칩니다.[585]

롱네커도 이 탄식은 신자들을 포함하여 보편적인 인간의 외침이라고 주석합니다.

이와 같은 외침과 부르짖음(**롬 7:24**)은 그들의 회심 전의 상태나 회심 이후의 상태를 묘사하는 것도 아니다. 이것은 자신의 무능함을 한탄하는 사람들의 외침을 발하는 것이며 영적으로 민감한 많은 사람의 구원을 향한 외침의 목소리를 높이는 것이다. 물론 이것은 바울 자신이 느끼는 인간적인 감정들이기도 하다. 하지만 이보다도 이 외침은 우리 공동의 역사와 우리 자신의 개인적인 경험 때문에 우리가 모두 인간으로서 타락과 죄에 사로잡히게 되었으며, 하나님의 간섭에 의해서만 구원받고 구출될 수 있다는 인간의 기본적인 인식을 나타낸다. 이것은 율법주의자의 인식이 아니다. 이것은 영적으로 민감한 사람들 속에 자리 잡은 인식이며, 하나님께 가장 가까이 있는 사람들이 몹시 예민하게 느끼는 감정이다. … 그러므로 **롬 7:24**의 절망의 외침과 구원을 향한 부르짖음을 바울의 회심 이전이나 회심 이후의 경험으로만 이해할 수는 없다. 이 두 외침은 보편적인 인간의 외침이며, 사람들의 외침이다.[586]

585) 박영선, 『다시 보는 로마서』, 7:24.
586) Richard N. Longenecker, *Romans*, 7:24.

"구체적으로 영위되는 삶의 실존에서는 죄가 지배하고 죄가 율법을 악용"하며 "그에게는 죽음에 떨어진 이 현존으로부터 구출을 갈구하는 부르짖음이 있을 따름"이므로 25절 상반절은 "한쪽에 구조 절규와 다른 한쪽에 구원에 대한 간략한 감사를 대칭"시키고 있습니다.[587] 성경은 "통상적인 의미에서 비관적이 아니라, 고통을 알고 인정하며 가장 심금을 울리는 한탄으로 그 고통을 해석"합니다.[588] 슈라이너(Thomas R. Schreiner)는 이렇게 주석합니다.

> 율법은 이를 지키려는 불신자들을 죽음에 이르게 하는데, 이는 그들이 율법을 지킬 능력이 없기 때문이다. … 다른 한편으로 신자들도 이 본문에서 절대적으로 배제된 것이 아니다. **8장**에서 신자들이 성령의 능력으로 말미암아 하나님의 법을 지킬 수 있음을 보여 주고 있기 때문에, 이 단락을 그리스도인의 경험 전체로 이해하는 것도 잘못된 일일 것이다. 그리고 여전히 그리스도인들이 구속의 완성을 아직 경험하지 못했기 때문에 그들이 하나님의 법을 지킬 수 없다는 내재적 무능력을 날카롭게 인식하고 있다. … 하나님의 요구들과 마주칠 때, 우리는 여전히 우리의 비참함과 본질적인 무능력을 인식한다. 우리가 '이미 그러나 아직 아닌 사이'의 긴장 속에 살기 때문에 신자들이 죄와 투쟁하는 일은 계속된다. … 죄로부터 완전한 구원은 구속의 날이 오기까지는 신자들에게 일어날 수 없다. 신자들이 완전한 해방을 아직 경험하지 못했기에 신자들의 삶 속에서 죄가 계속 존재한다는 것을 인식한다. 그러나 우리는 신자들이 죄의 세력 아래서 전적으로 무기력하다고 결론을 내려서는 안 된다. **롬 6장과 8장**이 이를 배제시킬 것이기

587) 『독일성서공회 관주해설성경전서』, 로마서 7:24.
588) Herman Bavinck, 『개혁교의학 3』, 214.

때문이다. … **롬 7장 24절**에서 죄로부터 미래적 구원을 발견하는 사람들과 생각을 같이 하지만, 이것이 또한 현재적 구원을 배제하는 것이 되어서는 안 된다. **갈 5:16-18**도 그리스도인들이 여전히 육체의 소욕과 싸우고 있음을 보여 준다. 이것은 **롬 6:12과 8:13**에서도 분명하게 나타난다. … 그럼에도 **갈 5:16-18**에서 지배적으로 울리는 소리는 성령의 능력으로 말미암아 죄에 대해 승리한다는 것이다. … 이를 수준 이하의 그리스도인의 경험에 한정시키고자 하는 것은 만족스럽지 못하다. 본문의 목적은 인간 존재를 변화시키는 율법의 무능함을 설명하고자 한다. 바울은 죄 때문에 패배한 신자들이 그 죄에 대해 승리할 비결을 발견하는 어떤 심리학적인 묘사를 하는 것이 아니다. 육신은 하나님의 계명을 지킬 능력을 가지고 있지 않다는 것이 바울의 요점이다.[589]

존 머리는 **롬 7:14-25**가 중생한 바울의 상태임을 조목조목 주석합니다.

나는 다음과 같은 이유로 본문(**롬 7:14-25**)에 나오는 바울은 중생한 상태임을 주장한다.

(1) 바울은 이렇게 말한다. '내 속사람으로는 하나님의 법을 즐거워하되'(**7:22**). … 아직 율법 아래 있고 육신 안에 있는, 중생하지 않은 사람은 이렇게 묘사할 수 없다.

(2) 22절은 25절의 의미와 유사하다. "그런즉 내 자신이 마음으로는 하나님의 법을 … 섬기노라." 이것은 마음과 의지의 순종을 뜻하는데, 중생하지 않은 사람에게는 불가능한 일이다.

(3) **롬 7:14-25**에 묘사된 사람은 선한 것을 향한 의지가 있는 사람이다(**15, 18,**

589) Thomas R. Schreiner, *Romans*, 7:24.

19, 21절). 그가 행하는 악은 그가 뜻하고 사랑하는 것을 위반한다(16, 19, 20절). 이는 그를 특징짓는 의지, 그의 의지가 지배적 성격이 선하다는 것을 의미한다. 이는 **롬 8:5-8**의 중생하지 않은 사람과 완전히 다르다. **롬 7:14-25**의 사람은 나쁜 짓을 하지만 그것을 증오한다. 그 나쁜 짓들이 선을 지향하는 자기의 의지에 위배되기 때문이다. 중생하지 않은 사람은 선을 증오하지만, **롬 7:14-25**의 사람은 악을 증오한다.

(4) **롬 7:14-25**에 나오는 긴장, 곧 바울이 즐거워하고 사랑하며 인정하고 뜻하는 것과 이에 위배 되는 그의 상태와 행동 사이의 긴장은 중생한 자 속에 죄가 있는 한 불가피한 것이다. … 24절의 절규는 자각의 증거이며 솔직함의 표시다. 일단 죄가 신자 안에 계속 존재하고 있음을 우리가 인정한다면, **롬 7:14-25**의 긴장은 불가피하며, 따라서 그 사실을 무시해서는 안 된다.

(5) **롬 7:14-25**에 **롬 8장**에서 그토록 두드러지게 나타날 승리에 대한 암시가 없는 것은 아니다. 25절은 24절의 절규에 대한 바울의 응답이다. 이는 패배의 응답이 아니다. 그것은 확신과 소망이 가득한 응답이다.[590]

찰스 피니의 주장은 이미 이단으로 정죄받은 아르미니우스의 주장과 다르지 않습니다. 아르미니우스는 1591년 **롬 7:14**를 설교하면서 "바울이 자신의 이전의 상태 또는 중생하지 못했던 상태를 말하고 있다고 해석하고" 또 "**롬 7장**에 등장하는 죄에 대한 갈등이 회심 이전의 갈등이라고 주장"했는데, 이러한 주장은 "어떻게 중생하지 못한 자들이 마음에 있는 율법으로 기뻐할 수 있느냐?"(**롬 7:22**)라는 물음에 답할 수 없습니다.[591] **"로마서 6장**

590) John Murray, *Romans*, 7:24.

591) 라은성, 『정통과 이단 (하)』(서울: 그리심, 2007), 104, 이후로는 라은성, 『정통과 이단 (하)』, 104. 등으로 표기함.

에서 그리스도와 합해지는 세례를 통해 죄의 지배에서 완전히 구출된 것으로 묘사되는 신자는 **7장**에서 대본에 따라 살지 못함으로 인해 끊임없이 갈등하는 신자와 동일 인물"이고, "바로 이 사람이 그와 동시에 **8장**에서는 정죄 받지 않고 성령 안에서 살아 있어서 몸과 부활과 창조 세계의 갱신이라는 마지막을 기다리고 있는 것으로 확인"됩니다.[592]

592) Michael S. Horton, 『(언약적 관점에서 본) 개혁주의 조직신학』, 661.

7. 교회의 남편 그리스도

롬 7:4 "그러므로 내 형제들아 너희도 그리스도의 몸으로 말미암아 율법에 대하여 죽임을 당하였으니 이는 다른 이 곧 죽은 자 가운데서 살아나신 이에게 가서 우리가 하나님을 위하여 열매를 맺게 하려 함이라"

"그리스도인의 완전"이 이 세상에서 가능할까요?

찰스 피니는 이 구절에 대하여 이렇게 설교합니다.

> 그들은 그리스도인의 완전이라는 말을 들으면 질겁을 합니다. 그리스도께서 자기 백성을 범죄와 악마의 올무로부터 지킬 수 있다는 것을 믿는 것이 마치 그리스도를 모욕하는 일인 것처럼 말입니다. 그리고 수백 년 동안 대부분의 교회는 그리스도께서 자기 백성에게 죄짓지 않고 살 수 있는 장치로 만들어 놓으셨다고 가르치는 것이 정통이 아니라고 믿어 왔습니다.[593]

그는 그의 『조직신학』에서도 다음과 같은 사실들에 근거하여, "그리스도인의 완전"을 주장합니다.

> (1) 하나님께서 명백하게 이를 명령하셨다는 사실.
>
> (2) 인간은 자신의 도덕적 기능에 힘입어 천부적으로 하나님께 완전히 순종할

593) Charles Grandison Finney, 『승리의 원리』, 172.

수 있다는 사실.

(3) 금생에서의 신자의 완전 성화를 위해 복음이 예비적 장치를 마련하고 있다는 사실.

(4) 금생에서의 완전 성화를 위해 믿음으로 기도하도록 하나님이 명하고 계시다는 사실.

(5) 그리스도와 사도들이 이를 위해 기도했다는 사실.

(6) 금생에서의 신자의 완전 성화가 성경에서 선명하게 약속되고 있다는 사실.[594]

그는 또한 그의 『그리스도인들에게 주는 교훈』에서도 "그리스도인의 완전"이 진리라고 확신합니다.

(1) 하나님이 이를 원하신다.

(2) 이 세상에서의 신자의 성화에 대한 하나님의 모든 약속과 예언은 완전 성화라는 차원에서 이해해야 한다.

(3) 그 완전한 성화는 성경 곳곳에서 약속된 위대한 축복이다.

(4) 신자의 완전 성화는, 성령을 부어 주시겠다고 약속하신 목적 그 자체이다.

(5) 만일 이 세상에서 완전하게 거룩해지는 것이 실천할 수 있는 의무가 아니라면, 결과적으로 그것은 마귀가 인류를 타락시키는 데 있어서 자신의 계획을 너무 완벽하게 달성하였다는 뜻이며, 따라서 예수 그리스도는 자기 백성을 세상에서 데려가는 방법 외에, 그들을 거룩하게 할 방도를 찾지 못

594) Finney, *Systematic Theology*, III(Oberlin, 1878), 204, 박용규, "찰스피니와 완전주의", 「신학지남」 제59권 제4집(1992.12): 148에서 재인용.

한 채 속수무책으로 있을 수밖에 없다는 의미이다.

(6) 이 세상에서 완전 성화에 도달할 수 없다면, 그것은 복음 속에 동기가 결여되어 있기 때문이든지 아니면 하나님의 성령 속에 충분한 능력이 결여되어 있기 때문임에 틀림 없다.[595]

본문을 그리스도인의 완전에 대한 설명으로 해석하는 것은 지나친 비약이 아닐까요? 교회가 자기(그리스도) 백성에게 죄짓지 않고 살 수 있는 장치로 만들어 놓으신 것이란 해석도 본문의 의도와는 거리가 먼 것이 아닐까요? 본문은 다만 "그리스도의 몸이 십자가에 못 박혀 죽으셨기 때문에, 그를 믿는 우리에게 율법의 구형(求刑) 관계는 죽은 것과 같이 되어 그 효력을 잃었다는 뜻"일 뿐입니다.[596] 본문의 구조를 어떻게 이해하든지 간에, 본문의 메시지는 "(1) 하나님과의 결정적인 새로운 관계와 (2) 하나님 앞과 사회에 있는 사람들 사이에서 의와 공의의 삶을 살아가는 결정적으로 새로운 방식이 임했다."라는 것입니다.[597]

찰스 피니의 완전론에 대한 반론

바빙크는 이렇게 설명합니다.

성경이 신자들의 신분을 영광스럽게 묘사하지만, 그럼에도 불구하고 그들을

595) Finney, *Lectures to Professing Christians*, 346-353, 박용규, "찰스피니와 완전주의", 「신학지남」 제59권 제4집(1992.12): 151-152에서 재인용.
596) 박윤선, 『성경주석 로마서』, 7:4.
597) Richard N. Longenecker, *Romans*, 7:4.

죄인들로 보고 그들의 범죄와 죄의 고백을 감추지 않는다. 그 예로서 아브라함, 이삭, 야곱, 모세, 다윗, 솔로몬, 이사야, 다니엘 등이 있다. 그리고 바울도 역시 자신이 선을 행하고자 할 때 자신에게 악이 함께 있다는 것을 알고 있다. … 바울은 그리스도와 함께 세상에 대해 십자가에 못 박혔고, 이제는 더 이상 자기 자신이 사는 것이 아니라 그리스도가 그 안에 산다(**갈 2:20**). … 하지만 그럼에도 불구하고 바울은 자신이 육체 가운데 살고 있으며(**갈 2:20**), 육체의 소욕이 계속 성령을 거스르고(**갈 5:17**), 자신의 육체 안에 선한 것이 거하지 않으며(**롬 7:18**), 자신이 아직 온전히 이루지 못했음을(**빌 3:12**) 고백한다. 특히 **로마서 7장 7-25절**은 이런 면에서 큰 의미가 있다. … 신약과 구약 성도들의 이런 죄와 죄의식에 여전히 추가되는 사실은, 성경은 어디서나 죄가 신자들의 인생 마지막까지 하나의 현실로 머물고, 신자들은 쉬지 않고 용서를 구하며(**마 6:12-13**) 죄를 고백해야 할 필요가 있다(**요일 1:9**)는 전제에서 출발한다는 점이다. … 만일 그들이 죄가 없다고 하면, 스스로 속이는 것이다(**요일 1:8**).[598]

본문에서 "'ἐθανατώθητε τῷ νόμῳ'(너희도 율법에 대하여 죽임을 당하였으니)"에서 "'ἐθανατώθητε'는 신자들을 죽게 하신 분이 하나님이심"을 보여 주며, 따라서 "신자들은 그 자신이 주도권을 잡고서 자신들의 죽음을 이루어 내지 않았다."[599]라는 사실에 주목해야 합니다.

찰스 피니는 "신자가 그리스도를 온전히 믿음으로 '성령의 두 번째 축복'(second blessing of the Holy Spirit)을 받고 더 높은 수준의 성화인 그리스도인의 완전(Christian Perfect)에 이를 수 있다는 교리인 완벽주의

598) Herman Bavinck, 『개혁교의학 4』, 307-308.
599) Thomas R. Schreiner, *Romans,* 7:4.

(Perfectionism)의 옹호자"였는데, 여기에 대하여 "당시 프린스턴신학교에서 찰스 하지 밑에서 신학을 공부하던 벤자민 워필드는 그의 책 『완전주의(*Perfectionism*)』에서 '찰스 피니의 신학에서는 하나님이 제거될 수 있다'라고 주장하면서 찰스 피니의 신학과 제2 대각성운동을 비판"합니다.[600] 찰스 피니의 완전론에 대하여 박용규도 이렇게 비판합니다.

> 첫째로, 피니의 완전론은 완전론의 내용과 거기에 도달하고 그것을 유지할 수 있는 방법 사이에 본질적으로 모종의 모순을 안고 있다. 피니는 우리가 믿음에 의해 의롭다 함을 얻듯이 "율법의 행위 없이" 믿음에 의해 궁극적으로 성화를 획득하게 된다고 전적으로 확신하였다. 그러나, 피니가 바로 말하고 있듯이 성화는 "율법에 대한 완전한 순종"이기 때문에 우리가 성화에서 획득하는 것 자체가 "율법의 행위"이다. 따라서 도덕적 율법에 대한 이 순종은 어떤 경우에도 믿음의 직접적 효과가 될 수 없다.
>
> 다시 말해 피니는 "기독교 완전론"이 "하나님의 율법에 대한 완전한 순종"을 의미하며 인간이 그것을 행할 수 있는 능력을 가지고 있다고 주장함으로써, 하나님의 은혜보다 인간의 능력을 강조한다. "완전 성화는 모든 의무의 완전 이행을 의미한다."라고 피니는 말한다. "성화는 도덕적인 법에 대한 현재의 완전한 순종 바로 그것이다." 이런 논리에 의하면, 우리는 하나님의 율법에 완전히 순종하고 우리의 모든 의무를 다 수행하는 한도 내에서만 자신의 완전성을 유지할 수 있다. 우리가 이런 논증을 견지한다면, 그리스도인의 완전이 노력 없이도 가능하다는 사실을 어떻게 정당화할 수 있겠는가? 이런 의미에서, 인간의 노력은 완전 상태

600) 이길호, "찰스 하지는 원죄교리의 직접전가론을 주장하며 정통 개혁주의 신학 방어", 미주 크리스천 신문사 2022.02.26.
https://www.chpress.net/column-detail.html?cate=column&c_id=317&id=18863

의 유지에 필수적인 요소라고 결론짓는 것이 순리라고 사료된다. 그러므로 피니의 완전론에는 완전론의 내용과 완전에 도달할 수 있는 방법 사이에 일관성이 결여되었다.

둘째로, 칭의와 완전 성화에 대한 그의 모호한 구별에서 우리는 또 하나의 문제점을 찾을 수 있다. 피니에 의하면, 완전 성화는 모든 단계의 기독교적 삶에 전제가 되는, 온갖 영적인 성취의 일차적인 조건이다. 그러므로 피니는 완전 성화가 모든 그리스도인의 공통적 소유물이며 이것 없이는 어느 누구도 그리스도인이 될 수 없다고 주장한다. 결국 우리는 그리스도인이 됨으로써 완전해지기를 기대할 수 없으며 완전해짐으로써 그리스도인이 된다. 피니에 따르면 그리스도인이라면 완전하다. 진정한 그리스도인이라면 모두가 완전하기 때문에 어떤 그리스도인이 다른 그리스도인보다 더 완전한 그런 예는 존재할 수 없다. 불완전한 그리스도인은 그리스도인이 아니다. 그러므로 칭의만을 얻은 자와 성화와 칭의 모두를 얻은 자, 이 두 부류의 그리스도인이 존재하는 것은 아니다. 성화되지 못한 자는 칭의를 받지 못한 것이다. 성화는 칭의의 결과가 아니라 그 조건이며 성화는 칭의에 선행한다. 그에게 "현재적 성화"는 "칭의의 근거가 아니라 또 다른 조건"이다. "어떤 신학자들은 성화를 칭의의 조건으로 생각하지 않고 칭의를 성화의 조건으로 간주"하였다. 이것은 "그 문제에 대한 잘못된 견해"라고 피니는 딱 잘라 말한다. 한마디로, 우리는 성화되기 위해 칭의를 받는 것이 아니라, 칭의를 얻기 위해 성화되어야 한다는 주장이다. 칭의는 성화에 의해 좌우되며 완전한 성화를 함축한다. 우리가 성화 없이 칭의를 가질 수 있다는 말은 잘못이며 칭의 없이 성화를 가질 수 있다는 생각이 옳다는 것이다. 칭의가 "현재의 완전한 순종", "완전한 성화", "도덕적 완전"에 근거하며 또한 이러한 것들에 의하여 좌우되며, 이러한 것들이 지속되는 한도 내에서 지속된다는 주장은 본질적으로 개혁주의와 상치된다. 이런 성화와 칭의의 모호한 구분과 전도현상은 전통적인 칭의론과 성화론을 뒤엎는 도전이다.

셋째로 비평해야 할 점은 결국 "칭의"와 "성화"를 전도시키고 "완전 성화"를 칭의의 전제조건으로 인식함으로 말미암아 피니가 점진적 성화의 개념을 배제하였다는 사실이다. 피니에 의하면 부분적으로 성화 된 신자란 존재 할 수 없다. 그는 점진적 성화의 개념 자체를 배제시켰다. 불완전한 성결은 있을 수 없으며 부분적으로 성화 된 상태는 있을 수 없다. 우리는 완전히 거룩하든지 전혀 거룩하지 않든지 둘 중 어느 상태에 존재한다. 피니에 의하면 점진적 성결이라는 개념 자체가 배제되어야 한다. 완전 성화는 구원 과정의 끝 지점에 있지 않고 이 땅에서 완성된다는 것이다. 우리는 율법에 순종하고자 하는 우리 편에서의 어떤 결심이나 노력 없이, 혹은 율법에 복종하는 어떤 행위 없이, 믿음의 행위에 의해 즉시로, 완전 성화, 즉 하나님의 법에 대한 완전한 순종에 도달할 수 있다는 것이다. 이처럼 피니는 우리가 단지 믿기만 한다면, 이 믿음이 즉시 우리를 완전한 성화로 이끌어 줄 것이라고 믿었기 때문에 점진적 성화 개념을 거부하였다. 오직 두 종류의 사람들 즉, 완전히 성화된 자 아니면 전혀 성화되지 않는 자만이 존재한다는 주장은 점진적 성화를 인정하는 전통적인 입장에 대한 도전이다.

마지막 넷째로, 그리스도인의 완전의 달성과 달성에 대한 전망 사이의 긴장으로부터, 우리는 비판할 만한 문제점을 발견할 수 있다. 피니의 완전주의 사상 전체는, 그리스도인의 완전의 달성과 "성공에 대한 합리적 희망을 통한" 달성에 대한 전망, 이 양자의 구별 속에 내포된 태도와 행위 사이의 역동적 상호 작용에 관한 그의 개념에 의해 좌우된다. "성공에 대한 합리적 희망"을 가져야 할 필요성, 이것이 핵심적인 것이었다. 피니는 희망을 인간 노력의 주요 동기로 보았기 때문이다. 다시 말해 피니는 완전의 획득을 성공에 대한 어떤 합리적인 희망으로 만듦으로써, 완전에 대한 자신의 개념을 인위적으로 교묘히 처리한다.

이것은 칭의와 성화 모두가 믿음에 의한 것이라는 자신의 입장과 모순되는 것은 물론 구원이 본인 의지의 결단의 결과라는 19세기 미국 부흥 운동의 신학파 지도자들의 신학 사상을 반영하는 것으로서 전통적인 Edwards적 칼빈주의와 대립되는 것이다.[601]

찰스 피니의 완전론에 대하여 라은성도 다음과 같이 비판합니다.

사람이 죄를 범하면 저주를 받게 되고 형벌을 받아야만 한다고 합니다. 그래서 개종하지 않은 죄인이나 죄짓는 기독교인을 동일하게 취급합니다. 하나님께서 절대적인 완전을 요구한다고 믿었기 때문입니다. 정통신앙은 그리스도 안에 있는 완전한 의를 말하지만, 찰스 피니는 현재의 완전한 복종이 곧 칭의의 조건이 된다고 합니다. 마틴 루터가 고백했던 '죄인인 동시에 의인'이라는 문구는 영혼을 죽이는 말이라고 정죄합니다. 펠라기우스처럼 원죄론을 부인합니다. 오히려 원죄는 비성경적이라고 비난하면서 본성으로 선과 악을 선택할 수 있는 재능을 갖고 있다고 억지 주장했습니다. 그리스도의 죽음은 자신을 위한 것이지 타인을 위한 것이 아니라고까지 말합니다. 그리스도께서 율법에 순종하고 완전한 의를 가지심은 자신을 구하기 위함이지 타인을 위함이 아니라고 주장했습니다.[602]

601) 박용규, "찰스피니와 완전주의", 「신학지남」 제59권 제4집(1992.12): 154-157.
602) 라은성, 『정통과 이단 (하)』, 347.

8. 전적 타락

롬 8:7 "육신의 생각은 하나님과 원수가 되나니 이는 하나님의 법에 굴복하지 아니할 뿐 아니라 할 수도 없음이라"

인간의 모든 타락은 타고난 것(본성)이 아닐까요?

찰스 피니는 전적 타락에 대하여 다음과 같이 주장합니다.

> 이 본문의 적당한 해석은 '육체가 생각하는 것은 하나님께 대항한 적개심이다' 입니다. … 그것은 그들이 타고난 상태가 아니고 출생 후 아마도 아주 이른 시기에 도달한 것으로 보이는 마음의 상태입니다. …
>
> 정신이나 육체의 천성적 욕망들은 그 자체로는 무죄한 것입니다. 그러나 그것들을 만족시키는 것을 최고의 목표로 삼을 때 그것은 하나님께 대한 원수가 되는 것입니다. …
>
> 나는 모든 타락이 자발적인 것이며 능동적인 범죄라고 설파했습니다. 죄인 자신의 행위이거나 또는 그 자신이 창조한 그 무엇이라는 말입니다. 그것은 그가 완전히 통제할 수 있는 것이며 또한 전적으로 책임을 져야 하는 것입니다. …
>
> 타락이라는 것을 모든 실제적 존재의 원인으로 제시하는 그 견해의 무지함과 혼란과 부조리함이여! 그것은 타락을 죄인 속에 창조되고 그와 함께 태어난 어떤 것으로 보는 견해입니다. 하나님이나 혹은 마귀를 통해서 어떤 육체적 오염이 아담으로부터 전이되었다 하는 것입니다. 그것은 죄인 편에서 자발적인 죄를

짓기 전에 하나님의 진노를 받기에 합당한 어떤 죄악 된 것이라는 말입니다. …

그것은 부조리하고 불가능할 뿐 아니라 사실상 세상의 모든 죄를 하나님의 책임으로 돌리고 있는 것입니다. 그리고 만일 그것을 확고하게 믿으면 그러한 경우에 회개란 것은 저절로 불가능한 일이 되는 것입니다. …

죄인이 자기 행위 때문이 아니라 자기의 본성 때문에도 저주를 받는다고 생각할 때, 또한 자기의 행위는 부패한 체질의 자연적이고도 필연적인 결과이며 자기가 창조주께 순종할 수 있기 전에 본성이 바뀌어야만 한다고 생각할 때 그가 자신의 죄를 자기 탓으로 돌리는 것은 불가능해지는 것입니다. …

타락에 대한 이러한 원리들과 견해를 가지고 있을 때 죄인들은 회개할 수 없으며 하나님도 그들을 회개케 할 수 없다는 것은 사실입니다. 하나님께서 죄인을 회개시킬 수 있는 유일한 방법은, 그의 견해들을 바로잡아 줌으로써, 죄가 무엇인지 보여 줌으로써, 그리고 회개해야 하는 것은 본성 때문이 아니라 자기 행위 때문이라는 것, 자기 본성이 아니라 행위가 바뀌어야 한다는 것을 그에게 보여 줌으로써 가능합니다. …

19세기에 죄를 율법의 거역이라고 부르는 것과, 죄는 자발적 행위자의 행동이라고 주장하는 것이 이단으로 취급되는 것은 정말 놀라운 일입니다. 사실상 모든 도덕적 부패를 부인하고 세상의 모든 죄에 대한 책임을 하나님께 돌리는 자들이, 도덕적 부패를 전적으로 인정하지만, 육체적 혹은 체질적 부패를 부인하는 자들에 대해서 이단 운운하는 것은 어떻게 된 일입니까?[603]

찰스 피니는 인간의 부패가 타고난 상태가 아니고 출생 후 아마도 아주 이른 시기에 도달한 것으로 봅니다. 인간의 모든 타락은 자발적인 것이고

603) Charles Grandison Finney, 『승리의 원리』, 182-183, 206-209.

능동적인 것, 죄인 자신의 행위이거나 또는 그 자신이 창조한 그 무엇이라는 것입니다. 그 주장은 인간이 자신을 완전히 통제할 수 있는 것이고 그 결과는 전적으로 자신의 책임이라는 뜻일 것입니다. 따라서 타락을 죄인 속에 창조되고 그와 함께 태어난 어떤 것으로 보는 견해에 대하여 무지하고 부조리한 것으로 봅니다. 하나님이나 혹은 마귀를 통해서 어떤 육체적 오염이 아담으로부터 전이되었다고 주장하는 것은 죄인 편에서 자발적인 죄를 짓기 전에 하나님의 진노를 받기에 합당한 어떤 죄악 된 것이라는 뜻인데, 그것은 부조리하고 불가능할 뿐 아니라 사실상 세상의 모든 죄를 하나님의 책임으로 돌리는 것이라고 주장합니다. 그는 다른 책에서도 "아담의 죄가 실제로 우리들 자신의 죄가 되는 것은 아닙니다."라고 주장합니다.[604]

찰스 피니의 주장에 대한 반론

과연 그럴까요? 우리가 본성적으로 가지고 있는 것은 모두가 육신적인 것이고,[605] 따라서 이 육신적인 것, 곧 본성은 하나님과 원수가 됩니다. 왜냐하면 육신은 하나님의 법에 굴복하지 아니할 뿐 아니라 할 수도 없기 때문입니다. 그러므로 다윗은 "내가 죄악 중에서 출생하였음이여 어머니가 죄 중에서 나를 잉태하였나이다"(**시 51:5**)라고 탄식할 수밖에 없었습니다.

로마서 전체가 원죄를 설명하는 데 할애되고 있습니다.[606] 이 원죄는 인간의 본성이 부패했다는 사실을 표현하는 말입니다. 성경은 "오직 너희의 심령이 새롭게 되라"(**엡 4:23**), "오직 마음을 새롭게 함으로 변화를 받으

604) Charles Finney, 『내가 거룩하니 너희도 거룩하라』, 9-10.
605) *Inst.*, 2.3.1.
606) *Inst.*, 2.1.9.

라"(**롬 12:2**)라고 강력히 권고하는데, 왜냐하면 인간의 본성이 너무나도 부패하므로 새로운 본성을 입지 않으면 안 되기 때문입니다.[607] 칼빈은 여기에 대하여 이렇게 해석합니다.

> 육체의 모든 감정이 하나님을 대적하므로 그의 율법을 순종하는 데로 나아가는 첫걸음은 바로 우리 자신의 본성을 부인하는 데 있는 것이다. … 우리는 본성적으로 하나님께로부터 돌아서 있기 때문에, 자기를 부인하는 일이 선행되지 않고서는 절대로 올바른 것에게로 나아가게 될 수가 없다. 그러므로 성경은 자주 권면하기를, 옛사람을 벗어 버리고, 세상과 육체를 포기하고, 우리의 악한 정욕과 작별을 고하며, 심령이 새롭게 되라고 하는 것이다(**엡 4:22-23**).[608]
>
> 그들(궤변론자들)은 자랑하기를, 만일 인간의 마음이 성령의 영향으로 말미암아 도움을 받는다고 하면 그 마음이 아무 쪽으로나 향할 수가 있고, 만일 성령께서만이 우리에게 도움을 준다고 하면, 우리의 능력으로 선악을 자유로이 선택할 수 있다고 말한다. 그러나 우리에게는 선택 또는 거부가 있을 뿐이다. 그들은 또한 생각하기를, 우리가 우리 자신의 자유의지로 준비해 놓은 선한 행위가 우리 안에 있다는 것이다. 그러나 한편 바울은 선언하기를, 우리의 마음은 지나치게 딱딱하고 완악하기 때문에 하나님의 멍에에 본래 굴복될 수가 결코 없다는 것이다.[609]

바빙크도 이렇게 해석합니다.

---

607) *Inst.*, 2.1.9.
608) *Inst.*, 3.3.8.
609) John Calvin, *Romans,* 8:7.

원죄는 사망을 낳으며(**롬 5:14**), 우리로 하여금 하나님과 교제할 수 없게 하고 하나님의 천국에 들어가지 못하게 만들며, 본질적으로 불순하고, 많은 죄를 야기(惹起)시키는 원인이며 원천이다. 그러므로 원죄 자체가 죄다. 그렇지 않다면, 죄가 아니고 죽지 않아도 될 것을 죄의 삯은 사망(**롬 6:23**)으로 징벌하는 하나님은 불의한 분일 것이다. 법은 그 절대적인 정당성을 상실할 것인데, 왜냐하면 처벌이 합당하지 않다는 견해가 있을 것이기 때문이다.[610]

만일 **로마서 7장 14절 이하**가 거듭나지 못한 자에 대한 것으로 이해된다면, 중생 자체는 불필요할 것이며, 조력적 은혜로 충분할 것이며, 죄와 은혜, 칭의와 성화, 신앙과 회개에 대한 성경 전체의 가르침은 전복될 것이다. 오히려 **로마서 7장 25절**은 인간 본성의 전적 부패에 대한 강력한 증거다. 왜냐하면 만일 거듭난 자가 여전히 그와 같이 자신 안에 거하는 죄의 권세에 대해 탄식해야만 한다면, 거듭나지 못한 자는 그것을 알지 못한 채 전적으로 죄의 종으로, 육신에 있어 육체를 따라 행하는 자이며, 그 육신의 생각은 하나님과 원수이기 때문이다(**롬 8:7**).[611]

개혁파 신학자들은 시종일관 자연적 무능을 언급했다. … 자연적 무능을 언급함으로써 또한 타락한 인간 본성의 특성들을 생각할 수도 있으며, 이제 타락한 상태에서의 선에 대한 무능은 '본성상' 모든 인간에게 고유한 것으로 자신의 실존 첫 순간부터 선천적인 것이며, 단지 관습, 양육, 모방을 통해 외부로부터 그에게 심겨진 것이 아니라는 것을 의미한다. 이런 의미에서 자연적 무능이란 명칭이 전적으로 올바른 것이며, 도덕적 무능이라는 명칭이 오해를 살 만하다. 무엇보다도 도덕적으로 불가능하다는 것은 어떤 사람의 성격, 습관, 양육에 근거하여

610) Herman Bavinck, 『개혁교의학 3』, 107.
611) 위의 책, 95.

그 사람에게는 불가능하다고 여겨지는 것을 가리키는 데 종종 사용된다. … 선에 대한 무능이 물론 윤리적인 성격을 지닌 의지의 무능이지만, 본성상 인간에게 고유한 것으로 선천적이며, 의지 자체의 한 속성이다.[612]

"'육체의 본성을 따라' 생각하고 사는 것은 중생하지 않은 사람들의 상황일 뿐더러, 그리스도의 사람이 되었다고 주장하는 많은 사람에게서도 실제로 일어날 수 있는 슬픈 현실"이기도 합니다.[613] 이 "'육신'은 죄에 의해 타락하고 인도되며 통제를 받는 인간 본성"입니다.[614] 인간의 "의지로 이길 수 있다고 보는 인간의 부패성과 무능력"은 그렇게 가소로운 것이 아니라 "무한한 하나님의 은혜 없이는 불가능"한 것입니다.[615] "모든 사람이 아담으로부터 유래한 본성으로 인해 타인이나 하나님의 선을 추구하기보다 자기 자신의 선을 추구하는 쪽으로 돌이킬 수 없게 '휘어진' 성향"을 가지고 있습니다.[616] 이 문제에 대하여 이안 머리(Iain H. Murray)는 다음과 같이 명쾌하게 설명합니다.

피니는 인간의 타락이 '자발적'인 것일 뿐 아니라, 그런 상태에 계속 빠져 있는 것도 인간의 의지의 선택에 좌우된다고 했습니다. 또한, 사람이 일단 그리스도를 위해 결단하면 그는 새사람이 될 수 있다고 주장했습니다. 그래서 복음전도자들은 단순히 그리스도를 전하기만 할 것이 아니라 믿는 것이 그들의 의무임을 말해야 한다는 것입니다. 이렇게 목사가 의지의 변화를 돕는 외적 행동을 권고

612) 위의 책, 147-148.
613) Richard N. Longenecker, *Romans*, 8:7.
614) John Murray, *Romans*, 8:7.
615) 박희재, "근 · 현대 부흥운동과 성경적 부흥관 연구", 주전담백 主前淡白 2011. 7. 14. 12:25 http://news.kukinews.com/article/
616) Douglas J. Moo, *Romans*, 8:7.

함으로써 믿음이 실제가 되도록 도와야 한다는 것입니다. …

우리가 근본적으로 다루어야 할 것은 아담의 죄가 모든 후손의 본성을 타락시켰느냐 그렇지 않느냐에 관한 문제입니다. 피니는 인간이 아담으로부터 죄성을 물려받았다는 가르침을 의도적으로 반대했습니다. 모든 개혁주의 신앙고백에 의하면, 죄(sins, 자범죄)는 단순히 다른 사람의 행위로부터 우리가 학습함으로써 행하게 되는 반복적인 행위 정도가 아닙니다. 오히려 죄는 타락한 본성의 중심에 있는 원죄에서 연유한 것입니다. 실제로 죄(sins)는 가장 밑바닥에 있는 더 깊은 부패의 표면적인 증거에 불과합니다. 바로 우리의 본성이 잘못됐기 때문에 우리의 선택이나 행동도 잘못될 수밖에 없다는 것입니다. … 근본적인 문제는 바로 우리의 죄성입니다. 그러나 피니는 이 사실을 부인합니다. 인간의 타락 이후부터 사람이 죄성을 가지고 태어난다는 사실을 믿지 않았습니다. 그는 "도덕적 타락은 타고나는 것, 즉 본성에 속한 것이므로 인간의 의지는 악을 행하는 데에는 자유롭지만 모든 선한 것에 대해서는 철저하게 무기력하다."라는 장로교도들의 교리에 대하여 비판했습니다. 피니가 제기하는 핵심적인 논쟁점은, 만약 사람이 그리스도인이 되기 전에 본성의 변화가 선행되어야 한다면 그리고 그런 변화는 오직 하나님 한 분만이 이루실 수 있는 것이라면 죄인 된 인간은 자신의 불신앙과 회개치 않음에 대하여 책임이 없다는 것입니다. 그는 성경은 우리가 그리스도께 나아가는 것이 분명히 인간의 책임이라고 가르친다고 단언합니다. 어떻게 우리가 할 수 없는 일을 하나님께서 우리에게 요구하실 수 있겠느냐는 것입니다. 그러므로 인간의 책임에 관하여는 그는 사람이 이미 순종할 능력을 반드시 가지고 있어야 한다고 이해한 것입니다. 그러나 이런 추론은 합리적이고 논리적으로 보이기는 하지만 불행하게도 성경적이지는 않습니다(**고전 2:14, 롬 8:7, 요 6:65, 요 3:6-7**).[617]

617) Iain H. Murray, 『성경적 부흥관 바로 세우기』, 69-74.

만일 인간의 본성을 변화시키는 유일한 것이 단지 동기의 유발이라면, 인간의 전적 타락이라는 교리는 어떻게 이해해야 한다는 말인가? 과연 전적으로 타락한 인간의 본성이 인간적인 동기의 유발로 변화될 수 있다는 말인가? 복음을 순종하게 하기 위해 타락한 인간에게 성령 하나님이 하시는 일이란 고작 동기를 변화시켜서 그들을 설득하는 일이란 말인가? 바로 이것이 피니가 신봉했던 믿음이었다. 그는 또한 중생하지 못한 자가 타락한 본성의 지배를 받는다는 사상 역시 그릇된 것임을 분명히 밝혔다. 그는 대담하게도 사람이 타락한 본성이나 거룩한 본성 따위에 지배를 받는 것이 아니라고 선언했다. 피니는 아담의 첫 본성이 거룩한 것도 아니고 죄악에 찬 것도 아니었다고 말한다. "본성은 거룩해질 수 없다. 창조 시에 아담의 본성은 거룩하지 않았다. 창조 시의 아담의 본성은 죄 된 본성도 거룩한 본성도 아니었다. 아담이 행위를 시작했을 때, 그는 하나님을 섬기도록 주도적인 결심을 했던 것뿐이다." 피니는 아담이 그의 행위를 통제했던 것은 상상으로 만들어진 본성이 아니라 아담 자신의 의지였다고 선언한 것이다.

그는 또한 아담에게 있었던 일은 여전히 오늘날 모든 사람에게도 똑같이 발생하는 일이라고 주장했다. 모든 사람이 회심하는 데 필요했던 것은 본성의 변화가 아니라 의지의 결정이었다는 것이다. …

피니는 회심이 전지전능하신 하나님의 재창조 사역이라거나 그 행위와 관련되어 있다는 사상을 비판했고, 회심하지 않은 사람들이 '그들의 창조자에게 순종'하기 위해서는 성령의 영향이 필수적이라고 믿고 기도하는 사람들에게 경고하며 그렇게 기도하지 않도록 명령하기도 했다.

중생은 '논증'할 때 효과가 발생하는 것이라고 피니는 주장했다. … 회심은 죄인이 어떻게 마음을 먹느냐에 달려 있기 때문이다.[618]

618) Iain H. Murray, *Revival & revivalism: the making and marring of American evangelicalism 1750-*

9. 모든 것이 합력하여 선을 이룸

롬 8:28 "우리가 알거니와 하나님을 사랑하는 자 곧 그의 뜻대로 부르심을 입은 자들에게는 모든 것이 합력하여 선을 이루느니라"

성화는 인간의 지식, 아는 것, 이성, 이해에 좌우될까요?

찰스 피니는 이렇게 설교합니다.

> 도덕적 성결은 그들의 지식에 달려 있다는 것도 고려해야 합니다. 모든 도덕적 존재는 그가 알고 있는 것에 따라 거룩해지며 그의 마음과 생활은 그가 아는 것에 동화되기 마련입니다. …
>
> 모든 사건은 지식의 문제들입니다. 하나님의 통치하에서 일어나는 모든 사건과 하나님 자신은 지식의 대상입니다. …
>
> 우리는 이성의 확증에 의해 하나님의 속성을 이해하게 될 때 우리는 그러한 하나님께서 자기의 친구들에게 어떤 식으로든지 선한 결과가 있게 되지 않을 일은 일어나도록 허락하시지 않을 것임을 알 수 있는 것입니다. …
>
> 그래서 관찰과 경험이 종종 보여 주는 것은 이 교리가 현재의 삶에 적용되며 이 자리에서도 그 예를 찾을 수 있다는 것입니다.[619]

1858, 신호섭 옮김, 『부흥과 부흥주의』(서울: 부흥과개혁사, 2005), 375-377, 이후로는 Iain H. Murray, 『부흥과 부흥주의』, 375-377. 등으로 표기함.

619) Charles Grandison Finney, 『승리의 원리』, 215, 219-220.

찰스 피니는 또한 이렇게 설교합니다.

> 예를 들면 어떤 아버지가 아들에게 어떤 일을 하라고 시켰다고 합시다. 그러나 자기가 집에 있으면서 감독하지 않으면 그가 그 일을 하지 않을 것이라고 믿을 충분한 이유가 있습니다. 그러나 그(아버지)는 꼭 어디를 가야 할 일이 있기 때문에 설령 아들이 불순종하는 일이 있다 하더라도 가기로 결심합니다. …
>
> 그런데 그가 다른 곳에 감으로써 얻게 되는 유익은 너무 크기 때문에 희생시킬 수 없습니다. 그 경우에 최대의 선은 오직 아버지와 아들이 동시에 협력함으로써 얻을 수 있습니다."[620]

찰스 피니는 본문을 인간의 도덕적 성결이 인간의 지식, 아는 것, 이성, 이해에 좌우되거나 달린 것이라는 의미로 해석합니다. 펠라기우스의 입장에서 성경을 해석하는 것이 아닌가 묻고 싶습니다. 그는 또 최대의 선은 오직 아버지와 아들이 동시에 협력함으로써 얻을 수 있다고 설교하는데 그러한 주장은 아르미니우스의 입장에서 성경을 해석하는 것이 아닌가 의심하지 않을 수 없습니다. 또한 그의 주장은 본문이 말하려고 하는 것과는 정반대의 주장이 아닐까요? 주권적으로 선을 이루시는 하나님보다는 어찌하든지 인간 편에서의 무엇을 강조하려는 것으로 보입니다. 박영선은 이 문제에 대하여 이렇게 명쾌하게 강해합니다.

> 이 말씀은 매우 중요합니다. '모든 것이 합력하여 선을 이룬다'라는 표현은 우리가 우리 자신을 부추겨서 채찍질하고 노력하여 도달하는 결국을 이야기하지

620) 위의 책, 223.

않고, 우리의 능력이나 책임의 한도를 넘어선 어떤 운명을 분명히 제시해 주기 때문입니다. 이 말씀은 '우리가 최선을 다하면'이라든가 '열심히 기도하면'과 같은 우리의 진정성이나 성의를 조건으로 하여 도달할 수 있는 것보다 더 큰 범위를 포괄하고 있습니다. 28절의 '모든 것'에는 우리가 미처 이해하지 못한 것, 우리가 미처 살아내지 못한 것까지 포함합니다. …

'미리'라는 표현에서 우리의 이해, 우리의 결단, 우리의 노력, 우리의 업적보다 앞서는 하나님의 섭리가 있음을 알 수 있습니다. 우리가 한 일에 대한 보상이나 심판을 받는 것보다 더 큰 하나님의 의지가 언제나 있음을 강조하고 있습니다. 이 하나님의 의지는 시간상으로도 언제나 우리를 앞서 있습니다(**롬 5:8**). …

'성화'로 표현되는 이 과정(**롬 8:28**)을 어떻게 이해할 것인가가 중요합니다. …

성화에 대한 다른 교파의 교리들은 신앙의 확인과 이해의 진전이라는 성격을 갖고 있는 데 비해서, 개혁주의에서 말하는 성화에는 진전이라는 개념이 없습니다. …

성화는 악역을 맡았던 어떤 배우가 그 드라마를 끝내고 다른 드라마에서 훌륭한 주인공으로 출연하게 된 것이라고 생각하면 됩니다. 무엇이 진전되고 무엇이 성취되었느냐의 문제가 아닙니다. 배역이 다르고 지위가 다르고 신분이 다른 새 드라마에 참여하게 된 것입니다. 이처럼 성화란, 결국 모든 것이 죽음으로 끝나는 드라마에서 나 홀로 살아가고, 나 홀로 모든 책임을 지다가 망하는 그런 배역을 맡다가 가치 있고 신비롭고 명예로운 배역을 맡게 되는 영광스러운 드라마로 이동했다는 뜻입니다. …

새로운 삶을 살게 되었다는 것은 더럽게 살던 인생을 청산하고 깨끗하게 사는 정도의 변화를 말하는 것이 아닙니다. 도덕적, 종교적 차원에서 비교하지 말고 존재와 지위라는 차원에서 비교할 줄 알아야 성화를 이해할 수 있습니다. …

성경은 교회가 그리스도의 신부라고 하는데, 왜 이런 이야기를 하는지 알아야 합니다. 우리는 모두 그리스도의 신부입니다. 지위가 달라졌다는 것을 알아야 합니다. 잘할 수도 있고 못할 수도 있습니다. 그런데 우리는 이것을 도덕적, 윤리적 잣대로만 판단하기 때문에 이 달라진 지위를 누리지 못합니다.[621]

악트마이어도 이렇게 주석합니다.

정말, 우리의 확신이 확실한 이유는 우리의 장래가 우리의 손안에 있지 않고, 또 우리의 신실함에 의존하지 않으며, 우리가 하나님께 진실될 수 있는 능력에 의존하지 않기 때문이다. 그보다는 하나님의 손안에 그 장래가 있기 때문에 우리의 구원은 확실한 것이다. 바울은, 구원은 사랑의 하나님이 베푸시는 강력한 행위라고 주장해 왔고, 그 사랑은 우리가 실패하는 것을 허락하지 않는 것이다.[622]

찰스 피니는 "모든 것이 합력하여 선을 이루신다"라는 말씀조차도 인간의 의지와 이성의 자율성을 강조하여 하나님과 합력하여 선을 이루는 것으로 해석합니다. 과연 그렇게 해석할 수 있을까요?[623] 인간의 이성 문제에 대해서 한번 생각해 봅시다. 인간의 이성이 신앙을 받기 전에는 본성이 전적으로 타락되어 깨달음이 없었지만,[624] 신앙으로 구속된 이성은 성령으로 회복된 신앙하는 이성이기 때문에 성경과 충돌하지 않고 성경의 진리를 이해

621) 박영선, 『다시 보는 로마서』, 8:28.
622) Paul J. Achtemeier, *Romans,* 8:28.
623) 이 문단은 윤광원, 『존 칼빈의 자기부정의 렌즈로 본 신앙생활의 핵심』, 113-115에서 발췌하였음.
624) *Inst.*, 2.3.2: Because this could not be proved unless it rested upon the ruin and destruction of our nature, he put forward these testimonies which prove our nature utterly lost.

하게 됩니다. 그러나 구속된 이성도 성경의 도움을 받을 때만 진리를 바르게 인식하게 됩니다.[625] 따라서 성경은 이성의 안내자요 권위이기 때문에, 성경의 안내가 없이는 인간의 이성은 즉시 혼란에 빠질 수밖에 없고,[626] 중생한 자라고 할지라도 성경의 제자가 되지 않고서는 올바르고 건전한 교리에 대하여 심지어 추호의 감각도 얻을 수 없습니다.[627] 부패한 이성은 말할 것도 없거니와 중생으로 회복된 이성과 창조된 당시의 이성조차도 본질적으로 한계를 가지고 있습니다. 왜냐하면 하나님은 하나님이시며, 인간은 인간으로서 시간과 공간 안에서 창조됨으로 인한 본질적 제한성은 인간으로 하여금 불가피하게 하나님과 인간 사이에 분명한 차이를 유지하도록 만들기 때문입니다.[628] 비록 인간이 하나님의 형상으로 창조되었고, 그것으로 인하여 인간의 감정과 이성과 의지가 하나님과 인격적으로 교제할 수 있도록 만들어졌지만, 그럼에도 불구하고 인간은 하나님과 동등하지 않고 양적으로나 질적으로 하나님과는 차별된 존재입니다. 따라서 중생한 이성이라고 하더라도 완전한 것은 아니기 때문에 진리의 평가자가 될 수 없으며 항상 성경의 계시에 복속되어야 합니다.[629]

625) *Inst.*, 1.6.1: Just as old or bleary-eyed men and those with weak vision, if you thrust before them a most beautiful volume, even if they recognize it to be some sort of writing, yet can scarcely construe two words, but with the aid of spectacles will begin to read distinctly; so Scripture, gathering up the otherwise confused knowledge of God in our minds, having dispersed our dullness, clearly shows us the true God.

626) *Inst.*, 1.14.1: For just as eyes, when dimmed with age or weakness or by some other defect, unless aided by spectacles, discern nothing distinctly; so, such is our feebleness, unless Scripture guides us in seeking God, we are immediately confused.

627) *Inst.*, 1.6.2: Now, in order that true religion may shine upon us, we ought to hold that it must take its beginning from heavenly doctrine and that no one can get even the slightest taste of right and sound doctrine unless he be a pupil of Scripture.

628) 이정석, "칼빈의 이성관". 『국제신학』 제2권(2000): 134.

629) 박형룡, 『교의신학: 서론』(서울: 한국기독교교육연구원, 1983), 169-170.

성화에 있어서 하나님의 뜻

찰스 피니는 본문에서 "곧 그의 뜻대로 부르심을 입은 자들"에 대해서는 침묵하고 있습니다. 그의 펠라기우스적인 또는 아르미니우스적인 견해와 상반되는 하나님의 주권 또는 선택에 대한 내용에 대하여 의도적으로 침묵하는 것으로 보입니다. 그러나 그런 식의 성경해석은 정직하지 못한 것입니다. 칼빈은 이 문제에 대하여 이렇게 주석합니다.

> 바울이 말하는 부르심은 인간들이 추구하는 과정에 다만 반대되는 것뿐이다. 바울은 말하기를 "신자들은 그들 자신의 노력에 의해서 경건을 얻는 것이 아니라, 오히려 하나님의 손에 의하여 인도함을 받는다. 이는 그가 그들을 선택하여 그의 특별한 백성이 되게 하셨기 때문이다."라고 한 것이다. '뜻'이라는 단어는 인간들이 그들의 보답하는 것으로 생각하는 모든 것들을 배제하고 있음이 분명하다. 이는 마치 우리가 선택받게 된 원인들을 하나님의 은밀하시고 선하신 뜻 외에 다른 곳에서 찾아서는 안 된다고 바울이 말한 것과도 같다. … 그러나 우리의 구원이 하나님의 선택에 근거하고 있다는 것은, 그가 곧 이어서 첨부하여 말하고자 한 주제, 즉 우리로 하여금 그리스도에게 순복하게 하는 환난들이 하나님의 동일한 작정에 의해서 우리를 위해 결정되었다는 것을 말해 주기 위함이었다고 하는 것은 의심의 여지가 없다. 바울이 이같이 진술하는 목적은 마치 필연의 사슬에 의한 것처럼 우리의 구원을 십자가를 지는 것과 연결 지으려는 데 있었다.[630]

오히려 우리의 구원을 위하여 모든 일이 합력하여 선을 이루는 것이다(롬

630) John Calvin, *Romans,* 8:28.

8:28).[631]

바빙크도 이렇게 해석합니다.

> 하나님의 경륜은 만물에 선행한다. 이것은 모든 것을 포함하며, 심지어 인간의 죄악된 행위까지도 포함한다. … '하나님의 뜻'은 특히 구속과 관련된다. … **행 13:48**에는 "영생을 주시기로 작정된 자는 다 믿더라" 즉 영생에 적합하다든지 주관적으로 그런 성향을 가진 자들이 아니라 영생에 작정 된 자들은 다 믿는다고 언급되어 있다.[632]
>
> 고통은 하나님의 손안에서 하나님의 은혜와 지혜를 따라 단지 형벌만이 아니라, 또한 시험, 징계, 양육을 위한 것이다. 하나님은 전능하셔서 자기를 사랑하는 자들에게 모든 것이 합력하여 선을 이루도록 할 수 있다.[633]

독일성서공회편 관주해설성경전서도 "28-30절은 18절의 주제를 계속한다. 하나님을 사랑하는 자(하나님의 은혜로운 부르심에 대한 응답으로서)에게는 모든 것, 고난도 또한 선을 이루는데, 즉 영원한 구원을 얻게 하는데 도움을 준다."라고[634] 해설합니다. 크리소스톰도 "이 말은 사람이 납득할 수 없는 난제도 하나님께서 유익하게 이끌어 주신다는 뜻으로 봅니다. 따라서 고통, 그런 것들이 우리를 슬프게 하기보다는 유익과 기쁨을 가져다

631) *Inst.*, 3.15.8.

632) Herman Bavinck, 『개혁교의학 2』, 427.

633) Herman Bavinck, 『개혁교의학 3』, 205.

634) 『독일성서공회 관주해설성경전서』, 로마서 8:28.

준다는 뜻입니다."라고[635] 주석합니다. 슈라이너도 이렇게 주석합니다.

모든 것이 합력하여 선을 이룬다고 말할 때 '*πάντα*'가 특히 고난 및 환난에 초점을 맞추지만, 이 용어가 모든 것을 아우르는 성격을 가지고 있음을 무시해서는 안 된다. 그러나 주목할 만한 것은 고난과 환난조차도 그리스도인에게 유익한 것으로 드러난다는 사실이다. 여기서 나타나는 개념을 스토아주의나 삶에 대해 극단적으로 낙천적인 견해와 비교할 수는 없다. 전자는 하나님을 주, 창조주, 세상에 대한 인격적 통치자로 전제하는 바울의 창조 신학을 통해 배제된다. 후자는 본문을 오해하는데, 왜냐하면 본문은 모든 것이 본질적으로 선하다거나 즐거운 것이라고 말하는 것이 아니라 오히려 신자들에게 가해지는 대부분의 고통스러운 고난들과 악들이 하나님으로 말미암아 선한 것으로 드러날 것이기 때문이다. …

'하나님을 사랑하는 자들에게' 모든 것이 합력하여 선을 이룬다고 말하는 것은 여기서 하나의 조건으로 이해되어서는 안 된다. 왜냐하면 그 약속이 하나님을 사랑하는 자들에게만 적용된다 해도, 이 문구를 사용하는 목적은 참된 신자와 거짓된 신자를 구별하는 것이 아니기 때문이다. …

바울은 하나님을 사랑하는 자들을 보다 자세히 묘사하기 위해 '그의 뜻대로 부르심을 입은 자들에게'라는 문구를 덧붙인다. 이 마지막 문구는 이전 문구를 수정하는 것이 아니라 오히려 분명히 하여 독자들로 하여금 우리가 하나님을 사랑하는 것의 뿌리를 정확하게 찾아낼 수 있게 하려는 것이다. …

인간의 선택이 아니라 하나님의 의도와 목적이 가장 우선시된다. …

부르심은 단순히 인간이 거절할 수 있는 어떤 초대가 아니라, 인간의 저항을 압도하여 신자들이 효과적으로 하나님께 '예'라고 말하도록 설득하는 일종의 소

635) John Chrysostom, 『크리소스톰 로마서 강해』, 8:28.

환이다. '부르심'에 대한 이러한 정의는 **롬 8:30**에서 분명히 나타나는데, 이곳에서 바울은 '부르신 그들을 또한 의롭다 하셨다'라고 말한다. …

그것은 부르심을 받은 자들과 의롭다 하심을 받은 자들을 함께 결합시킴으로써 부르심을 경험한 자들이 반드시 의롭다 하심을 받는다는 것이다. 이제 부르심을 받은 모든 자들이 또한 의롭다 하심을 받는다면, 부르심은 유효한 것이며 또한 믿음을 일으키는 것임이 틀림없다. 왜냐하면 부르심을 받은 '모든' 자들이 의롭다 하심을 받았으며 의롭다 하심을 받는 것은 믿음이 없이는 일어날 수 없기 때문이다(**3:21-22, 28, 5:1**). …

선을 이루는 것은 운명, 행운, 혹은 심지어 신자들의 도덕적 우월성 때문이 아니다. 그것은 하나님의 선하시고 주권적인 뜻 때문이며, 또한 영원부터 영원까지 하나님이 선택하신 사람들에게 선을 보증하시고 약속하신다.[636]

딤후 1:9는 "하나님이 우리를 구원하사 거룩하신 소명으로 부르심은 우리의 행위대로 하심이 아니요 오직 자기의 뜻과 영원 전부터 그리스도 예수 안에서 우리에게 주신 은혜대로 하심이라"[637]라고 분명히 선언합니다.

636) Thomas R. Schreiner, *Romans,* 8:28.

637) John Murray, *Romans,* 8:28.

10. 율법의 종교와 복음의 종교

롬 9:30-33 "그런즉 우리가 무슨 말을 하리요 의를 따르지 아니한 이방인들이 의를 얻었으니 곧 믿음에서 난 의요 의의 법을 따라간 이스라엘은 율법에 이르지 못하였으니 어찌 그러하냐 이는 그들이 믿음을 의지하지 않고 행위를 의지함이라 부딪칠 돌에 부딪쳤느니라 기록된 바 보라 내가 걸림돌과 거치는 바위를 시온에 두노니 그를 믿는 자는 부끄러움을 당하지 아니하리라 함과 같으니라"

의(義)의 원인은 인간의 행위일까요?

찰스 피니는 이렇게 설교합니다.

> 저는 여기서 여러분들이 율법의 행위와 믿음의 행위를 구분하기를 원합니다. 이것은 염두에 두어야 하는 아주 중요한 부분입니다. 그것은, 율법적 고려에 의해서 생겨난 행위와 믿음에 의해서 생겨난 행위의 구분입니다.
>
> 사람이 어떤 통치에 순종하는 경우에는 두 가지 원리들 가운데 어느 하나를 따라 그렇게 할 수 있습니다. 먼저는 희망과 공포의 원리입니다. 그것은 양심의 영향 아래에 있는 것입니다. …
>
> 다른 한 원리는 신뢰와 사랑입니다. 여러분은 이것을 가정에서 발견할 수 있습니다. 어떤 아이는 항상 희망과 공포 때문에 순종하고 다른 아이는 애정과 신뢰에 의해 순종합니다. 하나님의 통치에 있어서도 그러합니다. 순종의 모양이라

도 이 두 가지 원리 가운데 하나입니다.[638]

찰스 피니는 본문의 제목을 율법의 종교와 복음의 종교로 정하고, 그 차이를 율법적 고려에 의해서 생겨난 행위와 믿음에 의해서 생겨난 행위로 구별합니다. 그리고 율법적 고려에 의해서 생겨난 행위는 희망과 공포의 원리에 의해, 믿음에 의해서 생겨난 행위는 신뢰와 사랑의 원리에 따른다고 설명합니다. 이는 유대 민족이 버림받은 이유가 율법적 고려에 의해서 생겨난 행위 때문이라고 말하는 것과 같습니다.

그러나 **로마서 9장** 전체 문맥은 하나님의 예정이 모든 것의 원인이라는 것을 말씀합니다. **롬 9:1-18**은 구원은 하나님의 약속에 근거한다는 것을 이삭을 예로 들어 설명합니다. **롬 9:19-29**에서는 소위 토기장이의 비유를 통해 "진흙 한 덩이로 하나는 귀히 쓸 그릇을 하나는 천히 쓸 그릇을 만들 권한이 없느냐?"라고 반문합니다. 그리고 호세아서와 이사야서를 그 근거로 제시합니다. 그러므로 로마서 9장의 결론 부분인 **롬 9:31-33**은 이러한 맥락에서 해석해야 합니다. 그렇다면 칼빈의 판단대로 "하나님의 은밀한 예정(바울이 이미 우리에게 가르쳐준 대로, 이 예정이 최고의 원인으로 간주되어야 한다)보다 더 차원 높은 원인들을 입증해 보려고 하는 자들은 오류를 범하고 있는 것이며, 또한 하나님의 질서를 역행하고 있는 것"입니다.[639]

이 구절에서 성경이 목표하고 있는 것은, 찰스 피니가 말하는 믿음의 행위를 강조하려는 것이 아니라 칼빈이 해석한 바와 같이 "하나님의 순전한 은혜를 높이어 이방인들이 받은 부르심의 경우 하나님의 은총을 받을 아무

638) Charles Grandison Finney, 『승리의 원리』, 233-234.
639) John Calvin, *Romans,* 9:30.

런 자격이 없는 자들을 그가 황송하게 용납해 주셨기 때문이라고 하는 것 외에 아무 다른 원인을 생각하지 않게 하려는 것"이며, 여기에서 이방인들의 의가 믿음으로부터 나온다고 말하는 것은 찰스 피니가 말하는 믿음의 행위를 뜻하는 것이 아니라, "그 의가 값없는 화목에 기초하고 있다는 것을 의미"합니다.[640] 따라서 "만일 이방인들이 믿음으로 말미암아 중생의 영을 받았기 때문에 그들이 의롭다 함을 받은 것으로 생각한다면, 성경이 의미하는 바를 우리가 크게 오해하고 있는 것"이며, "우리가 여기서 또 유의해야 할 점은 하나님께서 그의 은혜로 말미암아 그들에게 믿음을 미리 주셨기 때문에 그들이 믿음으로 말미암아 의롭다 함을 얻었다는 점", "믿음 자체도 은혜로 말미암아 주어진 것"이라는 사실입니다.[641] 여기에 대하여 위트머는 이렇게 주석합니다.

> 이스라엘인들은 비록 그들이 율법을 타고난 권리로 가지고 있었고 그 율법이 그 관계를 유지하는 것으로 의도되었지만('의의 법', 31절), 그들은 율법의 목적인 같은 믿음을 이루지 못했던 것이다. 이유는? 그들은 율법이 하나님과의 관계에서 그들이 공헌해야 할 몫을 가리킨다고('행위에 의지함이라') 생각했고, 그래서 그들은 율법의 목적, 즉 그들을 선택한 하나님에 대한 믿음을 발생시키는 목적을 잃어버리게 되었다. …
>
> 그들이 너무 종교적이었기 때문에 하나님이 그들에게 줄 수 있는 것만으로 그들이 구원의 문제를 끝내고 싶지 않았던 것이다. 더 종교적이 되어 그들의 구원의 문제에 있어서 하나님과 파트너가 되고자 했던 것이다. 하나님은 그들을 택

640) John Calvin, *Romans,* 9:30.
641) John Calvin, *Romans,* 9:30.

했고 이제 그들은 그 선택이 옳았다는 것을 그들 자신이 대단히 종교적이 되어 증명하려고 했고, 그럼으로써 하나님이 은혜로 주신 것을 마치 자기들이 종교적 선함으로 성취한 것처럼 증명하려 했던 것이다. 하나님의 은혜를 공로에 의해 얻기 위해, 그 은혜를 무시했고 하나님의 선함에 의지하기보다 자기들의 선함에 의지하게 되었던 것이다.[642]

박영선도 이렇게 강해합니다.

이스라엘은 예수를 거절했고 구원을 거부했으므로 당연히 구원에서 제외되어야 맞지 않는가, 그렇다면 하나님께서 이스라엘을 선택하시고 구약 내내 일하신 것이 다 소용없는 일이었다는 말인가, 하는 질문에 이르게 됩니다. … 이에 대하여 바울은 이스라엘은 당연히 구원을 얻는다고 선언합니다. 이스라엘의 거부가 그들을 통하여 증거될 복음을 가로막지 못했다, 이스라엘은 실패했으나 약속된 구원이 이방에게까지 넘친 것처럼 이스라엘의 배반과 거부로 그들의 운명이 결정된 것이 아니다, 이것이 로마서 9장에서 11장에 걸쳐 바울이 설명하는 복음의 크기입니다. 바울은 하나님의 일하심이 이렇게 크다고 믿고 있는 것입니다.[643]

크리소스톰도 이렇게 강해합니다.

이방인이 의로움을 받았다는 것과 또 그것을 좇지 않고도 얻었다는 것, 그리고 그것이 율법보다 더 크다는 것입니다. 이러한 문제는 반대 입장에 있는 유대

642) John A. Witmer, *Romans*, 9:30-33.
643) 박영선, 『다시 보는 로마서』, 9:30-33.

인의 경우에는 참으로 난해한 것입니다. 그러나 분명한 것은 유대인이 그것을 얻지 못했다는 것입니다. 허다한 수고를 하고서도 말입니다. … 행위에 의지하는 자세로 의롭게 되기를 바란 것 자체가 멸망의 원인입니다. … 여기서 바울은 일부는 믿고 일부는 거침돌이 된다는 것을 암시합니다. 그러나 부딪히는 것은 부주의와 태만, 그리고 다른 것을 좇는 데서 생깁니다. 따라서 유대인들은 율법에 마음을 두었기에 돌에 부딪혔습니다.[644]

슈라이너도 이렇게 주석합니다.

택함은 택함받은 자의 의지나 노력에 근거하지 않는다. 믿음에 대한 언급은 인간의 반응이 반드시 있어야 하지만 그러한 믿음의 궁극적인 근원은 하나님의 자비로운 선택임을 보여 준다. … 요점은 율법이 본질적으로 믿음이 아닌 행위의 특징을 나타낸다는 점에서 율법이 결함이 있다는 것이 아니다. 오히려 이스라엘이 율법에 접근하는 방법과 방식에 잘못이 있었던 것이다. … 문제가 되는 것은 이스라엘이 율법을 추구했던 방식인데, 즉 그들 자신의 의를 세우기 위해 '행위를 의지하였다'(**롬 10:3**).[645]

644) John Chrysostom, 『크리소스톰 로마서 강해』, 9:30-33.
645) Thomas R. Schreiner, *Romans*, 9:30-33.

11. 마음의 신앙

롬 10:10 "사람이 마음으로 믿어 의에 이르고 입으로 시인하여 구원에 이르느니라"

마음의 신앙으로 의(義)에 이를 수 있을까요?

찰스 피니는 지적인 신앙과 마음의 신앙을 구별하여 "마음으로 믿어 의에 이르고"라는 말씀을 '참된 신뢰', '자발적인 정신', '항상 본질적으로 의지의 행동', '마음의 직관적 확신', '신뢰하고자 하는 의지', '단순한 노력 - 신뢰하고자 하는 자발적인 결심', '단순한 의지의 행위' 등으로 설명합니다.[646]

과연 마음으로 믿어 의에 이른다는 말씀이 그런 뜻일까요? 본문에 그런 의도가 담겨 있을까요? "'마음'은 내적 또는 사적 관계의 것이고, '입'은 외적 또는 공적 관계의 것"이며, "'의에 이름'은 영생을 얻는 기본적 계단이고, '구원에 이름'은 그 종말론적 방면"이므로 "이 둘은 그리스도 신자들이 받는 구원의 종류상 차이를 말함이 아니고, 누구나 구원받는 자면 다 같이 받아 가지는 한 가지 영생의 양면"이라는 뜻입니다.[647]

루터에 의하면 "이것은 마치 그가 이렇게 말하고 싶어 하는 것과 같다. 어떤 일이나, 지혜나, 혹은 어떤 노력이나 부나 명예에 의해서도 사람은 의에 이를 수 없다."라고[648] 해석해야 합니다. 왜냐하면 본 구절의 앞뒤 문맥을

646) Charles Grandison Finney, 『승리의 원리』, 246, 259, 262.
647) 박윤선, 『성경주석 로마서』, 10:10.
648) Wilhelm Pauck 편, 『루터: 로마서 강의』, 10:10.

보면 이신칭의를 말씀하고 있기 때문입니다. 그러므로 칼빈은 “이 구절은 이신칭의를 이해하는 데 도움을 준다.”라고 주석합니다.[649] 독일성서공회 편 관주해설성경전서도 “마음으로 믿는 것과 입으로 고백하는 것은 불가분리적으로 한 데 속한다. 이것들은 사람들이 구원을 얻기 위하여 미리 이루어야 할 공적으로 요구되는 것이 아니다. 인간에게 행하시는 하나님의 활동이 이것들을 통하여 작용할 수 있게 되기 때문에 이것들은 구원하고 의롭게 하는 작용력이 있다.”라고[650] 바르게 풀이합니다. “하나님을 완전히 의지하는 것(‘네 마음에’)과 공개적으로 그 믿음을 고백하고 인정하는 것(‘네 입으로’)은 율법의 완성인 그리스도가 가져올 수 있고 실제로 가져온 것들”입니다.[651] 칼빈은 이 문제에 대하여 이렇게 설명합니다.

> 그들은 믿음을 하나의 지적인 ‘동의’로 만들어 버려서 결과적으로 하나님을 멸시하는 자들도 누구든지 성경에 제시되어 있는 것들을 받을 수 있게끔 만들려고 한다. 그러나 무엇보다도 먼저, 과연 누구나 스스로 노력만 하면 믿음을 얻을 수 있는 것인지, 아니면 과연 사람이 양자가 된 사실을 성령께서 믿음을 통하여 증거해 주시는 것인지를 확인했어야 옳았다. … 그들이 만일 ‘사람이 마음으로 믿어 의에 이르고’라고 한 바울의 말을 조금이라도 무게 있게 받아들였다면, 그런 냉랭한 믿음을 자기들 멋대로 만들어 내는 일은 당장 그만두었을 것이다. … 우리로서는, ‘동의’에 경건한 ‘마음의 끌림’이 덧붙여지면 믿음이 ‘형성된다’라고 이야기하는 그들의 처사는 어리석기 짝이 없다고 한마디로 잘라 말할 수 있다. 그들이 말하는 ‘동의’ 그 자체가 이미 경건한 마음의 끌림에 근거하는 것이기 때문

649) John Calvin, *Romans,* 10:10.
650) 『독일성서공회 관주해설성경전서』, 로마서 10:10.
651) Paul J. Achtemeier, *Romans,* 10:10.

이다 - 적어도 성경에서 계시하는 '동의'는 그렇다.[652]

찰스 피니에 의하면 참된 기독교는 사람의 일이고, 부흥은 하나님께서 인간의 의지와 상관없이 그분의 뜻을 이루고자 하시는 때에 이루시는 것이 아니라 인간의 노력과 의지로써 달성할 수 있는 것입니다.[653] 그가 보기에 믿음은 그저 예정에 의해서 주어지는 것이 아니라 내가 믿어야 하는 것이고, 내가 믿으면 되는 것이며, 따라서 내가 믿지 않기 때문에 믿을 수 없는 것입니다.[654] 양낙홍은 찰스 피니에 대하여 이렇게 평가합니다.

> 피니 신학의 특징은, 대부분 당시 뉴잉글랜드 청교도들에게 만연되어 있던 청교도적 칼빈주의 회심론에 대한 반발로 이루어져 있다. 좀 더 구체적으로, 피니의 신학은 칼빈주의 예정론, 선택 사상, 하나님의 주권, 인간의 타락, 무능, 부패, 의지의 노예 상태 등과 같은 칼빈주의 교리와 그 논리적 귀결로서의 교리들에 대한 반대로 구성된다. …
>
> 피니는 자연인에게 회개의 능력이 있다고 보았다. 피니는 자연인이 자기 힘으로 회개할 수 있을 뿐 아니라 "즉각" 회개할 수 있다고 보았다. …
>
> 믿음에 대한 피니의 이해는 다분히 주의주의(主意主義)적인 것이었다. 그에게 있어 믿음은 주로 "의지의 현상"으로 그것은 "마음 혹은 의지로 진리를 붙잡는 것," 혹은 "의지로써 복음의 진리에 접근하는 것"이었다. …
>
> 피니가 회심을 인간이 마음만 먹으면 언제든지 이룰 수 있는 쉬운 것으로 만

652) *Inst.*, 3.2.8.
653) 이동준, "찰스 피니의 부흥론과 법학", 기독교학문연구회, 「신앙과 학문」, 2022, vol. 27, no. 4, 228, 이후로는 이동준, "찰스 피니의 부흥론과 법학", 228. 등으로 표기함.
654) 위의 책, 230.

들었다는 것은 사실이다.[655]

이안 머리도 찰스 피니에 대하여 이렇게 평가합니다.

피니를 비난했던 옛 복음주의자들은 죄인이 자신의 의지를 사용하여 하나님 앞에 나오기만 한다면, 그는 반드시 중생한 자라고 가르치는 교훈은 근본적으로 잘못된 것이라고 주장한다. 이는 사람의 내면에 문제가 되는 것은 의지뿐이라는 잘못된 가정을 전제하는 것이기 때문이다. 하나님과 적대 관계에 있는 어떤 사람의 마음이나 본성이 중생하기 전에는 결코 복음에 반응할 수 없기 때문이다. 찰스 피니는 인간의 유일한 문제가 단지 그의 의지였다고 주장함으로, 인간의 본성이 전적으로 타락했다는 진실을 부정한 펠라기우스주의자로 스스로를 전락시키고 말았다.

그는 회심에 필요한 것은 기립하고 무릎 꿇고 앞으로 나아오는 것을 결심하는 것이 전부라고 믿었다. 왜냐하면 죄인들이 행동할 때 성령께서 역사하시기 때문이다. 다시 말하면, 죄인들이 행동하기까지 성령께서는 절대로 역사하시지 않는다는 것이다. 따라서 대중적인 결심은 '갑작스러운 회심으로 말미암아 기적적으로 내적인 변화가 생기는 것과 동일시'될 수 있게 된다. …

결과를 확보할 수 있다는 약속, 즉 인위적으로 회심을 확보할 수 있다는 약속을 찰스 피니도 주장했다. 그는 "일일이 열거하며 자세히 기도한 축복과 믿음의 기도는 언제나 응답된다."라고 주장했다. 따라서 '믿음의 기도'에 대한 실제적인 결과를 그는 다음과 같이 설명한다. "우리는 경건한 부모들이 그들의 자녀의 구

655) 양낙흥, "현대 복음전도 방식의 원조 찰스 피니의 신학 재고", 개혁신학회(고신대학교), 「개혁논총」(*Korea Reformed Journal*)(2013), vol. 25, 149-182.

원을 확실히 보장할 수 있다고 믿는다. 오직 그들로 하여금 믿음의 기도를 드리게만 하라. 그리고 그들이 해야 할 일과 하나님이 그들의 마음에 약속하신 것을 동의하게만 하라."

성공과 결과가 원인의 정당성을 증명한다는 피니의 주장은 역사가 올바로 평가할 것이다. 역사는 오히려 피니의 주장과 반대되는 증거를 폭로한다. …

따라서 계속적인 부흥을 약속했던 그의 호언장담은 위에 언급한 그의 고백대로 실현되지 않았던 것이다.[656]

이안 머리는 장로교 목사였던 조셉 아이브스 풋이 1838년에 기록한 "지난 10년 동안 사방팔방에서 수백 명, 아니 수천 명이 회심했다고 보고되었다. 그러나 지금 와서 그의 실제적인 회심자들은 상대적으로 대단히 적었다는 것을 인정하지 않을 수 없다. 이는 심지어 피니 스스로도 그 가운데 대단히 많은 사람이 신앙을 더럽혔다고 인정한 바다."라는 내용을 소개합니다.[657]

피니는 1835년에 "경건한 부모들이 그들의 자녀의 구원을 확실히 보장할 수 있다고 믿는다."라고 주장했지만, 1856년 어느 주일에(첫째 아내와 결혼, 6명의 자녀를 두었음), 그의 첫 전기 작가가 보고하고 있듯이, 그는 "나는 6명의 자녀를 두었지만, 그 가운데 어느 누구도 회심했다는 증거를 발견하지 못했다."라고 고백함으로써 그의 믿음에 대한 주장이 얼마나 잘못되었는지를 단적(端的)으로 보여 주었습니다.[658]

656) Iain H. Murray, 『부흥과 부흥주의』, 383-384, 429, 434-435.
657) 위의 책, 439.
658) 위의 책, 440.

칼 바르트의 로마서 주석에
나타난 성경해석
vs
정통 기독교

1. 바르트 성경해석의 전제

1) 『로마서 주석』에 나타난 성경해석의 일관된 전제, "원역사"

바르트의 『로마서 주석』에 나타난 성경에 대한 주된 해석원리는 "원역사"입니다.[659] "원(原)역사"란 "어떤 사건이나 상태가 시공(時空) 세계로 나타나기 전에 소유했던 형태"를 뜻하는 것으로 보입니다.[660] 바르트가 『로마서 주석』에서 사용한 원역사(原歷史)라는 용어는 독일어 *Urgeschichte*(*die Ur-Geschichte*)를 번역한 것으로, 예를 들면 다음과 같습니다.

> 그리스도 곧 메시아로서의 예수는 시간의 끝이며, 그는 다만 하나의 역설로 이해될 수 있고, 그는 승리자로서만 이해될 수 있으며, 그는 하나의 원역사(*die Ur-Geschichte*)로서만 이해될 수 있다. … 그리스도로서의 예수는 역사적 명시 가능성의 한계 내에서는 다만 하나의 문제로서, 다만 하나의 신화(神話)로서만 이해될 수 있을 뿐이다. 그리스도로서의 예수는 우리가 역사적 명시성의 한계 내에서 알지 못하고 또 아무것도 알게 되지 못할 아버지의 세계를 가져다준다.[661]

659) Cornelius Van Til, *New modernism: an appraisal of the theology of Barth and Brunner*, 김해연 옮김, 『신현대주의: 바르트와 부루너 신학의 평가』(서울: 성광문화사, 1992), 16-18, 이후로는 Cornelius Van Til, 『신현대주의: 바르트와 부루너 신학의 평가』, 16-18. 등으로 표기함.
660) 박윤선, 『성경주석 로마서』 2판(서울: 영음출판사, 1989), 50, 이후로는 박윤선, 『성경주석 로마서』, 50. 등으로 표기함.
661) Karl Barth, 조남홍 역, 『로마서 강해』(제2판)(서울: 도서출판 한들, 1997), 7, 이후로는 Karl Barth, 조남홍 역, 『로마서 강해』, 7. 등으로 표기함.

여기에서 바르트는 예수님을 "하나의 원역사", 곧 "하나의 신화(神話)"로서만 이해될 수 있을 뿐이라고 말합니다. 바르트의 문맥으로 보면 "원역사"는 "신화"의 의미로 보입니다. 그는 "하나님은 너무도 초월적이시기에 오직 신화들만이 이러한 간격을 이어 줄 수 있고, 하나님을 사람들에게 계시할 수 있다."라고 보기 때문에 "성경 사건들의 역사성을 경시(輕視)하고, 이 사건들을 역사적인 외관을 갖추어 신학적인 진리를 전달해 왔던 신화들로 간주"한 것으로 보입니다.[662] "신화는 전달의 한 형태"로서 "역사적 옷을 입은 인간의 종교적 실존에 관한 진리를 나타내 준다."라는 것입니다.[663] 물론 그는 "1926년에 출판한 『로마서 주석』(개정판)에서는 *Urgeschichte*와 *Geschichte*를 병용"했지만, "1938년에 절판된 『교회 교의학』에서부터는 주로 *Geschichte*만 사용"[664]했습니다.

그렇다면 *Geschichte*는 역사(*Historie*)를 의미할까요? *Geschichte*는 "역사가 있기 전에 이야기로 전해지던 전설(傳說)"을 의미합니다.[665] 그렇다면 바르트가 성경의 사건들을 역사(*Historie*)가 아닌 원역사(*Urgeschichte*) 또는 이야기로서의 역사(*Geschichte*)라고 강조한다는 것을 알 수 있습니다.

그렇다면 바르트가 그렇게 한 의도가 무엇일까요? 성경 가운데 인간의 이성으로 이해할 수 없는 부분들을 원역사 또는 이야기로서의 역사로 취급함으로써, 바르트 자신을 포함하여 성경을 역사적 사실로 받아들이지 못

662) William W. Klein, Craig L. Blomberg, Robert L. Hubbard Jr, *Introduction to Biblical interpretation,* 류호영 역, 『성경해석학 총론』(서울: 생명의말씀사, 1997), 118.

663) Bernard Ramm, *Protestant biblical interpretation,* 정득실 옮김, 『성경해석학』(서울: 생명의 말씀사, 1996), 112.

664) 한종희, 『정통주의 신학에서 본 칼 바르트 신학 - 계시관을 중심으로 -』(서울: 대한예수교장로회 총회출판부, 2002), 174, 이후로는 한종희, 『정통주의 신학에서 본 칼 바르트 신학 - 계시관을 중심으로 -』, 174. 등으로 표기함.

665) 위의 책, 173-174.

하는 사람들과의 불가피한 충돌을 피하기 위함이 아니었을까요? 바르트가 "원역사"를 주된 해석원리로 사용했다는 사실은 다음의 예들을 보면 확인할 수 있습니다.

그는 **롬 1:1**의 "예수 그리스도의 종 바울은 사도로 부르심을 받아 하나님의 복음을 위하여 택정함을 입었으니"에 대하여 "바울이라는 사람이 누구든, 그가 하고자 하는 일이 무엇이든, 그에게 맡겨진 사명의 내용은 궁극적으로 그 사람 안에 있지 않다. 그것은 그 사람 위에 있으며, 도저히 극복할 수 없는 낯섦 속에, 그리고 도저히 도달할 수 없는 아득한 곳에 있다. 그는 사도의 소명을 자기 인생의 한 순간쯤으로 여길 수 없다. '사도의 소명은 어떤 역설적인 사실, 곧 자기 삶의 처음 순간과 마지막 순간에 자신의 인격적인 동일성 너머에서 자기 자신과 함께 서 있는 것이다'(키에르케고르)."[666] 라고 주석합니다. 이 말은 바울이 받은 부름(소명)의 가치는 역사성과는 상관이 없고 다만 원(原)역사성에서만 있다는[667] 뜻일 것입니다.

그는 **롬 1:2**의 "이 복음은 하나님이 선지자들을 통하여 그의 아들에 관하여 성경에 미리 약속하신 것이라"에 대해서도 "바울이 전해야 하는 것은 하나님의 복음이다. … 오히려 그것은 언제나 새롭게 선포되는 말씀, 그래서 두려움과 떨림으로 늘 새롭게 들어야 하는 말씀이며, 만물의 근원[668]이 되는 말씀이다."[669]라고 주석합니다. 복음이 "만물의 근원이 되는 말씀", 곧 "모든 하나님 인식의 초월적 관련 지점으로서 핵심적인 의미를 띠게 되는"

666) Karl Barth, *DerRömerbrief*, 손성현 옮김, 『로마서』(서울: 복 있는 사람, 2017), 139-140, 이후로는 Karl Barth, 손성현 옮김, 『로마서』, 139-140. 등으로 표기함;
667) 박윤선, 『성경주석 로마서』, 49.
668) Karl Barth, 손성현 옮김, 『로마서』, 36, 각주 2: "모든 하나님 인식의 초월적 관련 지점으로서 핵심적인 의미를 띠게" 된다.
669) 위의 책, 141-142.

것이란 말은 그것이 원역사를 가리키는 것으로 볼 수 있습니다.

그는 **롬 1:3**의 "육신으로는 다윗의 혈통에서 나셨고"에 대해서도 "우리가 이미 알고 있는 이 세상은 알려지지 않은 다른 세상, 곧 아버지의 세상, 근원적 창조와 궁극적 구원으로부터 단절된 세상이다. … 이제 그 교차선(交叉線)이 드러나고 또 반드시 드러나야만 하는 지점이 바로 예수, 나사렛 예수, '육신으로는 다윗의 혈통에서 나신' '역사적' 예수다. 역사적으로 규정된 '예수'야말로 우리에게 알려진 세상과 알려지지 않은 세상이 교차하는 절단면을 뜻한다. … 그러나 그 교차선이 드러나는 지점은 - 우리에게 알려지지 않은 세계의 지평과 마찬가지로 - 우리에게 이미 알려진 영역으로 연장되지 않는다. 오히려 그 지점은 그 알려지지 않는 세계의 현존을 통고한다."[670]라고 주석합니다. 이 말은 역사적 예수는 원역사의 교차선이라는 의미일 것입니다.

그는 **롬 1:4**의 "성결의 영으로는 죽은 자들 가운데서 부활하사"에 대해서도 "그는 오직 역설(키르케고르), 승리자(블룸하르트), 원(原)역사(오버베크)로만 이해할 수 있다. 그리스도 예수는 우리에게 알려진 영역을 위로부터 수직으로 가르며 들어오는, 알려지지 않은 영역이다. 역사적 명료성의 테두리 안에서 그리스도 예수는 그저 문제나 신화로만 이해될 뿐이다. 그리스도 예수는 아버지의 세계가 도래하도록 하시지만, 역사적 명료성 안에 있는 우리는 그것을 전혀 알지 못하고 앞으로도 전혀 알지 못할 것이다. … 부활 안에서 성령의 새 세상이 육체의 옛 세상과 맞닿는다. 그러나 새 세상이 옛 세상과 맞닿는 것은 마치 탄젠트 접선이 원(圓)과 스치는 것처럼, (무한히 수렴하여) 닿지 않으면서 형성한다. 새 세상은 옛 세상과 접촉하지 않

670) 위의 책, 143-145.

으면서, 오직 그 방식으로만 옛 세상의 경계를 이루면서 새로운 세상으로서 그 세상과 접점을 이룬다."[671]라며 예수님의 부활에 대해서도 원역사의 관점에서 주석합니다.

그는 **롬 1:5**의 "은혜와 사도의 직분"에 대해서도 "두 세상이 만나고 갈라지는 곳, 바로 그곳에 계신 분의 이름이 영광을 받으셔야 한다. … 은혜는 그렇게 할 수 있는 권능을 주시나니, 은혜는 곧 부서짐이다(**5:2**)."[672]라고 주석합니다. 여기에서도 은혜와 사도의 직분을 역사와 원역사가 갈리는 곳이란 관점에서 해석합니다.

그는 **롬 2:1**의 "판단하는 네가 같은 일을 행함이니라"에 대해서도 "이른바 '구원사'도 모든 역사의 지속적인 위기에 불과할 뿐, 역사 안에 혹은 곁에 있는 또 하나의 역사가 아니다. "[673]라고 주석함으로 원역사의 관점에서 구원사를 해석합니다.

그는 **롬 3:22c**의 "차별이 없느니라"에 대해서도 "그리스도교는 온전히 있는 그대로, 다시 말해 '역사 속의 모든 것을 의문으로 제기하는 문제, 근본적으로는 수수께끼 같은 본성을 지닌 문제'(오버베크)로 확실하게 제시되어야 한다."[674]라고 주석합니다. 이 말은 그리스도교는 원역사로 제시되어야 한다는 주장으로 보입니다.

그는 **롬 3:24a**의 "그리스도 예수 안에 있는 속량으로 말미암아"에 대해서도 "물론 나사렛 예수는 여러 다른 가능성 가운데 한 가능성이다. '그리스도도 육신을 따라 알았으나'(**고후 5:16**). 그러나 불가능한 것의 모든 징후를

671) 위의 책, 145-146, 147.
672) 위의 책, 149-150.
673) 위의 책, 199.
674) 위의 책, 274.

자기 안에 지닌 바로 그 가능성이기도 하다. 물론 그의 삶은 역사 속 하나의 역사이며, 사물들 속에서 사물적이며, 시간 속에서 시간적이며, 인류 속에서 인간적이다. 그러나 의미로 가득한 시간, 말씀하시는 신성으로 가득한 인간성이다."[675]라고 주석합니다. 이는 "예수 그리스도를 불완전한 역사의 성격"으로만 본다는 뜻일 것입니다.[676]

그는 **롬 3:24b**의 "하나님의 은혜로 값없이 의롭다 하심을 얻은 자"에 대해서도 "진리는 지금이나 앞으로나 오직 ('위로부터 수직으로' 돌입하는) 기적으로 우리를 향한 하나님의 긍휼하심이다. 그 긍휼하심의 역사적·정신적 측면은 언제나 비진리이다."[677]라고 주석합니다. 여기에서도 하나님의 긍휼하심의 역사적·정신적 측면은 언제나 비진리이고 원역사저 측면에서만 진리라고 주장합니다.

그는 **롬 3:25**의 "그의 피로써"에 대해서도 "속죄는 속죄의 성소에서 오직 피로써, 하나님은 죽임으로써 살리시는 분이라는 사실을 엄숙하게 기억함으로써 발생하며, 예수 안의 화해도 오직 '그의 피 안에 있는 하나님의 신실하심을 통해' 발생하며, 그가 육체의 모든 죄와 모든 연약함과 모든 저주를 완전히 짊어지시는 지옥에서 발생하며, 우리에게는 순전히 부정적인 (그분의) 세계의 비밀 속에서 발생하며, 인간적으로 빛을 발하는 모든 빛, 그리고 - 예수도 다른 인간과 똑같은 인간이었기 때문에 - 그의 삶 속에 빛을 발하는 모든 빛(영웅, 선지자, 기적을 행하는 사람)이 점차 희미해지다 마침내 꺼져버리는 가운데 발생하며, 십자가의 죽음이라는 절대적으로 거치는 것

675) 위의 책, 280.
676) 박윤선, 『성경주석 로마서』, 116.
677) Karl Barth, 손성현 옮김, 『로마서』, 278.

(걸림돌) 속에서 발생한다."[678]라고 주석합니다. 여기에서 '예수님도'란 말은, '오직 예수님에게서만' 구속이 이루어진다는 말과는 다른 말로, 역사적 예수와 원역사적 그리스도를 구별하여 생각한 것입니다.[679]

그는 **롬 4:1**의 "그런즉 육신으로 우리 조상인 아브라함이 무엇을 얻었다 하리요"에 대해서도 "아브라함이라는 인물의 역사적 자리는 우리가 서 있는 역사적 자리와는 전적으로 다른 것이어서, 예컨대 역사적 · 심리학적 사건의 평면 위에서 저쪽부터 이쪽까지 하나의 선을 그을 수 있는 가능성은 처음부터 배제된 상태다."[680]라고 주석합니다. 이 말은 아브라함이라는 인물의 역사적 자리를 우리가 서 있는 역사적 자리와는 전적으로 다른 것, 곧 원역사에 있다는 주장입니다.

그는 **롬 4:6**의 "일한 것이 없이 하나님께 의로 여기심을 받는 사람의 복에 대하여 다윗이 말한 바"에 대해서도 "인간 안에 있고 인간으로 말미암은 복락은 어떤 경우에도 '다윗'이 말한 복이 아니다. '다윗'도 인간의 가치 · 위대함 · 복락 · 행복을 간접적으로 본다. 그 역시 개인의 심리학적 탁월성이나 결핍성의 저편에 있는, '그의 행위를 배제하여' 안 보이는 것, 곧 하나님을 향한 그의 지향과 하나님을 통한 그의 규정됨을 본다. 그 역시 심리학적으로 볼 때 그저 빈 공간일 수밖에 없는 곳에서 개인의 본래적인 충만 · 활력 · 의미를 보며, 그 개인에게 '산정된' 하나님의 의를 본다."[681]라고 주석합니다. 이런 주장은 하나님의 의는 역사 안으로 들어올 수 없는 원역사에 있다는 뜻으로 보입니다.

678) 위의 책, 283.
679) 박윤선, 『성경주석 로마서』, 117.
680) Karl Barth, 손성현 옮김, 『로마서』, 305.
681) 위의 책, 317.

그는 **롬 4:10**의 "할례시가 아니요 무할례시니라"에 대해서도 "잠재적으로 그렇고 실제적으로 그렇고, 다른 많은 경우와 마찬가지로 이 경우에는 심지어 시간적으로도 앞선다. 그러므로 아브라함의 믿음은 할례가 아직 아니며, 종교가 아직 아니며, 경건의 정신적 · 역사적 현상도 아직 아니다. … 창세기 본문(**창 15:6**)에서 아브라함의 소명과 그의 믿음은 의심의 여지 없이 하나의 순수한 시작이며, 가장 먼저 그리고 무조건적으로 설정된 것이다."[682]라고 주석합니다. 이런 주장은 "아브라함의 신앙이 역사적 사건이 아니고 모든 역사에 선재(先在)하는 원역사적 사건"이라는 것을 말하려는 것입니다.[683]

그는 **롬 4:13**의 "세상의 상속자가 되리라고 하신 언약"에 대해서도 "이스라엘의 역사는 그것이 비역사석인 과정의 역사적 제약에 불과할 때, 부르시는 하나님을 들을 수 없는 음성에 대한 인간적이고 들을 수 있는 대답에 불과할 때, 그때 비로소 구원의 역사인 것이 아닐까?"[684]라고 주석합니다. 여기에서 "비역사적인 과정의 역사적 제약"이란 말도 원역사를 강조하기 위함으로 보입니다.

그는 **롬 4:21**의 "확신하였으니"에 대해서도 "은혜의 풍성함(**엡 1:7**)은 심령의 가난함(**마 5:3**)과 마찬가지로 역사적인 소유와 비소유의 저편에 있는 것이다. 아브라함의 '충만'은 전적으로 하나님의 약속을 받은 사람의 '충만' 이다. 아브라함이 진정 그런 사람이라면 사실이 어떻게 가시적이겠는가? 그것이 어떻게 역사적인 것일 수 있겠는가?"[685]라고 주석합니다. 여기에서

682) 위의 책, 323.
683) 박윤선, 『성경주석 로마서』, 144.
684) Karl Barth, 손성현 옮김, 『로마서』, 331.
685) 위의 책, 351.

도 아브라함이 받은 은혜는 가시적이고 역사적일 수 없는, 곧 원역사적인 것이라고 주장합니다.

그는 **롬 4:23-24**의 "그에게 의로 여겨졌다 기록된 것은 아브라함만 위한 것이 아니요 의로 여기심을 받을 우리도 위함이니"에 대해서도 "사실역사(*Historie*)라는 것이 그 이상을 제공할 수 없다면 쓸모가 없다. 비판적 자료 수집에 불과한 역사라면 그것이 아무리 옛날 책들을 사랑하고 꼼꼼하게 연구한다 해도, 아무리 그 당시의 삶이나 상황의 분위기에 절묘하게 '감정이입'한다고 하더라도, 우연히 적용한 관점이 아무리 탁월한 것이라 해도 '역사'(*Geschichte*)가 아니다. 그것은 사진으로 찍힌 혼돈, 분석된 혼돈일 뿐이다."[686]라고 주석합니다. 여기에서는 하나님의 말씀은 원역사를 제공할 수 없다면 쓸모가 없다고 주장합니다.

그는 **롬 5:12**의 "한 사람으로 말미암아"에 대해서도 "그는 그리스도와 더불어, 오직 부활하시고 하나님의 생명으로 선포되신 그리스도와 더불어, 또한 그의 투영으로 존재할 뿐이지, 그 어떤 '역사적인' 형체가 아님은 자명한 사실이다. … 아직 불멸이 아닌 과거의 아담, 더는 죽지 않는 그리스도, 생명이 사망이 됨, 사망이 생명이 됨은 그 자체로 비역사적이다. 아담으로 말미암아 죄가 이 세상에 '들어왔다'라는 것도 당연히 어떤 역사적 · 심리적 사건으로 이해될 수는 없다. … 그리스도 안에서 이 세상에 계시된 의로움(또한 이 긍정 속에서 극복될 때만 인지될 수 있는 그것의 부정)이 그런 것처럼, 아담 안에서 이 세상에 들어온 죄도 인간 세상의 무시간적이고 초월적인 성향이다."[687]라고 원역사의 관점에서 주석합니다.

686) 위의 책, 353.
687) 위의 책, 403.

그는 **롬 6:2**의 "죄에 대하여 죽은 우리가 어찌 그 가운데 더 살리요"에 대해서도 "나는 내가 될 수 있는 존재 곧 지식이나 의지로써 죄를 피할 수 없다. 그러나 내가 아닌 나 곧, 새 사람으로서는 순간 동안이라도 범죄할 가능성이 없다."[688]라고 주석합니다. 그는 "'죄 중의 살 수 없는 사람'을 역사계의 존재자로 간주하지 않고", "죄 중에 살 수 없는 인격"이란 "단순한 이상적 인격 곧, 비역사적 인격"이라고 주장합니다.[689]

그는 **롬 6:4**의 "그러므로 우리가 그의 죽으심과 합하여 세례를 받음으로 그와 함께 장사되었나니 이는 아버지의 영광으로 말미암아 그리스도를 죽은 자 가운데서 살리심과 같이 우리로 또한 새 생명 가운데서 행하게 하려 함이라"에 대해서도 "예수께서 죽은 자 가운데서 깨어나심은 그분의 삶과 죽음의 다른 사건들 곁에 배치될 수 있는 사건, 곧 역사적으로 연장된 사건이 아니라 그분의 역사적인 생애 전체가 하나님 안에 있는 근원과 맺어진 '비역사적인'(**롬 4:17b**) 관계다."[690]라고 역시 원역사의 관점에서 해석합니다.

그는 **롬 6:5**의 "만일 우리가 그의 죽으심과 같은 모양으로 연합한 자가 되었으면 또한 그의 부활과 같은 모양으로 연합한 자도 되리라"에 대해서도 "어떻게든 긍정적인, 인간이 애써 획득할 수 있는, 혹은 체험할 수 있는 예수다움(예컨대 하나님을 신뢰함, 형제 사랑, 자유, 천진난만, 인간성)이란 심리적 · 역사적 현실의 영역에서 존재하지 않는다."[691]라고 주석합니다. 그는 "그 부활 자체는 다른 여러 가지 사건들과 나란히 서 있는 하나의 '역사학적인' 사건이 아니라, 그런 다른 사건들의 한계로서 그것들을 둘러싸는

688) 박윤선, 『성경주석 로마서』, 201.
689) 위의 책, 201.
690) Karl Barth, 손성현 옮김, 『로마서』, 449.
691) 위의 책, 451-452.

'비역사적인' 사건이며, 부활의 날 이전, 바로 그날에, 그러나 그날 이후의 여러 가지 사건들은 바로 그 비역사적인 부활을 지시한다. 만일 부활 자체가 하나의 '역사학적인' 사건에 불과하다면, 그것은 다소 '신실한' 견실함과 영리함이 동반하기는 하지만, 결국에는 (예수의 죽음과 관련하여) 외견상 거짓 사망 가설, 기만 가설, 객관적 · 주관적 환상 가설 등이 심령주의적 · 인지학적 가능성과 더불어 논의되는 것을 허용해야 하는 그 평면 위의 한 사건일 뿐이다."[692]라고 주석합니다. 역시 원역사의 관점에서 벗어나지 않습니다.

그는 **롬 6:9**의 "이는 그리스도께서 죽은 자 가운데서 살아나셨으매 다시 죽지 아니하시고 사망이 다시 그를 주장하지 못할 줄을 앎이로라"와 **눅 24:5**의 "어찌하여 살아 있는 자를 죽은 자 가운데서 찾느냐"에 대해서도 "어찌하여 하나님의 진리를, 예컨대 '그리스도교'와 같이 역사에 귀속된 실체가 일어나고 가라앉고 형성되고 사라지는 가운데 나름의 가능성과 제약성을 갖는 그 지평 그 공간을 찾으려는가? 부활 개념은 죽음의 개념에서, 다시 말해 모든 역사적인 사물들의 종말이라는 개념에서 생성된다."[693]라고 일관되게 원역사의 관점에서 해석합니다.

그는 **롬 8:2**의 "이는 그리스도 예수 안에 있는 생명의 성령의 법이 죄와 사망의 법에서 너를 해방하였음이라"에 대해서도 "만일 우리가 영을 '우리'와 연결시키고 '가지고 있다'와 연결시킨다면, 그때 우리가 말하는 것은 영이 아니다."[694]라고 이 또한 원역사의 관점에서 해석합니다.

그는 **롬 9:8-11**의 "곧 육신의 자녀 … 택하심을 따라 되는 하나님의 뜻이

692) 위의 책, 463-464.
693) 위의 책, 466.
694) 위의 책, 589.

행위로 말미암지 않고 오직 부르시는 이로 말미암아 서게 하려 하사"에 대해서도 "시간 속에서 그 누구도 영원한 선택을 신뢰해서는 안 된다. 시간 속에서 그 누구도 영원한 배척을 의식할 필요가 없다."[695]라고 역시 원역사의 관점에서 해석합니다.

그는 **롬 10:5**의 "율법으로 말미암는 의를 행하는 사람은 그 의로 살리라"에 대해서도 "오직 율법이 이행되는(곧바로 행동 되는!) 곳, 그래서 기적·실존·믿음·하나님의 불가능한 가능성이 그 자체로 - 다시 말해 그저 시간만 충족시키는 것이 아니고, 정신적이고 역사적인 사물의 표면에만 있는 것이 아니고, 인간적인 자랑의 동기를 제공하는 것도 아니고(**롬 3:27f**) - 가능해지는 곳, 바로 거기서 인간은 모세가 말하듯이 그것을 통해 살게 된다."[696]라고 주석합니다. 이것은 율법 실행의 참된 것은 원역사에만 있을 수 있다는 주장입니다.

그는 **롬 12:12**의 "소망 중에 즐거워하며 환난 중에 참으며 기도에 항상 힘쓰며"에 대해서도 "소망한다는 것은 보지 못함, 결핍, 빈손이다. '아니요!' 앞에 서 있음(**롬 8:24-25**)이다."[697]라고 주석합니다. 이런 주장은 소망은 원역사에서만 가능하다는 말입니다.

그는 **롬 13:8**의 "남을 사랑하는 자는 율법을 다 이루었느니라"에 대해서도 "'너는 네 이웃을 사랑하라!' 우리는 이웃의 현존 안에서 가장 높고 가장 궁극적인 형태로 우리 현존의 문제, 도저히 헤아릴 수 없는 그 문제와 만나게 된다. 바로 거기서 '인간이 인간에게 마주 서 있다'라는 사실, 이 인간이 저 인간에게 마주 서 있다는 사실, 한 개인이 타자의 개별성을 통해서 자기

695) 위의 책, 723.
696) 위의 책, 774.
697) 위의 책, 916-917.

자신의 개별성, 다시 말해 자기 자신의 피조물 됨, 자신의 타락, 자신의 죄, 자신의 죽음을 떠올리게 된다는 사실, '자연의 근원적 상태'인 그 수수께끼를 가장 높고 가장 궁극적인 형태로 우리에게 부여된다. 우리가 하나님에 관한 우리의 대화 속에서 언제나 맞닥뜨리는 하나님의 불가능성, 곧 인간적인 가능성 너머에 있는 가능성이 그저 형이상학적 허깨비인지 아닌지는 여기서 결정되어야 한다. … 어쨌든 사랑은 언제나 타자 안에서 그 한 분을 발견하는 것이다. 그것도 이런저런 타자, 곧 각 타자에게서 그분을 발견하는 것이다."[698]라고 주석합니다. 이는 사랑을 "사람에게서 그 구체적 성격을 보지 않고 그 원역사 관계에 착안"한 것입니다.[699]

그는 **롬 13:11**의 "또한 너희가 이 시기를 알거니와 자다가 깰 때가 벌써 되었으니 이는 이제 우리의 구원이 처음 믿을 때보다 가까웠음이라"에 대해서도 "깨어나는 시간, '마지막 때', 그 종소리가 여기서 선포되는 그 시간은 그 안에 또 다른 시간, 거기서(연대기적으로!) 이어지는 또 다른 시간, 곧 완성의 시간을 내다본다는 의미를 가진 것이 아니기 때문이다. … 신약성경이 선포하는 종말은 어떤 시간적인 사건이 아니다. 우황에 나오는 황당한 '세계 종말'도 아니다. 이런저런 역사적인, 지질학적인, 우주적인 재난과도 전혀 무관하다. 신약성경의 종말은 정말로 마지막을 뜻한다. 1,900년 역사의 의미가 줄어드는 정도가 아니라 그야말로 무(無)가 될 수밖에 없는 완전한 마지막이다."[700]라고 주석합니다. 그는 자다가 깰 때조차도 원역사적으로 해석합니다.

698) 위의 책, 975, 978.
699) 박윤선, 『성경주석 로마서』, 365.
700) Karl Barth, 손성현 옮김, 『로마서』, 986.

2) "원역사"의 철학적 근거

바르트가 로마서 전체를 "원역사"의 관점에서 해석하는 것은 어떤 특정한 철학과 사상의 시각으로부터 나온 것이 아닐까요? 왜냐하면 성경에는 그 어디에도 원역사와 역사를 구별했다는 근거가 없기 때문입니다. 바르트에 대하여 부정적이지 않고 매우 우호적이었던 베르까우어(G. C. Berkouwer)조차도 "어떤 철학적 사상, 특히 플라톤적인 것이 바르트의『로마서 주석』에 그 영향을 남기고" 있다는 점을 인정하면서, 그런 까닭에 "이것은 종종 그가 살아 계신 하나님의 심판보다도, 시간에 대한 '영원'의 위기에 더욱 큰 관심을 가졌다는 느낌을 자아내곤 한다."[701]라고 지적합니다. 또한 "시종(始終) 성경의 사상들은 초월적인 경계의 개념에 의하여 가리워지고 있다. 이것은 곧 복음보다도 철학적 이상주의를 연상"시키며, "그의 전하고자 하는 내용이 그것이 주조된 철학적 틀에 의하여 영향을 받았다."[702]라고 지적합니다. 반틸(Cornelius Van Til)도 이에 대하여 적절하게 지적합니다.

> 키르케고르는 개인이란 사상에서 무한적 다양과 포괄적 통일을 본질적으로 수용할 해석원리를 찾는다고 주장한다. 바르트는 이러한 "개인"을 그의 첫 저술인『로마서』강해의 중심되는 해석원리로 삼았던 것이다. … 칸트와 그 추종자들이 채택한 비판적 해석원리는 역사적 기독교의 중심 사상들을 전부 거절하게 된

701) G. C. Berkouwer, *Triumph of grace in the theology of Karl Barth*, 조동진 역,『칼 바르트의 신학: 은총의 승리』(개정판)(화성군: 별, 1996), 43, 이후로는 G. C. Berkouwer,『칼 바르트의 신학: 은총의 승리』, 43. 등으로 표기함.

702) 위의 책, 43-44.

다. 특히, 이 해석원리는 바르트가 원역사를 어떻게 보는가를 나타내고, 이것은 비평적 동기에서 유래되었고, 키르케고르의 "개인"에 관계된 견해임을 노정(露程)하는 동시에 그의『로마서』에서 정통적 기독교 신앙을 거부토록 인도한다. 역사적 기독교의 특이성들이 구성적인 것인데, 그것을 한정적인 것으로 격하시킨다. 그런 결과는 광의의 이상적 인격주의가 되게 하려고 비기독교 사상들을 기독교 용어로 쓴 것이다. … 위기신학의 가장 광범위하고, 일반적인 배경은 칸트의 비판철학이며, 변증법과 원역사 또는 실존주의 사상들은 칸트파의 비판철학의 특수형태일 뿐이며, 이런 비판적 체계에서 잉태되어 생산된 것이 바로 바르트의『로마서』인데, 거기에 이런 현상들이 또한 보여진다.[703]

바르트는 키르케고르의 "신과 인간 사이의 질적 차이" 사상을 바탕으로 하나님을 "완전 타자"로 봅니다.[704] 이러한 사실은 "자신은 어떤 시스템을 만들려는 사람은 아니지만, 만일 한 가지 시스템을 가지고 있다면, 키르케고르가 말한 '시간과 영원의 변증법'이란 시스템"을 가지고 있고, "하나님과 인간의 이러한 관계가 자신에게는 성경의 주제이고 철학의 요약"[705]이라는 그의 말에서도 확인할 수 있습니다. 그는 "역사적 아담과 역사적 타락의 사상들을 거부"하는데, 그것도 칸트가 "그 자신의 이상을 인격화하여 그것을 하나님 혹은 그리스도 또는 하나님의 아들이라 칭한" 것을 "오로지 자율적 이성의 한계 안에서 종교적 사상을 표현할 목적으로 이런 사상들을 사용"

703) Cornelius Van Til,『신현대주의: 바르트와 부루너 신학의 평가』, 16-18.
704) 위의 책, 32.
705) 김용주,『신정통주의 신학이란 무엇인가』(서울: 좋은 씨앗, 2019), 64, 이후로는 김용주,『신정통주의 신학이란 무엇인가』, 64. 등으로 표기함.

함으로 초래한 것입니다.[706]

키르케고르와 칸트의 사상을 전제로 하여 성경을 해석한 결과 그는 성경에 "반드시 원역사 사상들의 신화적 설명"을 포함하고, 아담에 대해서도 "각 사람의 자신에 대해 순수 합리성의 세계와 순수 비합리성의 세계인 두 세계로 조건화된 제한 개념들"로 묘사하며, 구속에 대한 해석도 "역사 세계에서 인간을 위한 성취적 사건이 아니라 다만 사람이 역사에서부터 온전한 자유를 얻음"이 되고, "'완전 타자'로서의 하나님은 단순히 추상적 우연과 추상적 합리성의 사상"[707] 에 불과하게 됩니다.

따라서 "바르트가 유일한 적으로 대항하고 실제로 경계한 것"은 자유주의가 아니라 "역사적 정통신학뿐"이라는 비판을 면할 수 없을 것이며, 심지어 "바르트에게서 기독교 유신론은 참으로 '종교의 사탄'인 것"[708]이라는 지적에 대해서도 변명하기 어려울 것입니다. 특정한 철학적 가정들을 전제로 한 바르트의 성경해석에 대한 반틸의 지적과 비판에 대하여 바르트의 성경해석과 사상에 대하여 매우 우호적이었던 베르까우어(G. C. Berkouwer) 조차도 동의하지 않을 수 없었기 때문에 반틸의 비판에 동의합니다.

> 바르트의 해석을 둘러싸고 계속되는 이 투쟁은 대부분이 그의 사상의 "철학적 배경"이라 부르는 것에 집중되고 있다. … 어느 신학에 있어서나 특수한 철학적 가정들이 하나님의 말씀에 그 그림자를 던지게 될 그런 위험성이 있는 것이며, 따라서 경계도 하며 어느 주어진 저자에게 있어서 위의 사정 여부를 따져 보는 것은 좋고 또 필요한 일이다. 하나의 신학을 뒷받침하는 그 철학적 가정들이 별

706) Cornelius Van Til, 『신현대주의: 바르트와 부루너 신학의 평가』, 161-162.
707) 위의 책, 168-169.
708) 위의 책, 169-170.

로 중요할 것이 없다고 주장하는 것은 옳지 않다. 이 점에 있어서 나는 반틸 교수에 동의한다.[709]

리차드 멀러(Richard Muller)도 "바르트 주석을 더욱 읽어감에 따라, 그 주석의 급진적인 실존주의적 접근법이 … 바울의 영향보다 키르케고르의 영향이 더 컸다는 것을 필자에게 가르쳐 주고 있음을 깨달았다."라고 지적합니다.[710]

물론 바르트의 성경해석이 특정한 철학적 가정들을 전제로 하기에 잘못되었다고 말하는 것은 아닙니다. 왜냐하면 어떤 전제를 가지는 그 자체가 잘못은 아니기 때문입니다. 누구든지 아무런 전제도 없이 전혀 백지상태로 성경을 해석한다는 것은 불가능합니다.[711] 문제는 전제한 철학적 가정들이 잘못된 것이기 때문에 그것을 전제로 한 성경해석도 잘못된 것이라는 뜻입니다. 따라서 문제는 성경을 해석하는 전제가 성경적인 전제들과 일치하느냐 그렇지 않으냐에 달려 있을 뿐입니다.[712]

바르트는 아리우스(Arius)를 비롯한 이단들이 "기독교 신앙의 기본적 표현을 지지는 했으나 해석은 달리"하고, 자신의 주장들을 "가능한 한 정통교

709) G. C. Berkouwer, 『칼 바르트의 신학: 은총의 승리』, 518-519.
710) Richard Muller, "What I Haven't Learned from Barth"(*The Reformed Journal* 37호, 1987년), 태동열 역, "내가 바르트로부터 배우지 못한 것들"(*The Reformed Journal*, 2016.11.07.), http://reformedjr.com/xe/board05_02/4509
711) Michael S. Horton, Norman L. Geisler, Stephen M. Ashby, J. Steven Harper, J. Matthew Pinson, *Four views on eternal security*, 이한상 옮김, 『한 번 받은 구원 영원한가: 견인에 대한 네 가지 관점』(서울: 부흥과개혁사, 2011), 281, 이후로는 Michael S. Horton 외, 『한 번 받은 구원 영원한가: 견인에 대한 네 가지 관점』, 281. 등으로 표기함.
712) 위의 책, 281-282.

리처럼 보이도록 자신이 쓰는 용어를 열심히 재정의"[713]했던 것과 똑같이 잘못된 전제를 바탕으로 신학을 전개합니다. 그러나 기독교 신앙의 기본적 표현을 지지한다거나 정통교리에서 사용하는 용어들을 사용한다고 하더라도 성경을 해석하는 전제들이 성경적인 전제들과 일치하지 않는다면 그것은 정통 기독교가 아닙니다.

바르트가 성경해석에 키르케고르의 철학을 채용한 이유

키르케고르는 그의 "질적인 변증법이 성경에 근거한 기독교 철학이라고 강변"하면서, 그 신학적 근거로 "예수 그리스도가 하나님이신 동시에 인간이시라는 기독론"과 "아브라함이 이삭을 바치고자 했던 구약의 사건"(**창 22장**)[714]을 들고 있습니다. 그가 키르케고르의 철학적 방법을 채용한 이유가 여기에 있을 것입니다. 실제로 그의 "만약에 나에게 어떤 체계가 있다면 키르케고르가 말하는 '시간과 영원 사이의 무한한 질적 차이'라고 하는 것을 인정하는데 국한한다."[715]라는 말에서 확인할 수 있을 것입니다. 키르케고르가 제시한 두 가지 근거는 피상적으로 보면 그럴듯합니다.

과연 그럴까요? 키르케고르의 방법은 "진리를 조화를 이룬 통일체로 이해하지 않고 명제와 반명제를 대립과 긴장이라는 변증법적 측면에서 이해"하는 것이지만, "사복음서에 묘사된 예수 그리스도에게서는 신성과 인성이

713) John MacArthur, *Truth war: fighting for certainty in an age of deception*, 신성욱 옮김, 『진리 전쟁: 속임의 시대에 확실한 진짜를 가려내는 싸움』(서울: 생명의말씀사, 2007), 146, 152, 이후로는 John MacArthur, 『진리 전쟁: 속임의 시대에 확실한 진짜를 가려내는 싸움』, 146, 152. 등으로 표기함.

714) 이상원, "변증법이라는 괴물", 월드뷰 DECEMBER 2021, 2021-12-17, https://theworldview.co.kr/archives/17478, 이후로는 이상원, "변증법이라는 괴물". 등으로 표기함.

715) Karl Barth, 손성현 옮김, 『로마서』, 10.

극히 아름답게 조화를 이루면서 통일된 하나의 전인(全人)으로 나타날 뿐, 결코 대립과 긴장 관계로 나타나지 않는다."[716]라는 사실입니다. 또한 "아브라함이 독자 이삭을 바치라는 하나님의 명령을 들었을 때 이성으로 납득되지 않고 긴장과 의구심이 해소되지 않았음에도 불구하고 믿음의 도약을 통하여 하나님의 역설적인 명령을 받아들였다고 해석"하지만, "**히브리서 11장 19절**은 아브라함이 이삭을 드릴 수 있었던 것은 '하나님이 이삭을 죽은 자 가운데서 다시 살리실 줄로' 생각했기 때문"[717]이라고 말씀합니다. 아브라함은 "하나님은 신실하신 분이시므로 이삭을 통하여 많은 후손을 주시겠다고 하신 약속을 반드시 지키실 것이다. 하나님은 전능하신 분이시므로 하나님에게는 불가능한 일이 없다."라고 이성적으로 납득할 만한 결론에 이르렀기 때문에 이삭을 제물로 바칠 수 있었습니다.[718]

결국 바르트는 "키르케고르의 질적인 변증법의 틀을 빌려다가 신학 체계를 구성함으로써 하나님과 인간의 접촉 가능성을 완전히 차단하고, 일반계시의 존재를 전면적으로 부정하는 초절주의(超絶主義, Transcendentalism)"[719]의 함정에 빠지고 말았습니다.

결국 바르트의 성경해석은 성경의 계시와 일치하지 않는 특정 세상 철학과 사상의 시각으로 성경을 해석했다는 데 심각한 문제가 있습니다. 그런 식의 성경해석은 성경의 의도와는 전혀 상관없이 성경을 도구와 수단으로 삼아 특정 세상 철학과 사상을 정당화하는 것에 불과할 수밖에 없습니다. 색안경을 끼고 보면 안경의 색깔에 의해 보는 대상이 채색(彩色)될 수밖에

716) 이상원, "변증법이라는 괴물".
717) 이상원, "변증법이라는 괴물".
718) 이상원, "변증법이라는 괴물".
719) 이상원, "변증법이라는 괴물".

없다는 것쯤은 누구나 다 아는 사실입니다.

3) 바르트의 자기모순(自己矛盾)

바르트는 자신의『복음주의 신학 입문』에서 "하나님의 말씀과 행적에 헌신할 때만 신학자는 한 자유자로서 그의 학문의 방법과 법칙을 존중하면서 실존하는 것이다. 만약에 신학자가 다른 방법론에 집착하든가, 다른 낯선 인식론을 존중하며 수행하지 않으면 안 되는 필연성에 말려들 때 그것은 그에게 짐, 강제성, 바벨론 포로일 것"[720]이라고 지적한 바가 있습니다. 그는 또 이렇게 주장합니다.

> 그런데 신학은 어느 시대 어느 상황에서도 그 어떤 일반적인 통찰 법칙, 개념 법칙, 그리고 언어 법칙도 신학 체계의 중심으로 인정할 수 없으며 구속력 있는 법칙으로 인정할 수 없다. 그것이 아리스토텔레스의 것이든, 데카르트의 것이든, 칸트의 것이든, 헤겔의 것이든, 하이데거의 것이든 간에. … 신학이 이런 일을 할 수 없는 이유는 그런 것들 배후에는 반드시 어떤 철학이나 세계관이 도사리고 있는 것이 보통이기 때문이다. … 신학은 무조건적으로 자신의 대상에만 속박되어 있다. … 신학의 발전과 개선은 결코 각 시대의 시대 정신에 노예 됨에 의하여 기대될 수 없고, 자신의 고유한 대상을 따라가는 인식에 대한 고양된 결단에 의해서만 기대될 수 있다.[721]

720) Karl Barth, *Einführung in die evangelische Theologie*, 이형기 옮김,『복음주의 신학 입문』(고양: 크리스챤다이제스트, 1987), 98, 이후로는 Karl Barth,『복음주의 신학 입문』, 98. 등으로 표기함.
721) 위의 책, 102.

그는 "신학자 무리 중에서도 얼마나 많은 사람이 신학자로 출발한 지 얼마 되지도 않아서 자신이 새것을 발견한 자라고 자부하면서 애굽의 고기 가마를 뒤돌아보고만 있는가?"[722]라고 탄식합니다. 그는 신학자가 빠지기 쉬운 함정에 대하여 이렇게 구체적으로 분석합니다.

(1) 신학이 자신의 언어적 형식들과 구조들을 다룰 때는 물론 자신의 적극적인 개념들, 부정적인 개념들 및 비판적인 개념들을 다룸에 있어서 이와 같은 것들을 비유 정도로 여기는 것이 아니라 실체 자체와 동일화하는 주제넘는 짓을 언제 어디서나 하지 않은 적이 있는가? … 신학이 하나님의 로고스를 그것들의 유추들 속에 가두어 두며, 이 유추들을 하나님 보좌에까지 높여 이것들을 예배하고 선포하며 예배와 선포를 위해서 이런 것들을 추천하며 찬양하는 짓을 언제 어디서나 하지 않은 적이 있는가? 신학이 하나님의 행적과 말씀을 마음 내키는 대로 구사하는 일상적인 사고와 마음 내키는 내뱉는 언어로 취급하는 경박성을 언제 어디서나 면한 적이 있었나? 하나님에 대하여 훌륭하게 말한다고 해서 하나님이 거기에 임재할까?[723]

(2) 신학 활동은 하나님의 심판을 받는 것으로 나타난다. 그도 그럴 것이 신학 역시 온갖 종류의 인간적인 허망의 표출인 것 같기 때문이다. … 신학자들은 사실상 질투에 차 있음으로 계속해서 마음과 입술로 반목질시하며 나아가서 글을 통하여 깊은 불신을 나타내며, 우월감을 풍긴다.[724]

(3) 신학은 비난을 받을 만하며 시험을 받을 만하다. 그도 그럴 것이 그것은 본

722) 위의 책, 124-125.
723) 위의 책, 142.
724) 위의 책, 143.

성상 이론적인 작업을 하기 때문이다.[725]

(4) 과연 얼마나 빈번히 신학이 사실상 교회를 마땅한 방향으로 인도하였으며 세상 속에서의 교회의 봉사를 진작시켰는가? 오히려 너무도 빈번히 신학은 교회를 잘못 인도하였으며 교회의 세상 봉사를 방해하지 않았던가? 그 이유는 신학 자체가 성경이라는 학교에 머물러 있지 않을 뿐만 아니라 다른 사람들의 성경 접근을 봉쇄하려고 하기 때문이요, 자신도 모르게 시대 시대마다의 늑대들과 더불어 함께 울부짖기 때문이요, 고집 세고 자의적으로 이들 늑대들에 반응하여 하나의 늑대는 내쫓고 다른 늑대들에겐 문을 활짝 열어 주기 때문이다. … 신학이 성경을 해석함에 있어서 성경 속에다 낯선 그 무엇, 아니 정반대되는 그 무엇을 넣어서 해서하기도 하며, 성경 중 어느 한 가지는 인식하나 다른 것은 전혀 오해하기도 하며, 한곳에서는 고백하나 다른 곳에서는 거부하며, 여기에는 진리를 밝히 드러내고 저기에는 진리를 등경 밑에 두지 않는가?[726]

바르트는 "만약 신학자가 이 인식의 과제를 포기하든가 아니면 자신의 인식의 과제를 철학자, 역사가, 혹은 심리학자의 인식의 과제와 교환한다면 그는 학생은 학생이로되 신학도는 아닐 것이다."[727]라고까지 말합니다. 그러나 그는 결국은 특정한 철학적 방법론을 사용하는 모순을 범합니다.

그의 『복음주의 신학 입문』은 1961~1962년 사이에 바젤 대학에서 행한 강연을 모은 것으로 그의 말년에 출판한 저서입니다. 그렇다면 이 저술에서, 무려 6판까지 출판했던 『로마서 주석』이 얼마나 비신학적인지를 밝히

725) 위의 책, 144.
726) 위의 책, 146.
727) 위의 책, 170-171.

고 사과했어야 할 것입니다. 또한『로마서 주석』의 폐기를 선언했어야 신학자로서 바른 자세가 아닐까요? 바른 신학자라면 성경적 전제와 어울리지 않는 "다른 인문과학에서 타당한 방법론"을 사용한 신학적 작업이 결과적으로 "복음의 메시지를 약화"[728]시키거나 왜곡시키거나 때로는 성경의 의도와 상반될 수도 있음을 유념(留念)해야 마땅합니다.

그는 다른 곳에서도 "성경 속에는 하나의 강이 흐르고 있다. 우리는 일단 우리의 모든 것을 이 강에 내맡기자. 그러면 이 강은 우리를 바다로 인도할 것이다. 성경은 우리들의 모든 인간적인 제약에도 불구하고 자기 스스로를 해석한다. 우리는 다만 성경이 몰아가는 대로 따라갈 뿐이다. 그리하여 우리는 이 성경의 정신, 곧 저 강을 따라감으로 자기를 초월하는 궁극적인 대답을 찾도록 감행해야 한다."[729]라고 동일한 주장을 합니다.

그는 "만약 우리가 우리 자신의 이념을 주제로 삼는다면, 그럴 때마다 우리의 증언은 더는 순수하지 않게 될 것입니다. 그리고 우리는 한 명의 작은 철학자가 되거나 한 명의 작은 신학자가 될 것입니다. 물론 우리가 매우 진지하게 생각할 수는 있겠지만 성경이 말하는 증인이 될 수는 없습니다. 증인은 오직 해석자일 따름입니다. … 우리가 우리의 이념과 확신을 말하는 것을 스스로 막을 수는 없습니다. 하지만 모든 발언은 성경의 본문을 통해 검증을 받아야 합니다."라고 주장한 바도 있습니다.[730]

여기에 대하여 베르너 진론드(Werner G. Jeanrond)는 "바르트 해석학의

728) S. W. Sykes, "바르트 신학의 중심", Stephen Whitefield Sykes, *Karl barth studies of his theological method*, 이형기 역,『칼바르트의 神學方法論』(서울: 牧羊社, 1986), 2.

729) Karl Barth,『복음주의 신학 입문』, 212.

730) Karl Barth, Richard Grunow, *Barth Brevier*, 이신건, 오성현, 이길용, 정용섭 옮김,『칼 바르트의 신학묵상』(서울: 대한기독교서회, 2009), 560, 561. 이후로는 Karl Barth, Richard Grunow,『칼 바르트의 신학묵상』, 560, 561. 등으로 표기함.

특징은 성경의 전체적인 신학적 의미에 대한 선이해(先理解)를 가지고 본문에 접근하는 것이었다. … 바르트는 글자와 텍스트의 정신을 동일시하는 것은 잘못이라고 하여 성경주의를 비난했다. 그것은 인간의 책이지만 하나님의 초월적인 말씀을 증거하는 책이다."[731]라고 평가합니다.

로마서의 주제, 의도, 메시지 vs 하나님의 "원역사", 초월성

살펴본 바와 같이 바르트는 로마서를 해석하는 데 있어서 일관되게 하나님의 초월성, 원(原)역사에 초점을 맞추고 있다는 사실을 확인할 수 있습니다. 그렇다면 바르트는 로마서의 주제, 의도 또는 메시지를 무엇으로 보는 것일까요? 하나님의 초월성으로 보는 것은 아닐까요? 그렇다면 그것이 과연 타당할까요? 로마서의 주제는 루터, 칼빈을 비롯한 종교개혁자들과 그들의 추종자들이 주장했던 이신칭의를 벗어날 수 없습니다. 다른 표현, 예를 들면 "복음"이라고 말한다고 하더라도 결국은 그 내용에 있어서 이신칭의를 벗어날 수 없습니다. 더글라스 무(Douglas J. Moo)는 이 문제에 대하여 다음과 같이 명쾌하게 잘 설명합니다.

> 루터를 필두로 하여 종교개혁가들과 그들의 추종자들은 거의 한결같이 그들의 주제인 이신칭의를 로마서의 중심으로 삼아[732] … 그렇다면 이신칭의가 편지

731) Werner G. Jeanrond, *Theological hermeneutics*, 최덕성 옮김, 『신학적 해석학: 해석학의 역사와 특성』(서울: 본문과 현장 사이, 2000), 190, 191.

732) Douglas J. Moo, *Epistle to the Romans: new international commentary on the New Testment*, 손주철 옮김, 『NICNT 로마서』(서울: 솔로몬, 2012), 56, 이후로는 Douglas J. Moo, *Romans*, 56. 등으로 표기함.

의 주제인가? 확실히 그렇다고 주장하기 위한 스토리는 충분하다. … 그런데 로마서에는 왜곡하지 않고서는 칭의의 제목으로 포괄될 수 없는 것들이 너무 많다. 믿는 자의 확신과 소망(5장과 8장), 죄와 율법으로부터의 자유(6장과 7장), 하나님이 이스라엘을 택하신 목적(9-11장) 그리고 순종의 삶(12-15장) 등이 그것이다. … 그러나 로마서의 주제는 아니라고 해도 이신칭의는 서신에서 결정적으로 중요하다. … 서신서의 주제는 복음이기 때문이다. … 그런데 이 메시지는 이신칭의라고 부르는 것 이외에 아무것도 아니지 않은가.[733]

이미 칼빈은 그의 『로마서 주석』 서문에서 로마서의 주제에 대하여 이렇게 설명한 바가 있습니다.

바울은 그의 사도권을 입증하는 것으로 시작하였다. 그리고는 이것으로부터 복음을 소개하는 데로 방향을 바꾼다. 그러나 복음에 대한 이 소개는 불가피하게 믿음에 관한 논쟁을 수반한다. 그래서 그는 성경 원문을 그의 안내자로 삼아, 이 문제로 넘어간다. 그리하여 그는 전체 서신의 주요한 주제를 다룬다. 그 주제는 우리가 믿음으로 말미암아 의롭다고 칭함을 받는다는 것이다. 이 문제를 그가 5장까지 다루고 있다. 그러므로, 이 장들(1-5장)의 주제를 다음과 같이 말할 수 있다: '인간의 유일한 의는 그리스도 안에 있는 하나님의 은혜임. 그 은혜는 복음으로 말미암아 제공되고 믿음으로 수납됨.'[734]

733) Douglas J. Moo, *Romans*, 64-65.

734) John Calvin, *Commentary on the Epistle to the Romans. The Ages Digital Library Commentary*. (Books for the Ages, AGES Software, 1998), 20: "for having begun with the proof of his Apostleship, he then comes to the Gospel with the view of recommending it; and as this necessarily draws with it the subject of faith, he glides into that, being led by the chain of words as by the hand: and thus he enters on the main subject of the whole Epistle justification by faith; in treating which he is

만일 바르트처럼 성경 본문의 의도들을 무시하고 그 의도로부터 벗어난 해석을 감행(敢行)한다면, "그때 성경 본문들이 갖는 현재적 의미는 오직 주관적 선택에 의해 또는 우리가 그 본문에 부여하는 가치판단에 의해 획득"[735]되고 말 것입니다. 바르트의 성경해석이 바로 그렇다고 보아야 할 것입니다.

예를 들면, **롬 1:1**의 경우 사도 바울은 본문을 통해서 자신이 사도로 부르심을 받아 하나님의 복음을 위해 택정(擇定)함을 얻은 것이 역사적인 것이 아니라 원역사적인 것임을 밝히려는 의도를 가지고 있었을까요? 명시적으로나 암시적으로도 그런 의도를 가졌다고 주장할 근거는 전혀 없습니다. 본문의 의도는 단지 "구약성경과 신약성경 전체에서 하나님의 명령을 받고 특별한 책임이나 직무를 맡았거나 구원으로 부름을 받은 사람은 늘 '하나님에 의해 부름을 받았다.'"라는 것을 말하려는 것일 뿐입니다.[736] 본문은 바울이 사도로 부름을 받은 것은 하나님으로부터 왔고(**행 9:15, 갈 1:1**)[737], 이 사실을 사람들에게 인정받았다는 것을(**갈 2:7-9**) 말합니다.[738] 본문이 강조

---

engaged to the end of the fifth chapter. The subject then of these chapters By be stated thus, — man's only righteousness is through the mercy of God in Christ, which being offered by the Gospel is apprehended by faith."

735) Eberhard Busch, *Grosse Leidenschaft: Einführung in die Theologie Karl Barths*, 박성규 옮김, 『위대한 열정: 칼 바르트 신학 해설』 (서울: Holy Waveplus 새물결플러스, 2017), 132, 이후로는 Eberhard Busch, 『위대한 열정: 칼 바르트 신학 해설』, 132. 등으로 표기함.

736) Richard N. Longenecker, *Epistle to the Romans*, 오광만 옮김, 『NIGTC 로마서 (상)』(서울: 새물결플러스, 2020), 1:1, 이후로는 Richard N. Longenecker, *Romans*, 1:1. 등으로 표기함.

737) 행 9:15, "주께서 이르시되 가라 이 사람은 내 이름을 이방인과 임금들과 이스라엘 자손들에게 전하기 위하여 택한 나의 그릇이라."; 갈 1:1, "사람들에게서 난 것도 아니요 사람으로 말미암은 것도 아니요 오직 예수 그리스도와 그를 죽은 자 가운데서 살리신 하나님 아버지로 말미암아 사도 된 바울은"

738) John A. Witmer, *Bible knowledge commentary 24 ROMANS*, 허미순 옮김, 『로마서』(서울: 두란노서원, 2011), 1:1, 이후로는 John A. Witmer, *Romans*, 1:1. 등으로 표기함.

하려는 것은 다만 "복음의 신적 기원과 성격"일 뿐이지[739] 원역사, 초월, 부르심과 택정함의 역설적인 성격과는 아무 관계도 없습니다.

그렇다면 바르트는 성경이 의도하는 바를 따라 성경을 해석하는 것이 아니라 성경 본문을 이용하여 성경의 의도와는 전혀 상관없이 자신의 사상을 전개한 것에 불과한 것이 아닐까요? 그렇다면 소위 자유주의, 또는 신현대주의 사상과 다른 점이 무엇일까요?

자유주의와 바르트

메이첸(Gresham J. Machen)은 자유주의의 문제점에 대하여 이렇게 지적합니다.

> 신약성경의 예수는 역사적 인물이면서 초자연적 존재인데, 자유주의의 가정(假定)에서는 초자연적인 것은 절대로 역사적인 것이 될 수 없다. 이 문제는 신약성경의 예수에 대한 서술 가운데서 자연적인 것과 초자연적인 것을 분리하여, 초자연적인 것을 제거하고 자연적인 것만을 유지해야 해결될 수 있다. 그런데 이 분리의 과정이 성공적으로 이뤄진 적이 한 번도 없었다. … 문제는 이것이다. 기적들은 신약성경의 예수 이야기에 비정상적으로 붙은 것이 아니라, 그 이야기를 이루는 날실과 씨실인 것이다.[740]

739) John Murray, *Epistle to the Romans*, 아바서원 번역팀, 『존 머리 로마서 주석』(서울: 아바서원, 2014), 1:1, 이후로는 John Murray, *Romans*, 1:1. 등으로 표기함.
740) Gresham J. Machen, *Christianity and liberalism*(Legacy ed.), 황영철, 원광연 옮김, 『기독교와 자유주의』(서울: 복 있는 사람, 2023), 164, 이후로는 Gresham J. Machen, 『기독교와 자유주의』, 164. 등으로 표기함.

바르트는 자유주의에 반대하여 하나님의 초월성을 강조했지만, 그것은 메이첸의 지적대로 "초자연적인 것은 절대로 역사적인 것이 될 수 없다."라는 자유주의의 가정(假定)과 마찬가지입니다. 따라서 바르트는 자유주의와 마찬가지로 "신약성경의 예수님에 대한 서술 가운데서 자연적인 것과 초자연적인 것을 분리"합니다. "신약성경의 예수님에 대한 서술 가운데서 자연적인 것과 초자연적인 것"은 분리할 수 없는데도 그런 억지를 부립니다. 메이첸의 표현대로 "기적들은 신약성경의 예수 이야기에 비정상적으로 붙은 것이 아니라, 그 이야기를 이루는 날실과 씨실"이라는 것을 받아들이지 못하기 때문일 것입니다.

만일 "종교가 역사로부터 독립한다면 복음 같은 것은 존재하지 않게" 되는데, 그 이유는 "'복음'이란 '좋은 소식', 곧 과거에 발생한 어떤 일에 대한 정보"이기 때문입니다.[741] 그런 점에서 바르트의 주장은 자유주의와 다를 바가 없습니다. 기독교는 "관념들의 종합이 아니라 어떤 사건에 대한 서술"에 의존하고, "'복음' 혹은 '복된 소식'이라는 개념 자체가 공적인 선포를 요(要)하는 의미심장한 일이 발생했음을 전제"하며, 따라서 "성경의 상당 부분이 사실들의 해석과 의미"를 다루고, "사실들이 반드시 존재해야만 그것들을 해석"할 수 있기 때문입니다.[742] 따라서 기독교 신앙은 "신적 계시로 말미암아 해석되는 역사의 사실들에 기초"합니다.[743] "하나님의 초자연적인 아들인 그리스도가 중심이 되는 기독교의 메시지는 역사 속에 뿌리를 박고 있으며", 누가복음은 "복음서의 메시지가 예수님께서 실제로 행하신

741) 위의 책, 182.
742) 위의 책, 260.
743) 위의 책, 336.

일에 뿌리를 박고" 있다는 사실에 대하여 명확히 진술합니다(**눅 1:1-4**).[744]

4) 바르트의 변화

하나님의 초월성에서 하나님의 인간성으로

바르트는『로마서 주석』에서와는 달리『하나님의 인간성: 바르트 신학 전체를 조망하는 세 편의 논문』에서 이렇게 주장합니다.

> 하나님의 인간성! 바르게 이해한다면 이 말은 하나님이 인간을 향하시는 것, 그리고 인간과 맺으시는 관계를 의미한다. 이 말은 약속과 계명을 통해 인간과 대화하시는 하나님을 가리킨다. 이 말은 인간을 위한 하나님의 존재, 중재, 활동 및 하나님이 인간과 나누시는 교제를 나타내며, 다름이 아니라 '인간의 하나님'이 되려는 하나님의 의지가 담긴 자유로운 은혜를 표현한다.[745]

그는 "40년 전에『로마서』를 쓸 때는 하나님의 신성을 강조했기 때문에 하나님의 인간성은 변방으로 밀려날 수밖에 없었다고 솔직히 시인"합니다.[746] 그는 "고립된 '전적 타자'를 추상화했고 절대화했으며, 그것을 인간과 대립시키려 했기" 때문에, "사람들이 이 개념을 들었을 때, 그것이 아브라함

744) 위의 책, 347.
745) Karl Barth, *Humanity of God*, 신준호 역,『하나님의 인간성: 바르트 신학 전체를 조망하는 세 편의 논문』(서울: 새물결플러스, 2017), 55, 이후로는 Karl Barth,『하나님의 인간성: 바르트 신학 전체를 조망하는 세 편의 논문』, 55. 등으로 표기함.
746) 위의 책, 57.

과 이삭과 야곱의 하나님보다는 철학자들의 신이 지닌 신성과 더 유사성을 갖는다는 점을 지속적으로 지적하면서 그 대상과 씨름하게 만들었다."라고 말함으로써, "전적 타자라는 용어가 가진 문제점을 솔직하게 인정"합니다.[747] 그는 "자신이 초기에 전적 타자 개념을 고착화하여 하나님이 역사를 통해 인간과 함께하며 교제하신다는 사실을 간과하게 만드는 결과를 초래했다고 반성"합니다.[748] 그는 또한 "하나님이 신성 안에서 자신을 계시하실 때, 하나님은 '자기 자신만을 위한 신적 존재'라는 어떤 진공 안에서가 아니라, 정확하고 확증적으로 인간의 파트너로서 - 물론 절대적으로 우월한 파트너로서 - 존재하시며 말씀하고 행동하신다."라고 주장하면서 "진리의 요소는 정확하게 말해 '인간성을 포함한 하나님의 신성'"이라고 말합니다.[749]

> 우리가 바라보는 하나님은 인간과 분리되어 저 멀리 낯선 곳에 있는 어떤 신이 아니며, 인간이 아닌 기괴한 신은 아니라고 해도 인간 없는 하나님으로서 홀로 자신의 신성 안에 존재하는 신이 아니다. 예수 그리스도 안에서 인간이 하나님으로부터 분리되는 일이 없듯이, 하나님이 인간으로부터 분리되는 일도 없다.[750]

바르트는 "우리는 예수 그리스도 안에서 하나님과 인간의 역사 및 대화와 마주치게 되는데, 그 안에서 하나님과 인간은 서로 만나고 대화하며 함께

747) 위의 책, 69-70.
748) 김용주, 『신정통주의 신학이란 무엇인가』, 176.
749) Karl Barth, 『하나님의 인간성: 바르트 신학 전체를 조망하는 세 편의 논문』, 72.
750) 위의 책, 73.

존재한다."라고 말합니다.[751]

> 하나님의 신성이 그분 자신의 인간성을 배제하는 것이 아니라 오히려 포함한다는 사실을 결정적으로 알게 되는 것은 우리가 예수 그리스도를 바라볼 때이다. 칼뱅이 자신의 그리스도론과 신론 안에서, 자신의 예정론의 가르침 안에서, 그다음에는 논리적으로 자신의 윤리학 안에서 바로 이 지점, 즉 하나님의 인간성까지 힘차게 밀고 나갔다면 얼마나 좋은 결과가 있었을까! 그랬다면 칼뱅의 도시 제네바는 그렇게 우울한 분위기에 사로잡히지 않았을 것이다.[752]

그는 또 『복음주의 신학 입문』에서도 "하나님의 인간성"을 이렇게 주장합니다.

> 복음주의 신학의 하나님은 스스로 만족하여 자신을 폐쇄하고 있는 고독한 하나님이 아니요, 절대적인 하나님도 아니다. … 이처럼 그는 자기와 구별되는 실재에 대하여, 원칙적으로뿐만 아니라 사실상 자유하시다. 그러나 그는 인간 옆에 계시다가 인간 위에 군림하시는 하나님이 아니라, 인간 안에 그리고 인간과 더불어 계시며, 무엇보다도 인간을 위한 하나님이시다. 이 하나님은 주님이실 뿐만 아니라, 그의 아버지, 형님, 친구로서 인간의 하나님이시다.[753]

인간보다 고상하기만 하고, 먼 거리에 있으며, 낯선 하나님은 인간성이 없는 신성인 바, 이런 하나님은 인간에게 좋은 소식 대신에 나쁜 소식만을 가져오는 비복음의 하나님이요, 경멸하고 심판하며 죽음을 가져오는 신에 불과하다. 이러

751) 김용주, 『신정통주의 신학이란 무엇인가』, 178.
752) Karl Barth, 『하나님의 인간성: 바르트 신학 전체를 조망하는 세 편의 논문』, 78.
753) Karl Barth, 『복음주의 신학 입문』, 31-32.

한 비복음의 하나님일지라도 인간에게 무엇을 요구할 수 있겠으나, 인간은 이러한 하나님을 두려워해서 꺼릴 것이며, 피할 수 있으면 피하고, 이 하나님을 만족시킬 수 없기 때문에 알려고조차 아니할 것이다. 복음주의 신학이 아닌 다른 모든 신학은 이와 같이 고상하기만 하고, 초인간적이며 비인간적인 신들과 관계하는바, 바로 이 신은 오직 모든 나쁜 소식, 즉 비복음의 소식만을 가져다줄 뿐이다.

그러나 복음주의 신학의 대상인 하나님은 높아지신 만큼 낮아지시고, 그의 지극히 낮아지심에서 높아지신다. 물론 인간에 대한 이 하나님의 예스 속에는 부차적으로 따라오는 부득이한 하나님의 노가 포함되어 있다. 이 방법(노를 포함한 예스)으로, 하나님은 인간을 돕고, 치료하고, 바로잡아 주기를 원하시며, 또한 평화와 기쁨을 주신다. 바로 이것 때문에 그는 진정한 복음의 하나님이요, 은혜로우시기 때문에 사람에게 선한 하나님의 말씀도 되신다. 복음주의 신학은 하나님의 이 은혜의 예스에 대한 응답의 노고이며, 인간을 향하신 우정 안에서 이루어진 하나님 자신의 계시에 대한 응답의 노고이다.

복음주의 신학은, 하나님을 인간의 하나님으로서 관계하며, 똑같은 이유로, 역시 인간을 하나님의 인간으로 관계한다. 복음주의 신학에서는 인간은, 니체가 말한 것처럼, '정복해야 할 그 무엇이 아니라', '하나님에 의하여 정복당할 것으로 확정된 존재이다'. 우리가 여기에서 지적한 신학은, 특별한 의미에서 복음적이라는 사실을 잊어서는 안 된다. 이 신학이 복음적이기 때문에, 신이 비인간적인 경우에서는 신학이 율법주의적인 신학이 되기 때문에, 복음주의 신학은 이 비인간적인 신에게는 헌신할 수 없다.[754]

바르트는 또 그의 『칼 바르트의 신학묵상』에서도 "하나님의 신성은 그분

754) 위의 책, 32-33.

의 인간성을 포함합니다."라고 말하면서 "예수 그리스도를 바라볼 때, 하나님의 신성이 '인간성'을 배제하지 않고 포함한다는 사실은 결정적입니다."라고 주장합니다.[755] "하나님은 바로 세계 안에서 활동하시는 분으로서 오직 세계를 초월해 계시는 분만은 아니십니다. 행동하시는 하나님은 땅을 마주하는 다른 자리로 옮기십니다. 바로 그런 점에서 하나님은 세계적인 분이기도 하십니다. 하나님이 다른 자리로 옮기시는 것은 거기에서 인간을 실제적으로 대면하시기 위함이고, 거기로부터 인간과 참으로 교류하시기 위함입니다."[756]라고 주장합니다. 바르트는 또한 이렇게 주장합니다.

> 우리가 있는 바와 같이 하나님이 우리 가운데 계시며, 그분은 우리와 같은 분으로 계신다. 그분은 우리의 본성을 자신의 본성으로, 또한 우리의 죄를 자신의 죄로, 우리의 죽음을 자신의 죽음으로 삼으셨다. 말할 수 없는 신적 엄위성 속에 계신 그분에게 어떤 인간적인 것도 낯선 것이 아니다. 그분은 우리의 운명, 우리의 무신성, 우리의 지옥의 고통을 짊어지셨다. 우리의 가장 깊은 고통은 또한 하나님 자신의 고통이다. 바로 우리의 가장 깊은 고통 속에서 그분은 우리를 위하시고, 우리를 대변하시며, 우리가 고통당할 수 없고 회복할 수 없는 것을 돌리시고 고통당하시며 회복하신다. 죄인의 죽음을 당하신 그분, 하나님의 오른편에 계시며 우리를 대변하시는 그분이 - 곧 예수 그리스도께서 - 그렇게 하신다. 우리가 어떻게 해야 바르게 기도할 수 있는지 알지 못할 때, 말할 수 없는 아픔과 함께 우리를 위해 등장하시는 성령님이 그렇게 하신다.[757]

755) Karl Barth, Richard Grunow, 『칼 바르트의 신학묵상』, 474, 447.
756) 위의 책, 645.
757) 칼 바르트, "계시, 교회, 신학", 『말씀과 신학: 칼 바르트 논문집 1』(서울: 대한기독교서회 1995), 170.

변화된 주장의 진실

이러한 주장들을 근거로 바르트를 추종하는 사람들은 바르트가 『로마서 주석』 이후의 교리적 설명의 경우에는 하나님의 초월성 내지는 원역사를 주제로 삼지 않았다고 변호합니다. 물론 그 나름대로 수긍할 수 있는 부분도 없지 않을 것입니다. 그러나 표현의 차이는 있지만, 변화가 없다는 주장들도 많습니다. 심지어 바르트에 대하여 우호적인 베르까우어조차도 "대체로, 부정할 수 없는 하나의 일관성에 대한 인상이 바르트 연구가들 간에 점점 확정되고 있다고 할 수 있다."라고 말합니다.[758] 바르트는 1961~1962년 사이에 바젤 대학에서 행한 강연을 모아 그의 말년에 출판한 『복음주의 신학 입문』에서 이렇게 주장합니다.

> 신학에 손을 댄 사람은 처음부터 끝까지 기적과 관계한다. 즉, 원칙적으로 그리고 확정적으로 상식적인 경험의 규범과는 상충되는 그 무엇의 현존과 역사가 일어난다. … 그러나 만약에 누가 성경 안에서 이야기되고 있는 바를 보편적으로 알려져 있고 빈틈없다고 선포된 인과관계의 사건들로 축소시켜 버린다거나, 만약에 누가 성경의 이야기가 일상적인 인과관계의 사건들이 아니라는 이유 때문에 일어나지 않았던 것으로 무시해 버린다거나, 만약에 누가 같은 이유로 단순한 정신적 사건들의 상징들로 보거나 성경적 증인들의 마음속에서 일어난 경악에 찬 신앙심의 폭발로 해석한다면, 그는 이 성경의 증거와 그것의 내용을 포착하지 못할 것이다. … 이 사건은 역사를 뚫고 들어온 원칙상 새로운 사건이다. 이것은 역사 속에서 말씀되었고 말씀하고 계시는 말씀이시지만, 그리고 이 시·공

758) G. C. Berkouwer, 『칼 바르트의 신학: 은총의 승리』, 19.

속에 있는 역사 속에서 이해되어야 할 말씀이지만 모든 다른 말들과 전혀 다른 말씀으로서 원칙상 새로운 말씀이다.[759]

바르트가 그의 말년에 이와 같이 주장하였다면 로마서 주석에서의 주장이 변하지 않았다는 것을 확인할 수 있을 것입니다. 그렇다면 바르트가 어떤 변화된 주장들을 펼친 것은 하나의 변장(變裝)이 아닐까요? 만일 그의 변화가 사실이라면, 19세기의 자유주의 신학의 인간 형상적 하나님 우상을 깨뜨리기 위해 '비역사적'인 초절에 빠졌던 그가 이제 하나님의 인간성을 강조함으로써 다시 자유주의 신학으로 회귀한 것은 아닐까 반문하지 않을 수 없습니다. 그렇다면 그 이유가 무엇일까요? 그는 "자신의 시대가 영합할 수 있는 새 신학을 구성해야만 했기 때문에, 자기 이전의 모든 신학의 하나님을 떠나서, 신의 모습을 새롭게 각색할 수밖에"[760] 없었던 것이 아닐까요?

5) 우리의 수준에 맞추시는 하나님

하나님은 초월자이시지만, 또한 인간의 눈높이에 맞추어 자신을 계시하시는 하나님이십니다. 여기에 대하여 칼빈은 "리베르탱파 논박"에서 "사실 주님은 자신이 그의 존엄에 맞는 방법으로 우리에게 말할 경우, 우리의 지성이 그렇게 높이 도달할 수 없음을 아시고 우리의 미숙함에 적응하신다. 마치 유모가 아이와 함께 말을 더듬는 것처럼, 마찬가지로 그는 우리에게 조잡한 화법을 사용하사 알아듣게 하신다."[761]라고 단순하고 쉽게 설명합니

759) Karl Barth, 『복음주의 신학 입문』, 77, 79.
760) 한종희, 『정통주의 신학에서 본 칼 바르트 신학 -계시관을 중심으로-』, 147.
761) Jean Calvin, "리베르탱파 논박", *Recueil des Opuscules de Jean Calvin*, 박건택 옮김, 『칼뱅 작품

다. 그는『기독교강요』에서도 이렇게 설명합니다.

> 우리의 지각이 가 닿는 영역 너머 더 높은 곳에 솟아 있는 비밀들이 율법과 복음 가운데서 이해된다고 함은 실로 참되다. 그러나 하나님은 자기를 낮추셔서 말씀으로 현시(顯示)하신 이 비밀들을 자기에게 속한 자들이 받아들일 수 있도록 그들의 마음을 지성의 영으로 조명하시기 때문에 이제 여기에는 어떤 심연도 없다. 오히려 우리가 안전하게 걸을 수 있는 길, 우리의 발을 인도하는 등(燈), 생명의 빛, 확실하고 분명한 진리의 학교가 있다.[762]

그렇다면 우리가 성경을 해석할 때 추상적이고 난해한 철학적 방법들을 동원하는 것은 결코 성경의 의도가 아닐 것입니다. 물론 때로는 다른 학문적 방법이나 원리를 도구로 사용할 수도 있을 것입니다. 그러나 그런 경우는 다만 성경을 좀 더 쉽고 분명하게 이해하기 위한 도구로만 사용되어야 할 것입니다. 신학자의 사명과 역할과 책임은 다른 것이 아니라 다만 "이해하기 어렵지 않은 순수하고 명백한 복음을 우리에게 가르치는"[763] 것이기 때문입니다. "이 단순하고 순수한 복음의 목적을 '하나님이 원하시는 대로' 받아들이는 것이 성경을 대하는 바른 태도"입니다.[764] "다른 차원의 적용이나 이해가 성경에 대한 바른 이해를 결정"한다면 그것은 바른 성경해석이

선 1-8』(서울: 부흥과개혁사, 2021-2022), 6:245, 이후로는 Jean Calvin, "리베르탱파 논박", 『칼뱅작품선』, 6:245. 등으로 표기함.

762) John Calvin, *Institutes of the Christian Religion*, ed. John T. McNeil, tr. Ford Lewis Battles (Philadelphia: The Westminster Press, 1960), 원광연 옮김, 『기독교 강요 (상)』(고양: 크리스챤다이제스트, 2003), 1권 14장 20절, 이후로는 *Inst.*, 1.14.20. 등으로 표기함.

763) Jean Calvin, "리베르탱파 논박", 『칼뱅작품선』, 6:250.

764) 김요섭, 『칼빈의 종교개혁』(서울: 솔로몬, 2024), 267, 이후로는 김요섭, 『칼빈의 종교개혁』, 267. 등으로 표기함.

아닐 것입니다.[765] 칼빈은 "그러므로 우리는 직접이든 간접이든 우리를 성경에서 벗어나게 하려는 모든 사람을 마귀로 간주하고, 그들을 독처럼 피하자. 하나님이 우리에게 자신의 뜻을 명백히 나타낸 순전하고 단순한 하나님 말씀을 충실히 따르자."[766]라고 권면합니다. 존 맥아더는 이 문제에 대하여 이렇게 지적합니다.

> 성경은 광범위한 명료성과 한계를 짓는다. … 이제 어떤 진리를 명백한 것으로 생각하는 것을 삼가는 것이 겸손이라고 주장하는 이들이 있다. … 확실성의 거절은 실제로 오만의 한 신성모독적인 형태이며, 그것은 어떤 이가 하나님의 말씀을 어떻게 다루는지 결정할 때, 그리스도의 권위에 대한 사악한 반대의 또 다른 표현이 된다. …
>
> 사도 바울이 기록한 모든 서신은 학자들이나 지성인이 아닌 보통 사람들을 위한 것이다. 교회의 수신자들은 주로 구약성경을 이해하는 데 한계를 느낀 이방인 교인들이었다. 그런데도 바울은 서신 내용을 이해하기 바랐고(**엡 3:3-5**), 자신의 가르침에 주의하라고 주장했다(**딤전 3:14-15**). …
>
> 개신교는 항상 성경의 명료성을 확언해왔다. … 하나님의 말씀은 일반 독자가 그리스도의 구원하시는 지식을 위하여 필요한 모든 것을 알고 이해하기에 충분할 만큼 분명하다. …
>
> 어떤 의미에서 볼 때 성경의 명료성을 현대인들이 부정하는 것은, 성경은 평신도들이 혼자 해석하기에는 너무도 분명하지 못하다고 교황의 계급 제도가 주장했을 때인 중세적 사고로 후퇴하는 것과 마찬가지다. … 그리스도의 백성들

765) 위의 책, 267-268.
766) Jean Calvin, "리베르탱파 논박", 『칼뱅작품선』, 6:254.

이 그분의 말씀하신 것을 가지고 그분이 의미하신 것을 진정으로 알 수 없었다면 어찌 그분이 자기 교회에 대한 머리되심을 행사할 수 있단 말인가? 예수님은 **요 10:27-28**에서 말씀하셨다. "내 양은 내 음성을 들으며 나는 그들을 알며 그들은 나를 따르느니라. 내가 그들에게 영생을 주노니 영원히 멸망하지 아니할 것이요 또 그들을 내 손에서 빼앗을 자가 없느니라"[767]

성경은 "기록된 말씀을 그대로 순수하고 성실하게 청종하면 누구라도 그 뜻을 깨달을 수 있는 드러내는 말씀"[768]입니다. 그러므로 "성경의 문장들을 가까이 살피시 그것의 참되고 자연스러운 의미를 끄집어내며, 공통의 언어에서 동떨어지지 않은 단순하고 솔직한 말을 사용"[769]해야 합니다. 만일 그렇지 않다면 "그리스도의 성육신과 부활은 비실제적인 것이 될 뿐이며, 따라서 그리스도인들의 영생과 부활 역시 우화에 불과하게 될 것"[770]이라고 칼빈은 경고합니다. 성경은 신자라면 누구라도 이해할 수 있도록 해석되어야지 신학자나 목사만 이해할 수 있다면 그것은 바른 성경해석이 아닙니다.[771]

하나님은 계시하시고 신자는 믿음으로 그 계시를 받아들일 수 있게 하셨습니다. 이러한 사실은 하나님께서 초월적인 존재이시지만 자신을 인간의 수준으로 낮추셔서 자신을 알리신다는 명백한 증거입니다. 시편은 "하나님의 임재와 스스로 낮추어 맞추어 주시는 은혜를 표현한 비유적인 수사들로 가득한데, 아버지, 왕, 스승, 목자, 모사 등이 그것"[772]입니다. 칼빈은 **시편**

767) John MacArthur, 『진리 전쟁: 속임의 시대에 확실한 진짜를 가려내는 싸움』, 204-206.
768) 김요섭, 『칼빈의 종교개혁』, 215; *Inst* Ⅰ.6.1.
769) Jean Calvin, "재세례파 논박", 『칼뱅작품선』, 6:218.
770) 김요섭, 『칼빈의 종교개혁』, 258; Jean Calvin, "리베르탱파 논박", 『칼뱅작품선』, 6:231.
771) 라은성, 『정통과 이단 (하)』(서울: 그리심, 2007), 34.
772) 문병호, 『칼빈신학: 근본 성경교리 해석』(서울: 지평서원, 2015), 119, 이후로는 문병호, 『칼빈신

78편 3절을 주석하면서 하나님의 맞추심의 필요성에 대한 자신의 관점을 인상적으로 표현합니다.[773]

> 만약 하나님이 인간의 제한적인 능력에 자신을 맞추어 주시면서 겸손하고도 낮은 모양으로 말씀하신다면, 그런 가르침의 방식이 너무 단순하다고 경멸할지도 모른다. 그러나 만약 하나님이 그의 말씀에 더 위대한 권위를 부여하기 위해 더 고상한 모습으로 올라가신다면, 인간은 자신의 무지를 변명하기 위하여 그것이 너무 모호하다고 투덜거릴 것이다. 이런 두 가지 해악은 세상에 너무 만연하기에, 만약 그들이 순종하고 가르칠 만한 성향을 가지고 교훈을 받으려는 열망을 품는다면, 성령은 그의 모습을 아주 유순하게 만들어 그가 가르치시는 장엄한 진리가 가장 연약한 자들에게도 숨겨지지 않도록 하실 것이다.

칼빈은 "하나님을 아는 지식의 장엄함과 그것의 계시성을 동시에 언급"함으로써 "하나님의 형상을 담고 있는 자로서 우리가 하나님을 알 수 있는 가능성이 있다는 사실과 의존적 특성을 가진 피조물로서 우리가 스스로 하나님을 알 수 없다는 사실"을 설명합니다.[774]

> 심지어 누가 아무리 경미한 지식을 가졌다고 하더라도, 흔히 보모가 유아들에게 하듯이 하나님께서 우리에게 말씀하실 때 다소 옹알이를 하곤 하신다는 사실을 이해할 수 없겠는가? 하나님은 이러한 방식으로 말씀하심으로써 자신이 누구인지를 명확하게 표현하시기보다 그분을 아는 지식을 우리의 경미한 능력에 맞추

학: 근본 성경교리 해석』, 119. 등으로 표기함.

773) 위의 책, 120.

774) 위의 책, 120.

어 전해 주신다. 이를 위해 그분은 자신의 숭고함 저 아래로 내려가셔야 한다.[775]

> 태초로 계신 하나님이 죽을 수밖에 없는 사람들 앞에 나타나신 것은, 자신을 있는 그대로 보이고자 하심이 아니라, 그들이 자신을 받아들일 수 있도록 자신을 그들의 능력에 맞추고자 하심이었다. 하나님께서 조상들에게나 우리에게 자신을 실체 가운데 계시하지 않으셨다는 사실을 명심해야 한다. 그분은 자신을 우리에게 맞추어 주셨다. 이를 위하여 그분은 우리가 우리와 함께 계신 자신의 존재를 알 수 있도록 우리의 능력의 수준까지 자신을 낮추셔야만 했다(칼빈의 설교, 신 5:4-7, 8-10, 11, 16, 17, 22, 23-27, 28-33).

"절대적이고 완벽하고 포괄적이고 영원한 진리"는 "하나님께서 소유하신 지식"이지만, 우리가 아는 진리는 "하나님께서 우리의 수용 능력에 맞게 조절하여" 계시해 주신 것입니다.[776] 하나님은 "(1) 우리의 능력에 맞도록 조절된 방식으로, (2) 하나님의 은혜 언약의 맥락 내에서 그리스도 안에서 자신의 이름을 부르는 데 필요하다고 여기시는 것에 국한된 방식으로, 자신을 계시"하셨습니다.[777] 따라서 "모든 주요 기독교 교리는 그것을 이해할 수 있는 우리의 이성적 능력을 초월하지만(이성주의에 반하는 측면)", "그 의미를 이해할 수 있는 우리의 이성적 능력을 초월하는 교리(신앙주의에 반하는 측면)"는 없습니다.[778] 따라서 "무로부터의 창조나 출애굽이나 예수 그리스도의 동정녀 탄생, 속죄의 죽음, 육체의 부활과 같은 기적"을 부정하고

775) *Inst.* 1.13.1.

776) Michael S. Horton, *Christian faith*, 이용중 옮김, 『(언약적 관점에서 본) 개혁주의 조직신학』(서울: 부흥과개혁사, 2012), 59, 이후로는 Michael S. Horton, 『(언약적 관점에서 본) 개혁주의 조직신학』, 59. 등으로 표기함.

777) 위의 책, 119.

778) 위의 책, 107.

거부하는 것은 우리의 "이성"이 아니라 "인간들의 타락한 마음"입니다.[779]

바르트의 신학에 관한 논문들이나 저서들에서 공통적으로 등장하는 표현 중 하나는 바르트의 성경해석이 매우 난해하다는 지적일 것입니다. 그에 관한 논문들이나 저서들을 저술할 정도면 그에 대한 전문가라고 할 터인데, 그런 전문가들조차 바르트의 성경해석이 매우 난해하다고 지적한다면, 그것은 남녀노소 모두에게 단순하고 분명해야 할 성경의 의도와는 거리가 멀다는 반증(反證)일 것입니다. 바르트의 추종자라고 할 수 있는 학자들조차도 바르트 사상의 복잡성과 모호성과 부정확성에 대하여 다음과 같이 지적합니다.

> 이 교의학은 좀 더 엄격한 학문적 전개가 아닌 수사학적인 전개를 지닌다. 이는 곧장 과장과 부정확함으로 이끌어지며, 심지어 부주의한 독자들로 하여금 바르트가 부정하는 것을 바르트 자신이 지지하고 있는 것으로 오판하게 한다. 복잡한 문장들은 누적해 가는 힘을 지니긴 하지만 의미를 모호하게 한다. 내부적 배역에서도 역시 … 유감스러운 점이 많다. …
>
> 일반적인 도식 사이에서 바르트 사상의 미묘한 움직임은 독자들에게 어려움을 가중한다. … 잡다함은 또한 성서적, 역사적 자료들을 지탱하는 그의 사용의 특징이 된다. …
>
> 그는 사변을 피했지만, 그의 번뜩이는 몇몇 통찰들은 그가 실제로는 존재하지 않는 것들을 구성하고 있다는 인상을 준다. 또한 때때로 그는 긍정적인 진술들을 부정적인 반응들로 너무 강하게 형성되도록 허용하는 일반적인 신학의 덫에 빠졌다. 사실상, 그는 허상과 싸우고 있는 것처럼 느껴지며 역사상에서 혹은 오

779) 위의 책, 107.

늘날 입장에서는 미미한 것을 과장하고 반대적인 측면들을 지나치게 보충하여 설명하는 것처럼 보인다. …

그 자신의 몇몇 주제들에서 바르트는 단지 미미한 성서적 기반을 지탱할 뿐이다. 이것은 특별히 죄에 대한 그의 논의에서 잘 적용된다. 자기변호에서 그의 왕성한 진술들에도 불구하고, 또한 이원론을 피하려는 그의 바람직한 의욕에도 불구하고, 그는 무(無)에 대한 수고로운 이론적 전개나 귀신론에서 성서적인 기반을 거의 지니고 있지 않다. 사실상, 타락한 천사에 대한 문제에서도 그는 의도적으로 성서가 주는 암시들이 자신의 총체적인 구상에 적합하지 않다는 이유로 이를 받아들이려고 하지 않는다. 또한 만인 구원론의 문제도 마찬가지다. …

대부분의 해석에 따라 성서가 그것을 닫고 있는 것처럼 보이는 문제들에 내해서 바르트는 그 문제를 그대로 열어 놓아야 한다고 주장한다. 그는 대담하게 성서의 원리들에 대해 언급한다. 그러나 대부분의 신학자처럼 그가 큰 주의를 기울이지 않는 성서 본문들에 대해서도 무지하였다. 그의 성서 저작들의 영감설에 대한 강조의 결여는, 비록 이 경우 그것들을 무시하기보다는 적합한 구절들을 재해석하고 또한 진정한 성서의 관심의 이해에 따라 재해석하였지만, 이러한 범주에 속한다. 성서에 대한 위임은 권위에 대한 논의에서뿐만 아니라 남성과 여성 혹은 그리스도의 화해케 하시는 사역의 대속적 성질에 대한 바르트의 특징이 특별히 대두된다. 삼위일체라는 대가를 치르지 않을지라도, 성서가 갖는 그리스도 중심성은 어디에서도 확실한 설명을 찾아내지 못한다. 왜냐하면 바르트가 계속적으로 우리에게 상기시키는 바와 같이, 모든 사람은 하나님의 외부적 작용들 속에서 활동하여서, 그리스도를 말하는 것은 곧 그의 모든 충만함 가운데 하나님을 말하는 것이기 때문이다. 바르트가 언젠가 한 번 언급한 바와 같이, 그의 신학의 일반

적인 과정은 지속되지만, 그것의 세부적인 움직임들은 언제나 변화하고 있다.[780]

정통적인 기독교는 "하나님께서 계시다는 것, 하나님께서 성경을 통하여 우리와 함께 의사소통하신다는 것, 하나님께서 의도하신 것을 성경이 실제로 말씀하는 방식으로 하나님께서 저작에 관여하신다는 것"과 "우리가 하나님의 형상으로 창조되어서 하나님과 의사소통을 받아들이고 이해할 수 있다."라는 것을 전제합니다.[781]

780) Geoffrey William Bromiley, *Introduction to the theology of Karl Barth*, 신옥수 옮김, 『칼 바르트 신학개론』(서울: 크리스챤 다이제스트, 1994), 355-358.

781) Graeme Goldsworthy, *Gospel-centred hermeneutics*, 배종열 옮김, 『복음중심 해석학: 성경적-신학적 기초와 원리』(서울: 기독교문서선교회, 2010), 39, 이후로는 Graeme Goldsworthy, 『복음중심 해석학: 성경적-신학적 기초와 원리』, 39. 등으로 표기함.

2. 계시

1) "원역사"의 관점에서 본 계시, 그 문제

영원과 시간 사이의 영역에 존재하는 계시

바르트는 **막 4:9b**의 "들을 귀 있는 자는 들으라 하시니라"에 대해서 이렇게 주석합니다.

> 예수님을 만난 일이 그 자체로서 어떻게 하나님을 만난 일이 될 수 있을까요? 다시 말하면 신약성경에서 계시란 무엇일까요? 하지만 계시를 경험하는 인간 역시 '계시'에 속하지 않습니까? … 계시가 일어날 때, 들을 수 있는 귀가 있을 때, '너희에게는 하나님 나라의 비밀을 맡겨주셨다'(**막 4:11**)라고 말씀하시기 때문입니다. … 그러므로 성령은 인간으로 하여금 자기 자신을 향해 마음을 열게 하시고, 자신을 받아들이도록 준비시키시며, 자신을 받아들이게 하십니다. 그러함으로써 성령은 하나님의 계시가 인간에게 일어날 수 있게 합니다. 만일 계시가 일어난다면, 이것은 오직 하나님 자신의 현실성으로서만 일어날 수 있습니다.[782]

여기에 대하여 반틸은 이렇게 비판합니다.

> 그들이 말하는 계시는 역사와 접촉해야만 한다고 한다. 그렇지만 계시가 역사

782) Karl Barth, Richard Grunow, 『칼 바르트의 신학묵상』, 134-135.

에 직접적으로 나타나야 하는 것이 아니고, 역사와 결코 동일한 것은 아니라고 말한다. 그래서 그들이 말하는 계시는 말하자면 원역사에 있는 영원과 시간 사이의 영역에 위치한다고 결론을 내린다. … 우리가 주의해야 할 과거의 철학적 운동은 현상학과 실존주의일 것이다. 계시란 역사 세계에 나타나야만 하는 것 같이, 계시는 사람과 접촉해야만 한다. 그렇지만 계시가 직접적으로 역사와 접촉하는 것도 아니고, 역사와 동일한 것도 아니므로 계시는 사람의 구조적이고 해설적인 사상과 직접 접촉하거나 그것과 동일시 될 수도 없다. 그러므로 실존철학의 개념은 위기신학자들에 의해 원역사 개념의 주관적 동의로써 제공된다. 후자에 의하면 위기신학자들은 한 접선이 한 원과 만나는 것처럼, 계시를 역사와 만난다는 생각으로 표현한다. 전자(실존철학)에 의하면, 하나님은 인간에게 순간에서부터 순간으로 말한다는 사상을 표현하려고 한다.[783]

바르트가 『로마서』 2판에서 "키르케고르의 '시간과 영원의 무한한 질적 차이' 사상을 그 핵심 사상으로 전개한 이유"는 "신과 인간의 차이를 무시"한 "쉴라이어마허의 역사적 범신론을 비판"[784]하고자 함이었습니다. 그 결과 바르트는 "신의 초절사상을 강조함으로써 19세기 자유주의 신학의 역사적 범신론을 극복하는 데는 성공"했는지 모르지만, "역사와 세계 속에 신이 부재한다고 말함으로써 초절주의에 빠지고", 하나님의 "세계 내재성을 간과"[785]하는 실수를 범했습니다.

783) Cornelius Van Til, 『신현대주의: 바르트와 부루너 신학의 평가』, 38-39.
784) 김영한, "바르트의 『로마서』에 끼친 키에르케고르의 변증법 영향", 『현대신학의 전망』(서울: 기독교서회, 1988), 144f.
785) 김영한, 『현대신학과 개혁신학』(서울: 대학촌, 1990), 108, 이후로는 김영한, 『현대신학과 개혁신학』, 108. 등으로 표기함.

그는 하나님의 계시는 무한하므로 유한에 들어올 수 없고, 다만 모순의 순간에만 가능하다고 생각하기 때문에 "계시는 역사적이 될 수 없으며, 그것은 유한한 언어와 동일시될 수 없고", 따라서 "성경은 계시가 아니며 계시에 대한 역사의 반응일 뿐", "표현 불가능한 신의 말씀에 대한 인간의 응답의 소리일 뿐"[786]이라고 주장합니다.

그러나 하나님께서는 "인간의 언어를 통하여" 그 자신과 그분의 뜻을 우리에게 전달하셨기 때문에, 하나님께서 "가능한 한 분명하고 단순한 방식으로 말씀을 전달하셨을 것"이라고 가정하는 것이 얼마든지 가능합니다.[787] 하나님께는 인간과 공유하지 않는 비공유적 속성뿐만 아니라 인간과 공유하는 공유적 속성도 있습니다. 따라서 하나님의 계시는 하나님과 인간의 공유적 속성을 통하여 전달될 수 있습니다.

그는 또한 하나님과 인간의 질적 차이에 집착하여 "인간 역사에 하나님께서 역사하심을 외면하는 해석학적 틀"로 성경을 해석함으로써 예수님의 구원 사역은 "더 이상 이천 년 전 이스라엘에서 있었던 구원역사의 절정이 아니라 주로 지금 신자가 경험하는"[788] 각 개인의 주관적인 예수님이 되고 말았습니다. 만일 성경을 하나님께서 인간의 언어를 통하여 그 자신과 그분의 뜻을 우리에게 전달하신 계시로 받아들이지 않는다면, 성경의 문자적 해석은 포기할 수밖에 없고, 그 결과는 결국 각자 개인들이 원하고 주장하고 싶은 내용을 성경에서 말하는 것으로 왜곡함으로, 성경은 각 개인의 주

786) 한제호, 『성경의 해석과 설교』(서울: 솔로몬, 1995), 415.

787) John MacArthur, *Charismatic chaos*, 이용중 옮김, 『무질서한 은사주의』(서울: 부흥과 개혁사, 2008), 139, 이후로는 John MacArthur, 『무질서한 은사주의』, 139. 등으로 표기함.

788) Graeme Goldsworthy, 『복음중심 해석학: 성경적-신학적 기초와 원리』, 78.

관적인 생각들과 주장들을 위한 도구와 수단이 되고 말 것입니다.[789] 그러나 성경은 문자적 의미 그 자체로 충분한 내용을 담고 있습니다. 따라서 성경의 문자적인 순수한 의미를 이탈하여 개인이 고안한 새로운 옷을 입히는 것은 결국 성경의 의도와 본래 의미를 왜곡하여 성경의 권위를 개인의 사상을 주장하기 위한 수단과 방법으로 악용하는 결과를 초래할 뿐입니다.[790]

물론 하나님은 시간과 공간, 인간의 역사를 초월해 계십니다. 이러한 사실로 인하여 칸트는 그의 『순수이성비판』에서 "인간이 이성으로 하나님을 포착하고 인식하는 것은 불가능하다."라고 결론을 내릴 수밖에 없었고, 바르트 또한 이러한 사상을 받아들였습니다. 인간의 이성적인 판단으로는 그렇게 할 수밖에 없을 것입니다. 그러나 하나님은 우리에게 자신을 인식시키기 위하여 우리가 이해할 수 있는 모양으로 스스로를 나타내고 계시는데, 그 대표적인 방법이 하나님의 문자가 아니라 인간의 문자인 성경입니다.[791] 물론 문자나 이성을 초월해 계신 하나님을 있는 그대로 알기에는 문자나 이성은 절대적으로 부족한 도구이지만 하나님은 그 속에서도 자신을 펼쳐 보이셨습니다.[792]

시공 세계의 것을 방편으로 전파될 수 없는 계시

바르트는 **롬 1:16a**의 "내가 복음을 부끄러워하지 아니하노니"에 대하여

789) John MacArthur, 『무질서한 은사주의』, 140.
790) John Calvin, 존 칼빈 성경주석 출판위원회 편, 『존 칼빈 성경주석 창세기』(서울: 성서원, 2003), 464-465.
791) 박영선, 『생각하는 신앙』(서울: 포이에마, 2022), 47, 이후로는 박영선, 『생각하는 신앙』, 47. 등으로 표기함.
792) 위의 책, 47.

이렇게 주석합니다.

> 복음은 세계종교들과 세계관들과 다툼을 추구할 필요가 없고 그렇다고 도피할 필요도 없다. … 변증론, 곧 복음의 승리를 위한 염려란 있을 수도 없다. 복음은 주어진 모든 것의 지양이며 새로운 토대 설정으로서, 세상을 극복하는 승리(**요일 5:4**)다. 복음은 누가 그것을 대변하거나 실어 나를 필요가 없다. 오히려 복음이 그것을 듣고 선포하는 사람을 대변하고 그들을 운반한다. 복음을 위해서 바울이 로마에 가는 것, 온갖 영들이 영향력을 행사하는 그곳 로마에 가는 것은 - 비록 그가 복음을 위하여 분명 의연하고 부끄러움 없이 거기에 갈 수 있고 또 가게 될 것이지만 - 꼭 필요한 일은 아니다.[793]

사도 바울이 복음을 부끄러워하지 않았던 이유가 복음은 세계종교들과 세계관들과 다툼을 추구할 필요가 없고 그렇다고 도피할 필요도 없기 때문이었을까요? 물론 바르트는 그런 이유 로 복음을 부끄러워하지 않았을 것입니다. 원역사의 관점에서 보면 그럴 수밖에 없을 것입니다. 그러나 사도 바울이 복음을 부끄러워하지 않았던 이유는 원역사가 아니라 시공간의 역사 안에 계시 되고 시공간의 역사에서 전파되는 복음만이 구원을 주시는 하나님의 능력이 되기 때문이었습니다. 따라서 바울은 이 복음을 위해서 굳이 로마에 갈 필요가 있었습니다.

만일 바르트의 주장대로라면, 바울과 그 일행이 복음을 전하기 위해 목숨을 걸었던 모든 선교 여행은 무의미한 것이 될 것이며 "복음은 시공 세계의

793) Karl Barth, 손성현 옮김, 『로마서 강해』, 155-156.

것을 방편으로 하여 전파될 것"[794]임을 부정하는 것이 될 것입니다. 그렇다면 복음을 전하라는 성경의 분부와 명령, 그에 따른 시간과 공간 안에서의 모든 충성과 헌신은 무의미한 것으로 부정될 수밖에 없을 것입니다. 그런 주장이 과연 성경적으로 용납될 수 있을까요? 바르트는 또 이렇게 주장합니다.

> 성경은 시대마다 각 사람에게 그들의 질문에 그들의 받을 만한 답을 준다. 그것이 우리를 몇 년 동안은 만족시킬지 모르지만, 우리는 고지식하게 영원히 그것으로 만족할 수는 없다. 오래지 않아 성경은 우리가 만들어 내는 역본들에 대하여 아주 솔직하게 친절한 태도로 말하여 줄 것이다. 이들이 너를 지시하는 것일지는 몰라도 이들이 곧 나는 아니다.[795]

이 주장의 의미가 무엇일까요? "성경은 시대마다 각 사람에게 그들의 질문에 그들의 받을 만한 답을 준다."라는 말은 각 시대와 각 사람마다 성경으로부터 받는 답이 다르다는 뜻이 아닐까요? 또한 "그것이 우리를 몇 년 동안은 만족시킬지 모르지만, 우리는 고지식하게 영원히 그것으로 만족할 수는 없다."라는 말은 성경의 메시지는 당분간만 적용할 수 있는 잠정적이라는 뜻이 아닐까요? "오래지 않아 성경은 우리가 만들어 내는 역본들에 대하여 아주 솔직하게 친절한 태도로 말하여 줄 것이다. 이들이 너를 지시하는 것일지는 몰라도 이들이 곧 나는 아니다."라는 말도 성경의 역본들이 지시하는 것은, 어느 시대 어느 사람일 수는 있지만, 하나님은 아니라는 뜻이 아

794) 박윤선, 『성경주석 로마서』, 53.
795) 바르트, "성서 안의 새로운 세계", 『복음주의신학총서 1권』(서울: 대한기독교서회, 1964), 8-9.

닐까요?

바르트의 주석대로라면 성경에 대한 이해나 해석은 극히 개인적이고 다분히 주관적인 것이 될 것이며, 시대사조에 따른 상대주의적인 것이 될 것입니다. 만일 그렇다면 성경이 굳이 필요할까요? 아니 그것을 성경이라고 말할 수 있을까요? 정통신학은 결코 이런 뜻으로 성경에 대하여 말하지 않습니다. 성경은 진리와 생명의 말씀입니다. 만일 바르트의 주장대로 각 시대와 각 사람마다 다른 것이 된다면 그것은 진리와 생명의 말씀이 될 수 없습니다.

로마서의 문맥에서 볼 때, "바울의 '내가 복음을 부끄러워하지 아니하노니'라는 말이 우선적으로 매우 변증적이거나 논쟁적인 성격을 지녔으며, 적어도 로마에 있는 일부 그리스도인들이 그의 인격이나 사역 또는 메시지에 대해 제기한 어떤 비난에 반응한다."[796]라고 이해할 수 있습니다. 만일 바르트의 주장대로 "성경이 각 시대와 각 사람마다 다른 것"이 된다면, 또 복음이 "세계종교들과 세계관들과 다툼을 추구할 필요가 없고 그렇다고 도피할 필요도 없는" 것이라면 바울이 변증적이고 논쟁적으로 로마서를 진술할 이유가 없었을 것입니다.

복음은 세상 사람들의 눈에는 치욕적이었고, 따라서 그리스도인들이 경건치 못한 자들에게 조롱을 당했기 때문에, 그리스도인들이 복음을 과소평가하지 않고 오히려 그리스도의 십자가 치욕을 그들이 견디도록 준비시키기 위해 바울이 복음을 부끄러워하지 않는다고 말했던 것입니다.[797] 만일 성경에 대한 이해나 해석이 극히 개인적이고 다분히 주관적인 것이 되어도

796) Richard N. Longenecker, *Romans*, 1:16a.

797) John Calvin, *Romans*, 1:16a.

되고, 시대사조에 따른 상대주의적인 것이 되어도 된다면, 바울이 이렇게 말할 필요는 없었을 것입니다.

바울은 복음 때문에 유대인들에게 추방되었고 배교자로 낙인찍혔으며, 이방인들 가운데 지혜로운 자들에게는 핍박과 멸시를 받고 이곳저곳으로 쫓겨 다녔으며, 세상의 더러운 것과 만물의 찌끼로 취급당했지만(**고전 4:13**), 복음을 부끄러워하지 않았습니다.[798] 만일 복음이 당분간만 적용할 수 있는 잠정적인 것이라면, 바울이 그럴 필요가 없었을 것입니다. 여기에 대하여 박윤선은 이렇게 비판합니다.

> 그러나 바르트는, 이 점에 있어서 하나님의 초월성을 강조하느라고 하나님의 내재성을 배제한 셈이다. 하나님의 초월성은, 그의 내재성을 배제하는 것이 아니고 도리어 그것을 포함함으로만 성립되는 것이다. 따라서 시공 세계와 하나님과는 이원적 대립이 아니다. 따라서 하나님께서 그 복음을 전하심에 있어서 인간이나 인간의 지도나 기관을 사용하심은, 그것들을 의뢰하시는 의미가 아니고 그 통치자의 처지에서 그것들을 성별(聖別)하여 이용하시는 의미이다. 시공 세계에도, 하나님께서 성별하신 일정한 주의로서 정복음주의가 존재할 것이 아닌가? 하나님께서 복음을 전하심에 있어서 기쁘시게 사용하시는 방편이, 연약한 시간 공간의 실존이 아닌가? 사도 바울은 말하기를, '우리가 이 보배를 질그릇에 가졌으니 이는 능력의 심히 큰 것이 하나님께 있고 우리에게 있지 아니함을 알게 하려 함이라'(**고후 4:7**)라고 하였다. 그러므로 시간 공간 세계에는 성별된 일정한 정복음주의가 있는 동시에(**갈 1:8-9**), 그것을 옹호하기 위하여 논전도 없지 않은

798) Albert Barnes, *Barnes'notes on the New Testament commentary ROMANS*, 정중은 역, 『로마서』 (서울: 크리스챤서적, 1987), 1:16a, 이후로는 Albert Barnes, *Romans,* 1:16a. 등으로 표기함.

것이다. 그러나 이 논전은 혈육을 상대로 하는 것이 아니고(**엡 6:12**) '일들'을 분변하는 일이다(**요일 4:1, 2, 계 2:3, 6, 24, 고후 6:14-18, 요이 7-11** 참조)[799]

존 프레임(John M. Frame)은 초월과 내재의 개념에는 위험성이 존재한다는 사실에 대하여 이렇게 지적합니다.

> 더욱이 성경에 따르면 우리는 하나님에 관한 명확한 것들을 알 수 있습니다. 인간 언어의 한계에도 불구하고, 하나님은 누구이시고 무엇을 하셨는지를 분명하고 정확하게 우리에게 말씀하시기 위해 인간 언어를 사용하실 수 있으십니다. … 그래서 저는 초월의 신학적 개념을 거부하도록 권면합니다. … 성경이 하나님을 '높은', '위대한', '올리우신' 분으로 표현할 때, 그는 우리로부터 멀리 계셔서 우리가 그분을 알 수 없다고 말하는 것이 아닙니다. 오히려 하나님은 왕이시고, 주님이시라는 것을 말하는 것입니다. 다른 말로 말하면 성경적 초월은 통치와 권위에 대한 하나님의 주권적 속성입니다. … 어떤 신학자들은 하나님이 내재하실 때, 세상에 흡수되시고, 감추어져서 피조의 실재와 구분될 수 없다는 것처럼 말합니다. 그러나 그것은 성경적인 것이 아닙니다. 하나님은 항상 세상으로부터 구분되어 계십니다. 왜냐하면 그분은 창조주이시고 우리는 피조물이기 때문입니다. 그러나 하나님은 분명히 자신을 세상에 계시하십니다(**시 19:1, 롬 1:18-21**). 하나님은 피조물과 함께하시기 위해 오십니다.[800]

799) 박윤선, 『성경주석 로마서』, 53.

800) John M. Frame, *Salvation belongs to the lord : an introduction to systematic theology*, 김용준 옮김, 『조직신학개론: 구원은 주께 속한 것이다』 (서울: 개혁주의신학사, 2011), 33, 이후로는 John M. Frame, 『조직신학개론: 구원은 주께 속한 것이다』, 3. 등으로 표기함.

직접적으로 전달될 수도 없고 파악될 수도 없는 계시

바르트는 **롬 1:16b**의 "이 복음은 모든 믿는 자에게 구원을 주시는 하나님의 능력이 됨이라"를 주석하면서 "바울은 알려지지 않은 하나님의 능력을 지칭하고 있다."[801]라고 주장합니다. 또한 "복음은 '믿음'을 요구한다. 믿는 자를 위해서만 복음은 '구원에 이르게 하는 능력'이다. 따라서 복음의 진리는 직접적으로 전달될 수 없고 또 직접적으로 파악될 수도 없다.", "직접적 식별가능성은 바로 우상들에 있어서 특징적인 것이다(키르케고르)."[802]라고 주석합니다. 그리고 이 믿음에 대하여 "믿음이라고 하는 것은 하나님의 익명에 대한 경외이요 하나님과 인간, 하나님과 세계 사이에 놓여 있는 질적 차이에 대한 의식 가운데서의 하나님을 향한 사랑 … 곧 그리스도 안에서 가능하게 된 신적인 '아니다'의 긍정, 하나님 앞에서 경악(驚愕)된 숨죽임이다."[803]라고 주석합니다.

이 말은 신앙은 전혀 알지 못하는 것을 상대로 한다는 의미일 것인데, 여기에서 인간이 전혀 알 수 없는 것이 "인간의 지각적 경험에 모순되는 것"을 뜻한다면, "신자나 불신자의 지각으로 알 수 없는 것일수록 더욱 믿음직한 성질의 것"이 될 것이라는 주장이 될 것입니다.[804] 과연 신앙의 대상이 인간의 지각에 전적으로 모순되는 성질의 것일까요? 여기에 대하여 박윤선은 다음과 같이 지적합니다.

801) Karl Barth, 조남홍 역, 『로마서 강해』, 19.
802) 위의 책, 21.
803) 위의 책, 22.
804) 박윤선, 『성경주석 로마서』, 53-54.

> 첫째로, 신자들에게 있어서, 신앙의 대상 곧 하나님은 저희의 중생된 지각에 모순되지 않는다. 신자들의 지각이 하나님의 그것에서 유래되고 의존되는 만큼, 그 지각은 하나님을 어느 정도 알 수 있는 것이다(반틸). … 따라서 신자에게 있어서는, 신앙과 이지(理智)의 작용이 서로 모순되지 않는다는 것이 개혁교회의 모든 신학자가 확증하는 것이다. 워필드는 "믿음의 대상을 인식하지 못하는 한, 진정한 믿음은 생길 수 없다."라고 하였다. … 부활하신 주께서, 부활하신 이가 곧 자기임을 확증하시기 위하여 제자들에게 "어찌하여 두려워하며 어찌하여 마음에 의심이 일어나느냐 내 손과 발을 보고 나인 줄 알라 또 나를 만져 보라 영은 살과 뼈가 없으되 너희 보는 바와 같이 나는 있느니라"라고 말씀하시고 손과 발을 보여 주셨다(**눅 24:38-40**). 이것은 의심 없이 그들의 이지(理智)에 신앙적 근거를 주시는 말씀이다.[805]

믿음은 복음을 들음에서 나면, 그 들음에서 지적인 동의가 배제될 수 없습니다. 물론 성령으로 말미암아 복음에 반응합니다. 그러나 "오직 성령께서 우리의 심령 가운데서 내적 교사로서 조명"[806]해 주셔서 우리로 지적인 동의와 의지적 행동을 하도록 역사하십니다. 우리가 믿기 전에는 물론 우리의 안목, 감각, 경험과 배치되는 것이므로 받아들일 수 없었지만, 성령의 역사하심으로 신앙의 대상이 우리의 안목, 감각, 경험으로 받아들일 수 있게 됩니다.

805) 위의 책, 54.
806) John Calvin, *Romans*, 1:16b.

역사 안에서는 참된 실행이 있을 수 없는 계시

바르트는 **롬 10:5**의 "율법으로 말미암는 의를 행하는 사람은 그 의로 살리라"에 대하여 이렇게 주석합니다.

> 오직 율법이 이행되는(곧바로 행동 되는!) 곳, 그래서 기적 · 실존 · 믿음 · 하나님의 불가능한 가능성이 그 자체로 - 다시 말해 그저 시간만 충족시키는 것이 아니고, 정신적이고 역사적인 사물의 표면에만 있는 것이 아니고, 인간적인 자랑의 동기를 제공하는 것도 아니고(**3:27f**) - 가능해지는 곳, 바로 거기서 인간은 모세가 말하듯이 그것을 통해 살게 된다.[807]

바르트는 오직 율법의 이행은 기적 · 실존 · 믿음 · 하나님의 불가능한 가능성이라고 주장합니다. 그것은 "율법 실행의 참된 것은 역사계에 있을 수 없다."라는 주장인데, 그것은 "하나님의 은혜로 말미암아 참된 율법의 실행(정도의 차이는 있으나)이 역사계에 있을 수 있다."라는 성경의 가르침과 다릅니다.[808]

바르트는 **롬 4:23-24**의 "그에게 의로 여겨졌다 기록된 것은 아브라함만 위한 것이 아니요 의로 여기심을 받을 우리도 위함이니"에 대하여 이렇게 주석합니다.

> 사실 역사도 쓸모가 있을 수 있다. 과거는 현재에 말할 수 있다. 과거와 현재

807) Karl Barth, 손성현 옮김, 『로마서』, 774.
808) 박윤선, 『성경주석 로마서』, 292.

안에는 어떤 동시적인 것이 있으니, 그것이 과거의 말 못함을 치유하고 현재의 듣지 못함을 치유한다. 그것이 과거로 하여금 말하게 하고 현재로 하여금 듣게 할 수 있다. 시간을 지양하며 성취하는 자기 대화 안에 나타나는 이 동시적인 것이 선포하고 청취하는 것은 모든 역사의 마지막과 처음인 비역사적인 것, 눈에 보이지 않는 것, 파악할 수 없는 것이다.[809]

바르트가 하나님의 말씀을 "모든 역사의 마지막과 처음인 비역사적인 것, 눈에 보이지 않는 것, 파악할 수 없는 것"이라고 주장하는 이유는 하나님의 말씀은 역사와 모순되고 시공간을 초월한다고 전제하기 때문일 것입니다. 그에게는 "'역사'는 조망할 수 있고, 지각할 수 있기 때문에, '인간에 의해 접근'할 수 있지만", "계시의 사건이라는 것은 '실제적인 역사'(*Historie*)가 아니고 언제나 '초역사'(*Geschichte*)이므로" "계시의 사건은 실재하지 않는 '비역사'일 뿐"입니다.[810] 그러나 "하나님을 아는 우리의 지식 체계는 하나님의 지식에서 유래된 것"이므로 "우리의 지식(신자의 것)과 하나님의 지식"은 모순되지 않습니다.[811]

가까이 접근할 수 없는 계시

바르트는 **롬 10:8**의 "말씀이 네게 가까워 네 입에 있으며 네 마음에 있다

809) Karl Barth, 손성현 옮김, 『로마서』, 351-352.
810) 김용준, "칼 바르트의 성경관에 대한 개혁신학적 비판 2", 리폼드뉴스, 2016.06.23., https://www.reformednews.co.kr/5488, 이후로는 김용준, "칼 바르트의 성경관에 대한 개혁신학적 비판 2"로 표기함.
811) 박윤선, 『성경주석 로마서』, 146.

하였으니"에 대하여 이렇게 주석합니다.

> "말씀이 네게 가까우니라!" 하나님의 의가 말씀하신다(**신 30:14**). 그 말씀은 언제라도 진지하게 여겨질 수 있다. … 언제라도 우리 귀에 들리고 우리 입을 통해 선포될 수 있다. 그러나 그 말씀은 그리스도의 말씀이기 때문에 결코 완전히 들을 수 없으며 완전히 말할 수 없으리라.[812]

이 구절의 초점이 우리의 귀에 들리고 입으로 선포될 수 있는 성경 말씀은 그리스도의 말씀이기 때문에 결코 완전히 들을 수 없으면 완전히 말할 수 없다는 것일까요? 존 머리는 여기에 대하여 이렇게 주석합니다.

> 바울이 여기서 주장한 것은 계시가 지극히 가까이 있다는 접근성이다. 그리스도께서 이미 하늘에서 내려오셔서 인간들 가운에 거하셨음이 이 사실을 보여 주는 가장 뚜렷한 증거이다. 우리는 이 진리를 발견하기 위해 하늘에 올라갈 자가 누구냐고 감히 물을 수 없다. 이 질문은 사실 성육신을 깎아내리는 것이며 성육신의 의미를 부정하는 것이기 때문이다.[813]

바르트가 이토록 성경의 의도와는 상반된 주장을 하는 이유가 무엇일까요? 그가 신학의 가장 중요한 원리로 여기는 하나님과 인간의 무한한 질적 차이에 대한 신앙 체계를 지나치게 확대하는 과정에서 폐쇄성 체계가 만들어짐으로써 다른 것들을 받아들이지 못하는 사고 체계가 굳어졌기 때문일

812) Karl Barth, 손성현 옮김, 『로마서』, 780.
813) John Murray, *Romans*, 10:8.

것입니다.[814] 바르트는 하나님과 인간의 질적 차이만을 내세워 그것과 다른 것은 용납하지 못할 뿐만 아니라 부정하고 공격하기까지 하는데, 그것은 매우 폐쇄적인 개인 사상이며 성경의 계시와 균형을 이루지도 못하는 편협한 주장에 불과합니다.[815]

2) 계시의 부정, 그 문제

아브라함이나 플라톤이나 같은 계시

바르트는 **롬 8:3**의 "율법이 육신으로 말미암아 연약하여 할 수 없는 그것을 하나님은 하시나니 곧 죄로 말미암아 자기 아들을 죄 있는 육신의 모양으로 보내어"에 대하여 "그러므로 모든 신앙적인, 혹은 불신앙적인 역사주의와 심리주의에도 불구하고 이것은 걸림돌 곧 예수 안에 나타난 영원한 계시의 걸림돌이다. 이 계시는 진실로 아브라함과 플라톤도 이미 봤던 것이다."[816]라고 해석합니다.

바르트는 "아브라함이나 플라톤이나 같은 종류의 계시를 본 것으로 간주"하는데, 그것은 "아브라함의 하나님의 계시는 승인되지만, 플라톤의 하나님의 계시는 인정될 수 없다."라는 것, 곧 "하나님의 계시의 독특성"을 무시한 것으로 성경의 가르침과는 다릅니다[817]

그는 또 "'죄의 지배를 받는 육신'이 되셨다.", "하나님의 아들의 파송은 '죄

814) 박영선, 『생각하는 신앙』, 35.
815) 위의 책, 37.
816) Karl Barth, 손성현 옮김, 『로마서』, 595.
817) 박윤선, 『성경주석 로마서』, 257.

의 지배를 받는 육신의 모습', 종의 형체, 알 수 없음 외에 다른 방식으로는 일어나지 않는다.", "예수의 모든 능동적 · 수동적 행위 속에 나타난 죄 없으심의 계시는 진실로 우리의 경우와 마찬가지로 쉽고 확실하게 반박될 수 있다.", "예수의 동시대인 가운데서 사사로운 치우침이 없었던 사람들도 그분의 죄 없으심을 명백하게 반박했다(**마 11:19, 요 9:24**)."[818]라고 주장합니다. 이런 주장은 예수님은 죄의 지배를 받는 육신을 입었기 때문에 필연적으로 무죄할 수 없다는 논리입니다.

그러나 "죄 있는 육신"이란 말을 사용하게 된 것은 그리스도께서 우리와 동일한 인성을 지니고 오셨기 때문이지 그리스도께서 죄의 지배를 받는 육신을 입었다는 이유로 무죄할 수 없다는 뜻은 아닙니다. "아버지께서 아들을 보내실 때 하나님의 아들인 동시에 인간 본성의 측면에서는 '거룩하고 악이 없고 더러움이 없고 죄인에게서 떠나 계신'(**히 7:26**) 예수님을 가장 낮은 모습으로 보내셨다."라는 뜻입니다.[819]

계시가 될 수 없는 율법

바르트는 **롬 2:14**의 "율법 없는 이방인이 본성으로 율법의 일을 행할 때에는 이 사람은 율법이 없어도 자기가 자기에게 율법이 되나니"에 대하여 이렇게 주석합니다.

> '율법'은 하나님께서 주신 계시다. 바로 그래서 주어진 계시이며 한 번에 완결

818) Karl Barth, 손성현 옮김, 『로마서』, 596, 600, 601.
819) John Murray, *Romans*, 8:3.

> 된 계시다. 또한 율법은 하나님의 계시가 시대와 역사와 인생에 남긴 인상(흔적)이며, 이미 일어난 기적의 거룩한 재, 신성한 말씀이 타올랐던 분화구이며, 그 당시 몇몇 사람이 보여 줄 수밖에 없었던 경외와 겸손한 태도에 대한 진지한 기억이며, 또 다른 시대의 다른 상황에 처한 다른 사람에게는 내내 텅 비어 보이다가 갑자기 지혜로운 관찰과 믿음의 생명수를 흘려보내는 수로다.[820]

만일 율법이 "하나님의 계시가 시대와 역사와 인생에 남긴 인상(흔적), 재, 분화구, 기억, 수로"라면, 율법이 하나님의 계시일 수 있을까요? 이러한 주장은 하나님께서 주신 율법이 "계시의 말씀 그것임을 부인"하는 것입니다.[821]

그는 또 **롬 3:21**의 "이제는 율법 외에 하나님의 한 의가 나타났으니 율법과 선지자들에게 증거를 받은 것이라"를 주석하면서 "하나님은 '율법'이 있는 곳에서 말씀하신다. 그러나 그분은 '율법'이 없는 곳에서도 말씀하신다. 그분은 '율법'이 없는 곳에서도 말씀하시는데, 이것은 '율법'이 있기 때문이 아니라 그분이 말씀하시기를 원하시기 때문이다. 하나님은 자유로우시다."라고 주장합니다.[822] 이러한 주장은 **롬 8:3**의 주석에서 "아브라함이나 플라톤이나 같은 종류의 계시를 본 것으로 간주"한 것과 같은 의도로 보입니다. 또한 이러한 주장은 율법, 또는 성경 이외의 직통 계시를 암시하는 것은 아닌지 반문하지 않을 수 없습니다. 신자의 반응이나 증언을 계시라고 보는 바르트의 입장에서는 그런 주장이 가능할 수도 있을 것이지만 그것은 정통 기독교의 입장과는 전혀 다릅니다.

820) Karl Barth, 손성현 옮김, 『로마서』, 212-213.
821) 박윤선, 『성경주석 로마서』, 86-87.
822) Karl Barth, 손성현 옮김, 『로마서』, 260.

그는 또 『주기도문 해설』에서도 "하늘에 계신"에 대하여 "하나님은 파악될 수 없습니다. 하나님은 자유로우십니다. … 그분의 '초월성'(超越性), '하늘 너머에 계신 그분의 존재'는 바로 이것을 의미합니다. … 그분은 항상 동일하신 분이시지만, 그럼에도 불구하고 결코 동일하신 분은 아니십니다. 왜냐하면 그분은 매일 아침마다 언제나 새로우신 분이시기 때문입니다."[823] 라고 주장합니다. 여기에 대하여 문석호는 이렇게 지적합니다.

> 하나님의 '자유'의 개념은 역시 '계시로서의 성경'을 넘어설 수 없는 것임에도 불구하고, 바르트의 계시 개념은 '성경'과 동일하지 않은 오류를 범하고 있다. 그가 말하는 '하나님의 자유'는 곧 '하나님의 사랑'과 연결되면서, 성경에 나타난 '이중 예정'이나 '하나님의 심판' 등을 여지없이 무너뜨리고 말았다. 비록 그가 종교개혁의 철저한 정신인 계시 중심의 신학을 내세우기는 하지만, 자유주의 신학의 비평주의를 극복하고자 하는 의도에서 실존적 차원에서 그리스도를 이해했을 뿐, 역사적 진리로서 기록된 성경 중심의 사고에서 이를 기초하지 않은 것은 오히려 개혁주의적 전통을 벗어난 것이라 할 수 있다.[824]

독특성이 없는 구약 계시

바르트는 **롬 3:2**의 "그들이 하나님의 말씀을 맡았음이니라"에 대하여 이렇게 주석합니다.

823) Karl Barth, 이신건 옮김, 『주기도문 해설』, http://sgti.kehc.org/
824) 문석호, 『현대신학의 이해』(서울: 솔로몬, 2000), 188.

> 그들이 가지고 지키는 하나님의 공표된 말씀은 이해 안 되는 것이 이해되는 증언이다. 그래서 구원 능력이 없는 이 세상에 구원이 주어진다. 그들이 가지고 지키는 것이 모세든 세례 요한이든, 플라톤이든 사회주의든, 아니면 그저 소박하게 일상적인 행동에 깃든 도덕적 이상이든 상관없다. 이런 가짐과 지킴에 소명과 약속과 비유적 능력이 있다. 이 능력으로 가장 깊은 인식 가능성으로 들어가는 문이 열린다.[825]

신정통주의자인 박봉랑은 바르트의 주장을 잘 요약해서 소개합니다.

> 이와 같이 바르트는, 성서에서 두 실재를 구별하였다. 계시와 성시, 본문과 내용, 증거로서의 성서와 하나님의 말씀이다. '증거'로서의 성서는 바르트에게 있어서는 성서론의 기본 형식이다. 인간의 산물로서의 성서는 다른 모든 책 일반과 같이 인간의 책이다. 이것은 엄밀한 의미에서는 계시 자체가 아니라, 사건으로서의 계시의 증거에 불과하다. 그것은 다른 모든 것과 마찬가지로, 하나의 문서 문학이며, 역사적 문학이다. 역사적 문서로서의 성서는 역사과학의 대상이다. 이 원칙에서 바르트는 역사적 비평을 소극적으로 승인한 것이 아니라, 불가결한 것으로 받는다.[826]

바르트는 성경은 사람이 쓴 인간의 문서이기 때문에, 하나님의 계시가 아니지만, "성서가 사건으로서의 계시를 증거한다."라고 주장합니다. 그렇다면 그 사건으로서의 계시는 무엇일까요? 성경을 이해하고 해석하여 받아

825) Karl Barth, 손성현 옮김, 『로마서』, 238.
826) 박봉랑, "바르트의 신앙론", 「기독교사상」 1961년 5월호, 14.

들인 내용일 것입니다. 그 내용은 성경의 이적들이나 초자연적인 사건들과 같이 이성으로는 이해도 안 되고 받아들일 수 없는 것들은 제외한 것입니다. 아무리 성경을 붙들고 읽고 또 읽고 씨름했어도 이적이나 초자연적인 것들이 받아들여지지 않는다면 그것들은 계시가 될 수 없다는 말이 될 것입니다. 다르게 말하면 "성경에서 인간에게 이해가 되고 믿어진 부분들"만 계시가 되고, 따라서 그 계시는 "인간의 신앙에서 발생하여 나타난 것"[827]에 불과할 것입니다. 결국 "인간의 신앙이 계시를 창조"하고, "신앙의 주체는 이성이므로, 인간의 이성이 계시를 창조"[828]한다는 주장이 됩니다. 이러한 주장은 정통신학과는 전혀 다른 주장에 불과합니다. 여기에 대하여 박윤선은 이렇게 지적합니다.

> 이 말씀은 '유대인의 나음이 무엇이냐'라는 질문의 답이다. 바울은, 유대인들이 '하나님의 말씀'을 맡은 점에서, 모든 민족보다 특이하다고 한다. 그의 이와 같은 말은, '하나님의 말씀'의 독특성을 지적한 것이다. … 이 말을 보면 바르트는 플라톤이나 사회주의가 모세와 동등한 자격을 가진 듯이 말한다. 그것은 구약 계시의 독특성을 무시한 말이다.[829]

엘리자베스 그로브스(Elizabeth Libbie W. D. Groves)도 이렇게 지적합니다.

> 『기독교와 자유주의』에서 메이첸은 기독교가 무시간적인 원리들의 애매하고

827) 한종희, 『정통주의 신학에서 본 칼 바르트 신학 - 계시관을 중심으로 -』, 193.
828) 위의 책, 193.
829) 박윤선, 『성경주석 로마서』, 112-113.

도 형체가 없는 바다를 둥둥 떠다닐 수는 없음을 거듭거듭 강조한다. 그리스도인들이 구약성경이라고 부르는 히브리어 성경도 마찬가지로 역사성이 중요하다. … 이 사건들이 실제로 일어나지 않았다면, 혹은 그것들이 그저 전설이거나 꾸며낸 이야기에 불과하다면, 구약성경은 고대인들이 자기들이 바라던 신에 대한 꿈같은 이야기에 지나지 않을 것이다. …

전설과 그 속에 나타나는 신은, 다른 시대와 다른 장소의 사람들에게는 그저 일시적인 호기심이나 학문적 연구의 주제에 지나지 않을 것이다. 그러나 만일 구약성경이 서술하는 사건들이 실제로 시공간 속에서 일어난 것이라면, 우리는 사람의 상상과 별개로 존재하시고 자신의 계획을 따라 스스로 주도하여 행동하시며 사실상 진짜 살아 계시는 하나님을 보게 된다.[830]

그레고리 빌(Gregory K. Beale)도 이렇게 주장합니다.

다음은 예수님이나 공관 복음서 기자들이 이사야를 언급한 부분들이다. 이 목록을 보면, 공관복음 전체를 통틀어 이사야서의 모든 인용 부분을 이사야의 것으로 언급하고 있음을 알 수 있다. **마 3:3, 4:14, 8:17, 12:17, 13:14, 15:7, 막 1:2, 7:6, 눅 3:4, 4:17**

위 목록에서 이사야 내용을 중대하게 언급하고 있는 본문(**막 10:45, 사 53:10-12**)은 포함하지 않는다. 여기에는 이사야의 전형적인 "예언"이나 "예언들"이 아니라 "선지자"인 "이사야"가 언급되어 있다. … 하나님이 "이사야"라는 한 선지자 개인을 감동시키셔서 예언들을 - 그것들이 실제로 성취되기 전에 - 기록하게 하

830) Elizabeth Libbie W. D. Groves, "『기독교와 자유주의』와 역사로서의 구약성경", Gresham J. Machen, 『기독교와 자유주의』, 327, 328.

셨기 때문에, 그 선지자가 그의 것으로 알려진 예언들을 실제로 기록했다는 사실이 예수님과 신약 저자들에게는 매우 중요했다.[831]

죄의 영향을 받는 계시

바르트는 **롬 7:5**의 "우리가 육신에 있을 때에는 율법으로 말미암는 죄의 정욕이 우리 지체 중에 역사하여 우리로 사망을 위하여 열매를 맺게 하였더니"에 대하여 이렇게 주석합니다.

> 그러나 '율법'은 육체의 세상 속에서 이 모든 과정을 억제하기는커녕 오히려 촉진한다. 율법은 휴머니티의 최고봉이다. 그 말의 위협적인 이중적 의미에서 말이다. 이 과정의 의미와 방향이 근본적으로 결정된 후에 또한 종교적 가능성이 떠오른다. 그 가능성은 저 '열정들'과 대조를 이루는 가능성으로 떠오른다고 하지만, 결국은 그것마저도 포괄하는 '죄'라는 괄호 안에서 그럴 뿐이다.[832]

바르트의 주장은 "하나님의 율법도 한낱 시간 공간 세계의 존재인 만큼, 죄의 영향을 면하지 못한다는 의미"일 것인데, 이러한 주장은 "율법도 거룩하며 의로우며 선하도다"(**롬 7:12**)라는 성경의 진술과 모순됩니다.[833] 성경은 유대인들이 "율법으로 의를 추구한다고 질책하지만"(**롬 10:1-8**) "율법 자체가 그런 추구를 고취한다."라고 가르치지 않습니다.[834] "율법이 악한 성향

831) Gregory K. Beale, "메이첸과 그리스도의 구약관", 위의 책, 340,341.

832) Karl Barth, 손성현 옮김, 『로마서』, 521.

833) 박윤선, 『성경주석 로마서』, 225.

834) Douglas J. Moo, *Epistle to the Romans: new international commentary on the New Testment*,

을 만들어 내는 것"도 아니고, "거룩한 율법이 죄악된 욕심을 일으키는 것"도 아니며, "오히려 그것들을 금지하는 율법으로 말미암아 더욱 불타게 되고 자극을 받는 것"일 뿐입니다.[835] "율법과 복음 둘 다 하나님을 저자로 하고, 둘 다 하나이며 동일한 완전한 의를 말하고, 둘 다 영생으로 인도하기 위해 사람에게 향한다는 점에서 일치"합니다.[836]

바르트는 또한 **롬 7:8**의 "죄가 기회를 타서 계명으로 말미암아 내 속에서 온갖 탐심을 이루었나니"에 대하여 이렇게 주석합니다.

> 하와는(그녀는 최초의 종교적 인물이니, 진정 이것은 그녀의 명예다!) 최초로 하나님께 마주하여 하나님을 경배한다. 그러나 그렇게 그분을 경배함으로써, 한 번도 들어본 적이 없는 불손한 방식으로 자기를 그분으로부터 갈라 놓는다. 그러자 금방 '저 유명한 뱀'이 나타난다. 하나님에 대한 최초의 대화(모든 설교의 원형)가 전개된다.[837]

바르트가 뱀의 말(**창 3:4, 5**)을 모든 설교의 원형이라고 주장하는 것은 설교도 "시공 세계의 것인 한, 영원(하나님)과 모순, 하나님과 배치"된다는 이유 때문일 것이지만, 그러한 주장은 하나님은 인간 세계(시공 세계)를 통치하시기 때문에 그것을 성화시키시고 또한 그것을 통하여 자기의 선하신 뜻

손주철 옮김, 『NICNT 로마서』(서울: 솔로몬, 2012), 7:5, 이후로는 Douglas J. Moo, *Romans*, 7:5. 등으로 표기함.

835) Albert Barnes, *Romans*, 7:5.

836) Herman Bavinck, *Gereformeerde Dogmatiek 4*, 박태현 역, 『개혁교의학 4』(서울: 부흥과개혁사, 2014), 536, 이후로는 Herman Bavinck, 『개혁교의학 4』, 536. 등으로 표기함.

837) Karl Barth, 손성현 옮김, 『로마서』, 541-542.

을 알려 주시기도 하신다는 성경의 가르침과는 모순됩니다.[838] 바르트는 죄에 대해 매우 위험한 말을 합니다.

> 죄는 그 근원에 있어서 하나님의 비밀 그 자체 안에서(이 비밀은 결코 죄의 원인이 아니고 그 죄의 궁극적인 진리이다!) 죄는 하나님과 인간 사이의 통일성의 분열의 가능성이요, 그 인간의 구원, 또는 저주의 예정 가능성이다. 인간은 하나님 안에서 하나의 반역을 일으키는 노예가 되는 기회를 갖게 되고, 영원하신 분과 불화를 일으키는 기회를 갖게 되며, 신적인 빛을 따르기만 하는 것이 허락될 뿐인 그림자를 - 그 그림자는 그 빛의 공허한 부정일 따름인 바 - 확고하고 영원한 기회를 갖게 되며, 또한 자신의 방식대로 하나님이 되는 기회를 갖게 된다. 저 가능성에 대한 지식과 그리고 이 지식과 함께 이미 주어진 이 기회의 이용이 죄이다.[839]

바르트에게 있어서 "죄는 종교개혁자들이 말하는 바처럼 하나님을 믿지 않는 것도 아니고 하나님의 계명에 대한 불순종도 아니며", "결국 죄는 하나님과 피조물의 관계에서 일어나기 이전에, 하나님 안에서 분열과 축복과 저주로 예정될 가능성에서 생겨나게 되었다는 뜻"이 되지만 "이것은 죄에 대한 아주 모호한 정의"입니다.[840] 바르트는 "인간이 하나님과 같이 될 가능성을 아는 것이 죄이고, 또 그와 함께 이미 주어진 그 가능성을 사용하는 것이 죄"라고 말함으로써 "죄를 다분히 인식론적 관점에서 추론적으로 이해"

838) 박윤선, 『성경주석 로마서』, 225-226.
839) Karl Barth, 조남홍 옮김, 『로마서』, 362.
840) 김용주, 『신정통주의 신학이란 무엇인가』, 83.

하려고 합니다.[841]

할례, 신약, 종교는 동일한 계시

바르트는 **롬 4:11**의 "그가 할례의 표를 받은 것은 무할례시에 믿음으로 된 의를 인친 것이니"에 대하여 "표징, 증언, 모사, 기억, 지시는 모든 계시 흔적의 현실성이며, 언제나 모든 역사적 현실성 저편에 있는 계시 그 자체를 지시한다. 아브라함 또한 모형의 현상세계, 할례, 종교, 교회의 참여된 일부이다."[842]라고 주석합니다.

바르트는 할례를 "언제나 모든 역사적 현실성 저편에 있는 계시 그 자체를 지시"한다고 봄으로써 "할례가 구약 성민의 의식으로서 신약 종교의 영적이고 본질적인 것(예를 들면, 중생)을 예표하는 것일 뿐(**빌 3:3, 골 2:11**)"이라는 사실을 간과하고 "할례와 신약 종교를 동일한 종류인 듯 혼동"하고 있습니다.[843] 바빙크는 여기에 대하여 이렇게 설명합니다.

> 구약의 신자들이 걸었던 길과 신약의 신자들이 걸었던 길은 동일하되, 그들이 걸었던 길을 비추던 빛은 달랐다(칼빈의 주석, 갈 3:23). 그러므로 통일성에 있어서 또한 차이가 있다. 구약성경과 신약성경은 동일한 은혜 언약의 다른 세대로서 서로 마주 대하는데, 약속과 성취, 그림자와 실체, 죽이는 문자와 살리는 영, 종 됨과 자유, 특정한 것과 보편적인 것으로서 마주 본다.[844]

---

841) 위의 책, 83.
842) Karl Barth, 손성현 옮김, 『로마서』, 324.
843) 박윤선, 『성경주석 로마서』, 145.
844) Herman Bavinck, 『개혁교의학 3』, 272.

> 율법은 하나님의 거룩으로부터 나온 반면, 복음은 하나님의 은혜에서 비롯된 것이고, 율법은 본성에 의해 알려진 반면, 복음은 오로지 특별 계시에 의해 알려지고, 율법은 완전한 의를 요구하는 반면, 복음은 그 의를 제공하고, 율법은 공로를 통해 영생으로 인도하는 반면, 복음은 믿음 안에서 제공된 영생으로부터 선행을 발생하게 하고, 율법은 지금 사람을 정죄하는 반면, 복음은 사람을 해방시키고, 율법은 모든 사람에게 향하는 반면, 복음은 오직 복음 아래 사는 자들에게만 향한다는 점에서 율법과 복음은 다르다.[845]

이 구절의 의도는 할례가 역사적 현실성 저편에 있는 계시 그 자체를 지시한다는 것을 말하려는데 있지 않습니다. "아브라함의 할례가 그를 의롭다 하심을 받도록 하기 위한 것이 아니었고, 그가 이미 믿음으로 의롭다 하심을 받았는데 그 믿음으로 말미암은 언약을 인(印)치기 위한 것이었음"을 말하기 위함입니다.[846]

3) 이야기가 된 성경, 그 문제

역사를 무시한 이야기로서의 성경

바르트는 **롬 2:5**의 "그날에 임할 진노를 네게 쌓는도다"에 대하여 이렇게 주석합니다.

845) Herman Bavinck, 『개혁교의학 4』, 536.
846) *Inst.* 4.14.5.

> 인간의 오해는 금세 응축되고 응고되어 하나의 딱딱한 착각의 덩어리를 만든다. 그러면 인간이 그 후로 생각하고 말하고 행동하는 모든 것은, 그것이 가장 고귀하고 순수한 것이라 해도 - 일단 한번 시작된 이상 - 그 덩어리로 응집된다. … 그는 의로운 자라고 하지만 이미 심판을 받았다.[847]

바르트는 "그날에 임할 진노"를 "세상 끝날에 있을 심판으로 보지 않고, 다만 하나님에 대한 인간 오해의 축적을 의미"한다고 주장합니다.[848] 그러나 "진노의 날"은 "곧" "하나님의 의로운 심판이 나타나는 그날"이라고 성경이 설명하기 때문에 "그날에 임할 진노"는 "최후 심판"과 동일합니다.[849] "마지막 심판의 날이 불경건한 자들에게는 '진노의 날'"로 일컬어집니다.[850] "'진노의 날'은 최후 심판의 때를 가리키는 전문어에 준하는 성경 용어"입니다.[851] "사악한 자에 대한 처벌은 미래에 있을 것"이기 때문에 "이 세상에서 완성되지 않지만", "그것은 미래의 어떤 날을 위하여 축적될 것이며 그날은 진노의 날이 될 것"이라고 성경은 선언합니다.[852] 그러므로 바르트의 주장은 시공간에 존재하는 인간의 역사를 무시하고, 다만 "위기적인 인식론에 의하여 성경의 말씀을 에누리하고, 다만 그 의의만 보려는" 잘못을 범한 것입니다.[853]

복음은 성경에 미리 약속하신 것이고 성경은 하나님의 계시입니다. 하나

847) Karl Barth, 손성현 옮김, 『로마서』, 205.
848) 박윤선, 『성경주석 로마서』, 84-85.
849) John Murray, *Romans*, 2:5.
850) John Calvin, *Romans*, 2:5.
851) Douglas J. Moo, *Romans*, 2:5.
852) Albert Barnes, *Romans*, 2:5.
853) 박윤선, 『성경주석 로마서』, 84-85.

님의 계시는 역사적 과정을 통하여 선지자들과 사도들을 통하여 시공간에 존재하는 인간에게 주어졌습니다. 그러므로 복음, 성경, 하나님의 계시는 시공간에 존재하는 인간의 역사와 결코 무관할 수 없습니다. 따라서 시공간에 존재하는 인간의 역사를 무시하고 무슨 "원역사"나 "초월" 등으로 복음에 접근하는 것은 결코 성경적일 수 없습니다.

역사를 무시하게 되면 성경의 첫 부분부터 문제가 발생하여, **창세기 1, 2장**의 창조는 신화에 지나지 않게 됩니다. 물론 바르트는 이러한 비판을 피하기 위해 신화라는 용어 대신 사화(*Sage*)라는 용어를 도입하여 사용합니다. 그는 "역사와 신화를 구별하여 사화(*Sage*)를 정의하기를 '그것은 시간과 공간 안에서 유일회적으로 실현된 역사의 전역사적 실재에 대한 직관적이고 시적인 묘사'"[854]라고 말합니다.

> 이 사화는 단순히 기성 형태의 이야기를 사용하지 않는다. 그러나 이 사화는 철저히 그 자체가 이야기(narrative)이다. 그것은 철학하는 주체가 그의 추상적인 언어로 구체적인 사실을 추상화하는 것과 같은 철학적 체계를 전혀 가지지 않는다. 사화가 말하는 것은 그 자체의 이야기의 형태와 이것에서 결과하는 것에 의해서만 이야기가 될 수 있다[855]

이 주장은 "창조란 있었으며, 창조의 사건은 하나의 자연의 사건으로서 그 의미는 상상력에 의한 이야기에 의해 전달된다는 사실을 포함하는 것"으로 "'신화'(*mythe*)라는 용어를 피하려는 바르트의 독특한 정의인 바, 그는

854) D. F. Ford, "바르트의 성경해석", Stephen Whitefield Sykes, 『칼바르트의 神學方法論』, 106, 이후로는 D. F. Ford, "바르트의 성경해석", 106. 등으로 표기함.
855) 위의 책, 106.

사회란 어떤 추상적인 진리를 전달하는 상상력에 의한 이야기들"이라는 것입니다.[856] 그는 "사화들을 해석함에 있어서 그 주된 의미를 창조에 대한 정보에서가 아니라(왜냐하면 사화란 상상력에 의한 이야기이므로), 사화들이 그려내는 하나님 - 사화들의 '유일한 내용은 창조주 하나님이시다'에서 찾는 것"[857]입니다. 그는 또 "상상력 역시 인간 지식의 가능성에 속하는 것이다. 상상력 없는 사람은 다리가 하나 없는 사람 이상으로 병약하다."[858]라고 주장합니다.

바르트가 "성경의 이야기들에 크게 의존함에도 불구하고 지금까지 성경의 정확성에 대한 문제가 제기되지 않는 것은 이상하게 보일 수"[859] 있습니다. 물론 바르트는 창조 자체는 신화로 언어지지 않기 때문에 창조 신화는 없다고 주장합니다.[860] 만일 그렇다면 그가 "역사적 지식이 아닌 다른 것을 말하는 **창세기 1, 2장**은 *Sage*(문학적인 글)의 범주에 속한다. *Sage*의 범주에 속하는 **창세기 1, 2장**은 *Geschichte*(서정문으로 쓰여진 이야기)로 시작하고, 사건을 *Geschichte*로 말한다."[861]라고 말한 이유가 무엇일까요? 그것은 창조를 역사적 사실로 받아들일 수 없었기 때문일 것입니다. 바르트가 "성경을 역사서(정통주의 신학)나 신화집(자유주의 신학)으로 취급하지 않고, 서정문으로 쓰여진 이야기(*Geschichte*)로 규정"했다는 것, 곧 "**창세기 1, 2장**을 서정문에 해당하는 '환상적(*Sage*)으로 쓰여진 이야기(*Geschichte*)'

856) 위의 책, 106.
857) 위의 책, 107.
858) 위의 책, 107-108.
859) 위의 책, 109.
860) Karl Barth, *Dogmatics in Outline*, 전경연 역, 『바르트 교의학 개요』(성문학사, 1986), 73, 이후로는 Karl Barth, 『바르트 교의학 개요』, 73. 등으로 표기함.
861) 위의 책, 73.

로 규정"했다는 것은 바로 그런 사실을 의미합니다.[862]

바르트의 의도

그러면 바르트가 성경의 모든 이적에 관한 기록들을 이야기로 본 의도가 무엇이었을까요? 이야기라는 것은 "역사나 신화에 구애받지 않고, 두 사이를 자유롭게 왕래하면서 사용할 수 있는 용어"이므로 "현대인들에게는 거부 반응을 일으킬 염려도 없고, 교훈을 끌어낼 때도 그 본문에 매이지 않고 자유자재로 해석할 수 있기"[863] 때문일 것입니다. 정통주의 신학은 "성경에 기록된 이적을 실제로 일어났던 역사"로 받아들이지만, "자유주의 신학은 이적을 실제의 역사"로 받아들이지 않기 때문에 두 사이에는 분쟁이 일어날 수밖에 없었고, "20세기의 현대인은 이 역사와 신화에 관심"이 없을 뿐만 아니라 "이 둘을 다 받아들이지 않았으므로", 바르트는 성경의 내용을 "역사(*historie*)나 신화(*mythe*)로 보지 않고, 이야기(*Geschichte*)로 취급"[864]함으로써 이 문제를 해결하려고 한 것은 아닐까요?

그 결과는 이야기로 취급받는 성경은 이제 그 내용에 대하여 더 이상 역사냐 신화냐를 따질 필요가 없게 되었고, 다만 이야기로서 그 이야기가 주는 교훈만을 각자의 주관에 따라 취하면 되는 것으로 전락(轉落)하게 되었습니다.

862) 한종희, 『정통주의 신학에서 본 칼 바르트 신학 -계시관을 중심으로-』, 34.
863) 위의 책, 35.
864) 위의 책, 162-163.

4) 바르트에 대한 오해

바르트가 역사를 부정하지 않았다는 오해

물론 "바르트의 『교회 교의학』의 영역(英譯)에서, 두 용어 *Geschichte*와 *Historie*를 같은 용어 History로 번역함으로써, 바르트가 *Geschichte*를 통해서 나타내려던 이야기의 뜻은 가려졌고, 도리어 바르트가 버렸던 역사가 다시 나타나게" 됨으로써 80여 년간이나 바르트가 역사를 부정하지 않은 것처럼 여겨져서 "바르트의 성경관이 애매모호(曖昧模糊) 해져 풀 수 없는 수수께끼"가 된 적이 있었지만, 그러나 그것은 분명히 *Geschichte*의 오역에서 나타난 어처구니없는 실수였고, 한국에서는 역사(役事, work)와 역사(歷史, history)로 번역하여 더욱 구별하기 어렵기 만들기도 했습니다.[865]

바르트는 천지 창조, 동정녀 탄생, 부활, 천사나 마귀, 하나님을 말할 때는 "반드시 *Geschichte*만을 사용하였고, *Historie*는 절대로 사용하지 않았으며", 반대로 "역사적 사실을 말하고자 할 때는 반드시 *Historie*만을 사용하였고, *Geschichte*는 절대로 사용하지 않았습니다."[866] 바르트의 『교회 교의학』에 나오는 다음 주장을 보면 이 사실을 분명하게 확인할 수 있습니다.

> 창조 이야기는 비역사적인 이야기다. 이것을 더 분명하게 말하면, 창조 이야기는 역사가 아니고 전(前)역사적인 이야기다. 창조 이야기가 역사가 아니고, 단지 비역사적이며 비시간적인 실제의 변장에 불과하다는 이것 때문에, 주석을 할

865) 위의 책, 165.
866) 위의 책, 164.

수 없다거나 교리적인 표현을 할 수 없다는 생각에 빠져서는 안 된다. 우리는 도리어 그것(창조 이야기)이 역사적인 이야기가 아니라는 것에 근거하여, 교리도 작성하고 주석도 해야 한다고 주장해야 한다. 모든 이야기가 다 역사적인 것만은 아니다. 그러므로 우리는 다시 다음과 같이 주장하여야 한다. 하나님을 접근함에 있어서는, 모든 이야기는 실제적으로 비역사적이다. 즉, 창조의 이야기는 추론할 수 있거나 비교할 수 있기 때문에 이해할 수 있는 그런 것이 아니다. 그리고 창조 이야기가 비역사적이라는 이 사실이 더욱 명백하면 할수록 창조의 이야기에서, 하나하나의 요소나 그 규모, 다시 말해서 하나님을 향한 이야기의 접근성이 더 잘 나타나게 된다. 창조의 이야기는 오직 다음과 같은 요소를 지니고 있다. 즉, 창조주와 피조물이 창조 이야기에서 서로 직접 대면하여 만나고 있다는 점이다. 바로 이러한 최상의 관점에서, 창조 이야기는 참 역사이며 비역사적이고 전역사적인 이야기다. 바로 이러한 이유 때문에, 창조 이야기는 비역사적이며 전역사적인 표현과 진술의 대상이 되는 것이다.[867]

바르트는 복음서들의 역사적 사실성의 중요성에 대하여 분명하게 말합니다.[868]

그것은 역사의 문제이다. 복음서의 모든 것은 그것들이 하나님으로부터 우리 인간들을 위하여 온 것이므로, 이것은 단순히 상상되어졌거나 사려 깊은 사람들의 참된 가르침이 아니라, 모든 인간의 삶의 현장인 시간과 공간 속에서 발생한 것이라는 사실에 의존한다.

867) Karl Barth, *Kirchliche Dogmatik*, III/1, 87, 한종희, 『정통주의 신학에서 본 칼 바르트 신학 -계시관을 중심으로-』, 167에서 재인용.
868) D. F. Ford, "바르트의 성경해석", Stephen Whitefield Sykes, 『칼바르트의 神學方法論』, 110.

그러나 "이 역사는 특별한 특징들"을 가집니다.[869] "예수 그리스도의 죽음은 현대적인 의미에서 역사로 생각될 수 있으나, 부활은 그렇지 않다."[870]라는 사실입니다. 그는 "부활하신 그리스도의 현현(顯現)에 관한 설명이 사화의 형식으로 되어 있음"을 받아들입니다.[871] 여기에 대하여 싸익스(Stephen Whitefield Sykes)는 "도대체 어떻게 바르트는 부활을 역사적 사실(오직 사화 비슷한 현실주의적 이야기를 통해서만 간접적으로 기술될 수는 있으나)로 인정하면서 동시에 그의 결론을 일상적인 역사적 탐구에 근거시키기를 거부할 수 있는가?"[872]라고 반문하면서, "바르트가 가진 위험성은 하나의 사건의 틀을 통해서 자신을 나타내신 하나님께 대해서 경이감과 함께 깊은 감사를 드리다가, 이것을 절대시한 나머지 하나님께서 다른 방식들을 사용하여 자신을 나타내실 수도 있다는 것을 망각하는 것"[873]이라고 지적합니다.

바르트는 "말씀의 신학자"라는 오해

바르트는 자신의 사상을 마치 하나님의 말씀에 근거한 정통주의 입장에 "서 있는" 것처럼 "신학의 자리를 말씀에 둔다."라며 다음과 같이 주장합니다.

> 여기서 이해되어야 할 신학의 자리는, 자기 내부로부터 나오는 힘과 자신의 대상으로부터 나오는 힘에 의하여 결정되어진다. 신학의 대상 곧 선하신 하나

869) 위의 책, 110.
870) 위의 책, 110.
871) 위의 책, 117.
872) 위의 책, 124.
873) 위의 책, 132.

님 자신이 항상 신학의 출발점이다. … 신학이란 곧 예수님의 말씀이자 도리이며, 이 두 가지에 의하여 가능해지고 확정지어지는, 하나님에 관한 언어이기도 하다. … 이 말씀이 신학의 자리를 규정하는 요소들 가운데 첫 번째이기는 하지만, 이것이 유일한 것은 아니다. 신학 그 자체가 말씀이요 인간의 응답이다. 그러나 말씀이 말씀되게 하는 이유가 있다. 즉 이 말씀은, 신학 자체에서 나오는 말이 아니고, 신학 스스로 갖는 반응도 아니다. 이 말씀은 신학이 한 대상으로부터 들은 말씀이요, 한 대상에게 보이는 반응이다. 신학은 하나님의 말씀과 함께 일어서기도 하고 넘어지기도 한다. 왜냐하면 하나님의 말씀은 모든 신학을 앞서가기 때문이다. 또한 하나님의 말씀이 모든 신학을 창조해 내고, 모든 신학을 일어나게 하고, 모든 신학에 도전해 오기 때문이다.[874]

여기에서 "신학의 자리는, 자기 내부로부터 나오는 힘과 자신의 대상으로부터 나오는 힘에 의하여 결정되어진다."라는 말은 "인간의 주관적인 생각"과 "인간의 머리에서 나온 철학"일 것이고, 신학이란 "그 자체가 말씀이요 인간의 응답이며 이 말씀은 신학이 한 대상으로부터 들은 말씀이요, 한 대상에게 보이는 반응"이라는 말은 "인간이 성경에 매이지 않고 자유자재로 듣고 반응함"일 것입니다.[875]

바르트가 "신학은 하나님의 말씀과 함께 일어서기도 하고 넘어지기도 한다. 왜냐하면 하나님의 말씀은 모든 신학을 앞서가기 때문이다. 또한 하나님의 말씀이 모든 신학을 창조해 내고, 모든 신학을 일어나게 하고, 모든 신학에 도전해 오기 때문이다."라며 하나님의 말씀을 강조했기 때문에, 이 주

874) K. Barth, 『바르트 교의학 개요』, 36-37.
875) 한종희, 『정통주의 신학에서 본 칼 바르트 신학 -계시관을 중심으로-』, 150-151.

장만 문자적으로 보면 그가 "정통신학의 입장"에 서 있는 것처럼 여겨질 수도 있을 것입니다. 그러나 인용문 전체의 맥락에서 보면 절대로 그렇게 받아들일 수 없습니다. 왜냐하면 바르트가 강조하는 하나님의 말씀은 성경이 아닌 "한 시대의 아들로서 자기 시대에 맞게 들으며, 자기 시대에 맞게 반응하고, 자기 시대에 맞게 주석"하는 인간의 말씀일 뿐이기 때문입니다.[876]

바르트에게 계시란 "예수 그리스도를 통해 은혜와 용서하심에 대해 나에게 말씀하시는 하나님과 그 인격적 말씀에 대한 내 믿음의 반응"이며, 따라서 "성경은 하나님의 직접적 계시나 말씀"이 아닙니다.[877] 이런 주장은 결국 성경은 계시에 대한 인간의 반응이나 증언이 되고, 그것은 무오(無誤)할 수 없기 때문에, 성경은 무오할 수 없다는 결론이 나오게 됩니다. 이러한 주장은 성경의 무오를 믿는 정통 기독교와는 거리가 멀기 때문에 바르트는 말씀의 신학자라고 말할 수 없습니다.

하나님의 의도대로 성경을 해석하지 않는다면, 그는 결코 말씀의 신학자가 될 수 없습니다. 왜냐하면 하나님의 의도대로 성경을 해석하지 않는다는 말은 "교회와 함께 성경을 해석"하지 않는다는 뜻이고 그것은 곧 "교회의 역사적 신앙고백과 함께 성경을 해석"하는 대신에 개인적이고 주관적으로 성경을 해석한다는[878] 것을 의미하기 때문입니다. 성경을 개인주의적이거나 어떤 특정 철학에 근거하여 해석한다면 그는 분명 말씀의 신학자가 아닙니다. 아무리 성경 말씀을 강조하고 성경에 대한 엄격한 인용을 주장한

876) 위의 책, 152.

877) Bernard Ramm, *Protestant biblical interpretation,* 정득실 옮김, 『성경해석학』(서울: 생명의 말씀사, 1996), 109.

878) Matthew Barrett, *Simply trinity: the unmanipulated Father, Son, and Spirit*, 전의우 옮김, 『정통 삼위일체 교리: 조작되지 않은 아버지와 아들과 성령』(서울: 생명의말씀사, 2023), 49, 이후로는 Matthew Barrett, 『정통 삼위일체 교리: 조작되지 않은 아버지와 아들과 성령』, 49. 등으로 표기함.

다고 하더라도 그것은 매튜 바렛(Matthew Barrett)이 폄하(貶下)하듯이 그것은 "성경적 권위의 이름 뒤에 숨는 조잡하고 편협한 성경주의"[879]에 불과합니다. "성경해석의 정확무오한 법칙은 성경 자체"이기 때문입니다.[880] 정규철은 바르트의 성경해석에 대하여 다음과 같이 혹평합니다.

> 불트만과 바르트와 라너는 하이데가의 실존철학으로 성경을 해석하여 성경의 메시지를 왜곡하고 기독교 자체를 의미적으로 해체하기에 이르렀다. …
>
> 현대의 칼 바르트는 교회 교의학을 저술하여 성경의 모든 진리를 철학화하고 하나님의 계시들을 전부 부정하기에 이르렀다. …
>
> 칼 바르트는 성경을 고대 종교의 한 문서로 치부하고 정통적 삼위일체 하나님을 부정할 뿐만 아니라 예수님의 신성도 부인하고 천국과 지옥도 부정하면서 인류가 다 유기되고 다 선택받고 다 하나님의 백성이라는 엉뚱한 궤변을 그의 13권의 교회 교의학에서 주장하였다.[881]

바르트는 또 이렇게 주장합니다.

> 그러나 복음주의 신학이 갖는 구체적인 관심은, 증인들의 증언(성경)에서 만나는 하나님의 말씀에 있다. 그러므로 복음주의 신학은 직접적인 정보를 가진 것이 아니라, 간접적인 정보를 갖고 있다. 비록 간접적일지라도 아주 확실한 정보다.[882]

879) 위의 책, 49.
880) 웨스트민스터 신앙고백서, 제1장 9절.
881) 정규철, 『성경해석과 복음』(서울: 그리심, 2021), 18, 46, 163.
882) K. Barth, 『복음주의 신학 입문』, 46.

바르트는 “복음주의 신학이 갖는 구체적인 관심은 증인들의 증언(성경)이 아니라, 증언에서 만나는 하나님의 말씀”이라고 주장하는데, 그 의도가 무엇일까요? 하나님의 계시인 성경을 계시라고 말하지 않고 증인들의 증언(성경)에서 만나는 하나님의 말씀이라는 주장은 전통적인 기독교 계시의 개념 자체를 파괴합니다.[883] 이렇게 계시를 “하나님과 사람의 만남이요 대면이요 대화라고 말하는 것은 인생의 주관적 경험을 하나님의 계시로 취급하는 주관주의”[884]를 초래합니다.

또한 “성경을 복음주의 신학의 정보 소스로 하지 않고, 성경에서 만나는 말씀을 정보 소스로 하겠다.”[885]라는 의도라고 볼 수 있습니다. “직접 정보인 성경을 거부하는 현대인”을 위하여, 성경을 “간접 정보인 이야기로 규정”함으로써 성경은 이야기책이 되고, 따라서 “사람들은 더 이상 성경 자체를 직접 정보의 소스인 역사로 보지 않아도 무방”하므로 성경의 내용에 대하여 더 이상 논쟁할 필요가 없어졌고, 다만 “이야기 속에 있는 사건이나 인물을 접하면서 필요한 만큼의 교훈 즉 간접 정보를 얻어 내게”[886] 만드는 결과를 초래했습니다. 이처럼 성경의 객관적 권위와 명제적 계시를 부정했음에도 불구하고 바르트가 주장한 문자 그대로 그를 말씀의 신학자라고 말할 수 있을까요?

바르트가 말씀을 강조하는 것은 사실이지만, 그 말씀이 성경의 객관적 권위와 명제적 계시를 강조하는 정통신학의 입장이라고 받아들일 수는 없을 것입니다. 왜냐하면 그가 말하는 “말씀의 신학”이란 “진리는 객관주의적 합

883) 박형룡, 『박형룡박사저작전집 Ⅷ』(현대신학비평 상권)(서울: 한국기독교교육연구원, 1977), 201, 이후로는 박형룡, 『박형룡박사저작전집 Ⅷ』, 201. 등으로 표기함.
884) 위의 책, 202.
885) 한종희, 『정통주의 신학에서 본 칼 바르트 신학 -계시관을 중심으로-』, 153.
886) 위의 책, 154.

리성에 의해 형성되는 것"이 아니라 "개별적이며 주관주의적"이라는 점을 강조하는 실존주의적 관점에서 전개되기 때문입니다.[887] 결국 바르트가 주장하는 말씀의 신학이란 성경이 "하나님의 말씀이다(is)."라는 성경의 객관적 권위를 무시하고, 성경이 각 개인에게 주관적으로 인식될 때만 "하나님의 말씀이 된다(become)."라고 주장함으로써 주관적 요소만을 강조하는 실존주의적 인식론이 되어 버렸습니다.

바르트 인식론의 심각한 문제점

바르트의 이러한 인식론의 심각한 문제점은 "성경을 객관적 입장에서 하나님의 말씀으로 받아들이지 못하고 주관적으로만 받아들일 때 성경 말씀을 일시적이며 부분적인 신앙의 매개물로 처리"해 버린다는 데 있습니다.[888] 이러한 인식론은 "비록 예수 그리스도의 사역이 시공간에서 성취되지 못했다고 할지라도 주관적으로 구속의 역사관을 인식하고 있으면 믿음이 성립될 수 있다는 주장"이 가능하게 되며, "시공간 세계에서 사역한 예수님의 사건을 무시하고 내 심령 속에 실존적으로만 존재하는 신앙을 받아들이게 되면 객관적 역사성이 없이 공상적으로 부활을 믿어도 된다는 말"이 성립될 것입니다.[889] 그러나 그것은 성경의 가르침과는 거리가 먼 인간의 사색과 철학에 불과할 뿐입니다. 바르트는 주기도문의 "나라가 임하옵시며"에 서도 유사한 주장을 합니다.

887) 김향주, 『기독교변증학』(서울: 엘맨출판사, 2010), 425, 이후로는 김향주, 『기독교변증학』, 425. 등으로 표기함.
888) 위의 책, 428.
889) 위의 책, 430.

여기서 "아버지의 나라가 오게 하시며"는 "당신의 나라는 이미 와 있습니다. 당신은 그 나라를 우리 가운데 이미 세우셨습니다."라고 말하는 것과 같은 의미입니다. "하나님의 나라는 너희 안에 있느니라"(**눅 17:21**). … 세상은 예수 그리스도 안에서 자신의 종말과 목표에 도달했습니다. … 따라서 마지막 날, 심판, 죽은 자의 부활 - 이 모든 것이 예수 그리스도 안에서 이미 일어난 것입니다. 그것은 우리가 일어나기를 고대하고 있는 사건이 아니고, 이미 일어나서 우리 뒤편에 놓인 사건입니다. 우리는 그것이 - 그분 안에서! - 지나간 과거의 사건이라는 사실을 반드시 이해해야 합니다. … 우리는 지금 만물을 덮고 있는 덮개가 마치 탁자를 덮은 덮개가 벗겨지는 것처럼 벗겨지기를 기도합니다. 탁자는 덮개 아래에 있습니다. 그래서 탁자는 보이지 않습니다. 하지만 덮개가 벗어지기만 한다면, 우리는 그 탁자를 볼 수 있습니다. 우리는 하나님의 왕권이 통치하는 현실을 여전히 가리고 있는 덮개가 벗겨져서, 예수 그리스도 안에서 이미 변경된 모든 사물의 현실이 드러나 보이게 되기를 기도합니다.[890]

바르트는 단지 심령의 천국만이 존재한다는 것을 주장하려는 것일까요? 바르트는 그의 『로마서 주석』에서 말씀의 신학을 강조했으나 그것은 "초월주의적 말씀을 강조"한 것, 곧 "철학적 개념인 실존주의를 강조한 키르케고르의 사상과 신학이 접목이 되어 말씀의 옷을 입은 곧 초월주의로 둔갑"한 것으로, "성경을 하나님의 말씀 자체로 말하는 것"이 아니라 "증거로서의 말씀을 주장하는 입장", 곧 "성경이 증거의 역할을 할 때는 하나님의 말씀이 되지만 그렇지 못할 때는 한갓 종이 위에 글자로 남게 된다."라는 주장에 불과

890) Karl Barth, *Das vaterunser nach den Katechismen der Reformation*, 오성현 옮김, 『칼 바르트 기도: 종교개혁 교리문답에 따른 주기도 해설』(서울 : 복 있는 사람, 2017), 98, 99, 100, 102, 이후로는 Karl Barth, 『칼 바르트 기도: 종교개혁 교리문답에 따른 주기도 해설』, 98, 99, 100, 102. 등으로 표기함.

합니다.[891] 키르케고르의 실존주의에 입각하여 사상과 신학을 세운 바르트는 "우리는 성경이 하나님의 말씀이라는 사실을 어떤 객관적인 증거를 가지고는 인식"하지 못하며, "우리는 우리 자신의 경험 밖으로는 나갈 수 없는 것과 마찬가지로 하나님의 계시 바깥에 서 있을 수 없다는 등의 주장"을 할 수밖에 없었을 것이고, 이러한 주장은 "성경이 가지고 있는 객관적 계시관을 무시하고 성경을 주관적 인식론의 도구"로 여길 수밖에 없었을 것입니다.[892]

물론 바르트가 자유주의 신학의 자연주의를 부정하려는 의도에서 그 가장 효과적인 방법으로서 키르케고르의 실존주의를 채용할 수밖에 없었을 것이지만, 성경의 역사성을 부정하기에 이른 것은 지나친 정도가 아니라 아주 잘못된 것입니다. 성경에 기록된 이적들은 분명히 초자연적인 역사임에 틀림없지만, 그것은 동시에 시공간에서 일어난 역사이기도 합니다. 원의 접선을 스치듯이 일어난 사건이 아니라 시공간의 원 안으로 깊숙이 들어 온 역사적 사건입니다.

바르트의 성경의 권위에 대한 강조의 진의

바르트는 이렇게 주장합니다.

> 아직까지 전적으로 새로운 길에 뛰어들 생각이 없다면 아마 옛 개혁교회의 교리적 표준에 대한 해석에 동의가 있을 것이다. 그런 경우 나로서는 1545년 '제네바 신앙 문답'에서 제시된 해석을 결정적으로 좋아한다. 그것이 비록 오늘날의

891) 김향주, 『기독교변증학』, 641.
892) 위의 책, 642.

적합성을 묻기에 내 생각에는 가장 먼 것이기는 하지만 분명히 그것은 개혁교회적이고 새로운 것이며 우리 시대에 우리 경험으로부터 우리 자신의 언어로 말하고 있는 교리에 대한 동의로 된 것이다.[893]

이 주장에서 그는 '제네바 신앙 문답'에서 제시된 해석을 결정적으로 좋아한다면서도, 그것은 오늘날의 적합성을 묻기에 가장 먼 것이라고 단서를 붙입니다. 따라서 '제네바 신앙 문답'에서 제시된 해석을 결정적으로 좋아한다는 주장은 문자 그대로 받아들일 수 없습니다. 바르트가 1946년(60세 때) 독일의 본 대학에서 행한 특강을 모아 펴낸『(칼 바르트) 교의학 개요』는 '바르트 신학'의 선언으로 평가되고 있는데, 그곳에서 교의학에 대하여 이렇게 주장합니다.

교의학은 여러 다른 시대의 교회의 지식의 상태에 따라서 교회가 그것의 선포의 내용을 비판적으로, 즉 성경의 표준에 의하여 또한 그것의 신앙고백의 인도하에 고려하는 학문 … 교의학은 교회의 교리와 선포의 가치를 판단하는 것이며, 자유로이 선택된 입장으로부터의 자의적인 검증이 아니라, 이 경우에 유일하게 관련된 입장인 교회의 입장에서 검증합니다. 이것의 구체적인 중요성은 교의학이 성경의, 구약과 신약의 기준에 의하여 교회의 선포를 판단한다는 것입니다. 성경은 기본의, 즉 교회의 가장 내적인 삶의 문서이며, 예수 그리스도의 인격 안에서 하나님의 말씀이 나타난 문서입니다. … 성경과 신앙고백서들은 같은 수준에 있지 않습니다. 우리는 성경과 전통을 같은 존경과 사랑으로 존중해서는 안

893) 칼 바르트, 전경연 역,『義認과 聖化』(오산: 韓神大學出版部, 1990), 138, 이후로는 칼 바르트,『義認과 聖化』, 138. 등으로 표기함.

되며, 심지어 가장 위엄있게 표명된 전통조차도 그렇게 해서는 안 됩니다.[894]

여기에서 바르트는 성경의 권위를 매우 강조하는 것처럼 보입니다. 그러나 바르트의 주장에는 성경 자체가 하나님의 계시인 것을 간과하고 "예수 그리스도의 인격 안에서 하나님의 말씀이 나타난 문서"라고 에누리합니다. 성경이 "예수 그리스도의 인격 안에서 하나님의 말씀이 나타난 문서"라는 말은 "하나님의 말씀은 성경 자체가 아니요, 성경의 진술들이 계시 자체인 것도 아니다."[895]라는 주장입니다. 그는 **롬 7:5** 주석에서도 성경도 죄의 영향을 면하지 못한다고 주장했는데,[896] 그 이유는 성경은 무오(誤無)한 하나님의 계시를 유오(有無)한 인간이 기록했기 때문이라고 전제하기 때문일 것입니다.

그러나 구약의 선지자들과 신약의 예수님과 사도들은 성경을 하나님의 계시로 받아들였습니다. 예수님은 자기 자신의 말씀을 하나님의 계시와 동일시하셨고(**요 14:34**), 성경을 하나님의 계시라고 말씀하셨습니다(**요 10:35**). 성경은 성경을 계시와 동일시하였고 어디에서도 그것을 부정하지 않았습니다.[897]

894) Karl Barth, 『(칼 바르트)교의학 개요』(고양: 크리스찬 다이제스트, 2001), 13, 18, 이후로는 Karl Barth, 『(칼 바르트) 교의학 개요』, 13, 18. 등으로 표기함.
895) 박형룡, 『박형룡박사저작전집 Ⅷ』, 207.
896) Karl Barth, 손성현 옮김, 『로마서』, 521.
897) 박형룡, 『박형룡박사저작전집 Ⅷ』, 208.

성경은 간접적인 하나님의 말씀이라는 주장의 함정

바르트는 하나님의 말씀의 삼중성을 주장합니다. 그는 먼저 "선포를 선포되게 하고 이것과 더불어 교회를 교회되게 하는 것은 하나님의 말씀이다. 이 말씀은 성경 안에서 예언자들과 사도들의 말씀으로 증거되고 있다. 그런데 하나님께서는 이들 예언자들과 사도들에게 하나님의 계시에 의하여 근원적으로 그리고 유일회적으로 말씀하셨다."[898]라고 주장합니다.

그는 말씀의 삼중성의 첫 번째 "설교 된 하나님의 말씀"에 대하여 "이 설교 된 하나님의 말씀은 … 하나님께 대한 인간의 말인데 이것의 기초는 모든 인간적인 원인을 초월하는 바 하나님의 지시이다.", "진정한 선포는 선포된 하나님의 말씀인데, … 이 설교 된 하나님의 말씀은 하나님에 대한 인간의 말로서 하나님 자신의 심판에 의하여 선포의 대상인 하나님의 말씀과 일치할 때 그것은 경청 되어야 하고 순종 되어야 할 하나님의 말씀이 된다.", "하나님에 대한 인간의 말이 단순히 인간의 말이 아니라 결정적으로 하나님 자신의 말이 될 때 이것은 계시와 신앙의 기적이다."[899]라고 주장합니다. 그것은 곧 "인간의 언어 역시 승화되어 하나님의 말씀이 된다."라는 의미입니다.[900]

그는 말씀의 삼중성의 두 번째 "기록된 하나님의 말씀"에 대하여 "교회에서 설교 되는 하나님의 말씀은 하나님의 말씀이 이미 말씀이 되었다는 사실에 근거한다.", "경전은 분명히 인간의 입술에 의해서 선포되었던 것들

898) 이형기, "후기 Karl Barth에 있어서 신학적인 성경해석의 문제", K. Barth, 『복음주의 신학 입문』, 276, 이후로는 이형기, "후기 Karl Barth에 있어서 신학적인 성경해석의 문제", 88. 등으로 표기함.
899) 위의 책, 89-90, 92-93, 93.
900) 위의 책, 279.

을 모은 것이다. 이 성경은 그래서 역사적 작품이 아니라 교회의 문서요, 기록된 선포이다. 사실 성경과 교회의 선포는 동일류에 속한다. 즉 성경은 동일한 계시 사건의 시작이요, 오늘의 설교는 이 동일한 계시 사건의 계속이기 때문이다."[901]라고 주장합니다. 그러나 또한 "예언자와 사도들의 증언인 신구약 성경은 경전으로서 교회 밖에서 온 하나님의 말씀, 혹은 계시에 대한 증언인 바 이 경전은 교회의 선포와 비슷한 점을 지니면서 이 교회의 선포보다 우월하다.",[902] "서열로 볼 때 성경은 절대적 상위를 차지하고 성경이야말로 교회의 선포를 구축하며 현재의 모든 선포는 이 성경에 기초하며 이 성경에 관계하여 행해지고 지금까지 교회 안에 말해져 왔고 지금 말해질 인간의 모든 말보다 예언자들과 사도들의 말들이 훨씬 우수하다."[903]라고 주장합니다. 그는 또한 "교회의 선포가 '인간의 의지와 행위' 그리고 '인간의 말'이지만 그것이 제거되지 않고 하나님의 말씀에로 고양(高陽)되는 것을 예수 그리스도의 신성과 인성의 관계에 유비했는데, 성경에 나타난 예언자들과 사도들의 말들이 하나님의 말씀이 되는 점도 역시 같은 유비에 의해서 설명"[904]된다고 주장합니다.

또한 "성경해석은 '해석'(interpretation)이 아니라 '해명'(exposition)"[905]인데 "전자는 로마가톨릭의 '교리 확정의 직책'과 자유주의적 개신교가 시도하는 '낯선 해석학적 원리'를 가지고 성경의 뜻을 해석하는 것이요, 후자의 경우는 예언자와 사도적 선포와 증언인 성경의 중심 내용으로부터 성경을

901) 위의 책, 279, 280.
902) 위의 책, 279.
903) 위의 책, 280.
904) 위의 책, 283.
905) 위의 책, 281.

풀어내는 것을 뜻"[906]한다고 주장합니다.

그는 말씀의 삼중성의 세 번째 "계시 된 하나님의 말씀"에 대하여 "계시란 사실 예수 그리스도의 위격과 그 안에서 성취된 화해 이외의 다른 것이 아니다. 계시를 말하는 것은 '말씀의 성육신'을 말하는 것이다.",[907] "계시는 이 계시를 증언하는 성경을 산출했다."[908]라고 주장함으로써 "17-18세기 개신교 정통주의와는 달리 바르트는 '계시 된 말씀'과 '성경' 사이에 간격"을[909] 둡니다. 물론 성경이 계시 된 말씀이 되는 경우가 있는데, 그것은 "성경의 말씀이 하나님의 말씀이 될 때 사건으로" 일어나기 때문에, "'하나님이 말씀하셨다'와 '바울이 말씀하셨다'는 서로 다른데 하나님의 말씀이 사건화할 때는 서로 같다."[910]라는 것입니다.

바르트에게 "성경과 선포는 간접적인 하나님의 말씀이요, 계시는 직접적인 하나님의 말씀"[911]입니다. "계시란 어디에서나 추상적 형태로 만날 수 있는 그 무엇이 아니라 우리는 오직 성경과 선포로부터 간접적으로 안다."[912]라고 주장하기 때문입니다. 그러므로 바르티안조차도 바르트에게는 "기록된 말씀의 권위가 어느 정도 약한 것"이 사실이며, "17~18세기 개신교 정통주의보다 훨씬 기록된 말씀의 비중을 소홀히 하였다."[913]라고 평가합니다.

그는 심지어 "설교 역시 연설이다. … 성경 역시 근동의 종족종교의 역사

906) 위의 책, 281.
907) 위의 책, 283.
908) 위의 책, 283.
909) 위의 책, 283.
910) 위의 책, 285.
911) 위의 책, 286.
912) 위의 책, 286.
913) 위의 책, 288.

적 기록이요, 이 종족의 헬라 계통 자손들의 역사적 기록이기도 하다."[914]라고까지 주장합니다. 이러한 주장은 고전적 기독교 신학자들이 "성경을 인식론적 기초로, 교회가 믿고 실천해야 하는 모든 것의 최고 근원이자 규범으로, '경건함에 속한 진리'(**딛 1:1**)의 기초로 규정"[915]한 것과는 전혀 다릅니다.

914) 위의 책, 293.
915) Scott R. Swain, "서문", Matthew Barrett, 『정통 삼위일체 교리: 조작되지 않은 아버지와 아들과 성령』, 19.

3. 일반 계시

1) "원역사"의 관점에서 본 일반 계시, 그 문제

바르트는 **롬 1:19**의 "하나님을 알 만한 것이 그들 속에 보임이라"에 대하여 이렇게 주석합니다.

> 하나님은 우리의 것과 같은 인격체가 아니라는 사실, 그리고 우리가 그런 존재가 아님(비존재)이야말로 우리 인격을 지양하고 우리의 인격에 새로운 토대가 된다는 사실 말이다. 바로 이와 같은 하나님을 아는 것, 곧 우리의 실존에 놓인 절대적인 타율성의 통찰이야말로 자율성이다.[916]

바르트는 **롬 1:23**의 "썩어지지 아니하는 하나님의 영광을 썩어질 사람과 새와 짐승과 기어다니는 동물 모양의 우상으로 바꾸었느니라"에 대해서도 이렇게 주석합니다.

> 인간 그리고 그 인간 존재의 기반을 비로소 가능케 해주는 궁극적인 그분 사이에 놓여 있으며, 질적 평가가 부여된 간격이 간과되어지고 무시되는 바로 거기에 '새들과 네발 달린 짐승들과 벌레들', 그리고 무엇보다도 '썩어 없어질 인간의 형태(인격, 자손, 아내)', 그리고 그 인간의 정신적 창조물들, 교육, 그리고 연출들(가정, 민족, 국가, 교회, 고향)에게서 신을 체험하는 물신숭배가 자태를 드러내

916) Karl Barth, 손성현 옮김, 『로마서』, 177.

지 않을 수 없으니, 그 결과 이것저것 모든 것 저편에 거하시는 하나님은 포기된다. 그리하여 비신(非神)이 일으켜 세워지고 우상들이 세워진다.[917]

이러한 해석은 "한계 개념에 속하는 사상"이고, "한계 개념은, 현상세계(과학 세계)에 대치되는 규범을 가정하게 하는 조정 개념"이며, "인간의 지식은 그것을 향하여 노력하고 있으나 알지는 못한다는 것"으로 "칸트의 사상"[918]이라고 볼 수 있습니다. 칸트의 『순수이성비판(*Kritik der reinen Vernunft*)』에 의하면 인간의 이성이 인식할 수 있는 영역은 오직 감성적(경험적) 대상, 즉 유한성뿐이며, 인식의 한계를 넘어서는 초-감성적 대상인 무한자(무제약자, *das Unbedingte*)에 대해서는 결코 인식할 수도, 증명할 수도 없습니다.[919] 여기에 대하여 박윤선은 다음과 같이 지적합니다.

칸트가 생각한 대로, 과학 세계를 신앙 세계에서 분리해서 보존시켜 보려는 이와 같은 사고방식을, 다른 말로는 현상주의라고 한다. 이와 같은 사고방식은 참 하나님을 믿도록 해 주지 못한다. 그 이유는, 칸트가 만들어 놓은 조정 개념, 곧 비경험적 개념은 가상 자율주의적 인간의 제조품이며, 그것은 하나의 불합리이기 때문이다. 참 하나님은 합리로우신 분이시다. 물론 그의 합리는 인간의 합리를 초월한 것이다. … 바르트는 이런 한계의 개념으로 하나님을 상상하고 정의하기를, 그저 '우리 인격이 아닌 그 인격'(감각 세계의 극을 넘어서부터 있는 존

917) Karl Barth, 조남홍 역, 『로마서 강해』, 41.
918) 박윤선, 『성경주석 로마서』, 57.
919) 정제기, "칸트적인, 너무나 칸트적인: 바르트의 『하나님의 인간성』에 관한 철학적 고찰", 고동엽.com, 2021. 10. 12. 크리스천투데이, https://www.christiantoday.co.kr/news/308772, 이후로는 정제기, "칸트적인, 너무나 칸트적인: 바르트의 『하나님의 인간성』에 관한 철학적 고찰"로 표기함.

재자)이라고 했다. 이것은 감각 세계가 하나님에게서 독립적으로 존재한다는 사상을 포함하는데, 감각 세계 안의 하나님의 섭리와 통치를 배제하는 오착(誤錯)이다. 감각 세계는 하나님에게서 독립된 것이 아니고, 그의 창조와 섭리에 의존한다. 그러므로 사도 바울도, 하나님의 능력이 그 만드신 만물에 분명히 보여 알게 된다고 하였다(**롬 1:20**). 감각 세계에 대한 하나님의 내재적 통치를 말하는 구절은, 성경에 많다(**행 14:7, 17:24-28, 마 10:29-30**).[920]

바르트는 『실천이성비판』의 "순수이성이 본성적으로 추구하는 무한성은 인간의 능력으로는 결코 실현할 수 없지만, 그것을 가능하게 할 능력을 가진 신의 현존을 요청(*Postulat*)힘으로써 가능하다."라는[921] 칸트의 철학적 논리를 통하여 계시 문제를 풀어갑니다. 그것은 바로 "하나님의 신성, 즉 하나님의 '무한성'을 하나님의 '인간성'을 통해 접근한다."라는 것입니다.[922] 곧, "예수 그리스도의 인간성, 즉 하나님의 인간성이라는 유한성을 통해서" "하나님의 무한성으로" 나아가는 방식으로 계시의 문제를 풀어갑니다.[923]

이러한 방식으로 계시 문제를 풀어가기 때문에 예수 그리스도 외에 어떤 다른 독립된 계시를 인정할 수 없게 됩니다. 따라서 바르트에게는 "성경은 계시가 아니며, 성경은 단지 계시에 대한 하나의 지시에 불과"할 뿐입니다. 이런 관점에서 볼 때 "일반 계시로 말미암은 하나님 지식은 아리스토텔레스의 추상적 신에 불과"하게 됩니다.[924] 그러므로 바르트는 창조된 만물(자

920) 박윤선, 『성경주석 로마서』, 58.
921) 정제기, "칸트적인, 너무나 칸트적인: 바르트의 『하나님의 인간성』에 관한 철학적 고찰"
922) Herman Bavinck, 『개혁교의학 2』, 89.
923) 위의 책, 89.
924) 김영한, 『현대신학과 개혁신학』, 196.

연계)이 하나님을 알려 주는 계시의 성격임을 부인할[925] 수밖에 없습니다.

2) 일반 계시에 대한 성경의 분명한 증언

롬 1:19의 "하나님을 알만한 것"은 인간의 종교성을 의미하지 않고 자연계 자체를 가리킵니다.[926] **롬 1:20**의 "창세로부터 그의 보이지 아니하는 것들 곧 그의 영원하신 능력과 신성이 그가 만드신 만물에 분명히 보여 알려졌나니 그러므로 그들이 핑계하지 못할지니라"라는 말씀은 "하나님을 알만한 것"은 인간의 종교성을 의미하지 않고 자연계 자체를 가리킨다는 것과 일반 계시가 명료한 하나님의 계시임을[927] 선언합니다. 물론 일반 계시 자체가 분명하다고 하더라도 하나님을 하나님답게 바로 알지 못하는 이유는 인간의 부패성과 죄악성 때문입니다.[928]

칼빈이 주장하는 것처럼, 일반 계시는 "하나님이 존재하시며 능력이 있으시다는 것과 창조자시라는 것, 그러므로 모든 사람은 하나님을 영화롭게 해야 한다는 지식"입니다.[929] 그것은 "사람이 그 지식으로부터 빠져나오기를 허락하지 않는 강력한 지식"이고, 또한 이것은 "사람으로 하여금 핑계할 수 없게만 하는 효과"가 있으며, 그래서 "구원에 이르게 하는 지식과 엄청난 차이가 있는" 지식이기도 합니다.[930] 존 머리(John Murray)는 이렇게 해석합니다.

925) 박윤선, "개혁주의 계시론 소고,"「신학정론」, 1984.11, 101.
926) 위의 책, 97.
927) 위의 책, 97.
928) 위의 책, 98.
929) John Calvin, *Romans,* 1:19.
930) John Calvin, *Romans,* 1:19.

지금 바울은 하나님이 사람에게 나타내신 그 지식, 창조 작품을 통해 인간에게 알려진 그 지식을 다루고 있음이 분명하다. 다시 말해, 그 지식은 하나님의 관찰 가능한 작품을 통해 알려졌는데, 바울이 여기서 이런 지식을 언급하고 있다. 이 지식이 '그들 속에 보인다'라고 말한 이유는 사람에게 진리가 나타날 때는 언제나 인간의 지성과 의식을 전제하기 때문이다. 계시는 언제나 지적 의식을 소유한 사람에게 주어진다. 만일 그것이 우리에게 주신 하나님의 계시라면 또한 우리 안에도 있는 것이 틀림없다. 우리에게 향한 것은 우리 속에도 있어야 하기 때문이다. 이는 지성과 마음을 일컫는다. … '보임이라'라는 말은 그들이 알고 이해했다는 말이다.[931]

물론 "우리가 위대하신 하나님을 완전하게 충분히 이해할 수는 없으며, 하나님께서 자신에 대해 알리시는 모든 선포를 그가 우리의 제한된 능력에 적응시키시는 것처럼, 인간들도 자신들을 한정시켜야 하는 어떤 한계들"이 있지만, "그 하나님의 속성의 현현은 너무나 강렬한 것이어서 사람들로 하여금 그것을 피할 수 없게" 만듭니다.[932]

하나님은 "민족들과 사람들의 역사에서 자신을 계시"하시고(**신 32:8, 시 33:10, 67:5, 115:16, 잠 8:15, 16, 행 17:20, 롬 13:1**), 또한 "각 사람의 마음과 양심 가운데서도 계시"하시며(**욥 32:8, 33:4, 잠 20:27, 요 1:3-5, 9, 10, 롬 2:14, 15, 8:16**), 이러한 "하나님의 계시는 일반적이어서 각 사람이 인식할 수 있고 이해"할 수 있습니다.[933]

계시의 목적은 "항상 이성적 피조물이 하나님을 알고 섬길 수 있다는 사

931) John Murray, *Romans*, 1:19.
932) John Calvin, *Romans*, 1:19.
933) Herman Bavinck, 『개혁교의학 1』, 426.

실"이며, 이것은 또한 "일반 계시에 대해서도 적용"되므로(**행 14:17, 17:27, 롬 1:19, 20**), "자연과 역사를 통해 인간에게 다가오는 '사물을 통한 소명', 하나님의 부르심"은 "인간이 하나님을 찾아 발견하며, 알고 섬기도록 하기 위함"이라고 말할 수 있습니다.[934]

"인간 정신이 피조물로부터 이런 하나님의 신성과 능력을 볼 수"(**롬 1:19, 20**) 있기 때문에, "그 누구도 절대적인 의미에서 그리고 논리적으로 하나님의 가지성(可知性)과 세상에 나타난 하나님의 계시를 완전히 부정할 수 없으며" 따라서 "불가지론 자체는 이에 대한 하나의 증거인데, 이는 회의론이 반대하는 것의 도움이 아니고서는 스스로를 주장할 수 없는 것과 마찬가지"입니다.[935]

"인간은 최상의 능력을 인정하지 않을 수 없기 때문"에 "무신론과 유물론은 거듭 범신론으로 변하며", "인간이 참된 신을 부인하는 그 순간, 그는 스스로 거짓된 신"을 만들 수밖에 없는데, 그 이유는 "종교란 인간 본성에 아주 깊이 뿌리 박고 있기 때문"이며, "하나님의 계시"는 이러한 사실을 아주 분명하게 말해 줍니다.[936]

"그 어떤 무신론자도 자신의 불신앙을 확고하고 분명하게, 순교의 죽음까지 확신하지는 않는데", 그 이유는 "무신론은 자연스럽지 못하고 비정상적이며, 직관이 아닌 간접적 증명들과 틀릴 수밖에 없는 추론들에 근거하기 때문"이며, 따라서 그들은 "결코 자기주장을 확신하지 못하며" "그런 증명을 하려면 사람은 전지하고 어디나 존재하는 존재, 즉 스스로 하나님이 되

934) 위의 책, 464.
935) Herman Bavinck, 『개혁교의학 2』, 62.
936) 위의 책, 64.

어야만 할 것"입니다.[937] 바빙크는 이렇게 지적합니다.

우리는 오로지 자연과 성경에 나타난 하나님의 계시를 봄으로써만 하나님에 대한 지식에 이른다(**롬 1:19, 20, 고전 13:12, 고후 3:18**). 여기 이 땅에서는 하나님과 하나님의 생각에 대한 직접적이고 즉각적인 지식을 얻을 수 없고, 다만 거울을 통해서 그리고 거울 가운데 간접적인 지식만을 얻을 수 있다. 그래서 신비주의자들, 합리주의자들 그리고 존재론자들의 견해는 유신론적이 아니라 범신론적이다. 그것은 이성의 빛을 하나님의 빛과 혼동하고, 우리 안에 있는 보편적 진리들을 하나님의 의식 가운데 있는 관념들과 혼동하고, 우리의 로고스를 하나님의 로고스로 착각하며, 존재의 질서를 우리의 질서로 착각한다.[938]

선천적 신(神)지식이란 인간이 직접적으로 하나님 자신에 의해 충분한 지식을 갖추었기에 더 이상 계시를 필요로 하지 않는다는 것을 의미하지 않는다. 이 용어는 인간이 단지 스스로 자기 자신의 정신으로부터 어떤 의식적인 선명하고 참된 지식을 도출할 수 있다고 말하지 않는다. 하지만 선천적 신지식은 인간이 정상적인 발달 과정에서 그리고 하나님이 그에게 생명을 주었던 환경 가운데서, 저절로 강요 없이, 과학적 추론과 논증 제시 없이, '가르침 없이 심겨진 본성에 의해' 어떤 확고한, 확실한, 의심할 수 없는 신지식에 이르는 잠재력(소질, 힘, 능력)과 경향(성향, 기질) 둘 다 갖는다는 것을 가리킨다.[939]

937) 위의 책, 65.
938) 위의 책, 79.
939) 위의 책, 82.

3) 상반된 주장

바르트는 **눅 3:3-4**의 "요한이 요단강 부근 각처에 와서 죄 사함을 받게 하는 회개의 세례를 전파하니 선지자 이사야의 책에 쓴 바 광야에서 외치는 자의 소리가 있어 이르되 너희는 주의 길을 준비하라 그의 오실 길을 곧게 하라"에 대하여 "이 소리는 우리 양심의 외침이다. 이 소리는 하나님의 의를 말해 준다. 양심은 삶의 완전한 해석자이므로 양심이 우리에게 무엇을 말하든 그것은 문제 될 것이 없다."[940]라고 주장합니다.

바르트는 "인간은 하늘만 쳐다보지 않습니다. 그는 땅에서도, 자신의 생활 속에서도, 인간 역사의 현실 속에서도 하나님의 증언이 존재한다는 사실을 발견합니다."[941], "하나님은 러시아의 공산주의를 통해서도, 플루트 연주회를 통해서도, 만발한 꽃밭을 통해서도, 심지어 죽은 개를 통해서도 우리에게 말씀하실 수 있다.", "세계 전체와 세계 안의 이러저러한 형상들, 사건들, 권력들은 하나님께서 자신의 손안에 두고 계시며 또 하나님은 그런 것들 속에서도 자신을 계시하신다는 명제를 우리가 부인하는 것은 아니다."[942]라고도 주장합니다.

그러나 그는 이어서 "우리는 하나님을 그런 형상들, 사건들, 권력들 속에서 인식함으로써 마치 우리가 '하나님은 여기 계시다'라고 손가락으로 가리킬 수 있다거나, 그런 인식이 예수 그리스도 안에서 주어지는 하나님 인식과 나란히 설 수 있는 또 하나의 하나님 인식이 될 수 있다고 생각하지 않는

940) 칼 바르트, 전경연 역, 『義認과 聖化』, 99.
941) Karl Barth, Richard Grunow, 『칼 바르트의 신학묵상』, 558.
942) Eberhard Busch, 『위대한 열정: 칼 바르트 신학 해설』, 134.

다."[943]라고 주장합니다. 그는 일반 계시를 부정하지는 않지만, "자신의 인식에서 전적으로 하나님의 은혜에 의존하는 계시 의존적 신학과는 달리 자연신학은 '(인간이) 하나님의 은혜 없이' 하나님을 인식할 수 있다는 '주장'에 근거한다."[944]라며 자연신학은 배격한다고 주장합니다. 그는 일반 계시에 대하여 이렇게 경계합니다.

> 그런 어떤 하나님은 인간이 스스로 선택하고 만들어낼 수 있는 어떤 지고의 존재의 총괄 개념에 그친다. 그런 어떤 하나님이란 실상은 인간 자신의 고유한 존재의 한 가지 '요소'이고, 거짓 신이며 '우상'이다. 그런 어떤 신을 '인간은 물론 인식은 할 수 있을 것이지만 … 그러나 그 신은 우상으로서 인간을 참 하나님의 인식으로 인도하지 못할 것이며 … 오히려 그 참된 인식으로부터 멀어지게 만들 것이다. 그런 우상으로서의 신에 대한 인식은 … 인간을 참 하나님의 적으로' 만들 것이고 '참된 하나님에 대해서 눈멀게' 할 것이다.[945]
>
> 인간 그 자체에게 이미 주어져 있는 하나님 인식과 나란히 서 있는 하나님의 계시는, 아무리 그것이 그저 학문적 서론인 것처럼 여겨진다고 해도, 분명 더 이상 하나님의 계시가 아니며, 오히려 인간이 자기 자신의 거울상에서 만나는 계시에 대한 하나의 새로운, 차용된, 또는 훔쳐서 자기 것으로 삼은 표현일 뿐이다[946]

그러나 분명한 것은 "하늘이 하나님의 영광을 선포하고 궁창이 그 손으로 하신 일을 나타내는도다"(**시 19:1**)라는 말씀이 "자연에 나타난 하나님의 계

943) 위의 책, 134.
944) 위의 책, 138.
945) 위의 책, 139.
946) 위의 책, 141.

시를 확증"하며, "모든 사람이 죄를 지었으므로 사망이 모든 사람에게 이르렀느니라"(**롬 5:12**)라는 말씀이 "양심에 의해 입증된다는 것을 확증"한다는 사실입니다.[947)]

성경은 분명히 "하나님은 만물을 초월('초절'이 아님)하신 분으로서 창조주이시고, 동시에 그의 무한하신 사랑으로 역사계에 들어오셔서 우리와 만나시고 우리에게 자신을 보이실 수" 있다고 진술합니다.[948)] 그러나 바르트에게는 "하나님은 인간이 감지할 수 없는 전적 타자"이기 때문에 "우리가 '하나님을 알았다'라고 한다면 우리가 안 것은 이미 하나님이 아니라는 뜻"이 된다고 주장합니다.[949)] 이것은 "계시는 시공간 세계에 들어올 수 없고 언제든지 하나님과 함께 초역사 세계에 머무른다."라는 "원역사적 계시관"이며, 이런 식이라면 "특별 계시를 통해서도 하나님 자신은 알려질 수 없습니다."[950)]

자유주의 신학자 중에는 "오직 예수님을 통해서만 하나님을 친숙하게 알 수 있다."라고 말하는데, 이런 주장은 "겉보기에는 예수님에 대한 충성"으로 보일 수 있지만, 그것은 "실제로는 예수님을 경멸하는 것"[951)]이 될 수 있습니다. 예수 그리스도 이외의 계시를 인정하지 않은 바르트 또한 그와 마찬가지라고 할 수 있습니다. 그러나 "예수님은 하나님을 알 수 있는 다른 길들을 인정"했기 때문에 그것을 부정하는 것은 결국 "예수님의 생애 바로 그

947) Gresham J. Machen, 『기독교와 자유주의』, 120.
948) 박윤선, 『박윤선과 1980년대 한국 개혁주의』(서울: 도서출판 영음사, 2024), 241, 이후로는 박윤선, 『박윤선과 1980년대 한국 개혁주의』, 241. 등으로 표기함.
949) 위의 책, 239.
950) 위의 책, 239.
951) Gresham J. Machen, 『기독교와 자유주의』, 102.

중심에 놓여 있는 것들을 거부하는 결과"가 됩니다.[952] 메이첸은 여기에 대하여 이렇게 지적합니다.

> 예수는 자연 속에서 하나님의 손길을 분명히 발견했다. 들의 백합화들은 하나님의 뜨개질 솜씨를 드러냈다. 그는 또한 도덕법 속에서도 하나님을 발견했다. 사람의 마음속에 기록된 법은 하나님의 법이며, 그것은 하나님의 의를 드러낸다. 마지막으로 예수는 성경 속에서 하나님을 분명하게 발견했다. 우리 주께서 선지자들과 시편 기자들의 글을 사용한 방식은 얼마나 심오한가! 그런 하나님의 계시가 무익하다거나 오늘날에는 무용하다고 말하는 것은 예수의 마음과 정신에 가장 친근하던 것들을 멸시하는 행위다.
>
> 우리가 알 수 있는 하나님은 오직 예수 안에 계시된 하나님만이라고 말하는 사람은, 사실은 하나님에 대한 모든 참지식을 부인하는 것이다. 왜냐하면 예수와 무관하게 하나님에 대한 어떤 생각이 존재하지 않는다면 예수에게 신성을 부여하는 것이 아무 의미가 없기 때문이다. "예수는 하나님이다."라는 말은, "하나님"이란 단어에 선행하는 어떤 뜻이 없으면 아무 의미 없는 말이 된다. "하나님"이란 단어가 어떤 의미를 갖는 것은 방금 말한 것과 같은 방식에 의해서 되는 것이다. 우리는 요한복음에 나오는 예수의 말씀, 곧 "나를 본 자는 아버지를 보았느니라"라는 말씀을 기억한다. 그런데 이 말은, "하나님"이라는 말이 의미하는 바를 전혀 모르고 있던 사람이 예수에 대한 단순한 지식에 의해서 형성된 의미를 "하나님"이라는 단어에 붙일 것이라는 뜻은 아니다.[953]

952) 위의 책, 102-103.
953) 위의 책, 103.

4) 계시의 보편성에 대한 부정, 그 문제

언제나 새롭게 선포되고 들어야 할 계시

바르트는 **롬 1:2**의 "이 복음은 하나님이 선지자들을 통하여 그의 아들에 관하여 성경에 미리 약속하신 것이라"에 대하여 "바울이 전해야 하는 것은 하나님의 복음이다. … 오히려 그것은 언제나 새롭게 선포되는 말씀, 그래서 두려움과 떨림으로 늘 새롭게 들어야 하는 말씀이며, 만물의 근원[954]이 되는 말씀이다."[955]라고 주석합니다. 그는 또 이렇게 주장합니다.

> 이 복음의 하나님은, 모든 인간의 삶과 이들의 신학을 향해 자비롭게 다가오시는 분이다. 그러나 이 하나님은, 다른 모든 인간의 사업과 복음주의적인 신학자들의 사업을 훨씬 능가하신다. 이 하나님은, 항상 자신을 새롭게 드러내시기 때문에 마땅히 새롭게 발견되어야 한다. 바로 이 하나님은 무엇에 의해서도 제어될 수 없다. 이 하나님이 다른 신들과는 달리 오직 유일하게 참된 하나님이라고 하는 것은, 그의 행동 때문이다. 이 행동은 유일회적이고 너무 독특하여, 그 어떤 인간의 학문에 의해서도 - 이 하나님에 헌신하고 있는 신학에 의해서도 - 결코 되풀이될 수 없다. 이 기본적인 사실에 있어서도, 이미 이 하나님은, 다른 신들과는 엄청나게 다르다. 다른 신들은, 자기들에게 헌신하고 있는 신학자들로 하여금, 자기 신학이 가장 옳은 것이요, 유일하게 옳은 것이라고 하는, 자만심을

954) Karl Barth, 손성현 옮김, 『로마서』, 36, 각주 2: "모든 하나님 인식의 초월적 관련 지점으로서 핵심적인 의미를 띠게 된다."
955) 위의 책, 141-142.

갖지 못하게 할 수 없고, 오히려 이러한 자만심을 갖도록 인도한다.[956]

"하나님이 다른 신들과는 달리 오직 유일하게 참된 하나님이라고 하는 것"은 "유일회적이고 독특하여 결코 되풀이될 수 없다는 점"일까요? 이런 주장은 하나님의 계시도 새롭게 바뀔 수밖에 없고 보편적이지 않다는 의미일 것입니다. 만일 그렇다면 하나님의 복음은 진리일 수 있을까요? 보편적이지 않고 항상 새롭게 변하는 진리란 말은 성립될 수 없습니다. 진리란 단순히 사전적으로 말해도 "언제 어디서나 누구든지 인정할 수 있는 보편타당한 인식의 내용"이기 때문입니다.

또한 복음이 "만물의 근원이 되는 말씀", 곧 "모든 하나님 인식의 초월적 관련 지점으로서 핵심적인 의미를 띠게 되는" 것이라면, 그런 복음이 시공간의 역사 안에 존재하는 인간에게 무슨 의미가 있을까요?

성경은 분명히 "오늘 내가 네게 명하는 이 말씀을 너는 마음에 새기고 네 자녀에게 부지런히 가르치며 집에 앉았을 때에든지 길을 갈 때에든지 누워 있을 때에든지 일어날 때에든지 이 말씀을 강론할 것이며 너는 또 그것을 네 손목에 매어 기호를 삼으며 네 미간에 붙여 표로 삼고 또 네 집 문설주와 바깥 문에 기록할지니라"(**신 6:6-9**)라고 말씀합니다.

예수님은 또 "내가 율법이나 선지자를 폐하러 온 줄로 생각하지 말라 폐하러 온 것이 아니요 완전하게 하려 함이라 진실로 너희에게 이르노니 천지가 없어지기 전에는 율법의 일점일획도 결코 없어지지 아니하고 다 이루리라 그러므로 누구든지 이 계명 중의 지극히 작은 것 하나라도 버리고 또 그같이 사람을 가르치는 자는 천국에서 지극히 작다 일컬음을 받을 것

956) K. Barth, 『복음주의 신학 입문』, 28.

이요 누구든지 이를 행하며 가르치는 자는 천국에서 크다 일컬음을 받으리라"(**마 5:17-19**)라고 말씀합니다.

사도 바울도 "또 어려서부터 성경을 알았나니 성경은 능히 너로 하여금 그리스도 예수 안에 있는 믿음으로 말미암아 구원에 이르는 지혜가 있게 하느니라 모든 성경은 하나님의 감동으로 된 것으로 교훈과 책망과 바르게 함과 의로 교육하기에 유익하니 이는 하나님의 사람으로 온전하게 하며 모든 선한 일을 행할 능력을 갖추게 하려 함이라"(**딤후 3:15-17**)라고 말씀합니다.

바르트가 그렇게 인식하는 것은 아담의 존재, 아담을 통해 들어 온 죄, 그리스도의 대속(代贖) 등, 복음의 구체적인 내용을 모두 역사적인 사건으로 보지 않고 원역사, 초월적인 것으로 해석하기 때문일 것입니다. 만일 그렇다면 복음의 핵심인 죄와 대속(代贖)에 대한 문제는 역사 안에 존재하는 인간의 시공간적인 삶과는 무슨 관계가 있으며, 어떤 의미가 있는 것일까요?

바르트는 "복음은 시공 세계에 침투된 역사적 사실이 아니라고 주장"하지만,[957] **롬 1:3**은 "그의 아들에 관하여 말하면 육신으로는 다윗의 혈통에서 나셨고"라고 분명하게 선언합니다. **요일 4:1-3**도 분명하게 이렇게 선언합니다.

> 사랑하는 자들아 영을 다 믿지 말고 오직 영들이 하나님께 속하였나 분별하라 많은 거짓 선지자가 세상에 나왔음이라 이로써 너희가 하나님의 영을 알지니 곧 예수 그리스도께서 육체로 오신 것을 시인하는 영마다 하나님께 속한 것이요 예수를 시인하지 아니하는 영마다 하나님께 속한 것이 아니니 이것이 곧 적그리스

957) 박윤선, 『성경주석 로마서』, 50.

도의 영이니라 오리라 한 말을 너희가 들었거니와 지금 벌써 세상에 있느니라

적어도 **요일 4:1-3**의 말씀에 따르면 바르트는 거짓 선지자인가 아니면 적그리스도인가 심각하게 고려해야 할 것입니다. 복음은 언제나 새롭게 선포되는 말씀이 아니라, "새로운 것처럼 보일지라도" "그 복음은 유대인의 시대에 선포되어 왔던 모든 것과 완전히 일치"하고 "구약을 통하여 유대인의 시대에 약속된" 것입니다.[958]

롬 1:2는 "오래전에 성부 하나님께서 선지자들을 통하여 복음을 성경에 미리 약속해 놓으셨고, 정하신 때에 '그의 아들에 관하여' 선포하셨다."라고 선언합니다.[959] "동사 '약속하다'에 불필요한 군더더기 같은 '미리'를 덧붙임으로써 바울은 약속과 그 이행의 시간적 연속성을 강조"하고 있습니다.[960] 우리는 "기독교 복음이 하나님께서 이전 시대에 구원사의 과정을 통해 구속적으로 행하신 것과 통합적으로 관계하고 있다는 사실"을 간과하지 말아야 합니다.[961] 칼빈은 이렇게 주석했습니다.

> 바울은 복음의 신빙성을 그것의 유구한 역사성을 들어 확립시킨다. 그는 마치 그리스도께서 돌연히 세상에 오신 것이 아니며, 전에 전혀 들어보지 못한 새로운 종류의 교훈을 소개하지 않은 듯이 말하고 있는 것이다. 왜냐하면 그리스도께서는 그의 복음과 함께 세상이 시작될 때부터 약속되었고 항상 기다려졌기 때문이다. 그러나 오래된 것은 자주 신화적인 것으로 되는 경향이 있기 때문에, 그는 어

958) Albert Barnes, *Romans*, 1:2.
959) *Inst.* 2.10.3.
960) Douglas J. Moo, *Romans*, 1:2.
961) Richard N. Longenecker, *Romans*, 1:2.

떠한 의심도 끼어들지 못하게 하기 위해서, 하나님의 선지자들을 그의 증인들 - 그리고 최상의 완전무결한 증인들 - 로 소개하고 있다. 이에 더하여, 그들의 증거가 성경에서 적절하게 보증되었다고 덧붙였다.[962]

존 머리(John Murray)도 이렇게 주석했습니다.

바울이 택정함을 받아 사도가 된 것은 복음 전파를 위한 것이었기 때문에 그는 처음부터 복음 계시의 근원이 '성경'에 있음을 독자들에게 상기시키고 있는 것이다. …

나중에 밝혀지겠지만(특히 **롬 3:2**), 하나님의 계시 말씀과 성경과의 관계에 대한 바울의 개념이 변증법적 신학과 얼마나 근본적으로 다른지 명백히 드러난다. 칼 바르트가 『로마서 주석』에서 바울의 함축된 성경의 개념을 올바로 평가하지 않고 그런 진술을 그냥 넘겨 버린 사실을 우리는 유의해야 한다.[963]

일정한 의미나 방법이나 체계를 가질 수 없는 계시

바르트는 **롬 2:3**의 "판단하고도 같은 일을 행하는 사람"에 대하여 "심지어 이 세상을 부정하는 것, 모순적인 인생과 심판에의 순종, 하나님에게의 관망, 파쇄, 성경적 인물의 덕행까지도 그것들이 어떤 일정한 의미나 방법이나 체계에서 온 것이면 인간적인 의에 불과한 것이다."[964]라고 주석합니다. 여기에 대하여 박윤선은 이렇게 지적합니다.

962) John Calvin, *Romans*, 1:2.
963) John Murray, *Romans*, 1:2.
964) 박윤선, 『성경주석 로마서』, 83.

이 책망의 말씀은, 신자라는 명색을 띠고도 그 중심은 바르지 못하여 다른 사람들을 자기만 못한 줄 아는 자들을 가리켜 말한 것이다. 믿음이 신실하고 다른 사람에 대하여 겸손한 참 신자들은, 이 책망의 대상이 아닐 것이다. 그러나 바르트는 일체의 분별 의식을 이 책망 아래 몰아넣었다. 바르트의 이 말은, 성경적 주장까지라도 절대적 가치를 가지지 못할 것이란 말이다. 이 말은, 이 세상에 있어서 인간의 주의는 비록 성경주의라도 고정된 형식으로 존재할 수 없다는 말이다. 다시 말하면, 일정한 주의로서의 진리 체계는 성립할 수 없다는 말이다. 곧, 만일 진리가 주의화(主義化)하거나 체계화하면, 그것은 벌써 비진리라는 말이다. 그러므로 이 말은 찬동하기 어렵다. 하나님께서는, 성경을 이 세상주의에 대립하여 주신 것이다. 이 점에 있어서 바르트는 '무엇이나 심지어 성경 그것까지도 시공 세계에 있는 것은 상대적인 것이니, 인간으로서 시공 세계에 있는 성경에서 정복음주의의 일성한 체계를 세우고 그것을 절대적 진리로 안다면 그것은 모순이다'라고 할 것이다. 그러나 바르트의 이 같은 생각은 성경을 낮게 평가함이다. 전능하신 하나님께서 하시고자 하시면, 그의 말씀을 그대로 인간에게 주시지 못하시랴? 그 자신이 그리스도 안에서 임마누엘이 되셨다(**마 1:23**). 예수님께서 말씀하시기를, '진실로 너희에게 이르노니 천지가 없어지기 전에는 율법의 일점일획도 결코 없어지지 아니하고 다 이루리라'라고 하셨으니(**마 5:18**), 이것은 하나님의 말씀이 그대로 틀림없이 기록되었음을 인정하시는 말씀이다. 우리는 예수님과 같이 성경을 절대의 권위로 알고 성경주의를 가질 수 있다. 그러므로 성경의 진리를 아무 가감 없이, 또한 바로 깨달은 대로 체계화하는 것은 합당한 일이다. 그것은, 결코 하나님의 영을 그 체계 속에 소유한다는 참람한 것이 아니다. 하나님의 영의 초월성과 그 독립성과 그 임의적 활동은, 우리가 측량하기 어렵고 우리의 의사대로 좌우할 수 없다. 그러나 우리에게 나타내신 그의 말씀

(성경의 말씀)은 우리에게 주신 것이니, 그것은 우리가 취급할 수 있다(**신 3:11-14, 롬 10:5-8**). **신 29:29**에 말하기를, '감추어진 일은 우리 하나님 여호와께 속하였거니와 나타난 일은 영원히 우리와 우리 자손에게 속하였나니 이는 우리에게 이 율법의 모든 말씀을 행하게 하심이니라'라고 하였다).[965]

바르트는 그의 『교의학 개요』에서는 『로마서 주석』과는 다르게 주장합니다.

기독교 신앙의 신조는 지식에 토대를 둔다. 신조가 외워지고 고백되어지는 곳에서 다시 인식이 생겨난다. 기독교의 신앙은 불합리하거나 역리적이거나 초이성적인 것이 아니고, 지극히 합리적인 것이다. 신앙고백을 하며, 많은 말로 설교하고, 복음을 전파하는 교회는 무엇을 이해한 데서 유래한다. … 지식은 이해에서 온다. … 또한 교회는 이미 이해한 것을 다시 이해시키려고 한다. 기독교의 교리사와 신학이 지식과 신앙을 분리할 때는, 교리사와 신학에 있어서 언제나 불행한 시기였다. 바르게 이해한 신앙이 지식이다. 바르게 이해한 신앙 행위가 역시 지식 행위이다. 신앙은 곧 지식이다.[966]

그는 "신조는 지식에 토대"를 두고, "기독교의 신앙은 불합리하거나 역리적이거나 초이성적인 것이 아니고, 지극히 합리적인 것"이기 때문에 "신앙은 곧 지식이다."라고 주장합니다. 이어서 교회의 발생 근원을 사도들의 증언(신 · 구약 성경)에 두는 정통주의 신학의 입장과는 다르게 "교회는 무엇을 이해한 데서 유래한다."[967]라고 주장합니다. 그는 "성경에서 지식이 나온

965) 위의 책, 83-84.
966) Karl Barth, 『바르트 교의학 개요』, 35.
967) 한종희, 『정통주의 신학에서 본 칼 바르트 신학 - 계시관을 중심으로 -』, 104.

다고 말하지 않고, 이해와 신앙에서 나온다고 말함으로써, 지식의 출처를 성경에서 인간에게로 옮긴 결과, 이해와 신앙의 대상이 되는 신의 개념과 신의 본질도, 변천해 가는 인간의 이해와 신앙에 따라서 함께 변하는 것으로 둔갑"시켰습니다.[968]

그 의도가 무엇일까요? 성경에 나오는 창조, 성령 수태와 동정녀 탄생, 부활 등과 같은 기적 또는 이적을 실재의 지식에서 제외함으로써 "현대인이 장애물로 여기는 관념적 진리인 이적들을 피해 가면서 자연스럽게 예수의 고매한 인격에서 나오는 인격적인 교훈을 이끌어" 내기 위함이 아닐까요?[969]

968) 위의 책, 105.
969) 위의 책, 103.

4. 하나님

1) "원역사"의 관점에서 본 하나님, 그 문제

"원역사"에 갇혀 있는 비인격적 존재

바르트는 **롬 11:11**의 "그들이 넘어짐으로 구원이 이방인에게 이르러"에 대하여 이렇게 주석합니다.

> 교회의 곤경과 죄책은 눈에 보이지 않는 저 '발걸음', 하나님께서 가시는 발걸음의 하나의 계기이니, 곧 버림에서 선택으로, '아니오'에서 '예'로, 에서에서 야곱으로, 바로에서 모세로 옮기시는 발걸음이다. 여기서 그분은 자신의 주권적인 자유를 확증하시고 자기 자신을 알려 주시고 세상의 화해를 이루신다(**9:22-23**).[970]

여기에 대하여 박윤선은 하나님은 변증법적 원리에 갇혀 있는 비인격적 존재가 아니라며 다음과 같이 지적합니다.

> 그의 하나님은, 부정에서 필연적으로 긍정에 이르며 긍정에서는 필연적으로 부정에 이른다. 그에게 있어서는, 하나님의 섭리가 이스라엘의 부정(이스라엘의 불신앙)에서 이방인의 긍정에 이를 수밖에 없는 것이었다. 그러나 우리 본문의 의미는, 하나님의 섭리가 변증법적으로 바뀌는 부정과 긍정의 돌아가는 현상이

970) Karl Barth, 손성현 옮김, 『로마서』, 818.

라고 함이 아니다. 12절의 말씀은 '그들의 넘어짐이 세상의 풍성함이 되며 그들의 실패가 이방인의 풍성함이 되거든 하물며 그들의 충만함이리요'라고 하였다. 그것은 이스라엘의 충만이 이방인에게 더욱 축복이 될 것을 암시하였다(15절). 이것은 변증법과는 반대되는 진전이다. 바르트의 변증법대로 말하면, 이스라엘의 충만의 때에는 이방인의 실패가 필연적으로 개시될 것이라고 할 것이다. 그러나 우리의 본문은 그와 반대로 말한다.[971]

바르트는 **롬 11:33**의 "깊도다 하나님의 지혜와 지식의 풍성함이여 그의 판단은 헤아리지 못할 것이며 그의 길은 찾지 못할 것이로다"에 대하여 이렇게 주석합니다.

왜 선택하시는가? 왜 내버리시는가? 예나 지금이나 항상 다시 물을 수밖에 없다. 그리고 항상 하나의 대답을 들을 수밖에 없다. 만일 그분이 헤아릴 수 없는 방식으로 버리지 않으시고, 파악할 수 없는 방식으로 선택하지 않으신다면 그분이 승리에서 승리로 넘어가시는 그분의 위대한 숨김 속에서 당신이 하나님이심을 증명하지 않는다면, 다시 말해 모든 이를 긍휼히 여기기 원하시며 또한 그렇게 하실 하나님으로 나타나지 않으신다면, 그런 하나님은 하나님이 아닐 것이기 때문이다.[972]

이 구절에 대한 주석에서 바르트는 "하나님은 위대한 숨김 속에서 당신이 하나님이심을 증명"하신다고 주장합니다. 그러나 이 구절은 하나님의 지혜

971) 박윤선, 『성경주석 로마서』, 313, 314.
972) Karl Barth, 손성현 옮김, 『로마서』, 854-855.

와 지식의 풍성함이 깊어서 하나님의 판단을 헤아리지 못할 것이며 하나님의 길은 찾지 못할 것이라는 감탄일 뿐, 하나님께서 계시하신 말씀도 인간이 알 수 없다는 뜻은 아닙니다.[973] 성경은 "하나님의 지혜의 부요함이 너무나도 깊어서 우리의 이성으로는 그것들을 꿰뚫어 알 수가 없다는 것을 놀라며 감탄할 수밖에 없었다."[974]라고 말한 것뿐입니다.

하나님은 위대한 숨김 속에서 당신이 하나님이심을 증명하시는 비인격적 하나님이 아니십니다. 오히려 지으신 피조물을 통하여, 하나님의 형상으로 지으신 인간의 양심과 이성을 통하여, 특별히 특별 계시인 성경을 통하여 하나님 자신을 드러내십니다. 그러므로 성경은 "창세로부터 그의 보이지 아니하는 것들 곧 그의 영원하신 능력과 신성이 그가 만드신 만물에 분명히 보여 알려졌나니 그러므로 그들이 핑계하지 못할지니라"(**롬 1:20**)라고 선언합니다.

비인격적 폭군

바르트는 **롬 9:15**의 "내가 긍휼히 여길 자를 긍휼히 여기고"에 대하여 이렇게 주석합니다.

> 인간적인 개념으로는 결국 '폭군'이라는 표현밖에는 쓸 수 없는 하나님, 그분의 통치에 반항하여 인간은 그저 격분할 뿐인 그런 하나님, 인간이 어떤 대가를 치르더라도 하나님이라고 부르고 싶어 하지 않는 하나님, 그런 분이 바로 하나님

973) 박윤선, 『성경주석 로마서』, 314-315.
974) John Calvin, *Romans*, 11:33.

이다. 인간은 그 하나님을 무한한 사랑을 베푸시는 아버지이지만 '폭군'(**눅 2:29, 행 4:24** 등) 등으로, 야곱의 하나님이지만 다름 아닌 에서의 하나님으로 파악하고 다시 사랑하게 된다. 이것이 그리스도 안에 있는 하나님 인식이다. 하나님 인식으로 가는 길 중에서 이 모순의 낭떠러지를 그냥 지나쳐 가는 길은 없다.[975]

그는 또 **롬 3:24**의 "하나님의 은혜로 값없이 의롭다 하심을 얻은 자"에 대하여 "진리는 지금이나 앞으로나 오직 ('위로부터 수직으로' 돌입하는) 기적으로 우리를 향한 하나님의 긍휼하심이다. 그 긍휼하심의 역사적·정신적 측면은 언제나 비진리이다."[976]라고 주석합니다.

바르트는 하나님께서 "긍휼히 여길 자를 긍휼히 여기시는" 것, 곧 "하나님께서 구원받을 자를 예정하신 행동"을 두고 하나님을 "무한한 사랑을 베푸시는 아버지"이지만 비인격적인 "폭군", "야곱의 하나님이지만 다름 아닌 에서의 하나님", "모순의 낭떠러지"라고 봄으로써 변증법적으로 하나님을 이해합니다. 심지어 그 긍휼하심의 역사적·정신적 측면은 언제나 비진리라고 주장합니다. 그러나 칼빈은 이와 다르게 주석합니다.

하나님은 대답하시기를 '나는 은혜 줄 자에게 은혜를 주고, 긍휼히 여길 자에게 긍휼을 베푸느니라'(**출 33:19**)라고 하셨다. 주께서 이같이 단언하여 말씀하시는 것은, 그는 아무에게도 빚진 자가 아니요, 사람들에게 베풀어진 모든 것이 그의 자유로운 선에서 나왔다는 것을 뜻한다. 둘째로, 이같은 하나님의 사랑은 값없는 것이기에, 그는 그가 기뻐하시는 자에게 그것을 주실 수가 있는 것이다. 끝

975) Karl Barth, 손성현 옮김, 『로마서』, 730.
976) 위의 책, 278.

으로, 어찌하여 하나님께서 어떤 사람에게는 선을 행하시고 은총을 베푸시나, 모든 사람에게 균일하게 하지 않으시는가에 대해서는 하나님 자신의 뜻보다 더 높은 차원의 이유란 있을 수 없다는 것이다.[977]

이 구절은 단순히 "하나님께 속한 자를 구원하시는 일은 하나님 자신의 일"[978]이라는 것입니다. 바르트처럼 복잡하고 난해하게 해석함으로 단순하고 명백한 뜻을 모호하게 만들어 자신이 원하는 주장을 펼치는 것은 신학자로서의 바른 자세가 아닐 것입니다. 반즈는 긍휼히 여길 자를 긍휼히 여기시는 하나님의 주권적인 예정에 대하여 우리에게는 아무도 불평할 권리가 없다는 것을 이렇게 설명합니다.

하나님께서 긍휼을 베풀기로 선택하신 자들을 말한다. 하나님은 그 방법을 설명하시지 않는다. 그러나 이러한 진리를 본문보다 더 적극적으로 나타내주는 표현은 없다. (1) 하나님은 주권자이시므로 자기가 선택한 사람들에게 이유를 설명하시지 않고 행하신다는 사실이다. (2) 하나님은 인간 편에 있는 어떤 권리에 상관없이 행하신다는 사실이다. 사람에게는 하나님의 자비를 구할 수 있는 권리나 공로가 없다. (3) 하나님께서는 자신의 기쁘신 뜻을 따라 가장 적절한 시기에 적절한 방법으로 기뻐하시는 일을 임의대로 행하신다는 사실이다. (4) 하나님은 일정한 수를 정하시고 그 숫자만큼의 사람들에게 영생을 주신다는 사실이다. (5) 아무도 불평할 권리가 없다는 말이다. 사람이 구원을 받는 것은 하나님의 자비에 대한 증거가 된다. 아무도 권리가 없고 똑같이 정죄를 받았으므로 하나님

977) John Calvin, *Romans*, 9:15.
978) *Inst.* 3.22.6.

은 자신이 기뻐하시는 자를 용서하실 권리가 있다.[979]

2) "원역사"의 관점에서 본 하나님의 선택, 그 문제

불신자나 신자나 마찬가지

바르트는 **롬 2:7**의 "참고 선을 행하여"에 대하여 이렇게 주석합니다.

> 한 분(이신 그분)께서 너무나 연약하고 너무나도 문제 있어 보이는 이 '육신'의 세상에서 선을 행하여, 다가올 세상의 영광과 영예와 평화가 그 안에 담길 수 있게 되었다. 그러나 이러한 가능성은 인간적으로 실현 가능한 것은 아니며 실제적인 것으로 생각해서도 안 된다. 그것은 철저하게 하나님으로부터 나온 가능성일 때라야 존재할 수 있다. 그 가능성 앞에서는 유대인이나 헬라인이나 하나님의 사람이나 세상 사람이나 모두 같은 선상에 서 있다. 그들 모두는 약속, 오직 약속에 참여할 뿐이다. 그런 가능성의 실현이 인간의 여러 가지 의(義) 또는 불의 가운데 하나의 모습으로 나타날 수 있는 것은 결코 아니다.[980]

그는 **롬 4:16**의 "그러므로 상속자가 되는 그것이 은혜에 속하기 위하여 믿음으로 되나니 이는 그 약속을 그 모든 후손에게 굳게 하려 하심이라"를 주석하면서도 이렇게 주장합니다.

979) Albert Barnes, *Romans*, 9:15.
980) Karl Barth, 손성현 옮김, 『로마서』, 207-208.

믿음이야말로 아브라함의 후손됨을 창출하는 유일한 요인이라고 한다면, 모든 종파주의는 - 그것이 우악하든지 섬세하든지 - 이제 끝난 것이다. '은혜로' 아브라함에게 임한 말씀, 아브라함이 이 '믿음으로' 들은 근본적으로 어떤 밀교적 성격의 협소화를 용납하지 않는다. 이 말씀은 근본적으로 모든 사람에게, 인간의 얼굴을 가진 모든 사람에게 해당된다. 이 말씀은 모든 인간적 맥락을 위에서 아래로 단칼에 절단함이요, 그 모든 것을 지양함으로 다시 그 모든 것의 토대를 제공하는 것, 하나님 안에 있는 새로운 맥락이다.[981]

그는 주기도문의 "우리"에 대한 해석에서 "하지만 우리는 그와 동시에 아마도 아직 기도하지 않는 사람들과 함께하는 공동체 안에도 있습니다. 예수 그리스도께서는 그들을 위해서도 기도하시기 때문입니다. 왜냐하면 그분은 인류 전체를 위해 기도하시기 때문입니다."[982]라고 주장합니다. 그는 또 이렇게 주장합니다.

인류만이 아니라 개인의 존재 이전에도 '비존재'가 있었습니다. 개인과 전체는 모두 거기에서 나왔습니다. 또한 우리는 거기를 향해 나아갑니다. … 내가 - 앞으로 어떻게 될지 두렵습니다 - 언젠가 존재하지 않았던 바로 그런 자가 되어야 한다는 사실은 변함이 없습니다. 뒤를 돌아보건대 나는 분명히 나의 비존재와 대결한 자였습니다.[983]

그는 **눅 13:30**의 "보라 나중 된 자로서 먼저 될 자도 있고 먼저 된 자로서

981) 위의 책, 340.
982) Karl Barth, 『칼 바르트 기도: 종교개혁 교리문답에 따른 주기도 해설』, 72.
983) Karl Barth, Richard Grunow, 『칼 바르트의 신학묵상』, 40, 41.

나중 될 자도 있느니라 하시더라"에 대해서도 "예수 그리스도는 바로 그리스도인이 아닌 사람들을 위해 존재하십니다. 그러므로 예수 그리스도는 자신을 거부하는 사람들에게도 희망이 되십니다. 그들도 약속 아래 있고, 약속의 능력 아래 있습니다. 이 약속과 이 약속의 능력은 그리스도인이 아닌 모든 종류의 사람에게도 주어졌습니다."[984]라고 주장합니다.

그는 **마 11:28a**의 "수고하고 무거운 짐 진 자들아 다 내게로 오라"에 대해서도 "예수님은 아무도 배척하지 않으십니다. 진보적인 사람이든 어리석은 사람이든, … 회개한 사람이든 회개하지 않은 사람이든, … 모든 사람을 '용서하십니다.'"[985]라고 주장합니다.

그는 **마 9:37**의 "이에 제자들에게 이르시되 추수할 것은 많되 일꾼이 적으니"에 대해서도 이렇게 주장합니다.

> 마치 목자 없는 양같이 고생에 지쳐서 기운이 빠져 있는 무리의 죄가 어찌 막중하지 않겠으며, 어찌 그들의 불신앙이 크지 않겠으며, 어찌 그들이 비참하지 않겠습니까? 하지만 예수님은 그렇게 말씀하시지 않았습니다. 예수님이 민중 속에서 보신 것은 거둘 준비가 된, 잘 익은 열매로 가득한 들판, 큰 들판이었습니다. 모든 무리를 합친 것만큼 큰 들판이었습니다. … 실로 죄와 불신앙과 비참함이 가득한 곳에서 독특하고 위대한 열매를 보려면 예수님의 눈이 필요합니다. 하나님 나라의 눈이 필요합니다. 이것은 실로 무엇을 의미할까요? 민중은 근본적으로 그리고 원래부터 이미 아무런 문제가 없습니다.[986]

984) 위의 책, 89.
985) 위의 책, 93.
986) 위의 책, 102.

그는 **눅 23:33**의 "해골이라 하는 곳에 이르러 거기서 예수를 십자가에 못 박고 두 행악자도 그렇게 하니 하나는 우편에 하나는 좌편에 있더라"라 대해서도 이렇게 주장합니다.

> 그리고 이제 이 두 사람은 예수님과 함께 십자가에 매달리고 예수님과 연대하게 되었고, 예수님과 한 공동체를 이루었으며, 예수님과 하나로 묶였습니다. … 이것은 최초의 그리스도인 공동체였습니다. … 그렇다면 최초의 확실한 그리스도인 공동체는 바로 이 두 강도라고 할 수 있을 것입니다. … 이처럼 그들은 확실한 그리스도인 공동체였습니다. 그분과 그들은 그리고 그들과 그분은 서로 묶여 있었습니다. 그래서 서로 분리될 수 없었으며 또한 영원히 분리되지 않습니다. … 그리고 예수님과 함께 고통당하고 죽었던 이 두 사람은 이 약속으로 말미암아 그리스도인 공동체로 모인 최초의 사람들이 되었습니다. … 두 강도가 최초로 모인 그 공동체에 베드로와 다른 제자들은 다만 그 강도들을 뒤따라서 들어갈 수 있었습니다.[987]

그는 "더욱이 용서는 보편적이어야 하지 않겠습니까? 아니 용서는 죄보다 더 보편적이고, 더 강력해야 하지 않겠습니까?",[988] "아니, 무신론자들도 의롭게 하셨다고요? 그리고 오늘 아침에 여기에 오기 싫었던 사람 중에도 그런 사람들이 있을지 모르겠지만, 스스로 무신론자라고 말하는 사람들도 의롭게 하셨다고요? 그렇습니다.",[989] "'모든' 인간은 그리스도와 보편적인 관계를 맺고 있습니다. 그리고 모든 사람은 그분의 형제입니다. 그분은 모

987) 위의 책, 234, 235, 24.
988) 위의 책, 271.
989) 위의 책, 359.

든 사람을 위하여 죽으셨으며, 모든 사람을 위해 부활하셨습니다."[990]라고 주장합니다. 그는 또 이렇게 주장합니다.

> 예수 그리스도를 아직 알지 못하는 자들에게도 성령이 약속되었다. 그들은 성령의 약속을 '단순히' 받지 못한 자들이 아니고 '아직' 받지 '못한' 자들이다. … '그들은 비그리스도인들이지만 '성령 없는 삶'으로 … 심판을 받은 것은 아니다. 그렇기에 예수 그리스도께서는 그 사람들에게도 희망이 되신다.[991]

그는 『주기도문 해설』에서도 "무신론자들, 하나님이 없는 사람들이 참으로 존재할까요?"라고 반문하면서 이렇게 주장합니다.

> 실로 하나님이 없는 사람은 결코 없습니다. 물론 이런 생각을 갖는 사람들도 있습니다. 스스로를 무신론자로 자처하는 사람들도 있습니다. 하지만 이것은 고정관념입니다. 그렇다고 해서 변하는 것은 아무것도 없습니다. 사람은 소리를 지를 수 있으며, 엄마에게 울부짖는 못된 아기처럼 행동할 수 있습니다. 하지만 엄마는 언제나 곁에 있습니다. 이것은 절대로 철학 사상이 아닙니다. 만약 예수 그리스도에 대한 신앙을 떠난다면, '하나님이 없는 사람은 결코 없다'라는 이 말을 나는 어떻게 확신있게 설명할 수 있을지를 알지 못합니다. 하지만 만약 우리가 예수 그리스도를 이해하였다면, 그 즉시 우리는 사람과 그의 본성을, 하나님으로부터 떨어질 수 없는 사람의 운명을 이해한 셈이 됩니다. 그리고 하나님이 없는 사람은 결코 없기 때문에 - 무신론은 하나의 우스운 발명품입니다 - 하나님

990) 위의 책, 391.
991) Eberhard Busch, 『위대한 열정: 칼 바르트 신학 해설』, 429.

은 우리에게 기도할 것을 명령하십니다.[992]

이러한 주장들은 “시공 세계의 참된 선이란 것도 다만 형식과 공각(空殼) 뿐”이며, 따라서 “사람이 거기에 무엇을 넣든지 차이는 없게 되어” “세상 사람이나 하나님의 사람이나 마찬가지가 된다는 사상”으로, 이는 시공 세계의 역사에서 일어나는 모든 것을 부정하는 것으로 성경과는 모순됩니다.[993]

위에 열거된 바르트의 주장들을 살펴보면 그에게는 이 세상에서는 어떤 구별도 없고 따라서 신자와 불신자, 또는 무신론자를 나누는 것이 무의미해 보입니다. 신앙이나 구원을 말하는 것도 아무 의미가 없어 보입니다.

“이 ‘육신’의 세상에서 선을 행하여, 다가올 세상의 영광과 영예와 평화가 그 안에 담길” 가능성은 “유대인이나 헬라인이나 하나님의 사람이나 세상 사람이나 모두 같은 선상에 서 있다.”, “‘은혜로’ 아브라함에게 임한 말씀, 아브라함이 이 ‘믿음으로’ 들은 말씀”은 “근본적으로 모든 사람에게, 인간의 얼굴을 가진 모든 사람에게 해당된다.”, “인류만이 아니라 개인의 존재 이전에도 ‘비존재’가 있었고”, “또한 우리는 거기를 향해 나아갑니다.”, “예수 그리스도는 자신을 거부하는 사람들도” “약속 아래 있고, 약속의 능력 아래 있습니다.”, “회개한 사람이든 회개하지 않은 사람이든”, “모든 사람을 용서하십니다.”, “민중은 근본적으로 그리고 원래부터 이미 아무런 문제가 없습니다.”, “최초의 확실한 그리스도인 공동체는 바로 이 두 강도라고 할 수 있을 것”, “그분과 그들은 그리고 그들과 그분은 서로 묶여 있었습니다.”, “두 강도가 최초로 모인 그 공동체에 베드로와 다른 제자들은 다만 그 강도들

992) Karl Barth, 이신건 옮김, 『주기도문 해설』, http://sgti.kehc.org/
993) 박윤선, 『성경주석 로마서』, 85-86.

을 뒤따라서 들어갈 수 있었습니다.", "용서는 죄보다 더 보편적이고, 더 강력해야 하지 않겠습니까?", "스스로 무신론자라고 말하는 사람들도 의롭게 하셨다고요? 그렇습니다.", "예수 그리스도를 아직 알지 못하는 자들에게도 성령이 약속되었다.", "무신론은 하나의 우스운 발명품입니다.", 이런 주장들의 저의가 무엇일까요? 시공간에서 일어나는 역사적인 모든 것에 대한 부정과 함께, 소위 그가 말하는 만인화해론 - 만인구원론과 별 다를 바 없어 보이지만 - 를 주장하려는 것이 아닐까요? 그러나 이러한 주장들은 도저히 정통 기독교의 신앙으로는 용납할 수 없습니다. 성경적으로도 도무지 근거를 찾을 수 없기 때문입니다.

선택(예정)은 아우구스티누스와 종교개혁자들이 신화화한 것

바르트는 **롬 8:29**의 "하나님이 미리 아신 자들을 또한 그 아들의 형상을 본받게 하기 위하여 미리 정하셨으니 이는 그로 많은 형제 중에서 맏아들이 되게 하려 하심이니라"에 대하여 이렇게 주석합니다.

> 우리가 지금 마주하고 있는 비밀은 예정, 곧 인간이 복락을 누리도록 예정되어 있음의 비밀이다. 아우구스티누스와 종교개혁자들은 이 비밀을 원인과 결과의 도식 속에서 신화적으로 표현하는 바람에 그것이 가지고 있는 본래의 의미를 앗아가고 말았다.[994]

바르트는 아우구스티누스나 종교개혁자들의 예정 교리가 신화적으로 표

994) Karl Barth, 손성현 옮김, 『로마서』, 681.

현된 것이라고 비판합니다. 1943년, 바르트는 "칼빈의 예정론을 정면으로 비판하고, 만세 전에 예수 그리스도 안에서 모두가 선택되었다는 화해론을 주장함으로써 칼빈주의자들과 갈라서게" 되고, "1948년에는 WCC 창립 총회의 강사로 초청받아 '하나님의 구원 계획과 세계의 무질서'라는 제목으로 강연하면서 화해론을 이 운동의 이론적 기초로 세우며 개혁주의 노선과 좀 더 확실히 선을 그었으며", "1943년부터 본격적으로 화해론을 가르치고, 1956년에 하나님의 인간성을 강조한 후에 가톨릭 신학과 더 가까워졌고", "가톨릭 신학자 한스 폰 발타자르나 한스 큉은 바르트의 칭의론이 종교개혁 당시 가톨릭 칭의론을 확정했던 트리엔트 종교회의의 칭의론과 다름없다고 했으며", "가톨릭은 1969년에 열린 제2차 바티칸 회의에 바르트를 초청했고, 그는 환영을 받으며 그 회의에 참여"했습니다.[995]

과연 누가 예정 교리를 신화화한 것일까요? "만세 전에 예수 그리스도 안에서 모두가 선택되었다는 화해론"이야말로 예정 교리를 신화화한 것이 아닐까요? 저명한 가톨릭 신학자인 한스 폰 발타자르와 한스 큉이 "바르트의 칭의론이 종교개혁 당시 가톨릭 칭의론을 확정했던 트리엔트 종교회의의 칭의론과 다름없다."라고 말했다면, 바르트야말로 예정 교리를 신화화한 것이 아닐까요? 트리엔트 종교회의(*Concilium Tridentinum*, 1545-1563)의 칭의론은 "칭의에 성화를 포함"했고(칭의교령 7장), "믿음에 행함을 첨가"했으며(칭의교령 7장), "구원의 탈락가능성을 제시"했습니다(칭의교령 9장). 이 칭의론은 제1차 바티칸 회의와 제2차 바티칸 회의를 거쳐 일관되게 유지되고 있으며, 이 칭의론을 받아들이지 않는 자들과 로마가톨릭교회 밖에 있는 자들에게 저주(*Anathema*)를 선언했습니다.

995) 김용주, 『신정통주의 신학이란 무엇인가』, 34, 35, 36.

이러한 칭의론을 주장하는 "제2차 바티칸 회의"에 바르트가 초청을 받았고, "환영을 받으며 그 회의에 참여했다."라는 사실과 바르트의 주장이 이러한 칭의론과 다름없다고 권위 있는 가톨릭 신학자들로부터 인정을 받았다면, 바르트는 적어도 종교개혁 신앙과는 거리가 먼 사람임에 틀림이 없습니다. 물론 아우구스티누스나 종교개혁자들의 예정 교리가 신화적으로 표현된 것이라고 비판한 것만 보아도 그가 종교개혁 신앙과는 거리가 멀다는 것을 알 수 있습니다.

행 13:48은 분명히 "'영생을 주시기로 작정된 자는 다 믿더라', 즉 영생에 적합하다든지 주관적으로 그런 성향을 가진 자들이 아니라 영생에 작정된 자들은 다 믿는다."라고 선언합니다.[996] **롬 9:15-18**은 "선택의 원인이 사람의 행위에 있는 것이 아니라 오로지 부르는 자의 뜻에 있다고 가르치며", "**로마서 9장**이 시간 속에서 하나님의 행위를 언급하는 것은 아주 확실하지만, 그 행위의 원인은 시간 밖에 있으며, 오로지 하나님의 기뻐하시는 뜻에 있다."라고 단언합니다.[997] 성부 하나님은 자신의 기쁘신 뜻에 따라 어떤 사람들을 창세 전에 선택하셨고, 영생을 주시로 작정하셨으며, 자기 아들의 형상을 본받게 하셨는데, 이러한 선택은 불변하며, 때가 되어 부르심과 의롭다 하심과 영화를 수반합니다.[998]

어떤 사람들은 예지예정론(豫知豫定論)으로 하나님의 절대 주권을 약화 또는 왜곡하고 있지만, 그것은 성경적으로 용납될 수 없습니다. 이 문제에 대하여 존 머리는 이렇게 지적합니다.

996) Herman Bavinck, 『개혁교의학 2』, 427.
997) 위의 책, 429.
998) Herman Bavinck, 『개혁교의학 4』, 318.

'미리 아셨다'라는 말이 믿음의 선견(先見)을 의미하는 것으로 인정한다고 해도, 주권적인 선택의 교리가 제거되거나 반증되는 것은 아니다. … 하나님이 예견하시는 믿음은 하나님이 친히 창조하시는 믿음이다(**요 3:3-8, 6:44-45, 65, 엡 2:8, 빌 1:29, 벧후 1:2**). 따라서 믿음에 대한 하나님의 예견에는 그분께서 믿을 것으로 예견하신 사람들 속에 이 믿음을 창조하시기로 한 그분의 작정이 전제 조건으로 들어 있다. 그래서 이런 구별은 하나님의 영원하고 주권적인 선택과 그 결과에서 나오는 것이다. … 존재를 인식하는 예견이 아니라 존재를 결정하는 예지이다. 그것은 절대 주권적인 하나님의 구별하시는 사랑이다.[999]

더글라스 무도 이렇게 설명합니다.

'미리 안다'(προγινώσκω)라는 단어들이 신약성경에 나오는 일곱 번 가운데 두 번만 '미리 안다'라는 뜻이고(**행 26:5, 벧후 3:17**), 나머지 네 번은 - 네 경우 모두가 하나님을 주어로 삼고 있는데 - 이성적으로 안다, 또는 인지한다는 의미로 '미리 안다'라는 것이 아니라 '미리 관계를 맺고 있다', 또는 '미리 선택하거나 정하고 있다'라는 뜻이다(**롬 11:2, 벧전 1:20, 행 2:23, 벧전 1:2**). … 뿐만 아니라 개인들 가운데 일부분만이 - '미리 아신' 자들로 또한 '미리 정하시고' '부르시고' '의롭다고 하시고' '영화롭게 하신' 자들만이 - 이 행위의 대상이며, 그러므로 이것은 그리스도인에게만 적용될 수 있는 행위를 이 동사가 가리키지 않으면 안 된다는 것을 증명한다. 그러므로 이 단어가 '친밀하게 안다', '소중히 여긴다'라는 뜻을 나타낸다면, 이것은 신자들에게 특유하며 그들의 미리 정해짐으로 이어지는 앎 또는 사랑이지 않으면 안 된다. 그러므로 '미리 안다, 또는 사랑한다'와 '미리 택한다'는

999) John Murray, *Romans*, 8:29.

사실상 차이가 없게 된다. … 하나님의 행동 자체가 만들어진 존재인 '시간'에 스스로 얽매이지 않는다는 것은 물론 맞는 말이지만, '미리'가 하나님의 행동을 우리가 '시간'이라고 부르는 개념의 틀 안에 배치하는 것 이외의 기능을 가질 수는 없다는 것 역시 분명하다.[1000]

그러므로 만인구원론 또는 만인화해론은 성경적으로 결코 용납할 수 없습니다. 칼빈은 이 문제에 대하여 이렇게 지적합니다.

하나님께서는 어떤 성읍에는 비가 오게 하시고, 또 어떤 성읍에는 기근이 오게 하시겠다고 경고하시며(**암 4:7**), 또한 다른 곳에서는 하나님의 말씀이 없는 기근을 선언하시니(**암 8:11**) 모든 사람을 동등하게 부르시는 어떤 정해진 법칙에 스스로 매어 놓지 않으시는 것이다. 또한 그는 바울에게 아시아에서 말씀을 전하지 못하도록 금하시며(**행 16:6**) 그를 비두니아에서 돌이켜 마게도냐로 향하게 하심으로써(**행 16:7 이하**) 이 복음의 보배를 원하신 자들에게 나누어 주실 권한을 하나님 자신이 갖고 계심을 보여 주시는 것이다. 또한 이사야 선지자를 통해서는 구원의 약속들을 특별히 택한 자들에게 주신다는 사실을 더욱 선명하게 보여 주신다. 그는 인류 전체가 아니라 오직 그들만이 그의 제자들이 될 것임을 선포하고 계시는 것이다(**사 8:16**). 그러므로 교회의 자녀들에게만 개별적으로 해당된다고 말하는 이 구원의 도리를 모든 사람에게 효과적으로 유익을 끼치는 것처럼 제시한다는 것은 거짓된 것이다.[1001]

1000) Douglas J. Moo, *Romans*, 8:29.
1001) *Inst.* 3.22.10.

신뢰해서는 안 되는 영원한 선택

바르트는 **롬 9:8-11**의 "곧 육신의 자녀 … 택하심을 따라 되는 하나님의 뜻이 행위로 말미암지 않고 오직 부르시는 이로 말미암아 서게 하려 하사"에 대하여 이렇게 주석합니다.

> 시간 속에서 그 누구도 영원한 선택을 신뢰해서는 안 된다. 시간 속에서 그 누구도 영원한 배척을 의식할 필요가 없다. 이 교리가 말하고자 하는 것은 시간적인 인간이 영원한 기초를 가지고 있다는 것, 바로 그 기초 위에서 부르시는 이가 결정적인 역할을 하사 그 인간의 하나님은 진정 하나님이라는 것이다. 선택과 버림의 교리는 역설이며, 이해를 목적으로 할 때는 이해할 수 없다. 아브라함의 후손이 추구하는 것이 이 역설이다. 교회가 의미하는 것도 바로 이것이다.[1002]

바르트는 "시간 속에서 그 누구도 영원한 선택을 신뢰해서는 안 된다. 시간 속에서 그 누구도 영원한 배척을 의식할 필요가 없다."라고 주장함으로써 "선택의 불안정"을 주장하지만, **롬 8:30-39**는 분명히 "선택이나 예정을 고정된 것, 변치 않는 것"이라고 선언합니다.[1003] **롬 9:8-11**은 분명히 "인간의 궁극적인 운명과 관련된 하나님의 주권적 섭리"를 말합니다.[1004] 더글라스 무는 이렇게 주석합니다.

> 이삭은 택함을 받고 이스마엘은 택함을 받지 못했으며, 야곱은 택함을 받고

1002) Karl Barth, 손성현 옮김, 『로마서』, 273.
1003) 박윤선, 『성경주석 로마서』, 276.
1004) John Murray, *Romans*, 9:8-11.

에서는 택함을 받지 못했다. 이런 선택으로 하나님은 그의 '특별 소유'가 될 백성을 창출하시려는 그의 계획이 '변함없이 남도록' 하신 것이다. 만일 하나님의 계획이 죄 많은 인간의 변덕 위에 세워졌다면, 실로 하나님의 말씀은 오래전에 땅에 떨어졌을 것이다(**6a**). 그러나 하나님의 역사적인 뜻은 하나님이 직접 백성을 '선택하여' 그 뜻을 이루는 데 동참하게 하시기 때문에 성취되는 것이다.[1005]

칼빈도 이렇게 설명합니다.

'이스라엘에게서 난 그들이 다 이스라엘이 아니요'(**롬 9:6**). 이는 혈통에 의해서는 모두가 복을 받았으나, 선택은 모두에게 동등하게 베풀어진 것이 아니라는 뜻이다. … 물론 바울은 언약에 따라서 아브라함의 자손이 거룩하다는 것을 인정한다. 그러나 그러면서도 그들 가운데 많은 이들이 언약의 바깥에 있다고 주장하는 것이다. … '그 자식들이 아직 나지도 아니하고 무슨 선이나 악을 행하지 아니한 때에 택하심을 따라 되는 하나님의 뜻이 행위로 말미암지 않고 오직 부르시는 이로 말미암아 서게 하려 하사 리브가에게 이르시되 큰 자가 어린 자를 섬기리라 하셨나니 기록된 바 내가 야곱은 사랑하고 에서는 미워하였다 하심과 같으니라'(**롬 9:11-13**). 만일 이 두 형제를 이렇게 구분하는 일에 예지가 조금이라도 작용했다면, 때를 언급한 바울의 논지는 엉뚱한 것이라 할 수밖에 없을 것이다.[1006]

로마 가톨릭 신학자 발타자르는 "선택교리가 바르트 신학의 심장"이라고 파악하면서,[1007] 바르트는 "피조물에 대한 하나님의 은혜가 은혜 되려면, 반

1005) Douglas J. Moo, *Romans*, 9:8-11.
1006) *Inst.* 3.22.4.
1007) 김용주, 『신정통주의 신학이란 무엇인가』, 114.

드시 '예'의 방향으로 선택되어야지 '아니요'의 방향으로 선택되어서는 안 된다는 전제에서 출발"[1008]한다고 지적합니다. 바르트는 자신이 "예수 그리스도는 선택하는 자인 동시에 선택된 자"라고 주장하는데 그 근거"를 **엡 1:4**에서 찾습니다.[1009]

> 그러므로 예수 그리스도는 선택하는 자이실 뿐만 아니라 하나님의 선택된 자다. 그분은 선택된 자로서 처음부터(영원으로부터) 다른 선택된 자 곁에 서 있지 않으며, 도리어 근원적이고 본래적으로 그들 전에 그리고 그들 위에 선택된 자로서 있다. 다른 선택된 자들은 처음부터(영원으로부터) 그 곁에 그리고 그 밖이 아니라, 도리어 **엡 1:4**에 따르면 단지 그 '안에' 있다.

이러한 바르트의 해석에는 큰 오류가 있음을 김용주는 이렇게 지적합니다.

> 우리는 바르트가 **엡 1:4** 해석에서 큰 오류를 범하는 것을 볼 수 있습니다. … 이 말씀을 문법적으로 풀어보면, 하나님이 그리스도 안에서, 즉 그리스도를 근거로 하여 우리를 선택하셨다는 말입니다. 이것은 그리스도를 먼저 선택하시고 그 안에서 우리를 선택하셨다는 뜻으로 해석할 수 없습니다. 그리스도는 우리를 구원하시기 위해 우리보다 먼저 선택되신 분이 아니라, 영원부터 하나님과 함께 계신 분입니다. 하나님은 그리스도를 보시고 그를 위해 우리 인간을 선택하신 것입니다. 그러므로 바르트는 성경해석에서 심각한 오류를 범하고 있는 것입니다. 그는 그리스도인의 선택을 다루는 본문을 그리스도의 선택에 연결시키는 오류

1008) 위의 책, 116.
1009) 위의 책, 122.

를 범하고 있습니다. 이 구절은 하나님이 영원 전에 예수 그리스도 안에서 우리를 선택하셨다는 것을 말하는 본문이기 때문입니다.[1010]

정함이 없는 로마서의 이중(복수) 예정

바르트는 **롬 9:22-23**의 "만일 하나님이 그의 진노를 보이시고 그의 능력을 알게 하고자 하사 멸하기로 준비된 진노의 그릇을 오래 참으심으로 관용하시고 또한 영광 받기로 예비하신 바 긍휼의 그릇에 대하여 그 영광의 풍성함을 알게 하고자 하셨을지라도 무슨 말을 하리요"에 대하여 "그가 하나님, 곧 에서의 하나님과 씨름했으나 결국 야곱이 되고 이스라엘이 되는(**창 32:25-29**) 기적이다."[1011]라고 해석합니다.

과연 그럴까요? 이 구절은 "에서가 변하여 야곱이 되어질 수 있다는, 변동성 있는 예정의 도리를 가르치지 않으며", 그 이유는 바로 다음 구절인 **롬 9:24**에서 "'이 그릇은 우리니'라고 하여, 예정된 성도들이 벌써 영원 전에 예비되어 있던 사실을 지적"하기 때문입니다.[1012] 바르트는 전통적 예정론에 대하여 이렇게 비판합니다.

> 하나님의 선택은 하나님의 버림을 능가합니다. 고전적 예정론의 지지자들과 반대자들, 가톨릭 신자들과 개혁(장로)교회 신자들, 루터교회 신자들도 다음과 같은 점에서 일치했습니다. 곧 하나님의 은혜의 선택은 모든 인간을 선택된 자와 버림받은 자, 믿는 자와 믿지 않는 자, 영원한 생명을 받을 자와 영원한 형벌

1010) 위의 책, 122-123.
1011) Karl Barth, 손성현 옮김, 『로마서』, 745.
1012) 박윤선, 『성경주석 로마서』, 276-277.

을 받을 자로 '구분하고 나누는 사건'으로 이해되어야 한다는 것입니다. 이와 같은 구분과 나눔은 하나님의 영원한 결정 안에서 완전하게 이루어진 것으로서 인간의 상태 안에서 드러나는 하나님의 불변성을 확고하게 설명해준다는 것입니다. 하지만 우리는 다음과 같이 질문하게 됩니다. 혹시 여기서 인간의 상태에 관한 특정한 견해가 거꾸로 절대화되고, 하나님의 결정의 형태 안에서 하나님 자신 속으로 투사된 것은 아닌가? 우리는 실로 이런 견해를 가르칠 수 없습니다. 왜냐하면 예수 그리스도의 부활로부터 하나님의 선택이 인식되고, 예수 그리스도의 십자가로부터 하나님의 버림이 인식되기 때문입니다. 그리고 성경도 그렇게 가르칠 수 있는 근거를 제공하지 않습니다. **로마서 9-11장**은 이중예정, 곧 하나님의 '자유로운 선택'과 버림에 관해서 말하지만 '인간의 예정'에 관해서는 말하지 '않습니다.'[1013]

전통적 예정론은 … 예수 그리스도 안에서 이루어진 그리고 성경의 예정론의 핵심적인 증언 내용인 하나님의 주권적인 선택을 부당하게 인간화하고, 기계화하고, 고정화하였습니다. … 전통적 예정론은 하나님의 은혜에 상응하여 인간의 상태에 관심을 기울임으로써 - 그래서 모든 시대의 반(反)펠라기우스주의에 대한 공동 책임을 지고 있습니다 - 하나님의 은혜로운 결정의 인간적인 선행조건에 관한 보충 설명을 끌어들였습니다. 그리함으로써 전통적 예정론은 바로 그 핵심적인 관심사 곧 은혜로우신 하나님에 대한 찬양과 예정론이 주는 위로를 의심스럽게 만들었습니다. 그리고 전통적 예정론은 그 본래적인 관심사인 은혜로우신 하나님에 대한 찬양을 사변적인 세계관으로밖에는 설명될 수 없는 인간 역사의 한 체계와 결합하였습니다. 그렇게 함으로써 - 여기서 슐라이어마허의 원치 않던 결론을 끌어오게 되었습니다 - 전통적 예정론은 은혜로 인한 심판의 최

1013) Karl Barth, Richard Grunow, 『칼 바르트의 신학묵상』, 423,

종적, 보편적인 폐기에 관한 보충 설명을 끌어들였으며, 만물의 점진적이고 궁극적인 회복에 관한 보충 설명을 끌어들였습니다. 이런 설명으로 말미암아 하나님의 은혜의 자유는 불가피하게 왜곡되었으며, 이와 더불어 예정론의 진지성 곧 회개를 촉구하는 예정론의 성격도 위험에 처하게 되었습니다. 만약 은혜의 선택 이론이 하나님의 은혜와 위로를 선포하기를 원하고, 하나님의 자유로운 은혜와 회개를 선포하기를 원한다면, 예정된 인간의 두 부류에 관해 말하기보다 예정하시는 하나님에 관해서 말해야 할 것입니다. 아우구스티누스와 종교개혁자들의 관심도 원래는 이런 것이었습니다. "하나님이 모든 사람을 순종하지 아니하는 가운데 가두어 두심은 모든 사람에게 긍휼을 베풀려 하심이로다." **(롬 11:32)**[1014]

여기서 모든 사람이란 하나님이 예수 그리스도 안에서 자비를 베풀기 원하시고 자비를 베푸실 사람입니다. 그렇기 때문에 마치 버림의 위협을 받지 않는 선택된 자들이 있다거나, 선택된 약속을 전혀 받지 못하고 버림을 받은 자들이 있다거나 하는 생각은 분명히 배제되었습니다. 누가 여기서 자신이나 다른 사람들이 안전하다거나 희망이 없다고 감히 말할 수 있겠습니까?[1015]

바르트의 선택론의 요점은 "예수 그리스도가 한편으로는 선택하시고 유기하시는 하나님과 동일시되어야 하며, 다른 한편으로는 하나님에 의해 선택되고 버림받는 인간들과 동일시되어야 한다는 것"입니다.[1016] 그는 "유다가 구원받을 소망의 근거를 예수의 대속적 죽음과 부활에서 찾을 뿐만 아니라, 이것의 결과로서 그리스도인들을 박해하던(이것은 유다의 유형인데) 바울이 부활하신 그리스도를 경험한 후 복음을 증거하는 사람이 된 것에서

1014) 위의 책, 424.
1015) 위의 책, 425.
1016) D. F. Ford, "바르트의 성경해석", 99.

찾기 때문"에 그의 "선택교리를 뒷받침하는 주요한 해석학적 근거는, 선과 악의 관계가 그 안에서 궁극적으로 정해지는 예수님의 죽음과 부활이라는 원형을 창조하심으로써 선과 악의 엇갈림의 의미를 알게 하시는 하나님의 뜻을 발견하기 위하여, 일련의 성경 이야기들을 문학적으로 분석"한 것입니다.[1017]

바르트는 **로마서 9-11장**은 이중예정, 곧 하나님의 '자유로운 선택'과 버림에 관해서 말하지만 '인간의 예정'에 관해서는 말하지 '않는다고 주장하지만, 그것은 분명하고도 단순한 성경의 문자적인 의미를 의도적으로 간과하는 것입니다. 이스마엘이 아니라 이삭과 그 후손을 선택하시고, 이삭의 후손이라고 하더라도 야곱은 선택하시고 에서는 선택하지 않으셨습니다(**로마서 9:7-13**). 토기장이의 비유(**로마서 9:21-24**)도 인간의 예정이지 결코 예수 그리스도에 대한 이중예정이라고 해석할 여지가 전혀 없습니다. 성경은 분명히 "또 이사야가 이스라엘에 관하여 외치되 이스라엘 자손들의 수가 비록 바다의 모래 같을지라도 남은 자만 구원을 받으리니"(**로마서 9:27**)라고 인간의 예정에 대하여 선언합니다.

바르트는 성경이 '인간의 예정'에 관해서는 말하지 않는다는 주장의 근거로 **롬 11:32**의 "하나님이 모든 사람을 순종하지 아니하는 가운데 가두어 두심은 모든 사람에게 긍휼을 베풀려 하심이로다"를 인용합니다. 이 말씀은 "하나님께서는 아무에게도 의무를 지고 있는 것이 없으므로, 그가 모든 사람을 값없이 거저 구원하시는 것은, 모두가 똑같이 죄인들이기 때문이라는 것", "유대인이나 이방인들이 다 하나님의 긍휼을 통해서만 구원을 얻는다는 것"이지, 결코 "모든 사람이 구원을 받게 될 것"이라는 것을 뜻하지 않습

1017) 위의 책, 105.

니다.[1018]

로마서의 선택은 만인 화해론

바르트는 **롬 11:2**의 "하나님이 그 미리 아신 자기 백성을 버리지 아니하셨나니"에 대하여 이렇게 주석합니다.

> 그러므로 이것은 안전한 해안이 아닌, 행복하게 노를 저어가는 (그리고 도움의 손길이 되기 위해 노를 저어 오는!) 침몰하는 배에서 하는 말이다. … 이 칠천 명은 - 비록 그 말이 역설적이고 본문을 거스르는 것처럼 들릴지라도 - 칠천이라는 숫자를 가리키는 것이 아니다. … 엘리야가 이곳저곳에서 어떻게든 만날 수 있는 사람들, 그들의 존재를 알아보고 그 이름을 열거할 수 있는 그런 사람들이 아니다. … 우리가 앞서(**8:18**) 우리가 확인했던 것처럼, 진리의 섬은 해저에 있다(**11:4**). 로마서 전체의(그리고 단순히 로마서만이 아니라!) 열쇠가 여기에 있다고 말할 수 있을 것이다. 바울이 하나님, 의, 인간, 죄, 은혜, 죽음, 부활, 율법, 심판, 구원, 선택, 버림, 믿음, 사랑, 소망에 관해 말할 때, 그리고 예수 그리스도의 날에 관해 말할 때, 바울이(그리고 바울만이 아닐!) 생각하는 것이 무엇인지, 그리고 이런 근원적인 말을 제대로 말하기 위해서 어떤 범주를 사용해야 하는지는 바로 이 구절을 이해하느냐 이해하지 못하느냐로 결정된다. 이 구절은 모든 것을 측정하는 기준이요 모든 것을 다는 저울이다. 이 구절을 듣는 사람이나 읽는 사람에게 그 모습 그대로 이중 예정의 시금석이니, 그것이 최종적 의미를 뚜렷이

1018) John Calvin, *Romans*, 11:32.

밝히고자 하는 것이 이 구절이다(**11:32**).[1019]

"하나님이 그 미리 아신 자기 백성을 버리지 아니하셨나니"라는 말씀은 "이중 예정론"이지만, 바르트의 주장처럼 동일한 사람의 선택과 유기가 아니며, 그런 사상은 성경적 근거가 없습니다.[1020]

바르트는 **롬 11:4**의 "바알에게 무릎을 꿇지 아니한 사람 칠천 명"은 숫자를 가리키는 것도 아니고, 엘리야가 만날 수 있는 사람들도 아니라며, "진리의 섬은 해저에 있다."라고 주장하는데, 이는 "하나님이 남겨 두셨던 칠천 명의 성도가, 시간 세계에 일정하게 택함받아 있었던 인물"이 아니라는 뜻으로 보이는데,[1021] 그것은 성경의 내용과 정반대의 주장입니다. 성경은 분명히 시공간의 역사적 사실을 진술하고 있기 때문입니다.

롬 11:32의 "하나님이 모든 사람을 순종하지 아니하는 가운데 가두어 두심은 모든 사람에게 긍휼을 베풀려 하심이로다"에 대하여 바르트는 "첫째 번 '모든 사람'과 둘째 번 '모든 사람'이 동일한 무리를 의미", 곧 "순종하지 아니한 이스라엘 사람들이 결국 순종한 자들과 동일하다는 의미"라고 주석합니다. 그러나 **롬 11:30-31**의 문맥에서 "첫째 번 '모든 사람'이란 말은 불순종한 이스라엘 사람들을 가리키고, 둘째 번 '모든 사람'이란 말은 복음에 순종한 이방 사람들과 및 장래의 이스라엘 사람들을 가리키는 것"이므로, 바르트의 주석은 그의 "이중 예정론"에 맞추기 위하여 억지를 부린 것에 불과합니다.[1022]

1019) Karl Barth, 손성현 옮김, 『로마서』, 807-808, 808-809, 851.
1020) 박윤선, 『성경주석 로마서』, 312.
1021) 위의 책, 312-313.
1022) 위의 책, 313.

바르트는 **마 3:1, 12**의 "그때에 세례 요한이 이르러 유대 광야에서 전파하여 말하되 … 손에 키를 들고 자기의 타작마당을 정하게 하사"에 대하여 이렇게 주장합니다.

> 이 자리는 사람이 떠난 온 곳입니다. 사람들이 어떤 방향과 길로 가기를 원하든, 이 자리는 모든 사람이 속해 있는 고향입니다. 그래서 그분의 부르심은 결코 낯선 것일 수가 없습니다. 그래서 사람들이 수용하든 거부하든, 그분의 부르심은 실로 모든 사람을 위한 것입니다. 그래서 모든 사람에 대한 그분의 심판은 이미 결정되었습니다. 그래서 그분의 판단은 결코 불의하지 않고, 심오하고도 궁극적인 의미에서 정당합니다.[1023]

그러나 성경은 분명하게 그리스도를 믿는 자는 심판에 이르지 않으나, 그리스도를 믿지 않는 자는 심판에 이른다고 증언합니다(**요 3:18, 36**). 여기에 대하여 김영한은 이렇게 지적합니다.

> 이 하나님의 은총은 바르트에 의하면 결코 취소할 수 없는 "원결정"이므로 어떤 인간의 행위에 의해서도 변경 내지 돌이켜질 수 없다. 이 하나님의 무제약적 은총의 사실 속에서 신앙이란 "유일한 가능성"이고 불신앙이란 "닫혀 있는 가능성"이다. 인간의 죄, 불경건, 저항은 역시 은총의 원결정에 아무런 영향을 미치지 못한다. 죄, 불경, 저항까지도 이 은총의 선택론의 체계 안에서 독립적 요소가 아닌 닫혀 있는 가능성으로 파악된다. 인간의 유기는 예수 그리스도의 유기에 의해 지양되었고, 이것은 인간 역사 속의 시간이 아니라, 이미 선시간적인 영원의 영역에서

1023) Karl Barth, Richard Grunow, 『칼 바르트의 신학묵상』, 47, 50.

일어났다. 따라서 바르트의 신학은 은총의 보편주의에 입각하고 있지 않은가?[1024]

그러나 그것은 은혜와 더불어 종말론적 심판의 심각성, 복음과 더불어 우리의 죄를 고발하고 정죄하는 율법의 예리성을 동시에 하나님 계시의 두 가지 요소로서 선포하는 성서의 가르침을 넘어서고 있는 신학적 사변일 뿐이다. 이러한 예정론에 기초하고 있는 바르트의 의인론은 그리스도 구속사건의 개별적 적용을 객관적 화해 사건 속으로 해소(解消)시키고 있다. 바르트는 그리스도의 구속 행위를 인간 타락 이전에 이미 일어난 것으로 본다. 따라서 인간 타락에 대한 역사적 해답으로 보고 있지 않다. 구속 행위는 그리스도 안에서 신이 인간과 맺은 영원한 은총 언약의 실현이다. 그러므로 그리스도의 화해 사건은 영원한 언약 사건의 수행의 한 측면으로 나타난다. 더구나 보편주의적으로 파악된 화해 사건 속에서 구원의 구체적 적용 - 말씀 선포와 성례전 수행의 매개를 통해서 인간의 신앙적 결단을 통한 화해의 구체적 적용 - 은 도외시되고 있다. 바르트의 구속론 사고는 영원 전에 신인 예수 그리스도 안에서 이미 결정된 화해 사건 - 인간 타락 이전에 인간이 그리스도 안에서 이미 심판되고 구속된 사건 - 에 관한 사고에 의해서 지배된다. 따라서 비역사적 사고가 그의 교의학의 근본 구조를 지배하고 있다.[1025]

바르트는 자신의 선택론에 대하여 이렇게 설명합니다.

우리의 과제는 단지 "화해에 봉사하는 것"이고, 화해의 증인이 되는 것이다. 봉사의 과제는 우리를 "선포라는 열려있는 상황" 안에 위치시킨다. 선포가 열려있

1024) 김영한, 『바르트에서 몰트만까지』 11판 (서울: 대한기독교출판사, 1990), 60, 이후로는 김영한, 『바르트에서 몰트만까지』, 60. 등으로 표기함.
1025) 김영한, 『현대신학과 개혁신학』, 185.

는 것은 얼마나 많은 사람이 그것을 믿는지와 관계없이 그것이 항상 개방되어 있기 때문이 아니고, 그것이 "하나님의 은혜의 자유를 존중하는 가운데" 발생하기 때문이다. …

하나님의 은혜는 만일 심판이 없다면 은혜가 아니다. 그렇기에 우리는 그분의 심판 아래서 먼저 저 사람들을 바라보지 않으면 은혜를 인식할 수 없다. 그들은 보통 우리에게 만인화해가 의심스럽게 느껴지도록 만드는 사람들이다.[1026]

지금 그렇게도 오만하고 왜곡된 상황을 그렇게도 강력하게 제한하는 현실성은, 우리가 그것의 변질되지 않은 진리를 아주 잠시 동안만 인정한다면, 명백하게도 하나님의 영원한 인내와 구원의 사역을 지시하지 않는가? 그래서 사실상 '만인화해'의 사역이 발생했다는 방향을 가리키지 않는가? 만일 이와 같은 현실성이 우리가 '만인화해'를 직접 판단하는 것만큼은 금지한다고 해도, 그것은 그보다 더욱 확실하게 우리가 만인화해를 희망해야 하고 또 그것을 위해 기도해야 한다고 명령하고 있지 않은가?[1027]

예수 그리스도를 아직 알지 못하는 자들에게도 성령이 약속되었다. 그들은 성령의 약속을 "단순히" 받지 못한 자들이 아니고 "아직" 받지 "못한" 자들이다. … "그들은 비그리스도인들이지만 '성령 없는 삶'으로 … 심판을 받은 것은 아니다." 그렇기에 "예수 그리스도께서는 그 사람들에게도 희망이 되신다."[1028]

바르트의 만인화해론은 객관적 화해론으로 예수님께서 십자가에서 죽으실 때 모든 인류의 죄는 객관적으로 화해되었다는 뜻으로 보는데, 그의 객관적 화해론은 결국 만인구원론이 아닌가 묻지 않을 수 없습니다. 물론 바

1026) Eberhard Busch, 『위대한 열정: 칼 바르트 신학 해설』, 391.
1027) 위의 책, 392.
1028) 위의 책, 429.

르트 자신은 만인화해론을 주장하는 사람이지 만인구원론을 주장하는 사람은 아니라고 말합니다. 그렇게 주장한 이유는 그는 화해와 구원은 다른 사건으로 보았기 때문인데, 이러한 구분은 결국 신자는 화해를 알고 있는 자요, 불신자는 화해를 알고 있지 못한 차이에 불과하며, 구원의 신분에 있어서는 실제 아무런 차이가 없다는 결론이 되기 때문에 필연적으로 만인구원론으로 귀결될 수밖에 없습니다.

구원역사

바르트는 **롬 11:25**의 "이방인의 충만한 수가 들어오기까지 이스라엘의 더러는 우둔하게 된 것이라"에 대하여 이렇게 주석합니다.

> "우둔함"의 끝과 목적은 "이방인의 충만한 수가 들어오는" 종말론적 가능성이다(**11:12-13**). 이러한 가능성, 곧 하나님의 가능성에 '앞서' 인간의 가능성의 탈진이 있어야 한다. 새로운 인간의 태어남에 앞서 옛사람의 죽음이 있어야 한다. 구원의 시작에 앞서 교회의 파국이 있어야 한다.[1029]

이 구절은 바르트의 해석처럼 "구원역사를 변증법적 필연성의 전개"로 보는 것이 아니라, 다만 "이스라엘이 실패하였음에도 불구하고 이방인들에게는 도리어 그것이 은혜받는 기회가 되었다."라는 뜻입니다.[1030] 이 구절에서 인간 가능성의 탈진이나 교회의 파국이 있어야 하나님의 가능성, 구원이 가

1029) Karl Barth, 손성현 옮김, 『로마서』, 840.
1030) 박윤선, 『성경주석 로마서』, 314.

능하다는 바르트식의 변증법적 해석을 이끌어 내는 것은 성경의 의도를 벗어난 것입니다. 왜냐하면 성경은 "이방인의 충만한 수가 들어온 후에 온 이스라엘이 구원을 얻으리라고 말하지 않고", 26절에서 "'그리하여 온 이스라엘이 구원을 얻으리라'"라고 말하는데, 그것은 "이방인들의 플레로마(πλήρωμα, *fullness*)가 들어올 때, 이스라엘의 플레로마도 이르게 되어, 이런 방식으로 온 이스라엘이 구원을 받는다."[1031]라는 뜻이 되기 때문입니다. 다시 말하면 **롬 11:26**의 "온 이스라엘"은 "마지막 날에 집단적으로 회심하게 될 이스라엘 백성", 또는 "유대인들과 이방인들로 함께 구성된 교회"가 아니고 "수 세기에 걸쳐 이스라엘로부터 인도함을 받게 될 충만한 수"[1032]를 가리키기 때문입니다.

바르트는 "하나님의 계시와 인간적인 이해의 관계를 긍정적 상호관계에서 보지 않고 긍정과 동시에 부정을 동시 관계적으로 보기" 때문에 그의 주장은 변증법적이라고 볼 수 있습니다.[1033] 그가 신학을 변증법적으로 접근한 이유는 "신적 명제는 하나의 명제로 파악될 수 없고 명제와 반명제로서, 긍정과 아울러 부정의 양면으로써 파악되어야 한다."라고 생각하기 때문일 것입니다.[1034] 여기에 대하여 김영한은 이렇게 평가합니다.

> 그의 변증법적 신학은 반(反)이 정(正)보다 더 강하며, 은폐됨이 드러남보다 더 강하게 지배되며, 은혜보다 심판, 내재보다 초월이 강조되고 부정의 신학에 머뭅니다.[1035]

1031) Herman Bavinck, 『개혁교의학 4』, 795.
1032) 위의 책, 796.
1033) 김영한, 『바르트에서 몰트만까지』, 15.
1034) 위의 책, 15.
1035) 위의 책, 27-28.

변증법적 신학은 혼동되어 일치화되어 버린 계시와 종교, 신앙과 이성, 구원과 역사, 하나님과 인간의 질적인 차이를 드러내는 데에는 공헌하였으나, 이 두 가지 차원에 대해 하나님 안에서 계시의 연속성과 신앙적 단계와 구원사적인 접촉을 인정하지 않고 부정의 신학에 머물고 말았습니다.[1036]

하나님의 계시와 인간적인 종교는 엄연히 구분되어야 하지만, 만일 역사 속에서 하나님의 뜻을 나타내는 계시의 역사적 연속성을 거부하고 변증법적 역설의 신학으로 빠진다면 기독교의 하나님은 “알려지지 않는 신(神)”으로 초절(超絶)되고 맙니다.[1037]

바르트의 변증법적 신학이 초절주의에 빠진 이유는 19세기의 자유주의적 자연신학이 추구했던 신학적 역사주의 및 심리주의에 대한 강력한 반작용이었기 때문일 것입니다.[1038]

그러나 세계 속에 내재하지 않는 초절의 하나님은 이미 플라톤적 이데아적인 신(神)이며 초월과 동시에 내재하셔서 역사 가운데 그 구원을 성취하시는 기독교의 인격적 하나님은 더 이상 아닐 것입니다.[1039]

그의 하나님은 성경적 인격적 하나님이라기보다는 인간의 이성이나 감각으로는 도무지 알 수 없는 “불가지론적 초절적 신(不可知論的 超絶的 神)”이라고 하는 것이 더 적합할 것입니다.[1040]

성경의 하나님은 단지 초월하시는 신(神)이실 뿐만 아니라 역사 속에서 내재적으로 구원을 성취하시고 계시하시는 인격적 하나님이십니다.[1041]

1036) 위의 책, 35.
1037) 위의 책, 36.
1038) 위의 책, 45.
1039) 위의 책, 36-37.
1040) 위의 책, 37.
1041) 위의 책, 46.

5. 성령 수태와 동정녀 탄생

1) "원역사"의 관점에서 본 성령 수태와 동정녀 탄생, 그 문제

언제나 거리낌인 성령 수태와 동정녀 탄생

바르트는 **롬 1:3**의 "육신으로는 다윗의 혈통에서 나셨고"에 대하여 이렇게 주석합니다.

> 우리가 이미 알고 있는 이 세상은 알려지지 않은 다른 세상, 곧 아버지의 세상, 근원적 창조와 궁극적 구원으로부터 단절된 세상이다. … 이제 그 교차선이 드러나고 또 반드시 드러나야만 하는 지점이 바로 예수, 나사렛 예수, '육신으로는 다윗의 혈통에서 나신' '역사적' 예수다. 역사적으로 규정된 '예수'야말로 우리에게 알려진 세상과 알려지지 않은 세상이 교차하는 절단면을 뜻한다. … 그러나 그 교차선이 드러나는 지점은 - 우리에게 알려지지 않은 세계의 지평과 마찬가지로 - 우리에게 이미 알려진 영역으로 연장되지 않는다. 오히려 그 지점은 그 알려지지 않는 세계의 현존을 통고한다. 그 교차 지점의 존재를 역사적으로 분명히 볼 수 있게 해주는 광채, 혹은 차라리 낙뢰가 내리쳐 파인 구덩이 그리고 빈 공간이라고 할 수 있는 것은 - 비록 그것이 '예수의 생애'라고 말해진다 해도 - 예수 안에서 우리의 세상과 맞닿은 저 다른 세상이 아니다.[1042]

1042) Karl Barth, 손성현 옮김, 『로마서』, 143-145.

그는『바르트 교의학 개요』에서도 동일한 주장을 합니다.

> 우리는 이제 거리낌을 주는 여러 장소 중의 하나에 왔다. 특히 이 하나는 대부분의 기독교회 안에서, 지금까지 또 언제나 거리낌이 되어 온 유일한 장소라고 말할 수 있는 곳이다. 아마 제군은 이제껏 설명한 데까지는 그 결말이 어떻게 될까 하는 초조한 마음을 품고라도 잘 따라왔지만, 이 항목에 와서는 (이제 취급하려는 것은 나의 발견이 아니고, 교회의 고백인데) 제군은 무언정지(無言停止)하게 될 것이다. 그러나 우리는 불안으로 그것을 납득하려는 것이 아니고, 비교적 안정하게 길을 걸어왔듯이, 같은 안정과 사실에 충실함으로써 성령으로 잉태되고, 동정녀 마리아에게서 나셨다는 이 구절에 접근하려고 한다. 이 항목에서도 우리가 관심을 갖는 것은 오직 진리이기 때문에, 우리는 경의를 품고 진리에 접근하기를 원하는 것이므로, 이것을 믿어야만 하는가라는 불안한 질문이 최후에 남는 것이 아니라, 여기서도 기쁨으로 긍정할 수 있는 문제가 최후로 남는다.[1043]

이러한 주장은 "예수님의 지상 생애 그것도 일종의 시공 세계에 속한 것인 만큼, 저세상(소위 원역사의 세상) 그것은 아니고", "이 세상의 종점으로서 저세상에 인접하였을 뿐"이란 뜻일 것입니다.[1044] 이러한 주장의 의도는 성령 수태와 동정녀 출생은 역사적으로 납득하여 받아들일 수 없기에 성령 수태와 동정녀 출생이 역사적으로 발생한 것은 부정하고, 대신에 성령 수태와 동정녀 출생이 가르쳐 줄 진리에 접근하는 것을 긍정하기 위한 것으로[1045] 볼 수 있을 것입니다. 이러한 주장은 결국 기독교의 역사적 신앙고백

1043) Karl Barth,『바르트 교의학 개요』, 137.
1044) 박윤선,『성경주석 로마서』, 50.
1045) 한종희,『정통주의 신학에서 본 칼 바르트 신학 -계시관을 중심으로-』, 40-41.

인 예수님의 인성과 신성의 양성 교리를 부정하려는 것은 아닐까요?

예수님의 인성과 신성에 대한 성경의 분명한 선언

그러나 성경은 성육신의 역사성을 분명하게 설명하고 증거합니다. 예수님은 육신으로는 다윗의 혈통에서 나셨습니다. 다르게 말하면 시공간 역사의 인접(隣接)이 아닌 시공간 역사 속에서 나셨습니다. **요 1:14**는 "말씀이 육신이 되어 우리 가운데 거하시매 우리가 그의 영광을 보니 아버지의 독생자의 영광이요 은혜와 진리가 충만하더라"라고 분명하게 증거합니다.

그리스도가 다윗의 혈통이라는 사실은 "공관복음에서 일반적으로 드러나는 사실"이며, "특히 전형적인 유대 기독교적인 이해가 전면에 부각(浮刻)되는 신약성경의 특색"으로, 그것은 역사적입니다.[1046] "'육신'은 바울의 중요한 신학 용어 가운데 하나"로 그것은 "본질적으로 인간 존재를 가리키며, 인간 존재가 갖는 일시적이고 연약하고 덧없는 성격을 강조"합니다.[1047] 예수 그리스도는 "허공에 뜬 사람이 아니라 다윗의 자손"이며, "육신으로 다윗의 혈통"에서 나셨습니다.[1048] 이 구절은 "역사적인 시작"과 "이 시작의 주체는 하나님과 동일하게 신성하며 영원히 선재(先在)하시는 하나님의 아들이라는 점"을 말하고 있는데, 여기에서 "그리스도의 영원한 아들 되심을 힘써 강조한다고 해서 그 아들에게 역사적 출발점이 있다는 사실이 퇴색되는 것은 아니며", "또한 그리스도의 역사성을 강조한다고 해서 그의 영원한 아

1046) Richard N. Longenecker, *Romans,* 1:3.
1047) Douglas J. Moo, *Romans*, 1:3.
1048) *Inst.* 2.13.1.

들 되심이 손상되지도 않는다."라는 사실입니다.[1049]

예수 그리스도의 신성은 인성, 곧 역사에 의해서 우리에게 전달되기 때문에 성경은 "그리스도께서 육신보다 더 나은 어떤 것 - 그리스도께서 하늘로부터 취하여 가지고 오셨고, 다윗에게서 받지 않으신 어떤 것, 즉 곧 이어서 언급하는 신성의 영광을 소유하셨다는 것을 드러내기 위해서 '육신으로는' 이라는 말을 덧붙임"으로써 "신성과 인성 둘을 분명하게 언급"합니다.[1050]

바르트가 성령 수태와 동정녀 탄생의 역사성을 거리끼는 이유와 의도

바르트는 이렇게 주장합니다.

> 이것이 탄생의 이적이며, 예수 그리스도가 아버지 없이 출생한 기적이다. 그것(기적)이 종교사 중에 있는 바와 같은 인간이 신들로 말미암아 수태되는 신화와는 상관이 없다. 여기에서는 이 같은 출생은 문제되어 있지 않다. 하나님 자신이 창조자로 등장하여 그 동정녀의 상대자가 된 것이 아니다. 기독교의 초대 예술이 여기서 성적(性的) 과정이 상관없다는 것을 재표현하고자 하였다. 그리하여 이 출생은 차라리 하나님의 말씀을 들은 마리아의 귀에서 실현되었다고, 흔히들 말한다.[1051]

여기에서 바르트는 성령 수태와 동정녀 출생은 하나님 자신이 창조자로

1049) John Murray, *Romans,* 1:3.
1050) John Calvin, *Romans,* 1:3.
1051) Karl Barth, 『바르트 교의학 개요』, 144.

등장하여 그 동정녀의 상대자가 된 것이 아니고, 문제도 되지 않는다고 말하면서, "이 출생은 차라리 하나님의 말씀을 들은 마리아의 귀에서 실현되었다고, 흔히들 말한다."라고 주장합니다. 이 주장이 의도하는 것이 무엇일까요? 성령 수태와 동정녀 출생에 대하여 역사적 사실이냐 아니냐를 따질 필요가 없다고 말함으로써 성령 수태와 동정녀 출생이 역사적 사실이라는 것을 긍정하거나 부정할 때 초래할 논쟁을 피하기 위함일 것입니다. 그런 목적을 이루기 위하여 성령 수태와 동정녀 출생을 "태(胎)"가 아닌 "귀"에서 실현되었다고 주장합니다.

그러면 "태(胎)가 아닌 귀에서 실현된 것"이란 무슨 뜻일까요? 성령 수태와 동정녀 출생이 태를 통하여 실제 일어난 역사적 사건이 아니라 귀로 들은 이야기라는 뜻일 것입니다. 이렇게 성령 수태와 동정녀 출생을 이야기로 해석하게 되면, 거리낌도 없고 초조한 마음과 불안한 질문으로부터 벗어나서 진리에 접근할 수 있을까요? 오히려 진리로부터 멀어지는 것이 아닐까요? 역사성이 없다면 그것은 사람마다 자신의 관점에서 자유롭게 해석할 수 있는, 주관적인 이해에 근거한 하나의 교훈 정도에 지나지 않을 것이기 때문입니다.

2) 예수는 참 하나님이요 참 인간이라는 주장의 의미와 의도

바르트가 예수는 참 하나님이요 참 인간이라고 주장한 사실은 다음의 진술들에서 확인할 수 있습니다.

> 참 하나님이고 참 사람이라는 이 기독교의 근본 진리를, 우리가 성령으로 된

잉태의 빛에 비추어 본다면, 곧 인간 예수 그리스도가 그 근본을 하나님께 두고 있다는 것이요, 인간 예수 그리스도가, 존재의 시작을, 역사 중에서 하나님이 인격으로 인간이 되셨다는 것으로 시작한다는 이 진리를 눈앞에 보게 된다. 이것이 의미하는 바는, 예수 그리스도는 인간이요 참 인간이라는 것, 그러나 그는 한 인간에 그치는 것이 아니고, 또 비상한 천분(天分)을 가지고 특별한 교육을 받은 인간, 나아가서 초인이라는 것이 아니고, 그는 인간이면서 스스로 하나님이시라는 것이다. 하나님은 그와 일체이다. 그의 실존은 하나님의 특별 활동으로 시작되고, 그는 인간으로서 하나님께 뿌리 박고 있고, 참 하나님이시다. 예수 그리스도의 역사의 주체는 하나님 자신이며, 그같이 참되게, 그곳에서는 한 인간이 살고, 고난받고, 활동하고 있다. …

왜 신자(神子)가 성육신이란 신비와 나란히, 탄생의 기적이 있어야 하는가? 여기에 한 존재론적 표현에 나란히 한 인식론적 표현이 세워진다. … 그러나 신비에서 제외해 버릴 수 있는 보이는 표징만을 문제 삼고 결론짓는 것은 틀린 일이다. 나는 이와 같이 하는 것을 경고하려고 한다. 생에서 형식과 내용을 분리한다는 것은 거의 불가능한 일이기 때문이다.[1052]

그러니 제군은 성령으로 잉태되고, 동정녀 마리아에게서 나셨다는 이 표현에는, 반드시 어떤 특수한 뜻이 표시되어 있을 것이라는 것을 꼭 주목해야 한다. 성령 수태와 동정녀의 출생 이야기는 확실히 이상한 잉태와 이상한 출생이다. 이 기적 곧 이 잉태와 출생이 가리키는 바는, 참 하나님이요 참 사람이라는 비의(秘意)이다. 성령으로 수태되었다는 것은 무엇을 뜻하는가? 이것은 성령이 예수 그리스도의 아버지라는 것이 아니다. 엄격하게 말해서, 인간 예수 그리스도는 아버지를 갖지 않았다는 부정만을 말할 수 있을 뿐이다. 그의 잉태에 있어서는, 보

1052) Karl Barth, 『바르트 교의학 개요』, 139.

통 인간이 존재하기 시작할 때 생기는 일과 같은 일이 생긴 것이 아니라, 이 인간의 실존은, 하나님 자신의 자유에서 즉 성부와 성자가 성령 안에서 사랑의 붕대로 하나가 되는 자유에서, 존재하기 시작한다. 그러므로 우리가 예수의 실존의 시작을 볼 때, 성부와 성자가 하나가 되는 신성의 궁극적 깊이를 볼 수 있어야 한다. 이것이 하나님의 내적 생의 자유이며, 이 자유에서 이 인간 실존이 기원의 제1년을 시작한다. … 이것이 탄생의 이적이며, 예수 그리스도가 아버지 없이 출생한 기적이다.[1053]

바르트는 "성령 수태를 빛의 역할로 보는 해석을 인식론적 해석", "성령 수태를 이적 사건으로 보는 해석을 존재론적 해석"이라고 구별하면서, "제외(除外)해 버려야 할 존재론적 해석을 성령 수태의 신비적 해석에 끌어들이는 것은 잘못"이라고 주장하고, 그 이유는 "성령 수태의 신비적 해석에 존재론적 해석을 끌어들이면, 성령 수태를 이적 사건으로 받아들이는 결과가 되기 때문"이라며, "빛의 역할은 내용이고, 이적 사건은 내용을 담고 있는 하나의 표징에 불과한 것인데, 내용은 제외하고 표징만을 문제 삼아 결론을 짓는 행위 즉 이적 운운하는 것을 경고"[1054]합니다. 이처럼 기독교 복음의 핵심인 기적을 버리고, 기적을 하나의 빛의 역할로만 해석하여, 예수를 공자나 석가와 같은 이상적인 인간의 모델 또는 모범자로 받아들이는 것은 정통 기독교와는 무관합니다.

그러면 바르트가 "예수 그리스도는 참 하나님이요 참사람"이라고 한 말은 무슨 뜻일까요? 예수 그리스도가 자기의 근본을 하나님께 두고, 그 실

1053) 위의 책, 143.
1054) 한종희, 『정통주의 신학에서 본 칼 바르트 신학 -계시관을 중심으로-』, 45.

존이 하나님에게서 시작했다는 것입니다. 그러면 그 하나님은 어떤 존재일까요? 바르트는, 창조와 성령 수태와 동정녀 탄생에서 이미 기적을 제외했으니, 하나님이라는 용어에 어떤 초자연적인 권능이나 기적의 뜻은 없습니다. 그렇다면 그 하나님은 "살아 계신 실제적인 하나님이 아니라 다만 타락하고 더럽고 추악한 인간을 상대하여, 깨끗하고 거룩하고 정의로움을 나타내주는 표상으로서의 하나님, 싱징성을 띤 하나님을 말하는 것일 뿐"[1055]입니다. 이러한 결과는 바르트가 철저히 배척하려고 했던 포이어바흐(Ludwig Andreas von Feuerbach)의 주장(『기독교의 본질』 참조)으로 돌아온 셈이 될 것입니다.[1056]

그러므로 "예수 그리스도는 하나님께 근거를 둔 참사람"이라는 말은, "예수 그리스도가 신적인 성품, 고상하고 거룩하고 정의로운 성품을 갖춘 인격자임"을 뜻하고, 따라서 바르트는 "참된 인류의 시작, 곧 인간 실존의 시작을 예수 그리스도에게서 시작하자.", "예수 그리스도에게서 시작하는, 이 인간 실존의 시작을 기원 제1년으로 삼자."라고 하였으므로 이 주장은 결국 "인간 예수를 이상적 인간의 모델로 삼고자 한 것일 뿐"[1057]입니다. 결국 그가 말한 구원이란 "단지 인간이 모델의 인격을 닮고 모방하여 고상한 인격을 갖추어 가는 구원"이기 때문에, 이 구원에는 "내세의 영생이 없고", 다만 "인류가 지상에서 순화된 문화권을 형성하여 영구히 평화롭게 살아가는 구원만을 소망"[1058]하였다고 보아도 과언이 아닐 것입니다. 이 문제에 대하여 나용화는 다음과 같이 평가했습니다.

1055) 위의 책, 46.
1056) 윤광원, 『지성적 무신론과 기독교』(파주: 한국학술정보, 2022), 19-112 참조.
1057) 한종희, 『정통주의 신학에서 본 칼 바르트 신학 -계시관을 중심으로-』, 46.
1058) 위의 책, 47.

바르트에 따르면, 동정녀 탄생은 일종의 이야기이다. 나사렛 예수는 모든 일반 사람들이 태어나는 방법대로 태어났다. 동정녀 탄생 이야기는 하나님이 은혜를 자발적으로 주신 것과 그 은혜를 인간이 수동적으로 받는 것을 가리킨다. 이 같은 의미로 바르트는 모든 그리스도인이 동정녀 탄생한 것이요, 성경의 이야기는 그러한 은혜의 한 표시라고 주장했다. 이로 보건대 동정녀 탄생에 대한 바르트의 견해는 그리스도께서 성령으로 동정녀인 마리아에게서 탄생하셨다고 하는 교회의 견해와는 다르며, 오히려 개혁주의 중생관과 흡사하다.[1059]

성경이 증거하는 기독교의 믿음은 "하나님에 대한 예수의 믿음과 같은 믿음"이 아니라 "예수에 대한 믿음",[1060] "단지 예수를 닮는 것" 정도가 아니라 "예수님을 신앙의 대상으로 삼는 것"이며, 따라서 "신앙의 대상인 예수님에 대한 신약성경의 증거는 완전히 일관된 단 하나의 증언"[1061]입니다. 그러나 자유주의자들은 "예수님이 하나님에 대해 가지고 있었던 것으로 추정되는 믿음과 같은 믿음을 가지려고 노력"은 하지만, "예수님에 대한 믿음"은 없습니다.[1062] 그런 면에서 바르트의 주장 또한 일맥상통(一脈相通)합니다.

예수님은 하나님이시고 최후의 심판자이십니다. 죄가 없으시지만, 우리의 죄를 대신 지시기 위해 십자가를 지신 분이십니다. 그분은 단순히 훌륭한 인간이 아니라 거룩하신 하나님이시기 때문에, 기독교의 신앙은 "하나님에 대한 예수님의 믿음과 같은 믿음"이 아니라 "예수님에 대한 믿음"일 수

1059) 나용화, 『현대신학평가』(서울: 기독교문서선교회, 1991), 51, 이후로는 나용화, 『현대신학평가』(서울: 기독교문서선교회, 1991), 51. 등으로 표기함.
1060) Gresham J. Machen, 『기독교와 자유주의』, 133.
1061) 위의 책, 135, 137.
1062) 위의 책, 137.

밖에 없습니다.

바르트의 예수 그리스도의 역사성에 대한 주장

바르트는 "예수님의 동정녀 탄생이 없이도 예수 안에 하나님의 계시와 그의 구속 사업이 그 모든 계단에서 가능하다는 제베르크(R. Seeberg)의 학설은 버려야 한다."[1063]라고 주장하기도 하고, "예수님의 동정녀 탄생에 대한 브루너(H. E. Brunner)의 반대 학설은 좋지 못한 것이다. 알트하우스(Althaus)가 그리하였던 것과 같이, 그는 그런 말로써 그의 그리스도론을 부조리하고 어리석게 만들었다. 베르다예프(N. Berdjajew)의 탄식이 곧바로 나의 탄식이다. 그 탄식은 이것이니, 예수의 동정녀 탄생을 믿지 않으며, 또 이에 대해 무관심한 브루너의 문구를 보고 슬퍼한 것"[1064]이라고도 주장합니다. 이러한 주장은 바르트가 예수님의 동정녀 탄생을 성경대로 믿는 것처럼 보이기도 합니다. 그는 『(칼 바르트) 교의학 개요』에서는 예수 그리스도의 역사성에 대하여 다음과 같이 분명하게 주장합니다.

> 예수 그리스도는 '아버지의 한 본질을 갖고 계신' 하나님의 독생자이시기 때문에, 따라서 그의 인간 본성, 즉 그의 인간 존재도 역시 주권적인 결정이 완성되는 사건입니다. 그의 인성은 실제로 인성이며, 모든 인간의 본질입니다. 개념이나 관념으로서가 아니라, 결정이며, 역사로서 그러합니다. …
>
> 하나님의 신비, 따라서 또한 예수 그리스도의 신비는 이 한 분이시고, 이 인간

1063) 박윤선, 『박윤선과 1980년대 한국 개혁주의』, 296.
1064) 위의 책, 296.

이신 분이 그가 한 분 - 즉, 관념이 아니라, 그 시간과 장소에서 아주 구체적이신 한 분, 즉 이름을 갖고 계시고 한 장소에서 오신, 우리 모두와 같이 시간 안에서 생애의 역사를 가지신 인간 - 이라는 사실에 의하여, 그 자신을 위해서 뿐만 아니라 모두를 위한 이 한 분이라는 사실입니다. …

성령으로 말미암아 예수 그리스도의 잉태와 동정녀 마리아로부터의 그의 탄생의 진리는 그의 역사적인 현시(顯示)에서 성취된 참 하나님의 참되신 성육신을 가리키며, 예수 그리스도 안에서 일어났던, 은혜와 계시의 신적인 행동의 이러한 시작이 다른 인간적인 사건들과 구별되었던 특별한 형태를 상기하게 해줍니다. …

말씀이 육신이 되셨다는 것은 또한 이것이 시간적이고 역사적인 것이 되었다는 것을 의미합니다. … 하나님의 역사는 실제로 이 작은 시휘관처럼 역사의 우연한 진리입니다. 하나님은 이 우연한 상태 안에 존재하시는 것을 부끄러워하지 않으셨습니다. 본디오의 이름에 의하여, 마찬가지로 예수의 생애와 수난도 우리 인간의 시간과 인간의 역사를 결정하였던 요소들에 속해 있습니다.[1065]

그러나 바로 이어서 "물론, 예수 그리스도가 본디오 빌라도에게 단순히 고난을 받으시고 죽으실 수 있다는 이 진정한 사실이 이 세계 역사를 매우 의심스러운 것으로 특징짓고 있다는 것은 분명합니다."[1066]라고 덧붙입니다. 그러므로 그가 예수 그리스도의 역사성에 대하여 주장했다는 사실만을 따로 떼어서 그 주장을 문자적으로 받아들일 수는 없을 것입니다.

1065) Karl Barth, 『(칼 바르트) 교의학 개요』, 123, 125, 130, 151.
1066) 위의 책, 151.

3) 인식할 수 없는 예수 그리스도 안에서의 하나님의 언약 성취

바르트는 **롬 3:22**의 "모든 믿는 자에게"에 대하여 이렇게 주석합니다.

> 하나님의 신실하심에 대한 약속이 예수 그리스도 안에서 성취되었다는 사실, 바로 그 예수가 모든 약속이 가리키는 그리스도라는 사실, 그리고 하나님의 신실하심이 그에게서 최종적인 은밀함과 가장 심오한 비밀로 나타나기 때문에 예수가 그리스도라는 사실, 이 모든 사실은 결코 자명한 것이 아니며 앞으로도 결코 그럴 수 없을 것이다. … 이것은 직접적인 조사를 통해 접근할 수 있는 것이 아니며, 무의식을 해명한다거나 신비주의적으로 기도에 침잠한다거나 오컬트 정신력을 발전시키는 것으로 결코 도달할 수 없다. … 이것은 전달하거나 가르치거나 연구해서 획득할 수 있는 것이 아니다.[1067]

하나님의 언약에 대한 인식의 문제

바르트의 주장대로 "하나님의 신실하심에 대한 약속이 예수 그리스도 안에서 성취되었다는 사실, 바로 그 예수가 모든 약속이 가리키는 그리스도라는 사실"이 "결코 자명한 것이 아니며 앞으로도 결코 그럴 수 없을 것"이어서 "직접적인 조사를 통해 접근할 수 있는 것이 아니며, 무의식을 해명한다거나 신비주의적으로 기도에 침잠한다거나 오컬트 정신력을 발전시키는 것으로 결코 도달할 수 없고", "전달하거나 가르치거나 연구해서 획득할 수 있는 것"이 아니라면 인간의 인식은 무슨 의미가 있는 것일까요? 만일 그렇

1067) Karl Barth, 손성현 옮김, 『로마서』, 269-270.

다면 신앙도 신학도 도무지 성립할 수 없을 것입니다. 바르트는 이 문제에 대해서도 하나님의 초월성에 사로잡혀 시공간의 역사에서 벌어지는 일이라면 그것이 무엇이든지 결코 알 수 없다고 생각하지만, "성경의 계시 원리에 의하면, 인간이 진리를 그 무한한 면까지는 파악하지 못하나 하나님께서 우리에게 알게 하신 범위 안에서는 올바로 알 수" 있습니다.[1068]

"신의 직접적이고 계시적인 임재는 직접적일 뿐만 아니라, 그 계시는 영구히 또는 객관적으로 사람이 수납할 수 있는 신계시(神啓示)임을 뜻함"에도 불구하고, 바르트는 "그런 계시의 방법을 파괴하는 것을 마치 그의 사명처럼" 여깁니다.[1069] 그러나 그리스도 밖에는 계시가 없다고 생각한다면, 성경 역사의 어느 시점에서 하나님의 직접 계시가 있었을 가능성은 부정될 수밖에 없습니다.[1070] 정통신학의 특성은 분명히 "역사에서 하나님의 직접 계시 전부가 성립됨"[1071]을 받아들인다는 사실입니다.

하나님의 언약에 대한 인식과 창조

바르트는 이렇게 주장합니다.

> **창세기 1, 2장**에서는 우리의 역사적(*Historie*) 지식 밖에 있는 사건에 대하여 말한다. 그러나 이야기(*Geschichte*)에 관련된 지식을 토대로 하여 사건을 말한다. 성경의 창조 이야기에서 놀라운 사실은, 그 이야기(*Geschichte*)가 이스라엘

1068) 박윤선, 『성경주석 로마서』, 114.
1069) Cornelius Van Til, 『신현대주의: 바르트와 부루너 신학의 평가』, 33.
1070) 박형룡, 『박형룡박사저작전집 VIII』, 236.
1071) Cornelius Van Til, 『신현대주의: 바르트와 부루너 신학의 평가』, 34.

의 이야기(*Geschichte*) 또는 하나님이 인간과 맺은 계약에서 활동하시는 이야기(*Geschichte*)와 긴밀히 연결되어 있다는 점이다. 구약성경에 의하여, 이 이야기(*Geschichte*)는 하나님의 천지 창조로 시작한다. 제1장, 제2장의 창조 설명은 확실히 구약성경의 주제와 관련되어 있다. 제1장의 설명은 안식일 제도에서 언약이 창조 사역의 목표임을 보여 주며, 제2장의 설명은 언약이 창조 사역의 계속임을 보여 준다.[1072]

여기에 대하여 한종희는 이렇게 지적합니다.

바르트는, 창세기의 창조 설명이 목적하는 바는 천지 창조의 역사를 설명하는 데 있지 않고, 구약성경 이야기 주제로 다루는 언약을 설명하는 데 있다고 하였다. 즉 **창세기 1장**은 안식일 제도에서 그 언약이 창조 사역의 목표임을 말하고, **창세기 2장**은 언약이 창조 사역의 계속임을 보여 준다고 하였다. 결국 바르트는 **창세기 1, 2장**이 말하는 창조 이야기의 목표가 창조가 아니라 언약이라고 하였다.[1073]

바르트가 **창세기 1, 2장**을 문학적인 글(*Sage*)의 범주에 넣어서, 이야기(*Geschichte*)로 취급하고, **창세기 1, 2장**의 창조 이야기가 목적하는 바는 창조 자체를 설명하는 데 있지 않고, 구약성경의 주제인 언약을 설명하는 데 있다고 말하여, 성경 66권 중에서 유일하게 기록하고 있는 천지 창조와 물질 창조를 성경에서 완전히 제외해 버렸다.

그러나 언약이라는 용어의 뜻이 너무나 크기 때문에, 바르트가 여전히 언약을 강조하는 것을 보고 독자들은 바르트에게 다시 관심을 가질지도 모르겠다. … 그

1072) Karl Barth, 『바르트 교의학 개요』, 73.
1073) 한종희, 『정통주의 신학에서 본 칼 바르트 신학 -계시관을 중심으로-』, 36.

가 이미 **창세기 1, 2장**을 문학적인 글(*Sage*)로 쓰여진 이야기(*Geschichte*)로 규정한 터이니, 한갓 이야기에서 끌어낸 언약은 기독교가 전통적으로 믿어 온 언약과는 무관하기 때문이다. 바르트가 말한 언약은 변질한 이교도의 언약이다.[1074]

이러한 사실은 신정통주의자이자 바르티안(Barthian)인 이종성의 설명에서도 확인할 수 있습니다.

바르트는 **창 1:26-27**에 나오는 '하나님의 형상'을 언약으로 보았다. 그는 '하나님의 형상'을 해석하여, 이것은 본래 성부와 성자 사이에 있는 '나와 너의 관계'였다고 하였다. 그런데 하나님이 창조 시에 인간을 남녀로 창조하여, 인간에게 '나와 너의 관계' 즉 하나님의 형상을 허락하신 것이라고 하였다. 그러므로 바르트는 남녀가 갖는 '나와 너의 관계'를 하나님의 형상과 동질성으로 보았다. 그러므로 하나님의 형상은 본래 성부와 성자 사이에 있었고, 이것이 창조로 남자와 여자에게 주어졌고, 다시 이웃과 이웃과의 관계에 주어졌고, 또다시 이것이 신과 인간의 관계로 주어졌다고 보았으며, 바르트는 이것을 가리켜 신이 인간과 맺은 언약이라고 하였다.[1075]

바르트가 **창 1:27**의 "하나님이 자기 형상 곧 하나님의 형상대로 사람을 창조하시되 남자와 여자를 창조하시고"를 근거로 "하나님의 형상"을 "남자와 여자"로 해석한 것은, "하나님이 자기 형상 곧 하나님의 형상대로 사람을 창조하시되"를 "남자와 여자를 창조하시고"로 해석한 것으로 보이는데,

---

1074) 위의 책, 36-37.
1075) 이종성, "창세기 1:26-27의 해석 문제", 『신학적 인간학』(대한기독교출판사, 1979), 51.

그것은 명백한 오독(誤讀)이거나 왜곡입니다. 왜냐하면 "남자와 여자"라는 말이 "하나님의 형상"을 정의한 것이 아니기 때문입니다. 만일 그런 식으로 해석한다면 동물들도 암수 짝이 있으니 하나님의 형상으로 창조되었다고 해석해야 하지만, 성경 어디에도 인간 이외에 어떤 피조물도 하나님의 형상으로 창조되었다는 언급이 없습니다.

창 1:27의 "하나님이 자기 형상 곧 하나님의 형상대로 사람을 창조하시되"와 "남자와 여자를 창조하시고"는 Colon(:)으로 연결되어 있지 않고 Semicolon(;)으로 연결되어 있습니다. Colon(:)은 추가적인 정보나 설명을 강조하기 위해 사용되지만, Semicolon(;)은 독립된 두 개의 문장을 연결하거나 복잡한 목록에서 항목을 구분하는 데 사용되며, 두 문장을 더 긴밀하게 연결하는 역할을 하며 쉼표보다 강한 구분을 제공하지만, 마침표보다는 약한 역할을 한다는 것을 감안(勘案)한다면, 바르트의 해석이 문법적으로도 잘못된 것이라는 것을 쉽게 알 수 있습니다. 성경은 다만 하나님께서 남자도 하나님의 형상으로 창조하셨고, 여자도 마찬가지로 하나님의 형상으로 창조하셨다고 말씀할 뿐입니다.

바르트가 **창세기 1, 2장**은 "우리의 역사적(*Historie*) 지식 밖에 있는 사건"에 대하여 말하고, 그것은 역사가 아니라 "이야기(*Geschichte*)에 관련된 지식을 토대"로 한 사건이며, "그 이야기(*Geschichte*)"가 "하나님이 인간과 맺은 계약에서 활동하시는 이야기(*Geschichte*)"라고 주장한 의도는 무엇일까요? 창조 자체를 간과(看過)하기 위한 것으로 보입니다. 이러한 사실은 그가 "**창세기 1, 2장**이 말하는 창조에서 '하나님의 형상'을 '그리스도의 언약' 안에서 해석하지 않고, '인간의 창조'로 해석하면, **창세기 1, 2장**에서는 생성과 소멸에 관한 역사적인 창조 지식이 나오기 때문에, 결국은 성경의 창조 기록은 바벨론 신화와 같은 창조 신화가 된다."라고 주장한 데서 더욱 분명해집니다.[1076] 만일 이러한 바르트의 주장을 받아들인다면 결국 창조와 타락, 구원에 관한 기독교 신앙의 기초는 흔들릴 수밖에 없을 것입니다.

4) 역사적 예수와 원역사적 그리스도를 구분함으로 인한 신인양성(神人兩性) 부정

바르트는 **롬 3:24**의 "그리스도 예수 안에 있는 속량으로 말미암아"에 대하여 이렇게 주석합니다.

> 물론 나사렛 예수는 여러 다른 가능성 가운데 한 가능성이다. '그리스도도 육신을 따라 알았으나'(**고후 5:16**). 그러나 불가능한 것의 모든 징후를 자기 안에 지닌 바로 그 가능성이기도 하다. 물론 그의 삶은 역사 속 하나의 역사이며, 사물들 속에서 사물적이며, 시간 속에서 시간적이며, 인류 속에서 인간적이다. 그러나 의미로 가득한 시간, 말씀하시는 신성으로 가득한 인간성이다.[1077]

바르트는 또한 **롬 3:25**의 "그의 피로써" 대해서도 이렇게 주석합니다.

> 예수는 하나님이 거하시고 하나님이 말씀하시는 장소, 곧 화해의 장소로서 하나님의 뜻에 따라 영원부터 규정되었으며, 지금은 시간 속에서 인간들 앞으로 역사 속에 세워지셨다. 예수의 삶은 하나님께서 화해를 위해 특별한 자격을 부여

1076) 한종희, 『정통주의 신학에서 본 칼 바르트 신학 - 계시관을 중심으로-』, 39.
1077) Karl Barth, 손성현 옮김, 『로마서』, 280.

하신 장소, 그러나 하나님께서 화해의 목적으로 허무신 동시에 채우신 역사의 장소다. … 속죄는 속죄의 성소에서 오직 피로써, 하나님은 죽임으로써 살리시는 분이라는 사실을 엄숙하게 기억함으로써 발생하며, 예수 안의 화해도 오직 '그의 피 안에 있는 하나님의 신실하심을 통해' 발생하며, 그가 육체의 모든 죄와 모든 연약함과 모든 저주를 완전히 짊어지시는 지옥에서 발생하며, 우리에게는 순전히 부정적인 (그분의) 세계의 비밀 속에서 발생하며, 인간적으로 빛을 발하는 모든 빛, 그리고 - 예수도 다른 인간과 똑같은 인간이었기 때문에 - 그의 삶 속에 빛을 발하는 모든 빛(영웅, 선지자, 기적을 행하는 사람)이 점차 희미해지다 마침내 꺼져버리는 가운데 발생하며, 십자가의 죽음이라는 절대적으로 거치는 것(걸림돌) 속에서 발생한다.[1078]

존 머리는 예수님의 구속 사역을 초역사적 영역에 넘겨서는 안 된다며 이렇게 지적합니다.

'이 예수를 하나님이 그의 피로써 믿음으로 말미암는 화목제물로 세우셨으니 이는 하나님께서 길이 참으시는 중에 전에 지은 죄를 간과하심으로 자기의 의로우심을 나타내려 하심이니'(25절)에 이어 '곧 이때에'(26절)라고 구체적으로 밝힌 것은 하나님이 자기의 공의를 나타내시는 의미심장한 역사적 시점을 말하기 위해서다. 이는 하나님의 길이 참으심이 작용하던 지난 세대와 대조를 이룬다. 우리는 하나님의 긴급한 필요가 충족되는 사건을 초역사적 영역에 넘겨서는 안 된다.[1079]

1078) 위의 책, 282-283.
1079) John Murray, *Romans*, 3:25.

자유주의 신학자들은 그리스도의 죽음과 고난을 신비적이고 도덕적 의미로 이해합니다. 그러나 성경은 "그리스도의 고난이 앞서 정해졌고, 오래 전에 예고되었으며, 하나님의 공의를 계시하기 위하여 필연적이었다는 것을 명백히 선언"합니다(**눅 24:26, 롬 3:25, 벧전 1:11**).[1080] 바빙크는 이 문제에 대하여 이렇게 지적합니다.

> 예수의 고난과 죽음에 대한 신비적 해석과 도덕적 해석은 그리스도가 법적으로 우리를 대신하여 고난받고 십자가에 죽었다는 사실이 먼저 인정되지 않는다면 심지어 주장될 수조차 없다. … 왜냐하면, 그리스도가 비록 개인적으로 전혀 죄가 없을지라도, 하나님의 의를 나타내기 위해 화목제물이 되었고, … 우리는 이제 그로 말미암아 용서와 속죄, 의와 생명, 진실로 완전한 구원 전체를 받았다고 성경이 말한다면, 이 모든 성경의 진술들 사이의 상호 연계성은, 그리스도가 우리 자리에 자신을 세우고, 우리 죄의 형벌을 담당했으며, 하나님의 의를 충족시켜 우리의 구원을 획득했다는 것 외에는 달리 생각할 수 없기 때문이다.[1081]

바르트의 주석에 대하여 박윤선은 이렇게 지적합니다.

> 우리는 여기서 바르트가 '예수님에게서도'란 말을 주의해야 한다. '예수님에게서도'란 말은, '오직 예수님에게서만' 구속이 이루어진 성경적 교훈과 다른 색채를 보인다. 그는 역사적 예수와 원역사적 그리스도를 분변하여 생각한다. 그는 구속이 원칙적으로 원역사에서 이루어진다고 생각한다. 그는 역사적 예수님

1080) Herman Bavinck, 『개혁교의학 3』, 474.
1081) 위의 책, 491.

은, 원역사에 대한 인표(印表) 혹은 고주(告柱)가 될 뿐이라고 생각한다. 이것은 그의 그릇된 생각이다. 성경은 예수님과 그리스도를 각각 다르게 생각하지 않는다. 예수님이 곧 그리스도이심을 성경은 말씀한다. 그는 예수님의 역사적 행동과 업적을 한 개의 의의로만 보고, 그것들 자체가 가치 있고 또 공로가 됨을 생각하지 않는다. 그러나 그들은 의의(意義)뿐이고 그것들의 표지하는 내용이 별도로 있다고 생각하는 사색은, 성경적 사색이 아니다.[1082]

예수 그리스도의 신인양성(神人兩性)에 대한 부정

바르트가 "나사렛 예수는 여러 다른 가능성 가운데 한 가능성"이라고 주장하는 의도가 무엇일까요? 예수님의 무죄성을 부인하려는 것은 아닐까요? 그렇게 함으로써 예수님의 신성을 부정하려는 것은 아닐까요?

그는 **롬 2:1**의 "판단하는 네가 같은 일을 행함이니라"에 대한 주석에서 성 프란치스코를 가리켜, "사랑과 아이 같은 성품과 엄격성에서 예수보다 승한 자"[1083]라고 주장합니다. 또 **롬 8:3**의 "죄 있는 육신의 모양으로 보내어 육신에 죄를 정하사"에 대하여 "그의 행위에 관한 기록으로 보아서 그의 무죄성은 부인된다. 도리어 우리 가운데서 움직이는 신령하고 순결하고 경건한 사람들의 무죄성보다 더 쉽게 부인될 것이다.", "'죄의 지배를 받는 육신'이 되셨다."[1084]라고 주장합니다.

이 같은 주장들로 보아 그는 역사적 예수의 무죄성을 믿지 않는 것으로 볼 수 있습니다. 그는 분명히 예수님의 무죄성이 예수님의 존재 상태는 아니라

1082) 박윤선, 『성경주석 로마서』, 117-118.
1083) Karl Barth, 손성현 옮김, 『로마서』, 199.
1084) 위의 책, 600.

고 주장하기 때문입니다. 메이첸은 이 문제에 대하여 이렇게 지적합니다.

> 어떤 신에게 헌신한다고 해서 다른 신들을 포기해야 하는 것은 아니었다. 그러나 기독교는 이런 '영혼의 우아한 일부다처제'와 아무 관계도 없었다. 기독교는 절대적으로 배타적인 헌신을 요구했다. … 다른 말로 말하면 구원이 그리스도를 통해서 주어진다고만 말해서는 안 되고, 오직 그리스도만을 통해서 주어진다고 말해야 했다. '오직'이라는 이 작은 단어에 온갖 공격이 가해진다. 예수를 인류에 혜택을 준 사람들 중의 하나로 간주하는 현대 자유주의 신학은 현대 세계에 전혀 불쾌감을 주지 않는다. 모든 사람이 그것을 좋게 말한다. 그것은 전혀 불쾌하지 않다. 그러나 동시에 그것은 완전히 무익하다. 십자가의 거치는 것을 제거하면 영광과 능력 또한 제거된다.[1085]

성경은 예수 그리스도를 "주"라고 호칭합니다. "네가 만일 네 입으로 예수를 주로 시인하며 또 하나님께서 그를 죽은 자 가운데서 살리신 것을 네 마음에 믿으면 구원을 받으리라"(**롬 10:9**) "그러므로 내가 너희에게 알리노니 하나님의 영으로 말하는 자는 누구든지 예수를 저주할 자라 하지 아니하고 또 성령으로 아니하고는 누구든지 예수를 주시라 할 수 없느니라"(**고전 12:3**) "하늘에 있는 자들과 땅에 있는 자들과 땅 아래에 있는 자들로 모든 무릎을 예수의 이름에 꿇게 하시고 모든 입으로 예수 그리스도를 주라 시인하여 하나님 아버지께 영광을 돌리게 하셨느니라"(**빌 2:10-11**, 바울은 주이신 하나님께 모든 무릎이 꿇는다고 말한 **사 45:23**을 변형하여 언급)

1085) Gresham J. Machen, 『기독교와 자유주의』, 185.

주는 "하나님의 언약의 이름"입니다.[1086] "헬라어 구약성경인 70인역은 정식으로 이 말을 여호와 하나님을 지시하기 위해서 사용"했고, "신약성경은 자주 하나님을 주라고 부르는 구약의 본문들"을 "예수님께 돌리며"(**사 40:3, 마 3:3, 시 8:2, 마 21:16, 사 6:1-10, 마 13:14-15, 말 3:1, 눅 1:76** 등), 성경은 "정식으로 주라는 단어를 삼위일체의 두 번째 위격을 지시하기 위해 사용"(**고전 8:6, 12:4-6, 고후 13:14, 엡 4:4-6**)했으며, 또한 "예수님의 승귀의 높아지시는 국면들, 즉 그의 부활, 승귀, 최후의 영광을 지시하기 위해서 사용"(**롬 1:4, 14:9, cf 고전 15:25-28, 히 10:12-13**)했습니다.[1087]

요한복음에서 예수님은 "**출애굽기 3장**으로부터 주권의 근본적인 사상을 가져와" "'나는 이다'(I AM)를 사용"하여 "'나는' 생명의 빵(**요 6:35, 48, 51**), 부활, 길, 진리, 생명(**요 14:6**) '이다'"라고 말씀합니다.[1088] **요 8:56**에서 예수님은 유대인들에게 "'아브라함이 있기 전에 내가 있었다'(before Abraham was, I was)가 아니라 '아브라함이 있기 전에 나는 이다'(before Abraham was, I am)라고 말씀"하셨는데, 그것은 "그 자체로 예수님이 선재(先在)하셨고, 그가 그의 지상의 탄생 전에, 심지어 아브라함의 시대 전에 계셨다고 하는 것을 말하는 강력한 진술"입니다.[1089]

요 1:1은 "말씀이신 하나님", **요 1:18**은 "독생하신 하나님", **요 20:28**은 "나의 주, 나의 하나님", **골 2:9**은 그리스도 안에서 "신성의 모든 충만한 것"이 거한다고 분명하게 선언합니다. **요 5:19**은 예수님께서 "성부가 하시는 모든 것을 하신다."라고 말씀하며, 예수님은 "사람들로부터 예배받으시기에 합

1086) John M. Frame, 『조직신학개론: 구원은 주께 속한 것이다』, 196.
1087) 위의 책, 197.
1088) 위의 책, 197.
1089) 위의 책, 197-198.

당하신 분"(**마 28:9, 17, 요 5:23, 9:35-38, 빌 2:10**), 우리의 "예배의 대상, 믿음의 대상"(**요 3:15-16, 6:29, 8:24, 16:9**)이시며, "천사들로부터 예배를 받으신다."(**히 1:6**)라는 사실을 말씀합니다.

또한 예수님은 인성을 지니신 분이심을 **요일 4:2-3**은 "하나님의 영은 이것으로 알지니 곧 예수 그리스도께서 육체로 오신 것을 시인하는 영마다 하나님께 속한 것이요 예수를 시인하지 아니하는 영마다 하나님께 속한 것이 아니니 이것이 곧 적그리스도의 영이니라 오리라 한 말을 너희가 들었거니와 이제 벌써 세상에 있느니라"라고 선언합니다.

단성론자들은 "예수님이 단지 한 본성만을 가지고 계시다고 주장"했는데, 그 이유는 "예수님의 신성과 인성은 함께 섞여 있거나 혼합되었거나 다른 것으로 변화되어 있기 때문"이라는 것입니다. 네스토리우스주의자들은 "예수님이 실제로 하나의 몸 안에서 거하는 두 개의 인격과 같다고 생각"했으며, 루터파는 "두 본성이 서로 바뀐다."(속성교류, 문자적으로 예수님의 몸이 성찬의 빵과 포도주에 함께, 그 아래 존재한다고 생각)라고 생각했으나 개혁주의는 "신적 본성이 인적 본성을, 인적 본성이 신적 본성을 바꾸지 않는다."라고 믿습니다.[1090]

아리우스는 "그리스도가 하나님이요, 하나님의 아들이라고 고백했는데, 그 이유는 계시의 증거가 너무 명백하여 반대할 수 없었기 때문"이었지만, 그는 동시에 "그리스도가 다른 모든 피조물처럼 지음을 받았고, 그리고 시작을 가졌다."라고 주장함으로써 그의 "그리스도가 하나님이요, 하나님의 아들"이라는 주장이 가장(假裝)임이 드러났습니다.[1091] "성자의 신성은 인

1090) 위의 책, 211-212.
1091) *Inst.*, I, 13, 4.

정하면서 하나님의 동일본질을 부인"하는 것은 니케아(Nicea) 신경에도 어긋납니다. 이런 면에서 바르트의 주장도 아리우스의 주장과 별반 다르지 않습니다.

아타나시우스는 "신적 단순성을 토대로 아들이 아버지로부터 영원히 나셨다는 것을 변호했는데", 여기에서 "단순성은 하나님이 부분들로 구성되거나 조직되거나 합성되지 않는다는 뜻"으로, "하나님의 본질이 그분의 속성들이고 하나님의 속성들이 그분의 본질", 곧 "본질과 의지와 능력이 하나님 안에서는 부분들이 아니라" "본질과 의지와 능력은 하나이며 동일하고", "하나님은 한 분이시며, 세 위격은 한 본질과 의지와 능력"[1092]을 갖는다는 뜻입니다.

여기에 대하여 박윤선이 하나님의 "단일 순수성"이라는 표현을 사용하면서 설명한 바와 같이 "단일 순수성 교리는 수적 단일성만 가리킴이 아니고 질적 순수성도 가리키는" 것으로서 "하나님이 어떤 종류의 합성체가 아니며, 그의 완전성(행동 속성)과 그의 본질이 서로 다르지 않음"을 말하며, 따라서 "그의 사랑이 바로 그 자신이시고, 그의 진실도 그 자신이시며 그의 기타 속성들이 다 그 자신"이라는 것입니다.[1093]

전통 교의는 니케야 신경(325년)과 콘스탄티노폴리스 신경(381년)에서 그리스도의 신성 이해인 "성부와 동일본질"이 확정되었고, 성육신하신 하나님의 존재 방식에 대한 이해는 칼케돈 공회의(451년)까지 진행되어 성자의 신성과 인성(참 하나님과 참 사람)의 이해가 확립되었습니다.

교회는 "451년 칼케톤 공의회에 의해 결정된 진술"에서 "신성과 인성을

1092) Matthew Barrett, 『정통 삼위일체 교리: 조작되지 않은 아버지와 아들과 성령』, 72, 75.
1093) 박윤선, 『개혁주의 교리학』(수원: 영음사, 2011), 107, 이후로는 박윤선, 『개혁주의 교리학』, 107. 등으로 표기함.

한 인격 안에서 가진다."라는 "그리스도의 인격에 대해 공식적인 주장"을 밝힙니다.[1094] 칼케톤 신조는 "하나님과 사람이 제3의 실재로 함께 섞이게 되는 것이거나, 신성이 인성으로 변하거나, 그 반대가 되는 것"이 아니라 "두 본성이 함께 혼합 없이 변화 없이 함께 존재하고 계시다."라고 선언함으로써 비록 "예수께서 두 본성이지만 하나의 인격"이심을 고백했습니다.[1095]

1094) John M. Frame, 『조직신학개론: 구원은 주께 속한 것이다』, 192.
1095) 위의 책, 193.

6. 부활

1) "원역사"의 관점에서 본 부활, 그 문제

전혀 역사계의 사건이 아닌 부활

바르트는 **롬 1:4**의 "성결의 영으로는 죽은 자들 가운데서 부활하사"에 대하여 이렇게 주석합니다.

> 그는 오직 역설(키르케고르), 승리자(블룸하르트), 원(原) 역사(오버베크)로만 이해할 수 있다. 그리스도 예수는 우리에게 알려진 영역을 위로부터 수직으로 가르며 들어오는 알려지지 않은 영역이다. 역사적 명료성의 테두리 안에서 그리스도 예수는 그저 문제나 신화로만 이해될 뿐이다. 그리스도 예수는 아버지의 세계가 도래하도록 하시지만, 역사적 명료성 안에 있는 우리는 그것을 전혀 알지 못하고 앞으로도 전혀 알지 못할 것이다. … 부활 안에서 성령의 새 세상이 육체의 옛 세상과 맞닿는다. 그러나 새 세상이 옛 세상과 맞닿는 것은 마치 탄젠트 접선이 원(圓)과 스치는 것처럼, (무한히 수렴하여) 닿지 않으면서 형성한다. 새 세상은 옛 세상과 접촉하지 않으면서, 오직 그 방식으로만 옛 세상의 경계를 이루면서 새로운 세상으로서 그 세상과 접점을 이룬다.[1096]

바르트는 예수 그리스도의 부활에 대하여 "분명히 역사적으로 규정될 수

1096) Karl Barth, 손성현 옮김, 『로마서』, 145-146, 147.

없는 것"으로 해석합니다. "그리스도로서의 예수는 역사적 명시 가능성의 한계 내에서는 다만 하나의 문제로서, 다만 하나의 신화로서만 이해될 수 있을 뿐"[1097]이라는 것입니다. 그는 이 구절을 주석하면서 "하나님께서 하신 (말씀의) 공표 가치는 인간 역사의 경과와 독립적이다."[1098]라고도 주장합니다. 또한 **롬 3:31**을 주석하면서 "부활이라는 것이 다른 여러 역사 곁에 나란히 서 있는 또 하나의 낯선 역사라면, 그것은 부활이 아닐 것"[1099]이라고 주장합니다.

여기에서 바르트가 주장하고자 하는 바가 무엇일까요? 부활의 역사성을 긍정하지 않으려는 의도가 아닐까요? 적어도 부활의 역사성은 아무 의미도 없다는 것을 주장하려는 것은 아닐까요?

물론 우리가 예수님의 부활을 역사적 사실로 믿을 수 있는 것은 성령께서 친히 역사하시지 않으면 불가능합니다. 따라서 성령의 역사하심이 없으면 역사적 명료성의 테두리 안에서 그리스도 예수는 그저 문제나 신화로만 이해될 뿐이라는 주장이 가능할 수도 있을 것입니다. 그러나 성경은 결코 부활을 "마치 탄젠트 접선이 원(圓)과 스치는 것처럼, (무한히 수렴하여) 닿지 않으면서 형성"하는 것으로 설명하지 않습니다. 사도 바울은 "자신의 수신자들이 이해하고 공감하기에 적합한 방법"으로[1100] 로마서를 기록했습니다. 바르트처럼 사도 바울보다 더 이해하기 어렵고 공감하기 어려운 방식으로 성경을 주석하는 것은 바람직한 방법이 아닐 것입니다.

"그리스도께서 죽은 자들 가운데서 부활하셨음은 오직 인성의 측면에서

1097) Karl Barth, 조남홍 역, 『로마서 강해』, 7.
1098) Karl Barth, 손성현 옮김, 『로마서』, 241.
1099) 위의 책, 301.
1100) Richard N. Longenecker, *Romans*, 1:4.

일어난 일"입니다.[1101] 따라서 그것은 시공간에서 일어난 일이며, 그렇다면 그것은 역사적인 사실입니다. 성경(**고전 15:1-8**)은 예수님의 부활이 역사적 사실이라는 점을 구체적인 시공간에서 일어난 것으로 분명하게 선언합니다.

> 형제들아 내가 너희에게 전한 복음을 너희에게 알게 하노니 이는 너희가 받은 것이요 또 그 가운데 선 것이라 너희가 만일 내가 전한 그 말을 굳게 지키고 헛되이 믿지 아니하였으면 그로 말미암아 구원을 받으리라 내가 받은 것을 먼저 너희에게 전하였노니 이는 성경대로 그리스도께서 우리 죄를 위하여 죽으시고 장사 지낸 바 되셨다가 성경대로 사흘 만에 다시 살아나사 게바에게 보이시고 후에 열두 제자에게와 그 후에 오백여 형제에게 일시에 보이셨나니 그중에 지금까지 대다수는 살아 있고 어떤 사람은 잠들었으며 그 후에 야고보에게 보이셨으며 그 후에 모든 사도에게와 맨 나중에 만삭되지 못하여 난 자 같은 내게도 보이셨느니라

사도 바울이 전한 복음은 구원에 관련된 것이며, 이 복음의 내용 가운데 가장 핵심적인 것으로 부활을 언급합니다. 그리고 예수 그리스도의 부활은 게바와 열두 제자와 오백여 형제와 야고보와 바울에게 시공간적(時空間的)으로 목격된 분명한 역사적 사실이라고 기록했습니다. 그러므로 바르트의 모든 주장은 박형룡의 지적대로 "참 역사와 역사를 구별하는 기괴한 사색의 기초 위에서 자유자재로 진행하나 그것은 사람들이 이해하기 어려운 무엇이며 성경에 위반하는 역설들"[1102]에 불과합니다.

1101) John Murray, *Romans*, 1:4.
1102) 박형룡, 『박형룡박사저작전집 VIII』, 234.

계시의 원래 내용은 분명 예수님께서 부활하셨으니 그에 따른 영생을 준비하라는 것이지만, 자유주의자들은 이성으로 부활이라는 기적을 받아들일 수 없기에, 예수님의 부활을 인간의 고상한 가치로 형태화해 받아들입니다.[1103] 그 결과 초월과 초월이 아닌 것이 혼동되어 부활은 주님이 다시 사신 것이 아니라 다시 살아나신 것과 같은 효과를 내는 것이라는 주장으로 왜곡됩니다. 그 원인은 이성이 계시된 내용을 운반하지 않고 계시와 외양은 같지만, 이성의 한계 속에 있는 다른 개념을 실어다 놓으면서 발생한 것입니다.[1104] 이러한 현상이 바르트에게도 동일하게 발생했다는 점에서 그의 신학은 정통주의의 새로운 모습이 아니라 자유주의 변형이라고 보아야 할 것입니다.

2) 고린도전서 15장의 부활에 대한 바르트의 주석에 대한 검토

롬 10:9는 "네가 만일 네 입으로 예수를 주로 시인하며 또 하나님께서 그를 죽은 자 가운데서 살리신 것을 네 마음에 믿으면 구원을 얻으리니"라고 선포함으로써 예수 그리스도의 부활에 대한 신앙이 구원과 불가분의 관계임을 밝히고 있습니다. 그렇다면 예수 그리스도의 부활을 어떻게 해석하느냐의 문제는 해석자의 신앙과 신학의 핵심을 드러낼 만큼 매우 중요합니다. 따라서 바르트가 예수 그리스도의 부활을 어떻게 해석하느냐를 명확하게 살피는 것은 바르트의 신앙과 신학의 정당성 여부를 판가름하는 하나의 기준이 될 것입니다.

1103) 박영선, 『생각하는 신앙』, 61.
1104) 위의 책, 61.

죽은 자의 부활을 다룬 고린도전서 15장의 중요성에 대한 바르트의 주장

바르트는 **고린도전서 15장**이 전체 서신의 결론이자, 정점을 이루고 있으며, 모든 문제 해결의 실마리라고 주장합니다.[1105] 그는 기독교 선포의 중추요 전체이고,[1106] 바울의 전체 사상에 특별하고 명백한 성격을 부여하고 있는 죽은 자의 부활의 문제를 고린도전서 15장에서 주제로 다루려 했기 때문에, 고린도전서 15장에서 강조하고 있는 것을 염두에 두지 않고는 결코 로마서, 빌립보서, 골로새서도 이해할 수 없으며 신약의 증언을 이해하는 데 결정적으로 중요하다고 주장합니다.[1107] 그는 고린도전서 15장에 대하여 바울과 다른 견해를 갖는다면, 그것은 자유이지만, 이는 견해의 차이 정도가 아니라 모든 점에 있어서 바울과 차이가 있다고 말함으로써 고린도전서 15장에 대한 이해가 얼마나 중요한가를 말합니다.[1108]

그러므로 바르트는 고린도전서 15장을 특별히 철저하게 고찰해 볼 필요가 있고, 또 그것이 정당하다고 말합니다. 그렇다면 그의 저작이 방대하여 그 모든 저작을 섭렵하는 것이 어렵다고 하더라도 고린도전서 15장에 대한 그의 해석을 살펴봄으로써 그의 성경해석의 전체적인 흐름을 파악하는 것이 가능할 것입니다. 고린도전서 15장에 대한 바르트의 해석이 담긴 『죽은 자의 부활』은 그가 1923년 여름 학기에 괴팅겐대학교에서 한 강의의 내용으로 1924년에 초판을, 1954년에 4판을 발행했습니다.

1105) Karl Barth, *Die Auferstehung der Toten*(4판), 황정욱 역, 『죽은 자의 부활』(2판)(서울: 한국신학대학출판부, 1983), 9, 이후로는 Karl Barth, 『죽은 자의 부활』, 9. 등으로 표기함.
1106) 위의 책, 86.
1107) 위의 책, 9.
1108) 위의 책, 93.

부활에 대한 바르트의 비역사적 해석

바르트는 당시의 지나치게 인본주의적이었던 자유주의 신학에 대항하여 초월적 기독교를 회복하려는 의도에서 키르케고르의 실존적 철학의 시각으로 나름대로의 '계시' 개념을 가지고 변증법적으로 성경을 해석합니다.[1109] 그는 인간과 질적으로 영원한 차이를 가지신 절대적 자유자, 초월적인 하나님이 어떤 역사적인 사건이나 인간의 언어 속에 나타난다는 것이 불가능하다고 전제하는 데서부터 성경을 해석합니다. 그의 이러한 시각은 성경을 무오한 하나님의 말씀으로 보는 것은 오히려 하나님의 자유를 구속하는 결과를 초래하여 하나님의 초월성을 상실하게 하며 살아 있는 말씀을 죽은 말씀으로 만드는 것이라는 주상에 이르게 됩니다. 논란의 대상으로 시작되었던 그의 성경해석은 결국 보수와 진보 양 진영으로부터 가혹한 비난의 대상이 되고 있습니다.

바르트의 이러한 성경해석은 부활 해석에서 분명하고 구체적으로 드러납니다. 그는 부활을 비역사적이라고 해석합니다. 그는 "바울이 부활을 역사적으로 다루려고 하는 입장을 단절시키든지, 혹은 상대화시키려는 의도를 가지고 있는지를 묻고, 또 대답해야 한다."라고 함으로써, 바울이 부활을 역사적으로 다루려는 의도가 있다는 것을 단정하지 못하도록 합니다.[1110] 그는 또 바울이 부활의 증인들을 열거하는 것은 예수 그리스도의 부활의

1109) 바르트는 『로마서 주석』 제2판(1922) 서문에서 다음과 같이 말합니다. "내가 만일 어떤 체계를 가지고 있다면, 키에르케골이 말했던 시간과 영원 사이의 '무한한 질적 차이'에 대한 인정과 그 차이는 긍정적인 의미뿐 아니라 부정적 의미를 가지고 있다고 보는 것에 국한되어 있다. 곧 '하나님은 하늘에 계시고, 당신은 땅 위에 있다.' 그러한 하나님과 그러한 인간의 관계, 그러한 인간과 그러한 하나님의 관계가 내가 보기에는 성경의 테마이며, 철학의 정수이다."(Karl Barth, 조남흥 옮김, 『로마서 강해』, 10)

1110) Karl Barth, 조남흥 옮김, 『로마서 강해』, 100.

역사성을 증거하기 위함이 아니라고 주장합니다.[1111] 부활 보도, 또는 예수 그리스도의 부활의 역사적 사실에 대한 보도, 혹은 부활을 역사적으로 증명하는 것에 대하여 바울은 별로 관심을 두지 않았다는 것입니다.[1112]

그는 **고전 15:3-11**을 역사학적 관점에서 읽어온 것에 대하여 한탄(恨歎)하면서, 이 경우에 "소위 기적을 시인하든 부인하든 간에, 결국 아무 소득도 얻을 수 없기는 마찬가지"[1113]라고 주장합니다. 바울이 부활의 목격자들을 대거 등장시킨 것은 고린도 교회 교인들이 예수 그리스도의 부활을 믿지 않아서가 아니라 오히려 모든 사도가 교회가 예수 그리스도의 부활 위에 기초하고 있음을 동의했다는 점을 보여 주기 위해서 부활에 대한 증인들을 열거한 것이라고 함으로써, 바르트가 어떻게 해서든지 부활에 대한 증인들을 열거한 것과 부활의 역사성에 대한 관계를 단절시키려 하고 있음을 볼 수 있습니다. 그는 또 **고전 15:12-19**를 근거로 고린도 교회 교인들이 예수 그리스도의 부활을 받아들이기는 했으나 죽은 자의 부활은 받아들이지 못했다고 전제함으로써 부활에 대한 증인들을 열거한 것이 예수 그리스도의 부활에 대한 역사적 사실을 증명하려는 의도와는 무관하다는 주장을 전개합니다.[1114]

그의 주장들은 그럴듯합니다. 그의 주장대로 **고전 15:12-19**는 예수 그리스도의 부활을 근거로 죽은 자의 부활을 연역적으로 이끌어냈다고 볼 수

1111) 위의 책, 100.
1112) 위의 책, 99.
1113) 위의 책, 84.
1114) 위의 책, 108: "왜 일일이 부활한 분의 현현을 열거하였을까? 우리는 이미 바울이 되도록 많은 증인의 이름을 들어서 '역사적 증명'을 하려고 하는 것이 아님을 이미 보았다. 5-7절은 역사적 증명이나 증언 청취와 거리가 멀다. 왜냐하면 고린도에 있는 사람이라면, 예수님의 부활을 역사적으로 증명할 필요를 느끼지 않고 있었으며, 그 까닭은 부활의 사건이 고린도에서는 전혀 논란의 여지가 없는 것이기 때문이다. 고린도전서 15장 12-19절은 이것에 대한 증거다."

있습니다. 그러나 **고전 15:12-19**를 근거로, 고린도 교회 교인들이 예수 그리스도의 부활은 받아들였으나 죽은 자의 부활을 받아들이지는 못했다고 결론을 내리는 것은 무리입니다. 오히려 **고전 15:3-7**에서 예수 그리스도의 부활을 목격한 자들을 대거 등장시킨 것은 예수 그리스도의 부활의 역사적 사실을 증거하고, 그 토대, 즉 예수 그리스도의 부활을 근거로 죽은 자의 부활을 연역적으로 논증했다고 보는 것이 더 자연스럽습니다.

바르트가 주장하는 것처럼 과연 고린도 교회 교인들이 예수 그리스도의 부활을 믿었다는 증거는 없습니다. 오히려 **고전 15:2a**에서[1115] 분명히 암시되어 있는 것은 고린도 교회 교인들이 바울이 전한 예수 그리스도의 부활에 대한 복음을 붙들고 있지 않았다는 점입니다. 또한 고전 **15:2b**에서도[1116] 반복하여 고린도 교회 교인들이 바울이 전한 예수 그리스도의 부활에 대한 복음을 부분적으로 버렸다는 것이 명백히 암시되어 있습니다. 그러므로 바르트의 주장은 **고전 15:3-7**이 예수 그리스도의 부활의 역사적 사실에 대한 증언임을 거부하기 위한 억지에 불과합니다. 다시 말하면 바울이 부활하신 예수 그리스도에 대한 목격자들을 대거 열거시킨 이유는 바르트의 주장과는 달리 고린도 교회 교인 중에 예수 그리스도의 부활에 대하여 의심했던 자들이 있었기 때문이며, 예수 그리스도의 육체적 부활의 역사적 사실성을 확립하기 위해서였습니다.

바르트는 **고전 15:3-7**에서 4가지 사실을 비역사적으로 해석합니다. 그는

1115) 고린도전서 15장 2절 상반절: "너희가 만일 나의 전한 그 말을 굳게 지키고"; Albert Barnes도 고린도교인들이 고린도전서 15장 3-4절의 복음을 계속 붙들고 있느냐가 의심스러우며 반대교리를 수용하였을 가능성도 있다고 해석한다.

1116) 고린도전서 15장 2절 하반절: "(너희가 만일) 헛되이 믿지 아니하였으면 이로 말미암아 구원을 얻으리라"; 칼빈도 고린도전서 15장 2절의 두 개의 조건절은 고린도교인들의 고린도전서 15장 3-4절의 복음에 대한 무관심과 변덕에 대하여 정죄한 것이라고 해석한다.

본문에 등장하는 4개의 동사, "그가 죽고, 매장되고, 부활하고, 나타났다."가 나타내고 있는 4가지 사실은 결코 연대순으로 나열해 놓은 것이 아니며, 바울이 역사적으로 문제를 다루려는 의도를 가지고 있음을 볼 수 없다고 주장합니다.[1117]

① 그는 "그리스도가 우리를 위하여 죽으셨다는 것과 사흘 만에 부활하셨다는 것은 성경에 기록된 대로 역사적 사실로 주장된다."라면서도 "그러나 무슨 역사적 사실인가!"[1118]라고 반문함으로써 그리스도가 우리를 위하여 죽으셨다는 것과 사흘 만에 부활하셨다는 성경의 기록을 역사적 사실이 아니라고 부정합니다.

② 그는 그리스도가 매장되었다는 기록에 대해서는 "진부한 역사적 사실"이며, "이 무덤은 닫힌 무덤이든 혹은 열린 무덤이든 증명될 수는 있지만, 그것은 아무래도 상관이 없다."라면서 "닫혔건, 열렸건 간에, 30년에 예루살렘에서 있었던 무덤을 증명한들 무슨 도움이 되겠는가?"라고 반문하고 "이런 일로써는 그리스도가 우리의 죄를 위하여 죽으셨고, 그가 사흘 만에 부활하셨으며, 그리스도가 종말이요 시작이라는 사실을 증명할 수 없다."[1119]라고 주장합니다.

③ 여러 사람의 부활에 대한 목격담에 관하여는 "모든 시간, 장소에 있어서는 매우 불명확하고 모호하게 말하고 있고, '어떻게'에 대하여서도 굳게 침묵을 지키고 있기" 때문에 그들이 무엇을 본 것인지 의문스럽다고 주장하면서, "그리스도의 시체가 도둑맞았을지도 모르고, 혹은 거짓으로 죽은 체했을지도 모른다."라고 주장합니다. 그는 "복음서들이 빈 무덤을 본 것과

1117) Karl Barth,『죽은 자의 부활』, 100-101.
1118) 위의 책, 102.
1119) 위의 책, 102.

부활하신 분을 목격한 것은 전혀 별개의 것이라는 사실을 숨기려 하지 않는다."라고 해석하면서 사람들이 이 무덤에 대하여 논쟁하는 것은 "기독교 신학의 불명예"[1120]라고까지 주장합니다.

④ 그는 그리스도께서 부활하여 나타나셨다는 데 대하여서는 "자유주의자들처럼 소위 환상이라고 처리해 버리든가, 혹은 실증주의자들처럼 진부한 역사적 사실로 보는 것은 너무 소박하고 우둔한 판단이 아닌가?"라고 반문합니다.[1121] 그는 그리스도께서 부활하여 나타나셨다는 불가해한 증거를 추적하려고 하면 결국 그것이 거침돌이 되어 그리스도의 나타나심을 부인하게 되고 목격의 대상은 무덤이었다는 것으로 환원되고 말 것[1122]이라고 주장하면서, 예수 그리스도의 부활은 아무도 보지 못했고, 듣지 못했으며, 외적으로든 내면적으로든, 주관적으로든 객관적으로든, 신비주의적으로든, 성령으로든, 순수 역사적으로든, 인간의 마음속에 들어오지 않는 하나님의 행위이고 계시의 범주로만 파악될 수 있으므로[1123] 바울이 되도록 많은 증인의 이름을 든 것은 역사적 증명을 하려고 하는 것은 아니라고 해석합니다.

그는 "**고전 15:12-19**의 전체적 의미는 예수 부활의 역사적 사실이 죽은 자의 부활과 직접 관계가 있다는 것을 말한다."라고 주장하면서도, "부활의 현실 또는 어쨌든 그것의 인식이 엄연히 한 일반적 진리 - 부활은 본질상 역사 속에 들어올 수 없고, 혹은 보다 정확히 말해서, 모든 역사의 한계, 죽음의 한계선에서만 나타날 수 있는 진리이다 - 의 인식과 결부되는데, 그것이

1120) 위의 책, 103.
1121) 위의 책, 104-105.
1122) 위의 책, 106.
1123) 위의 책, 105.

무슨 역사적 사실인가?"라고 반문하면서 부활의 현실성을 역사적으로 증명하려고 했다는 것은 "사실이 아니다."[1124]라고 주장합니다.

바르트의 주장에 대한 비판

바르트는 "그리스도의 부활은 어떤 의미에서 인간적 시간과 공간에서 일어난 확실한 일"이라고 말하면서도, "그리스도의 부활은 우리의 시간에서 일어난 것이 아니라 역사적 성격을 갖지 않는 순수한 현재라는 시간, 곧 예수 그리스도의 시간에 일어난 것으로 보통 역사의 증언은 아니"라고 주장함으로써 "부활의 초역사에 대하여 일반 역사 개념으로는 정당히 취급할 수 없음"[1125]을 확실히 합니다. 여기에 대하여 반틸은 이렇게 지적합니다.

> 위기신학자들은 끊임없이 모든 신학의 종말론적 성질을 강조하나, 그 종말론은 바르트와 부루너가 볼 때 달력에 의한 어떤 미래 날짜들을 의미함도 아니고, 관심도 없다. 그들은 전천년주의자도, 후천년주의자 또는 무천년주의자도 아니고, 종말론을 비판적으로 보고, 이들의 견해는 우리로 하여금 상대적인 평상의 월력의 시간을 그리스도와 동시대성을 가지도록 의도하는 것인데, 이는 우리 스스로 그리스도의 부활에 참여하는 자로 여김을 의미하는 것이다. 그리스도의 부활은 유일하고 특이한 사건이므로, 그 부활은 모든 참된 역사를 내포한다. 자연히 모든 사람은 전적으로 실존이라고 말할 수 있는 범주에서 보면, 그리스도의 부활에 참여한 자들로서 존재하는 것이다. 모든 사람은 비록 타락했으나, 그리

1124) 위의 책, 101.
1125) Cornelius Van Til, *Has Karl Barth Become Orthodox?*, 이상근 역, 『칼 바르트』 5판 (서울: 한국개혁주의신행협회, 1980), 64, 이후로는 Cornelius Van Til, 『칼 바르트』, 64. 등으로 표기함.

스도 안에서 타락된 것이기 때문에 구원을 받는다고 본다. 이와 같은 이론은 변증법적 형태의 보편구원론인 것이며, 이런 원리는 교회관과 크리스챤의 생활과도 일치하게 적용된다.[1126]

바르트는 그리스도의 부활은 참역사이며 역사는 아니라고 주장합니다. 그가 그렇게 말하는 것은 역사의 차원 속에 있는 것은 모두가 잘못과 모순을 지니고 있기 때문에, 하나님의 계시인 부활은 역사적 사건이 될 수 없으며 역사의 차원 속에 있는 어떤 것과도 동일시될 수 없다는 주장입니다. 이러한 관점은 성경도 역사의 차원을 벗어나지 못하기 때문에 성경에서 하나님의 완전한 계시를 찾아볼 수 없다고 간주함으로써, 성경을 문자적, 역사적으로 해석하는 것을 배격합니다. 바르트가 주장하는 대로 성경은 과연 참역사와 역사를 구별하고 있을까요? 성경 어디에도 그런 암시는 없습니다. 그가 초역사적 차원을 지나치게 강조하다 보니 역사를 그렇게 나눌 뿐입니다.[1127]

바르트는 시간과 역사 안에 있는 것은 절대적일 수 없고, 그래서 하나님의 계시는 역사 안에 있을 수 없는 역사의 기원으로서 역사 너머에 있어야 한다고 주장합니다.[1128] 그 이유는 그렇게 함으로써만, 즉 계시를 절대화함으로써만 모든 종류의 비평으로부터 계시를 보호할 수 있다고 생각했기 때문일 것입니다.[1129] 만약에 계시가 시간과 역사 안에 있다면 그것은 그 말의 진정한 의미에서 계시가 아니기 때문에 계시의 역사성을 인정할 수 없다는

1126) Cornelius Van Til, 『신현대주의: 바르트와 부루너 신학의 평가』, 23-24.
1127) 김의환, 『도전받는 보수신학』(서울: 생명의 말씀사, 1993), 22-23.
1128) 이승구, "계시와 역사의 관계에 대한 초기 바르트의 이해", 『조직신학연구』 2집, 136.
1129) 위의 책, 137.

것입니다.[1130] 시간과 역사 안에 있는 것은 상대적이어야 하고, 반면에 계시는 절대적이어야 하므로, 계시의 역사성을 말하는 것은 계시를 상대적으로 만드는 것이며, 역사분석의 대상으로 만드는 것이라고 주장합니다.[1131] 하나님은 시간과 역사 안에 들어오시는 것이 불가능하다는 바르트의 사고 구조에 의하면, 계시가 시간과 역사에 속한다고 말하는 것은 불가능하며, 하나님의 계시를 시간과 역사 안에 두는 것은, 하나님의 자유를 해치기 때문이라는 것입니다.[1132] 만약 하나님이 주권적 하나님이시라면, 하나님은 그의 계시에서조차도 자유하셔야만 하며, 내재적 하나님이 아니기 위해서, 하나님은 사상과 역사와 인간의 의지와 인간의 신의식(神意識) 안에 있으면 안 된다는 것입니다.[1133] 만약 하나님이 시간과 역사의 인간 세계로 들어오신다면 그는 상대적이 되고, 그가 한 번 시간과 역사 안에 들어오시기만 하면, 영원하고 절대적인 분이 있을 가능성은 없어진다고 생각한 것입니다.[1134]

이와 같이 바르트는 어느 경우에도 자기의 일반적인 주장, 즉 하나님이 역사에 있어서 자신을 계시하시지만, 역사 그 자체는 결코 하나님을 계시할 수 없다는 주장을 적용합니다.[1135] 정통신학은 보통 역사에 계시가 있다고 보지만, 바르트는 보통 역사에는 직접 계시(곧 참역사)가 있을 수 없다는 가정에 따라 그리스도의 부활이 보통 역사에서는 일어나지 않고 초역사에서 일어난 까닭에 그 사건은 그의 제자들에게만 곧 신앙의 눈에만 나타

1130) 위의 책, 38.
1131) 위의 책, 138.
1132) 위의 책, 139.
1133) 위의 책, 139.
1134) 위의 책, 139.
1135) Cornelius Van Til, 『칼 바르트』, 63.

났다고 해석합니다.[1136] 이러한 시각에서 보면 고린도전서 15장을 해석함에 있어서 바울이 부활에 대한 어떤 역사적 증명을 하려는 의도를 가지고 있지 않다고 끈질기게 주장할 수밖에 없을 것입니다. 그러나 그것은 성경을 자신의 계시관에 맞추어서 해석하려는 억지일 뿐입니다.

그렇다면 과연 바르트의 생각처럼 인간의 시간과 역사 안에 하나님의 계시가 실재할 수는 없을까요? 물론 하나님의 말씀은 하나님의 초자연적 계시로서 역사의 한계성을 초월한 요소들을 간직하고 있습니다.[1137] 그러나 성경의 내용은 상당한 범위에 이르기까지 역사적으로 결정되어야 하며 그러한 범위까지는 역사 안에서 내용의 설명을 찾아야 합니다.[1138] 그 가운데 부활은 하나의 역사적 토대로서 기독교의 다른 모든 교리가 이것을 기초로 하여 세워지며, 이것 앞에서 모든 의심은 힘을 잃게 됩니다.[1139] 바르트는 확실하게 계시의 역사적 성격을 부인했지만,[1140] 큰 죄인(바울)이 변화하여 신앙에 들어오게 된 것은 그가 체험한 그리스도의 부활이 역사적 진리이기 때문이었습니다.[1141]

박윤선이 **고전 15:47-48** 주석에서 "구원 관계에 있어서 성경은 초월주의를 가르치고 있으나 초절주의를 말하지는 않습니다."라고 지적한 바와 같이[1142] 기독교에서의 초월은 바르트의 주장과는 달리 초자연으로도 계시 될

1136) 위의 책, 66.

1137) L. Berkhof, *Principles of Biblical Interpretation,* 윤종호, 송종섭 역, 『성경해석학』 18판 (서울: 개혁주의신행협회, 1991), 132, 이후로는 L. Berkhof, 『성경해석학』, 132. 등으로 표기함.

1138) 위의 책, 132.

1139) 강병도 편, 『카리스종합주석』 제17권 고린도전서(서울: 기독지혜사, 2007), 1021.

1140) 박윤선, "고린도전서 15장 5-8절", 『신약주석 고린도전서』 2판(서울: 영음사, 1989), 235, 이후로는 박윤선, 『신약주석 고린도전서』, 235. 등으로 표기함.

1141) 위의 책, 236.

1142) 위의 책, 244.

수 있고 자연으로도 계시 될 수 있습니다. 이성과 감각의 한계를 지닌 인간을 위하여 하나님은 자연으로도 계시하실 수 있고 또한 계시하십니다. 물론 초월이란 근본적으로 인간의 인식과 이해의 한계를 벗어납니다. 그럼에도 불구하고 하나님은 근본적으로 인간의 인식과 이해의 한계를 벗어나는 그것을 인간에게 나타내십니다. 무한하신 초월자 하나님이 유한한 인간에게 직접 나타나시면 인간은 하나님을 알 수도 없고 접근할 수도 없지만, 하나님은 자신을 인간의 능력에 맞추어서 자신을 계시하십니다.[1143] 이러한 신학은 이미 루터에게서도 발견됩니다.[1144] 그러므로 바르트가 지나치게 하나님의 절대 자유, 계시의 초월성에 집착하여 자신의 사고의 틀을 고정함으로써 성경의 문자적, 역사적 해석을 배격한 것은 잘못된 것입니다.

과연 사도 바울이 평범한 고린도 교인들에게 편지를 보냄에 있어서 바르트가 생각하듯이 비역사적이고 비객관적인 방법으로 난해하고 심오한 의미를 담은 내용을 썼다고 주장할 수 있을까요? 그러한 주장을 뒷받침할 근거는 없습니다. 바르트는 **고전 15:3-4**의 "내가 받은 것을 먼저 너희에게 전하였노니 이는 성경대로 그리스도께서 우리 죄를 위하여 죽으시고 장사 지낸 바 되셨다가 성경대로 사흘 만에 다시 살아나사"에 대한 『신학 묵상』에서도 부활의 역사성에 대해서 이렇게 주장합니다.

1143) John Calvin, *Insti*, 4.1.1. "Shut up as we are in the prison house of our flesh, we have not yet attained angelic rank. God, therefore, in his wonderful providence accommodating himself to our capacity, has prescribed a way for us, though still far off, to draw near to him.", '칼빈에게 있어서, 하나님께서 인간의 상태의 한계와 필요에 맞추어 조정하셨다는 것을 이해하는 일은 성경해석과 모든 신학 연구의 핵심적인 특징이었다.'라는 Ford Lewis Battles의 통찰은 탁월하다. : Ford Lewis Battles, "하나님께서는 자신을 인간의 한계에 맞춰 조정하셨다.", 도날드 매킴 편저, 이종태 역, 『칼빈신학의 이해』(서울: 생명의 말씀사, 1991), 22.

1144) Kritische Gesamatausgabe, *D. Martin Luther Werke* 39(Weimar, 1883-), 245; 파울 알트하우스, 이형기 역, 『루터의 신학』(서울: 크리스찬다이제스트, 1994), 38.

부활 사건의 사실성을 말해 주는 가장 오래된 '자료'로 여기거나, 예수님이 나타나신 장소와 시간에 관한 설명처럼 이 구절에서 사실을 찾거나, 빈 무덤에 관한 언급처럼 예수님이 빈 무덤을 비우고 승리하셨다고 주장하는 것은 이 구절의 목적을 그 문맥 속에서 철저히 간과하는 일입니다. 여기서 바울이 말하기를 원하는 모든 것은 비록 '역사적인 질문' 그 자체를 폐기하는 것은 아니지만, 그것을 '상대화하려는' 경향을 띠고 있는 것은 아닌지 고려해 보아야 합니다. 그것은 물론 '역사' 안에서 일어난 사건입니다. 하지만 그것은 역사의 '한계선'에서 일어난 사건입니다.[1145]

그는 **고전 15:5-6**의 "게바에게 보이시고 후에 열두 제자에게와 그 후에 오백여 형제에게 일시에 보이셨나니 그중에 지금까지 대다수는 살아 있고 어떤 사람은 잠들었으며"에 대한 『신학 묵상』에서도 부활의 역사성에 대해서 이렇게 주장합니다.

역사적 고찰에 근거하여 최종적인 결론을 말한다면, 부활의 사건은 세상의 모든 사건처럼 양의성(兩儀性)을 띠는 사건입니다. 역사적 고찰에 따른다면, 아마도 누가 그분을 훔쳐 갔거나 그분이 다만 가사(假死) 상태로 계셨다고 말할 수 있을지도 모릅니다. …

그리고 다른 모든 것을 제외하더라도, "예수님이 출현하셨다."라는 것을 자유주의자들처럼 이른바 '환상'으로 보거나, 실증주의자들처럼 '자료들'에 근거해서 보고할 수 있는 순수한 '역사적 사실'로 보는 것은 어리석은 일이 아니겠습니까? 다만 그 둘 사이에 차이점이 있다면, 사람들이 극단적인 신화론으로 치우치거나,

1145) Karl Barth, Richard Grunow, 『칼 바르트의 신학 묵상』, 266, 267.

거친 형태이든 세련된 형태이든 일종의 심령술로 치우치는 위험에 처했다는 사실입니다. … 예수님의 부활을 입증하려는 이런 '실증주의적' 방식도 부활을 은근히 부정하는 행위가 아니겠습니까? …

부활은 그 자체로서 오직 계시의 범주 안에서만 파악되는 그리고 그밖에서는 파악되지 않는 '역사적인'(*geschichtlich*) 하나님의 사실입니다.[1146]

바르트는 **고전 15:8-10a**의 "맨 나중에 만삭되지 못하여 난 자 같은 내게도 보이셨느니라 나는 사도 중에 지극히 작은 자라 내가 하나님의 교회를 핍박하였으므로 사도라 칭함을 받기에 감당치 못할 자로라 그러나 나의 나 된 것은 하나님의 은혜로 된 것이니"에 대해서도 "진리는 어떤 이름이나 파악할 수 있는 역사적 현상을 지니지 않을 때, 사람들이 오직 진리 그 자체만을 주시할 때, 비로소 힘이 있습니다."[1147]라고 부활의 역사성을 부정합니다. 그는 고전 15장을 주석하면서 "독자나 해석자들의 관심"은 예수 그리스도의 "'부활 보도'나 예수 부활의 역사적 사실에 대한 보도, 혹은 부활을 '역사적으로 증명'하는 것" 하나에 집중되어 왔지만, "바울은 별로 관심을 두지 않았다."[1148]라고 주장합니다.

그러나 문맥상 그렇게 주장하는 것은 자연스럽지 못합니다. 문맥상 복음과 구원과 예수 그리스도의 부활과 부활이 역사적 사실이라는 것이 긴밀하게 연결되어 있기 때문입니다. 그렇다면 바르트가 그렇게 주장하는 의도가 무엇일까요? 다음의 주장은 그 의도를 분명하게 보여 줍니다.

1146) 위의 책, 268, 269, 270.
1147) 위의 책, 272.
1148) Karl Barth, 『죽은 자의 부활』, 99.

새로운 한 인간의 이야기(*Geschichte*)가 이 셋째 날에 시작된다. 그러므로 우리는 예수의 생을 크게 두 부분으로 나눌 수가 있으니, 그의 죽음까지의 33년과 죽음과 승천 사이에 있는 40일이라는 매우 짧은 시간, 그러나 결정적 기간이다. 이 셋째 날에 새로운 예수의 생이 시작된다. 마찬가지로 예수의 죽음에서 옛 세계가 완전히 물러가고 자리잡힌 후에, 셋째 날에 새 시대, 곧 세계의 새 형태가 시작된다. 부활절은 인간 예수의 실존에서 새 시대와 새 세계가 열려진 것을 말한다. 예수는 이제 정복자, 승리자가 되어 새로운 삶을 시작하고, 그의 어깨에 메워진 인간의 죄짐을 멸해 버린 자로서 새로운 삶을 시작한다. 이 변화는 예수의 실존에서, 초대교회는 예수의 새로운 생활이 이전 생활의 초자연적인 성격의 계속임을 보았을 뿐만 아니라, 완전히 새로운 생, 즉 변화된 생인 것을 보았다. 동시에 새로운 세계의 시작도 보았다.[1149]

부활 사건의 놀라운 이적적인 성격은, 신약성경의 부활 묘사에 아주 분명하게 드러나 있다. 이것은 필연적인 것이다. 다시 말해서 죽어 장사지낸 바 되었던 자가 제자들 앞에 나타났고, 제자들 앞에 걸어왔고, 또 제자들과 함께 말하고 먹고 마셨으며, 다음에는 사라졌다고 말하는 것은, 다시 말해서 단순히 없어진 것이 아니라, 하나님의 처소인 하늘로 사라졌다고 하는 이야기는 확실히 희한하고 놀라운 이적임에 틀림없다. 그러나 제자들이 기록한 기록의 이적적인 성격보다, 기록 자체에 강조점을 둘 하등의 이유가 없다. 만일 우리가 부활 묘사에 대한 글을 주의 깊게 읽거나 혹은 그 기록들을 다른 비슷한 묘사에 비교해 볼 수 있다면, 우리는 반드시 다음과 같은 사실을 알게 될 것이다. 즉 부활 묘사에 대한 기록들은 아주 조심성 있게 그리고 억제당한 상태에서 기록되었다는 점이다. 또한 제자들을 자극시키고, 제자들이 묘사하기 원했던 것은, 사건 자체의 이적적인 성격

1149) Karl Barth, 『바르트 교의학 개요』, 176.

이 아니었다는 점이다. 제자들은 확실히 부활의 실제적인 장면에 대해서는 전혀 언급을 하지 않았으며, 단지 승천 장면에 대해서만 설명하고 있다. "이 말씀을 마치시고 저희 보는 데서 올리워 가시니 구름이 저희를 가리워 보이지 않게 하더라"(**행 1:19**). 우리는 이 말에 "제자들이 자세히 하늘을 쳐다보고 있는데"라는 말을 첨가할 수 있을 것이다. … 그리스도가 "살아났다."라는 진술은, 죽은 자가 "다시 살아있다."라는 주장을 암시하며 그의 무덤이 비었다는 것도 암시한다고 보아야 할 것이다. 그러나 이것은 단순히 암시일 뿐이다. 이것을 거꾸로 말해서, 그리스도가 "살아 있다."라는 암시에서, 죽은 자가 "다시 살아났다."라는 주장을 추상적으로 이끌어 낸다면, 우리는 이러한 추상성도 받아들일 수 있고, 내어버릴 수도 있고 혹은 비신화화할수도 있을 것이다. 그러나 우리가 알아야 할 것은, 이러한 행위는 그 어느 것 하나도 성경 본문과 성경 본문이 증거하는 바를 이해함에 있어서 적당한 방법은 아니다. 그것들은 예수 그리스도에 관한 지식의 기초로 삼을 수 없는 것들이다.[1150]

몸의 부활은 스캔들이요 부조리요 종교적 물질주의요 거침돌이다.[1151]

바르트는 예수님의 부활에 대하여 "새로운 한 인간의 이야기(*Geschichte*)가 시작된 것", "새로운 예수의 생이 시작된 것", "옛 세계가 완전히 물러가고 자리잡힌 후에, 새 시대, 곧 세계의 새 형태가 시작된 것", "인간 예수의 실존에서 새 시대와 새 세계가 열려진 것"이라고 말합니다. 이 말의 뜻이 무엇일까요? 예수님은 죽고 다시 몸으로 부활할 일은 없지만, 그의 교훈과 정신이 셋째 날 아침에 제자들의 가슴 속에서 되살아났고, 그 제자들을 통하

1150) Karl Barth, *Church Dogmatics* IV/2, 148-149.
1151) Karl Barth, 『죽은 자의 부활』, 89.

여 새 시대가 열렸고, 새 세계가 시작되었다고 보았다는 뜻이 아닐까요? 이러한 주장은 결국, "제자들이 셋째 날 아침에 깨어 일어나서, 그리스도의 정신과 교훈과 생활 패턴을 강력하게 생활에 옮긴 것을 세계의 전 인류가 따를 때 죄악과 갈등과 전쟁 등 모든 어둠은 물러갈 것이고, 화해와 평화의 시대 즉 새로운 세계가 열릴 것을 희망하여 말한 것"[1152]이 아닐까요?

이런 주장은 결국 "예수 그리스도의 몸이 무덤에서 살아난 일은 없지만, 장사 지낸 지 3일째 되는 날 아침에, 그리스도의 훌륭한 교훈과 모범적인 생활이 제자들의 마음에 다시 살아나서 마음에 살아 있다는 뜻"[1153]일 것입니다. "몸의 부활은 스캔들이요 부조리요 종교적 물질주의요 거침돌"이라는 바르트의 주장은 예수 그리스도의 몸의 역사적 부활에 대한 단호한 부정이 아닐 수 없습니다. 그러나 제자들이 전한 복음은 예수님께서 실제로 부활하신 것에 기초하고 있습니다. 그것은 굳이 증거할 필요도 없이 성경에 분명하고 구체적으로 기록되어 전해지고 있습니다.

3) 부활이 역사적 사실이라는 바르트의 주장이 의미하는 것

바르트는 **롬 1:4** 주석에서 "이처럼 부활은 주후 30년 예루살렘 성문 밖에서 일어난 사건이며, '찾아오고' 발견되고 인식되었다."[1154]라고 주장합니다. 그는 또한 그의 『(칼 바르트) 교의학 개요』에서도 이렇게 주장합니다.

> 예수 그리스도의 진리는 또한 가장 단순한 의미에서 사실들의 진리입니다. 그

1152) 한종희, 『정통주의 신학에서 본 칼 바르트 신학 -계시관을 중심으로-』, 50-51.
1153) 위의 책, 48-49.
1154) Karl Barth, 손성현 옮김, 『로마서』, 146-147.

것의 출발점인 죽은 자로부터의 예수 그리스도의 부활은, 신약성경이 묘사한 것처럼, 시간과 공간 안에서 일어난 사실입니다. 사도들은 내적인 사실을 붙드는데 만족하지 않았습니다. 그들은 자신들이 보고 듣고 손으로 만진 것을 말하였습니다. 예수 그리스도의 진리는 또한 철저하고 분명하며, 그 자체 안에서 정돈된 인간의 사고의 문제이며, 정확히 그것의 한계 안에서 자유롭습니다. …

하나님은 스스로 초역사적이 아니라 역사적인 분이십니다. … 신앙은 하나님의 역사적인 존재와 본성과 행동에 대한 인간의 답변입니다. 신앙은, 스스로 역사적이고, 그 목표가 역사인 작정을 세우셨으며, 이 역사가 진행되게 하시고 그것을 완성하신 하나님과 관계를 맺고 있습니다. 그 자체로서 역사가 아닌 기독교 신앙은 기독교 신앙이 아닐 것이며, … 기독교 신앙이 있는 곳에서 역사적인 형태가 나타나서 성장하며, 사람들 사이에서, 즉 당대인들과 비당대인들 사이에서 공동체와 친교와 형제애가 나타나게 되는 것입니다.

성경은 철학적인 책이 아니라 역사서이며, 하나님이 우리에게 알려지시게 되는 하나님의 능하신 행동들에 관한 책입니다. …

우리는 부활을 영적인 사건으로 변화시켜서는 안 됩니다. 우리는 이것에 귀를 기울여야 하며, 어떻게 빈 무덤이 존재하고, 죽음을 넘어선 새 생명이 어떻게 가시적으로 되었는지에 관한 이야기가 우리에게 들려지도록 해야 합니다.[1155]

그러나 그는 『로마서』 주석이나 『죽은 자의 부활』, 『교의학 개요』, 『칼 바르트의 신학 묵상』, 『교회 교의학』 등에서 줄기차게 부활의 역사성을 간과하거나 불확실성을 주장합니다. 따라서 바르트가 주장하는 부활은 일반적인 의미의 역사도 아니고, 그렇다고 단순한 신화도 아니며, 시문학적인 사

1155) Karl Barth, 『(칼 바르트) 교의학 개요』, 35, 39, 52, 169.

화(*Sage*)라고 말할 수 있을 것입니다.

이러한 바르트의 주장은 성경의 증언을 모호하게 왜곡시키는 것입니다. 왜냐하면 성경은 예수님의 부활에 관한 관찰이 정확하다는 것을, 구체적으로 그리고 분명하게 진술하고 있기 때문입니다. 부활하신 예수님은 (1) 제자들에게 자기의 손과 발을 보여 주시고 만져 보라고 하셨으며(**눅 24:39, 요 20:27**), (2) 제자들이 모인 가운데 임하셔서 "여기 무슨 먹을 것이 있느냐"라고 물으셨을 때 제자들은 구운 생선 한 토막을 드리니 그것을 받아 잡수셨고(눅 24:41-43), (3) 제자들에게 떡과 생선을 제공하시기도 하셨습니다(**요 21:13**).[1156]

메이천은 예수님의 부활의 역사성에 대하여 "예수님의 제자들은 … 스승이 그들과 함께 있을 때에도 무력했다. 그런데 이제 그가 떠난 후에는 그들에게 남아 있던 작은 능력마저도 사라져 버린 것이다. 그런데 바로 그 연약하고 풀 죽었던 사람들이 스승 사후 불과 몇 날이 못 되어 세계 역사상 가장 중요한 영적인 운동을 일으킨 것이다. 무엇이 이런 충격적인 변화를 만들어 내었을까?"[1157]라고 반문하면서 이렇게 답을 합니다.

> 그것은 역사적 메시지, 최근에 발생한 어떤 일에 대한 설명, 곧 "그가 부활하셨다."라는 메시지였다. 그러나 부활의 메시지는 따로 움직이는 것이 아니었다. … 이제 그것은 예수가 지상에 있었던 전 생애와 연결되었다. 예수의 오심은 이제 죄에 빠진 사람을 건지기 위한 하나님의 행동으로 이해되었다. … 세상은 한 사건의 선언을 통해서 구속받아야 했고, 그 사건에는 의미가 덧붙여진다. 의미와

1156) 박윤선, 『박윤선과 1980년대 한국 개혁주의』, 300.
1157) Gresham J. Machen, 『기독교와 자유주의』, 70.

> 함께 그 사건을 제시하는 것이 교리였다. 기독교 메시지는 항상 이 두 가지 요소가 함께 한다. 사실을 서술하는 것은 역사다. 그 사실의 의미와 함께 사실을 서술하는 것이 교리다.[1158]

피터 릴백(Peter A. Lillback)은 메이첸은 "기독교를 그저 신화에 불과한 것으로 치부해 버리는 자유주의적 관점에 대항하여 순전한 기독교는 복음이 역사적, 영적 진리임을 선언했다."[1159]라고 평가합니다. 메이첸의 주장이 옳다면 바르트의 주장은 자유주의적 관점과 같거나 유사하다고 보아도 과언이 아닐 것입니다.

1158) 위의 책, 71.
1159) Peter A. Lillback, "메이첸, 근본주의 그리고 웨스트민스터 신학교", Gresham J. Machen, 『기독교와 자유주의』, 266.

7. 성령

1) "원역사"의 관점에서 본 성령, 그 문제

우리와 연결시킬 수 없는 성령

바르트는 **롬 8:2**의 "이는 그리스도 예수 안에 있는 생명의 성령의 법이 죄와 사망의 법에서 너를 해방하였음이라"에 대하여 이렇게 주석합니다.

> 만일 우리가 영을 '우리'와 연결시키고 '가지고 있나'와 연결시킨다면, 그때 우리가 말하는 것은 영이 아니다. 그러나 그럴 수밖에 없음은 우리가 달리해서도 안 되고 달리할 수도 없기 때문이다. 우리가 말로 할 수 없더라도 생각은 하고, 생각하지는 않는다고 해도 느끼게 되는 것, 그것은 우리가 영을 가지고 있다는 사실이다. 바로 이 허용될 수 없는 일이 어쨌거나 발생한다.[1160]

바르트는 "만일 우리가 영을 '우리'와 연결시키고 '가지고 있다'와 연결시킨다면, 그때 우리가 말하는 것은 영이 아니다."라고 주장하지만, 성경은 분명히 "우리를 하나님의 성전"이라고 했고(**고전 3:16-17**), 또한 "우리가 성령을 받는다."(**요 7:39, 고전 7:40**)라고 말씀합니다.[1161] 예수님께서 자신의 부활로 살리는 영이 되셨기 때문에, 신자들은 그리스도의 영을 받았으며,

---

1160) Karl Barth, 손성현 옮김, 『로마서』, 589.
1161) 박윤선, 『성경주석 로마서』, 226-227.

성령이 그들 가운데 거하며, 그들이 성령 안에 살고 성령을 따라" 행합니다.[1162]

바르트는 **행 2:4, 7-11**에 대하여 오순절 성령의 강림을 "우리는 할 생각만 있으면 이 역사를 시인이 지나치게 꾸민 기교에서 나온 아름다운 이야기로 볼 수도 있습니다."라고 주장합니다.[1163] 그렇게 말하는 의도가 무엇일까요? 이성적으로 설명할 수 없으니 실제로 일어난 역사라고 말하기보다는 하나의 이야기, 그것도 시인이 지나치게 꾸민 기교에서 나온 아름다운 이야기라고 취급함으로써 이성적으로 납득할 수 없는 사실에 대하여 받아들이기를 거부하는 사람들, 자신과 현대인들에게 단지 교훈적인 면만을 취하게 하려는 것이 아닐까요?

하나님의 내주(來住)를 증거할 아무런 흔적도 없는 성령의 인도

바르트는 **롬 8:14**의 "무릇 하나님의 영으로 인도함을 받는 사람은 곧 하나님의 아들이라"에 대하여 이렇게 주석합니다.

> 성령의 인도가 하나님의 자녀에게 있다고 해서 어떤 기이한 경험의 기회가 있거나, 열광의 경우가 있거나, 기타 심리적 현상이 있거나 한 것이 아니다. 거기는 하나님의 내주를 증거할 아무런 흔적도 없다. 그리고 하나님과 사람 사이의 연속성을 증거할 범람(汎濫), 비등(沸騰)의 생명이 보이지 않는다. 나중과 처음, 사망과 생명, 심판과 의, 그것이 곧 성령의 인도다. 이 성령의 인도 아래서 우리 하

1162) Herman Bavinck,『개혁교의학 4』, 46.
1163) 칼 바르트,『義認과 聖化』, 8.

나님의 자녀격이 발생한다.[1164]

바르트는 성령의 인도에는 "어떤 기이한 경험", "열광", "기타 심리적 현상"이 있는 것이 아니며, 따라서 "하나님의 내주를 증거할 아무런 흔적도 없다."라고 주장합니다. 또한 "나중과 처음, 사망과 생명, 심판과 의, 그것이 곧 성령의 인도"라고 주장합니다. 그는 성령의 인도에 대해서도 "한낱 시공간 세계와 모순되는 것"으로 보며,[1165] "나중과 처음, 사망과 생명, 심판과 의"라는 변증법적 도식으로 설명합니다.

그러나 "'영으로 인도함을 받는다'라는 것은 성령의 지배를 받는다는 뜻"이고,[1166] "성화를 의미"하며,[1167] "**갈 5:18**에서처럼 삶의 전체 방향이 성령에 의해 결정되도록 한다는 뜻"입니다.[1168] 또한 "성령의 조명은 성경 전체가 일관되게 말하는 진리의 내용을 확증하고 쉽게 이해하게 해 주시는 하나님의 특별한 도우심을 뜻"합니다.[1169] 그러므로 바르트와 같이 성령의 인도하심으로 인한 "어떤 기이한 경험, 열광, 기타 심리적 현상"을 모두 부정하고, 변증법적으로 설명하는 것은 성경의 내용과 모순됩니다.

1164) 박윤선, 『성경주석 로마서』, 257.
1165) 위의 책, 257-258.
1166) John Murray, *Romans*, 8:14.
1167) John Calvin, *Romans*, 8:14.
1168) Douglas J. Moo, *Romans*, 8:14.
1169) Jean Calvin, "재세례파 논박", 『칼뱅작품선』, 6:197.

8. 인간과 신앙

1) "원역사"의 관점에서 본 신자, 그 문제

선하다고 평가할 수 없는 신자의 선한 행동

바르트는 **롬 2:6**의 "하나님께서 각 사람에게 그 행한 대로 보응하시되"에 대하여 이렇게 주석합니다.

> 우리의 '행위', 인간으로서 우리가 한 것과 안 한 것, 우리의 외적인 자세와 내적인 태도의 정신적 · 역사적 형태는 그저 정신적 · 역사적 의미만 가질 뿐이다. 그것이 아무리 높다 해도 우리는 그것을 과대평가하고 그것을 영원으로 추어올려서는 안 된다. 인간의 행위를 보시고 그 대가를 영원히 지불하시고 영원히 평가하시는 영원한 구매자, 유일한 한 분, 그분이 하나님이시다. 언제나 하나님이시다.[1170]

바르트는 인간의 행위에 대하여 그저 "정신적 · 역사적 의미만 가질 뿐"이고 "영원으로 추어올려서는 안 된다."라고 주장합니다. 이러한 주장은 시공간에서의 인간의 행위를 영원한 하나님 나라와 단절시키려는 것으로 보입니다. 그것은 키르케고르의 "신과 인간 사이의 질적 차이"를 전제로 한 신학을 전개하기 때문에 필연적으로 그렇게 주장할 수밖에 없을 것입니다.

1170) Karl Barth, 손성현 옮김, 『로마서』, 207.

그러나 이 구절에서 하나님께서 각 사람에게 그 행한 대로 보응하시는 것은, 그 앞의 5절에 분명히 언급된 대로 "진노의 날 곧 하나님의 의로우신 심판이 나타나는 그 날"입니다. 그 날은 최후 심판의 날과 동일합니다.[1171] 이 최후 심판의 날에 하나님께서 각 사람에게 그 행한 대로 보응하신다면, 그것은 영원한 하나님 나라에서 받을 보응임에 틀림없습니다. 바로 다음 7절에서 "참고 선을 행하여 영광과 존귀와 썩지 아니함을 구하는 자에게는 영생으로 하시고"라는 언급도 그것을 뒷받침합니다. 그렇다면 시공간에서의 인간의 행위를 영원한 하나님 나라와 단절시키는 것은 성경과 모순된다는 것을 알 수 있습니다.

하나님께서 각 사람에게 그 행한 대로 보응하신다는 사실은 특히 "각 사람이 행한 일에 따라 상(賞)이 주어질 것이라고 가르치는 곳에서 훨씬 더 분명하게" 드러납니다.[1172] "이 상은 현저하게 하늘에 쌓여 있다가(**마 5:12, 6:1ff, 눅 6:23, 딤전 6:19, 히 10:34-37**), 재림 시에 비로소 공개적으로 나뉠 것(**마 6:4, 6, 18, 24:47, 살후 1:7, 벧전 4:13**)"이라고 언급합니다.[1173] 하나님께서 각 사람에게 그 행위대로 보응하신다는 언급은 "구약과 유대교의 일반 교리를 반영"하지만, "이 교리는 그리스도 안에서 하나님의 은혜가 나타난 결과 새로운 틀에 끼워졌지만 취소되지는 않았습니다(**마 16:27, 고후 11:15, 딤후 4:14**)."[1174]

물론 이 구절의 문맥은 선행에 대하여 어떤 보상이 주어질 것인가에 대해서는 분명히 선언하고 있지만, 보상의 진가(眞價)나 그에 합당한 값어치를

1171) John Murray, *Romans*, 2:5.
1172) Herman Bavinck, 『개혁교의학 4』, 864-865.
1173) 위의 책, 865.
1174) Douglas J. Moo, *Romans*, 2:6.

말하지 않기 때문에 "어떤 행위가 보상을 받기 때문에 그것이 공로가 있는 것으로 가정하는 것"은 어리석은 일입니다.[1175]

두 개의 쌍곡선 사이의 영점처럼 보이는 존재인 신자

바르트는 **롬 5:1**의 "우리가 믿음으로 의롭다 하심을 받았으니"에 대하여 이렇게 주석합니다.

> 우리는 단순히 지금 그대로의 존재가 아니라, 믿음을 통해 지금의 우리가 아닌 어떤 존재가 된다. '무한한 열정'(키르케고르) 속에서 눈으로 볼 수 없게, 그저 빈 공간으로만 볼 수 있게 인간의 일상적 삶 속으로 치고 들어온 것, 모든 인간적인 이해력으로는 언제 어디서나 부정되기만 하는 것, 그런데 바로 그렇기 때문에 언제 어디서나 철저하게 증언되는 것, 우리의 눈으로 보면 무한으로 발산하는 두 개의 쌍곡선 사이의 영점처럼 보일 수 있는 것, 그런데 바로 그래서 전대미문의 종말과 시초인 것, 바로 그것이 새 사람이다.[1176]

믿음으로 의롭다 하심을 받은 새사람은 하나님의 진노가 화목으로 변했으며, 그 결과 평강을 누리게 되고(**롬 5:5**), 영광을 대망하게 되며(**롬 5:2**), 성령을 부어 주심이 되었습니다(**롬 5:5**).[1177] 바르트는 이러한 성경의 가르침을 간과하고 "믿음으로 의롭다 하심을 받은 새사람"에 대하여 "지금의 우리가 아닌 어떤 존재", "눈으로 볼 수 없게, 그저 빈 공간으로만 볼 수 있게

1175) John Calvin, *Romans*, 2:6.
1176) Karl Barth, 손성현 옮김, 『로마서』, 361-362.
1177) 박윤선, 『성경주석 로마서』, 179.

인간의 일상적 삶 속으로 치고 들어온 것", "모든 인간적인 이해력으로는 언제 어디서나 부정되기만 하는 것", "무한으로 발산하는 두 개의 쌍곡선 사이의 영점처럼 보일 수 있는 것", "전대미문의 종말과 시초인 것"이라고 주석합니다. 이는 "키르케고르의 '시간과 영원의 무한한 질적 차이' 사상을 전제로 신학을 전개하기 때문에 필연적으로 초래하는 결과로 하나님의 진리에 대한 진술이 유동적이고 불확실하므로 성경적이라고 말할 수 없습니다.[1178]

죄 중에 살 수 없다는 것은 단순한 이상적 인격, 곧 비역사적 인격

바르트는 **롬 6:2**의 "죄에 대하여 죽은 우리가 어찌 그 가운데 더 살리요"에 대하여 "나는 내가 될 수 있는 존재 곧 지식이나 의지로써 죄를 피할 수 없다. 그러나 내가 아닌 나 곧, 새 사람으로서는 순간 동안이라도 범죄할 가능성이 없다."[1179]라고 주석합니다.

바르트는 새사람을 내가 아닌 존재로서 순간 동안이라도 범죄할 가능성이 없는 이상적인 인간이라고 주장하는데, 그런 이상적인 인간은 시공간, 곧 역사적으로 존재할 수 없습니다. 이 구절에서 말하는 죄에 대하여 죽은 인간은 역사적으로 존재할 수 없는 그런 이상적인 인간을 말하지 않습니다. 성경은 "역사적 인물로서의 아담으로 말미암아 세상에 실재케 한 죄를 논하고, 또 역사계에 들어오신 그리스도로 말미암아 인간에게 실시된 은혜"를 말합니다.[1180]

1178) 박윤선, 『박윤선과 1980년대 한국 개혁주의』, 308.
1179) 박윤선, 『성경주석 로마서』, 201.
1180) 위의 책, 201.

이 구절에서 죄에 대하여 죽었다는 말은 "신자의 정체성"을 뜻하며, "죄를 하나의 영역으로 볼 경우, 신자는 더 이상 그 영역 안에 살 수가 없다."[1181] 라는 의미입니다. 그러므로 죄에 대하여 죽었다는 것은 "죄로부터의 결정적인 분리"를[1182] 뜻합니다.

그렇다면 신자는 죄를 전혀 짓지 않는다는 뜻일까요? 그것은 바르트의 주장대로 역사적으로는 존재할 수 없는 원역사에나 존재할 수 있는 이상적인 인격일 것입니다. 그렇다면 성경의 뜻은 무엇일까요? "죄에 대하여 죽었다."라는 것은 "전적으로 7장에 나타난 '율법에 대하여 죽었다'라는 표현과 병행을 이루는 것으로 간주"될 수 있으며, 그것은 "행위 언약으로써 율법의 권위로부터 완전히 해방되는 것을 말하며 특히 그 정죄하는 능력으로부터 벗어나는 것"을 뜻한다고 보아야 합니다.[1183] 그리고 여기에서 "죄에 대하여 죽었다."라는 것은 또한 "하나님께서 우리를 부르셔서 그의 아들과 교제하게 하시는 때 그가 우리를 발견하시는 우리의 죄 된 옛 상태가 아니고 하나님께서 우리에게 긍휼을 베푸시고, 그리고 값없이 우리를 아들로 삼아주셨을 때 우리가 마땅히 되어 있어야 할 성결의 상태를 다루고 있으며", 그것은 "미래의 때를 나타내는 부사를 사용함으로써, 칭의에 뒤따라야 하는 변화가 어떤 종류의 것인가를 보여 주고 있다."라는 것입니다.[1184]

1181) John Murray, *Romans*, 6:2.
1182) Douglas J. Moo, *Romans*, 6:2.
1183) Albert Barnes, *Romans*, 6:2.
1184) John Calvin, *Romans*, 6:2.

사랑은 언제나 각 타자에게서 그 한 분을 발견하는 것

바르트는 **롬 13:8**의 "남을 사랑하는 자는 율법을 다 이루었느니라"에 대하여 이렇게 주석합니다.

> "너는 네 이웃을 사랑하라!" 우리는 이웃의 현존 안에서 가장 높고 가장 궁극적인 형태로 우리 현존의 문제, 도저히 헤아릴 수 없는 그 문제와 만나게 된다. 바로 거기서 '인간이 인간에게 마주 서 있다'라는 사실, 이 인간이 저 인간에게 마주 서 있다는 사실, 한 개인이 타자의 개별성을 통해서 자기 자신의 개별성, 다시 말해 자기 자신의 피조물 됨, 자신의 타락, 자신의 죄, 자신의 죽음을 떠올리게 된다는 사실, '자연의 근원적 상태'인 그 수수께끼를 가장 높고 가장 궁극적인 형태로 우리에게 부여된다. 우리가 하나님에 관한 우리의 대화 속에서 언제나 맞닥뜨리는 하나님의 불가능성, 곧 인간적인 가능성 너머에 있는 가능성이 그저 형이상학적 허깨비인지 아닌지는 여기서 결정되어야 한다. … 어쨌든 사랑은 언제나 타자 안에서 그 한 분을 발견하는 것이다. 그것도 이런저런 타자, 곧 각 타자에게서 그분을 발견하는 것이다.[1185]

이 구절은 "그 뒤에 인용된 계명들이 보여 주듯이 동료 인간들에 대한 사랑만을" 언급하고 있습니다.[1186] "어쨌든 사랑은 언제나 타자 안에서 그 한 분을 발견하는 것", "그것도 이런저런 타자, 곧 각 타자에게서 그분을 발견하는 것"이라는 주장은 이 구절이 언급하지 않고 있으며, 다른 성경 구절들

1185) Karl Barth, 손성현 옮김, 『로마서』, 975, 978.
1186) John Murray, *Romans*, 13:8.

에서도 명시적으로 말하지 않습니다.

이 구절은 "인간들이 무슨 일을 하고 안 하고를 따지는 것이 아니라, 다른 아무 데서고 성취되는 것을 볼 수 없는 상황에 대해서 이야기하고 있을 뿐"이고, "아무도 율법을 수행하지 못하고 있으며, 지금까지 그것을 수행한 사람이 아무도 없는 만큼, 우리는 모든 인간이 거기서 제외되고 있으며, 그러므로 우리의 유일한 피난처는 그리스도의 은혜 안에 있다는 점"을 말씀합니다.[1187]

2) "원역사"의 관점에서 본 피조성, 그 문제

영원과 시간을 혼동하는 것은 불경

바르트는 **롬 1:18a**의 "하나님의 진노가 불의로 진리를 막는 사람들의 모든 경건하지 않음과 불의에 대하여 하늘로부터 나타나나니"에 대하여 이렇게 주석합니다.

> 우리가 삶의 모호성을 이해하지 못하는 한 하나님의 진노는 바로 그 삶의 모호성이다. 우리의 한계성과 무상성이 우리에게 하나의 필연성으로 자각되지 않는 한 그것은 하나님의 진노다. … 영원이라고 하는 것에 측정되어질 때 시간이라고 하는 것은 아무것도 아니며, 근원과 끝이라고 하는 것에 견주어 볼 때 모든 사물은 한낱 가상에 지나지 않으며[1188] …

1187) John Calvin, *Romans*, 13:8.
1188) Karl Barth, 조남홍 역, 『로마서 강해』, 27-28.

우리는 영원과 시간을 혼동한다. 그것이 바로 하나님에 대한 우리의 관계가 불경 바로 그것이라고 하는 이유다. 그것은 불의 가운데 있는 것이다. 우리 자신이 이 관계에 있어서 슬며시 주인 역할을 한다. 여기서 하나님은 우리에 대하여 중심이 아니고 우리의 필요성이 중심이니, … 우리의 교만은 다른 무엇보다도 우리 위에 있는 초월적 세계의 인식, 그리고 거기에 도달하기를 요구한다는 데 있다.[1189]

여기에서 바르트는 "영원과 시간을 혼동하는 것이 불경"이라고 주장합니다. 이 주장은 영원하신 하나님에 대하여 행하는 것은, 그것이 어떤 것이든지 시공간에서 일어나는 것이라면, 모든 종교적 행위는 물론이고 심지어 가장 경건하고 가장 정통적일지라도 "하나님을 우상 숭배적으로 섬기는 일"[1190]이라는 의미입니다. 여기에 대하여 박윤선은 "바르트의 이론은 여기서 이원론에 가깝게 되지 않는가? 왜 절대적 주재(主宰)께서 시공 세계의 내부까지 유효하게 간섭하실 수 없으랴? 전능자께서 우리의 내부의 내부까지 통솔하실 권능이 없으시랴? 사랑이신 하나님께서 우리 안에 내주하실 긍휼이 부족하시랴?"[1191]라고 반문합니다. 로버트(R. H. Roberts)는 바르트의 영원과 시간에 대한 주장에 대하여 이렇게 지적합니다.

만약 바르트의 시간 개념이 누구나 공유하고 있는 인간 실존의 시간과 우주적 시간과의 사이에 가지는 관계와 동일성이 체계적으로 제거된다면, 시간의 개념은 소위 무시간성으로 떨어지지 않고 바르트가 전개하는 '신학적 순환' 안에 전적으로 머물러 있을 수 있는가? …

1189) 위의 책, 30.
1190) 박윤선, 『성경주석 로마서』, 56.
1191) 위의 책, 57.

그러나 열광적인 스타일의 구절에서 바르트의 사상은 애매성을 안고 있다. 특히 그의 사상이 시간을 영원에서 이끌어 내는 분명한 모순에 이르고 있다는 사실에서 그 애매성이 인식된다(이 모순은 겉으로 보기에만 해소될 것처럼 보인다.). …

영원성이란 그 어떤 단순한 의미에서 시간에 대한 부정도 아니요, '추상적인 비시간성'도 아니다. 그러나 이 영원성은 '그것이 우리가 소유하고 있는 문제투성이의 시간에 참여하지 않는 한에 있어서', 즉 '이 영원성이 우선 무엇보다도 하나님의 시간이요, 따라서 참된 시간인 한에 있어서 이 영원성은 확실히 창조된 시간을 부정한다.' …

칼 바르트의 신학은 - 자신은 부인하고 있지만 - 비록 '성경적'인 가면을 쓰기는 했으나 형이상학적 신학의 재구성이다. 그것은 그런 것으로서 어떤 이들을 황홀하게 하였고, 다른 이들을 기독교적 울타리에서 몰아냈다.[1192]

피조성은 하나님과 모순, 대립

바르트는 **롬 3:10-11**의 "의인은 없나니 하나도 없으며 깨닫는 자도 없고 하나님을 찾는 자도 없고"에 대하여 "피조물을 부정하지 않고서는 창조주의 위치와 피조물의 영원한 의미를 결코 인식할 수 없다. 역사가 우리에게 말하는 것이 바로 그것이다."[1193]라고 주석합니다.

그는 여기에서도 키르케고르의 "신과 인간 사이의 질적 차이"를 전제로 한 신학을 전개합니다. 이 주장은 "모든 시공간적 실존은, 천래(天來)의 것

1192) R. H. Roberts, "바르트 시간에 대한 이해", Stephen Whitefield Sykes, *Karl barth studies of his theological method*, 이형기 역, 『칼바르트의 神學方法論』, 172, 173, 174, 216.
1193) Karl Barth, 손성현 옮김, 『로마서』, 251.

이라도 부정적 성격 아래 있는 것"이라는 의미입니다.[1194]

그러나 인간이 타락하기 전에는 비록 피조물이었지만 하나님을 알았습니다. 또한 하나님의 선택된 자들에게는 특별 계시를 통하여 하나님을 알 수 있도록 은혜를 베푸셨습니다. 물론 **롬 3:10-11**을 포함한 **롬 3:9-18**은 "불의를 규탄하는 본문들을 인용하고 그것들을 모든 유대인을 포함하여 모든 사람에게 은연중에 적용함으로써, 바울은 실상 신실한 유대인들조차도 자기가 '의롭다'라고 주장할 수 없다는 **롬 2:1-3:8**까지의 논증을 강조"합니다.[1195] **롬 3:10-11**은 "사람에게서 의를, 즉 성실성과 순결을 제거해 내고, 그 다음에는 건전한 지성을 제거해" 내지만,[1196] 그렇다고 피조성 자체를 하나님과 모순, 대립한다고는 말하지는 않습니다. 또한 성경은 이어서 "모든 사람이 사악함 속에 남아 있지는 않으며", 그것은 바로 "하나님의 긍휼하심으로 말미암은 것"이라는 선언합니다.[1197]

피조성은 죄

바르트는 **롬 1:18b**의 "하나님의 진노가 불의로 진리를 막는 사람들의 모든 경건하지 않음과 불의에 대하여 하늘로부터 나타나나니"에 대하여 이렇게 주석합니다.

> '하나님의 진노'는 우리가 심판자를 사랑하지 않는 한 반드시 맞이하게 되는

1194) 박윤선,『성경주석 로마서』, 116.
1195) Douglas J. Moo, *Romans*, 3:10-11.
1196) *Inst.* 2.3.2.
1197) *Inst.* 2.5.3.

심판이며, 우리가 '아니요'를 긍정하지 않는 한 반드시 마주하게 되는 '아니요'다. 그 진노는 이 세상의 현존재와 존재 상태에 대한 저항을 우리의 저항으로 받아들이지 않는 한 언제 어디서나 예고된 저항이며, 우리가 문제를 문제로 이해하지 못하는 한 언제나 그대로 남아 있는 삶의 문제다.[1198]

바르트는 "하나님의 진노"를 "'아니요'를 긍정하지 않는 한 반드시 마주하게 되는 '아니요'"라고 말합니다. 이 말은 시공 세계에 대한 영원한 세계의 "절선적 타촉점"을 의미할 것이며, 따라서 "절선적 타촉점을 계시로 보는 동시에 역시 하나님의 진노와도 동일시 한 셈"입니다.[1199]

여기에서 시공 세계는 피조 자체를 뜻할 것인데, 그 피조 자체는 선하다고 성경은 분명히 선언합니다. 하나님은 이 세상의 피조물들을 창조하실 때마다 그 창조된 피조물들을 보시고 "보시기에 좋았더라"라고 선언하셨습니다(**창 1:4, 10, 12, 17, 21, 25, 31**). "보시기에 좋았더라"라는 말뜻은 "선하다."라는 의미입니다. 그러므로 하나님의 진노는 바르트의 주장대로 피조물인 까닭이 아니고, 인간의 죄악 때문입니다. 성경은 분명히 "하나님의 진노가 불의로 진리를 막는 사람들의 모든 경건하지 않음과 불의에 대하여"라고 단언함에도 피조성이 하나님의 진노를 받을 죄라고 주장하는 것은 성경을 왜곡하는 것입니다.

바르트는 **롬 2:1**의 "그러므로 남을 판단하는 사람아 누구를 막론하고 네가 핑계하지 못할 것은 남을 판단하는 것으로 네가 너를 정죄함이니 판단하는 네가 같은 일을 행함이니라"에 대하여 이렇게 주석합니다.

1198) Karl Barth, 손성현 옮김, 『로마서』, 171-172.
1199) 박윤선, 『성경주석 로마서』, 56.

어떤 변명의 여지, 즉 알려지지 않은 하나님을 모르는 자들에 대해서도(**롬 1:18-19**) - 또 아는 자들에 대해서도 예외일 수 있는 어떠한 근거도, 어떠한 가능성도 존재하지 않는다! 안다고 하는 자들 역시 시간에 속하여 있고 그들 역시 인간들이다. … 인간은 인간이요 그는 인간 세계 안에 있다. 육에서 난 것은 육이다. … 인간 안에 인간을 통하여 존재와 형태와 팽창을 얻게 된 것은 … 그 자체로서 불경한 것이고 … 인간의 왕국은 결코 하나님의 왕국이 아니다.[1200]

속된 자들 가운데는 어떤 거룩한 자들도 존재하지 않는다. … 톨스토이의 압도적인 거룩성은 접어두고라도 '사랑'과 순진성과 엄격성에 있어서 예수를 능가하는 성 프란치스코 - 따라서 그는 본질적으로 하나의 고발자로 나타난다 - 에게도 해당된다. … 그리스도는 어떤 의미에서도 의로운 자들 가운데 거하지 않는다. 하나님 혼자만이 의로우시고자 한다.[1201]

바르트는 하나님을 안다고 하는 사람들조차도 시간에 속하여 있고 역시 인간들이기 때문에 그 자체로 불경하고 의롭지 못하다고 주장합니다. 본문이 과연 그것을 말하려는 것일까요? 남을 판단하는 사람은 누구를 막론하고 핑계할 수 없는 것은 "종교 윤리적 견지에서 자기(남을 정죄하는 그 자신)도 죄인"이기 때문에 핑계하지 못한다는 것이지, "시간 세계의 실존인고로 핑계치 못한다."라는 것이 아닙니다.[1202]

유대인은 "자신도 동일한 죄를 범한 죄인이면서 타인을 판단하기 때문에 위선이고, 또한 타인은 정죄하면서 자신의 죄는 보지 못하기 때문에 무분별"하며, 따라서 "그들이 무분별하고 위선으로 가득하기 때문에 그들의 마

1200) Karl Barth, 조남홍 역, 『로마서 강해』, 49.
1201) 위의 책, 51.
1202) 박윤선, 『성경주석 로마서』, 81.

음은 밝아질 수 없고 결국 아무런 핑계도 대지 못한 채 자신의 행동에 책임을 지기에"[1203] 이르렀습니다. 여기에서 책망을 받는 이유는 "외적으로 거룩한 체하여 주의를 끌고, 자기네들이 하나님께 만족을 드렸기나 한 듯이, 그들이 하나님께 열납되었다고 생각하는 위선"이지, "시공간에 속하여 있다." 라는 것이 아닙니다.[1204]

바르트는 "은혜의 역사(役事)의 통일성은 성령의 신비 안에서 참되다. 그러나 우리에게 있어서는 우리가 죄인으로서 '화해되었다는 것'과 우리가 '죄인으로서' 화해되었다는 것은 별개의 사실이다. 전자는 의인(義認)이고 후자는 성화(聖化)다."[1205]라고 주장합니다. 의인과 성화는 별개의 사실일까요? 의인(칭의)과 성화는 구별되지만 분리되지 않습니다. 다르게 말하면 분리되는 별개가 아닙니다. 그러면 바르트가 그렇게 주장하는 의도는 무엇일까요? 박윤선은 이렇게 지적합니다.

> 바르트는 여기에서 또다시 변증법적 사색을 가진다. 역사에는 전연 거룩한 것이 없다고 하니, 그것은 하나님께서 선하게 창조하신 시간 공간적인 실존 그것이 악하다는 그릇된 학설이 아닌가? 하나님께서 지으신 것을 거룩하게 하시려면 못 하시랴? 어떤 것이 완전히 거룩하다고도 할 수 없으나, 그것의 어떤 부분 혹은 어떤 방면이 거룩할 수 있다. 그리고 위에서 바르트가 말한 가운데 프란시스가 '사랑'에 있어서 예수님보다 우월하다고 하였으니, 그가 프란시스의 사랑을 어떤 비웃는 의미에서 생각하였다면 모르지만, 그렇지 않다면 그 말은 예수님을 오해한 말이다. 바르트가 이렇게 이상한 사색을 가지는 이유는, 그가 성경보다도 먼저

1203) John Murray, *Romans*, 2:1.
1204) John Calvin, *Romans*, 2:1.
1205) 칼 바르트, 『義認과 聖化』, 28.

실존철학의 사색을 믿고 생각하는 까닭이었다.[1206]

실존철학 사색은 무엇인가? 그것은 (1) 원실존 그것을 파악하는 어떤 일이라고 하고, 따라서 원실존 그것에 대한 이해라는 것은 일개의 의의로만 간취(看取)하는 사색이며, (2) 원실존에 대한 이해가 사람들에 따라서 다를지라도 그 차이는 문제시하지 않는 사색이다. 이런 사고방식은 성경적이지 않다. 성경에 의하면, 계시에 의한 진리 지식의 의의를 깨달은 정도만이 아니다. 그것은 부분적인 지식이지만 참된 지식이다.[1207]

바르트는 또 **롬 5:12-15**의 "그러므로 한 사람으로 말미암아 죄가 세상에 들어오고 죄로 말미암아 사망이 들어왔나니 … 한 사람의 범죄를 인하여 많은 사람이 죽었은즉 더욱 하나님의 은혜와 또한 한 사람 예수 그리스도의 은혜로 말미암은 선물은 많은 사람에게 넘쳤느니라"에 대해서도 "그러나 이런 가시적이고 역사적인 의미의 죄는 거꾸로 또 다른 의미, 가시적이지 않고 역사적이지 않은 어떤 것을 가리킨다."라고 해석합니다.[1208]

이러한 해석은 "범죄의 기원을 역사로 보지 않고 원역사로 본다."라는 뜻인데, 이러한 해석은 범죄의 기원을 "역사적 아담과 그의 역사적 타락"에 두는 성경의 관점과 분명히 다릅니다.[1209] **롬 5:12-15**는 "'인간 역사의 두 근원적인 인물'에 관한 기독교 복음의 '보편적이고 근본적인 이야기'에 관한 바울의 '숙고적 담론'"으로 이 첫 부분은 "죄가 인류 타락의 불가피한 역사에

1206) 박윤선, 『성경주석 로마서』, 82.
1207) 위의 책, 83.
1208) Karl Barth, 손성현 옮김, 『로마서』, 397.
1209) 박윤선, 『성경주석 로마서』, 180-181.

뿌리를 두고 있음"을 밝히기 때문입니다.[1210]

"범죄 했다는 말은 죄악의 상태가 아니라 행위를 지시"하므로 **롬 5:12**는 가시적이고 역사적으로 "아담이 범죄함으로 말미암아 죄와 사망이 세상에 들어와 모든 사람을 지배했다."라고 말합니다.[1211] "성경과 역사는 모두가 인류의 근원적이고 공통적인 죄책을 지시하고 가리키기" 때문에 "각각의 영혼이 인간의 몸에 들어오기 전에 이미 오랫동안 존재했었고 이미 타락했다는 플라톤과 다른 철학자들의 가설은 충분한 이유들로 인해 전적으로 지지될 수 없는 것"으로 이미 드러났습니다.[1212] "많은 신학자는 타락의 역사가 실제로 일어나지 않았다."라고 주장하고, "칼 바르트는 창조와 타락은 동시적"이라고 주장함으로써 "힌두교와 불교 그리고 죄는 단지 우리가 누구인지에 대한 국면이라고 가르치는 철학들과 같은 비기독교적 종교들에 동의"함으로써 "죄는 부득이하고 필수적인 것"이 되어 버렸지만, "하나님은 아담을 죄스러운 인간이 아니라 완전한 인간으로 창조"하셨습니다.[1213] 만일 "죄가 역사적인 인간에 의해서 세상에 들어올 수 있다는 것을 부정한다면 의가 역사적 인간을 통해 세상에 들어올 수 있다는 것을 부정"해야 하고, "역사적 아담을 부인한다면, 역사적 예수님을 부정"해야 할 것입니다.[1214]

우리 세대의 대표적인 신약학자, 세계 최고의 바울 학자로 평가받는 더글라스 무(Douglas J. Moo) 교수의 말처럼 "인간의 보편적 죄성"에 대하여 성경이 취하고 있는 "역사와 경험의 자료들에 대한 설명"은 "다른 어떤 이

1210) Richard N. Longenecker, *Romans*, 5:12 15.
1211) Herman Bavinck, 『개혁교의학 3』, 97.
1212) 위의 책, 120-121.
1213) John M. Frame, 『조직신학개론: 구원은 주께 속한 것이다』, 162.
1214) 위의 책, 163.

론 못지않은 것으로, 또는 어떤 이론보다 나은 것"입니다.[1215] 조나단 깁슨(Jonathan Gibson)은 "아담의 역사성: 복음의 한 가지 전제"라는 제목으로 아담의 역사성을 부정하는 것을 자유주의 신학의 뿌리라고 지적합니다.

> 현대주의 뿌리에 역사적 아담에 대한 신뢰의 상실이 자리 잡고 있다고 말할 수 있을 것이다. 아담이 없이는 죄에 대한 근거나 죄에 관한 의식에 대한 근거가 없기 때문이다. 사실 아담이 없으면 복음의 근거도, 복음 선포의 근거도 없다.
>
> 19세기 후반 다윈의 진화론이 등장해서 인기를 얻기까지는, 인류가 아담이라는 첫 인간에게서 기원되었다는 성경의 주장에 대해 거의 의문을 갖지 않았다. 그런데 그 후부터 역사적 아담에 대한 교회의 확신이 서서히 쇠퇴해 오고 있다. … 교회 내부의 경우는 일부 목회자들과 학자들이, **창세기 1, 2장**의 문자적인 이해가 오도된 것이요 또한 세속 시대의 회의론자들에게 불필요하게 믿음을 방해하는 요인만 될 뿐이라고 주장하고 있다.[1216]

만일 조나단 깁슨의 말을 받아들인다면, 바르트의 경우는 어떨까요? 현대 자유주의와 다른 점이 무엇일까요? 동일하거나 적어도 유사하다고 말하지 않을 수 없을 것입니다. 조나난 깁슨은 "창세기 초두의 몇 장들 - 장르상 역사적 기술이다 - 은 아담을 땅의 흙으로 지음 받은 첫 사람으로(**창 2:7**), 하나님이 더불어 행위 언약을 맺으신 사람으로(**창 2:16-17**), 또한 그에게서 하나님이 첫 여자를 지으신 사람으로(**창 2:18-25**) 제시하고 있으며", "유다서는 아담을 성경 역사의 시발점으로, 에녹을 아담의 칠 대손으로 제시하

1215) Douglas J. Moo, *Romans*, 5:12-15.
1216) Jonathan Gibson, "아담의 역사성: 복음의 한 가지 전제", 319, 320.

며(14절)", "예수님은 아담과 하와를 역사의 시초에 처음 혼인한 부부로 언급하셨으며(**마 19:4**)", "사도 바울은 아담을 하나님이 '인류의 모든 족속'(**행 17:26**)의 시조인 '한 사람'으로 언급하며, 또한 그들의 창조 순서를 제시하여(먼저 아담을, 그다음 하와를 창조하셨다) 혼인과 교회에서 남자와 여자의 역할 관계를 세우는 것"(**엡 5:31-32, 고전 11:8-9, 딤전 2:11-14**)이라고 말하며, "호세아는 이스라엘이 언약을 범한 사실을 아담의 범죄와 비교하며(**호 6:7**), 바울은 타락 이전과 이후의 아담이라는 인물과 그의 일을 그리스도와 비교하고 서로 대조한다."(**롬 5:12-21, 고전 15:20-22, 45-49**)라고 설명합니다.[1217] 조나단 깁슨은 다음과 같이 바르게 주장합니다.

> 아담이 없다면? 죄도 없고, 죄책도 없고, 죽음도 없는 것이다. 죄도, 죄책도, 죽음도 없다면? 그리스도도 없는 것이다. 그리스도가 없다면? 복음도 없는 것이다. 복음이 없다면? 구원도 없다. 구원이 없다면? 소망도 없다. 소망도 없다면? 그렇다면 그리스도야말로 모든 사람 중에 가장 불쌍한 자가 된다(**고전 15:19**). 그러나 아담은 역사 속에 분명히 존재했고, 동산에서 타락했으며, 그 결과 죄와 죄책과 사망을 인류에게 가져다주었다.[1218]

1217) 위의 책, 321.
1218) 위의 책, 323.

3) "원역사"의 관점에서 본 신앙, 그 문제

역사의 시공간과 과정을 초월하는 신앙과 소명

바르트는 **롬 1:1**의 "예수 그리스도의 종 바울은 사도로 부르심을 받아 하나님의 복음을 위하여 택정함을 입었으니"에 대하여 이렇게 주석합니다.

> 바울이라는 사람이 누구든, 그가 하고자 하는 일이 무엇이든, 그에게 맡겨진 사명의 내용은 궁극적으로 그 사람 안에 있지 않다. 그것은 그 사람 위에 있으며, 도저히 극복할 수 없는 낯섦 속에, 그리고 도저히 도달할 수 없는 아득한 곳에 있다. 그는 사도의 소명을 자기 인생의 한 순간쯤으로 여길 수 없다. '사도의 소명은 어떤 역설적인 사실, 곧 자기 삶의 처음 순간과 마지막 순간에 자신의 인격적인 동일성 너머에서 자기 자신과 함께 서 있는 것이다'(키에르케고르).[1219]

이 말은 바울이 받은 부름(소명)의 가치는 역사성과는 상관이 없고 다만 원(原)역사(초절 역사)성에서만 있다는[1220] 주장일 것입니다.

바르트는 또한 **롬 4:10**의 "그런즉 그것이 어떻게 여겨졌느냐 할례시냐 무할례시냐 할례시가 아니요 무할례시니라"에 대해서도 "창세기 본문(**창 15:6**)에서 아브라함의 소명과 그의 믿음은 의심의 여지 없이 하나의 순수한 시작이며, 가장 먼저 그리고 무조건적으로 설정된 것이다."[1221] 라고 주석합니다.

1219) Karl Barth, 손성현 옮김, 『로마서』, 139-140.
1220) 박윤선, 『성경주석 로마서』, 49.
1221) Karl Barth, 손성현 옮김, 『로마서』, 323.

이 말씀은 아브라함이 칭의를 얻은 것은 역사적으로 할례 사건보다 앞선다는 것을 강조한 것임에도 불구하고 바르트는 이러한 성경의 의도를 무시하고 아브라함의 신앙이 역사적 사건이 아니고 모든 역사에 선재하는 원역사적 사건이라고 주장합니다.[1222]

바르트는 **로마서 5:1** 주석에서도 "아브라함은 그가 믿었던 하나님 앞에서 우리 모두의 아버지이시며, 그가 믿었던 하나님이라는 이 상위의 빛 없이는 역사도 인간의 역사적 인격도 결코 없다."라고 말하면서 아브라함을 신앙의 역사와 관계시키지 않고 단지 역사적 인물로만 보려는 사람들을 비판하면서, "신앙은 아브라함이라는 인물의 인식 원리이고 생산력이며, 역사의 인식 원리이고 생산력이다."라고 말함으로써 "신앙의 빛으로 볼 때만 아브라함의 본래 모습과 아브라함이 우리에게 가져다주는 유익을 알 수 있다."라고 주장합니다.[1223] 그는 이어서 "아브라함이 믿었던 하나님은 이편의 저편이고, 부정의 부정이며, 우리 죽음의 죽음이고, 우리 비존재의 비존재라고 말하면서 우리가 일반적으로 생각하는 하나님과 아브라함이 믿었던 하나님은 전적으로 다른 존재임을 알리고자" 합니다.[1224]

바르트는 또 아브라함의 신앙이 하나님 앞에서 의로 여겨진 이유를 **롬 4:22**의 "그러므로 그것이 그에게 의로 여겨졌느니라"를 주석하면서도 이렇게 주장합니다.

> 아브라함의 믿음은 "하나님 앞에서의 믿음"이기 때문에(**4:17b**), 그 믿음은 아브라함이라는 사람의 태도 가운데 하나가 아니고 오히려 그것의 절대적인 제한

1222) 박윤선, 『성경주석 로마서』, 144.
1223) 김용주, 『신정통주의 신학이란 무엇인가』, 75.
1224) 위의 책, 75-76.

과 규약과 해체로서 절대적인 기적이며 순수한 시작이며 근원적인 창조이기 때문에, 그의 믿음은 하나의 역사적 사건으로 다 설명될 수 있는 것이 아니라 역사적 모든 사건과 일어나지 않은 모든 것의 순수한 부정이기 때문에, "바로 그 이유에서" 그 믿음이 하나님에 의해 의로움으로 승인받는다. 그러므로 아브라함은 - 오직 믿음으로 - 하나님 안에서 부정의 부정에 참여하고 죽음의 죽음에 참여한다. 그러므로 그의 믿음은 역사적으로 그에게 일어난 일에 방해받지 않고 창조되지 않은 빛의 빛으로 환히 빛난다.[1225]

만일 바르트의 주장대로 소명, 믿음, 택정함이 원역사라면 그것이 어떻게 소명이고 믿음이며 택정함일 수 있을까요? 소명, 믿음, 택정함은 초월적인 세계에 있는 것이 아니라 현상세계에 속한 것입니다. 소명, 믿음, 택정함이 시간과 공간의 역사를 넘어 원역사성에서만 가치를 가지는 것이라면 이 세상에서의 삶, 소명, 믿음, 택정함은 무슨 의미와 가치가 있는 것일까요? 소명, 믿음, 택정함이 역사의 시공간과 과정을 초월한다면 그 삶의 현실은 증발하는 결과를 초래하고 말 것입니다.

바르트의 해석과는 달리 성경은 "하나님이 아브라함에게 먼저 언약을 맺으셨고 그 후 뒤늦게 율법(하나님의 토라 또는 교훈의 말씀들)을 모세에게 주었다는 역사적 사실에 근거"시킵니다.[1226] 아브라함이 할례를 받기 오래전에 의롭다 하심을 받았다는 역사적 사실을 창세기는 기록하고 있습니다.[1227] 로마서는 "오직 믿음만이 아브라함의 하나님 관계의 기초가 된다는

1225) Karl Barth, 손성현 옮김, 『로마서』, 351.
1226) Richard N. Longenecker, *Romans*, 4:10.
1227) John Murray, *Romans*, 4:10.

사실을 사건들이 일어난 시간적 순차(循次)에서 도출(導出)"합니다[1228] **롬 4:11**의 논리를 보면 "아브라함에 관한 연대기적 진행에 염두를 두고 있음"이 분명합니다.[1229]

자기가 아닌 존재를 통해 하나님의 존재에 참여하는 것인 신앙

바르트는 **롬 4:3**의 "아브라함이 하나님을 믿으매"에 대하여 이렇게 주석합니다.

> 하나님은 아브라함에게서 일어난 기적, 곧 믿음의 기적을 하나님의 의로 여겨 주심으로써 그것이 아브라함의 소유가 되게 하셨다. 이것은 인간의 모든 존재와 소유와 행동과 대비되는 자유로운 행동, 바로 그 자유로 인해 강력하고 현실적인, 하나님의 행동이다. 인간은 자기가 아닌 존재를 통해 하나님의 존재에 참여한다.[1230]

물론 하나님께서는 "아브라함이 아직 우상을 섬기고 있을 때가 아니라 그가 여러 해 동안 거룩한 삶을 이어간 후에", "오랫동안 순전한 마음으로 하나님을 섬겼고, 죽을 인생에 속한 사람이 할 수 있는 그 정도의 순종을 율법에 드린" 후에 아브라함의 믿음을 의로 인정하셨지만, "그 일이 행위로 말미

1228) 『독일성서공회해설 관주해설성경전서』(개역개정판)(서울: 대한성서공회, 2015), 로마서 4:10.
1229) Douglas J. Moo, *Romans*, 4:10.
1230) Karl Barth, 손성현 옮김, 『로마서』, 312.

암은 것이 아니라고” 말할 수 있습니다(**엡 2:9**).[1231] 그러나 그렇다고 아브라함의 행위를 부정하는 것은 아닙니다. 여기에 대하여 반즈는 적절하게 주석합니다.

> ‘여겨진 바 되었느니라’ 이것은 사람에게 각각 적절한 평가를 내리며 마땅한 대우를 한다는 말이다. … 나는 모든 구절을 검토했으며 그 결과 그 말이 사람을 아주 정당하고 적절하게 판단하고 간주하는 의미로 사용되지 않은 경우는 하나도 없다는 사실을 발견했다. 뿐만 아니라 개인적인 권리의 문제로 그에게 요구할 수 없는 것을 가리키는 경우는 하나도 없었다. 그 말은 정당하게 요구할 수 없는 것을 요구하거나 옮긴다는 의미로 사용된 예를 찾아볼 수 없었다. 이것은 신약의 경우에 있어서도 마찬가지였다. … 그 말이 여기서 무엇을 의미하든지 바울과 모세가 의도했던 바는 믿는 행위를 나타내려고 했던 것이 분명하다.[1232]

박윤선 또한 이렇게 주장합니다.

> 성경과 정통신학에 따르면, 신앙은 복음을 듣는 자에게 성령으로 말미암아 발생하되(**롬 10:17**) 듣는 자의 심리로 작용한다(**행 16:14**). 강한 신앙도 성령으로 말미암아 생기는데, 그것은 그리스도를 일관성 있게 믿는 자에게 생기고(**요 8:30-31**), 신자가 덕을 행함과 함께 자라나고(**갈 5:16, 약 2:17, 26**), 책임을 잘 감당하는 신자에게 생기고(**행 4:8, 5:41, 딤전 3:13**), 하나님의 말씀을 잘 받는 신자에게 생기고(**행 17:11-12, 롬 10:17**), 자기 믿음을 의뢰하기보다는 직접 살아 계

1231) *Inst.* 3.14.11.
1232) Albert Barnes, *Romans*, 4:3.

신 그리스도를 믿는 자에게 발생한다(**엡 6:10, 딤후 2:1**).[1233]

확신할 수 없는 없는 신앙

바르트는 **롬 4:21**의 "확신하였으니"에 대하여 이렇게 주석합니다.

> 은혜의 풍성함(**엡 1:7**)은 심령의 가난함(**마 5:3**)과 마찬가지로 역사적인 소유와 비소유의 저편에 있는 것이다. 아브라함의 '충만'은 전적으로 하나님의 약속을 받은 사람의 '충만'이다. 아브라함이 진정 그런 사람이라면 사실이 어떻게 가시적이겠는가? 그것이 어떻게 역사적인 것일 수 있겠는가?[1234]

바르트는 또 이렇게 주장합니다.

> 우리는 성경이 천사들(그리고 그 대적자들, 마귀들)이라고 부르고 소개하는 자리에 이르게 되었습니다. 이 자리는 역사적으로 증명할 수 있는 역사로부터, 다시 말하면 우리가 알고 있는 세계사의 보편적인 유비(유사성)에 따라서 합리적으로 파악할 수 없는 역사로부터 설명할 수 없는 '설화' 혹은 '전설'로 넘어가는 곳입니다. … 성경의 모든 역사는 실로 그 자체로서 알려진 세계사의 일반적인 유비에 따라 증명될 수 없고, 오직 환상의 표상 방식 안에서만 직관할 수 있고 파악할 수 있는, 오직 시의 형태 안에서만 묘사될 수 있는 영역으로 끊임없이 넘어갑니다. … 그러므로 천사들은 뚜렷하게 성경적인 설화와 전설의 모습을 지닙니

1233) 박윤선, 『박윤선과 1980년대 한국 개혁주의』, 305.
1234) Karl Barth, 손성현 옮김, 『로마서』, 351.

> 다. 천사들은 성경적인 역사의 '신비'를 드러내는 뚜렷한 대변자들입니다. 이로써 언급되어야 할 것은, 우리가 천사들을 성경적인 설화와 전설의 모습으로 설명한다는 사실입니다. 그렇다고 성경의 설화가 할머니와 늑대가 등장하는 빨간 모자, 아기를 업고 오는 황새, 부활절 토끼와 산타클로스 설화와 같다는 뜻은 아닙니다. 성경의 기자들이 마음의 욕구에 따라서 환상을 보고 그렸다는 뜻도 아닙니다. 그리고 우리도 이런 환상을 아무런 제약 없이 동일하게 누릴 수 있다는 뜻도 아닙니다.[1235]

아브라함의 확신은 "하나님의 은혜로 말미암아 성화된 역사의 일면"입니다.[1236] 믿음은 "아는 것 안에 아는 것에 대한 의식이 포함된 것처럼, 믿음은 그 성격상 완전한 확신을 포함"하며, 따라서 "옛 언약과 새 언약의 경건한 신자들은 이러한 확신"을 가졌습니다.[1237] "로마교가 이러한 확신을 거부했을 때", 칼빈은 "성경에 따라 이러한 믿음의 확신을 다시금 지적"했습니다.[1238] 확신은 "성경 전체를 통한 신앙의 특징"입니다.[1239] "이러한 신앙의 확신은 학문이 알지 못했지만", "기독교와 더불어 세상에 등장"했습니다.[1240] 신앙이란 "'확실한, 확고한, 온전하고 확정된 확신'이며, '이해, 마음의 신뢰와 안전'보다 더 확실한 것"입니다.[1241]

1235) Karl Barth, Richard Grunow, 『칼 바르트의 신학묵상』, 647, 648.
1236) 박윤선, 『성경주석 로마서』, 145.
1237) Herman Bavinck, 『개혁교의학 4』, 147.
1238) *Inst*, 3.2.14ff.
1239) Herman Bavinck, 『개혁교의학 1』, 743.
1240) 위의 책, 744.
1241) *Inst*, 1.7.5, 2.2.8, 3.2.14ff.

누구도 이를 수 없는 진리 지식

바르트는 **롬 10:2**의 "내가 증언하노니 그들이 하나님께 열심이 있으나 올바른 지식을 따른 것이 아니니라"에 대하여 "그들은 '올바른 지식 없이' 하나님을 위한 노력을 하고 있다. 바로 이 올바른 앎의 결핍이 교회의 죄책이다. 언제나 그렇고 어디나 그렇다!"[1242]라고 주석합니다.

바르트는 "현상세계의 인간은 누구나(심지어 참 신자도) 의에 이르는 진리 지식이 없다는 의미"로 말하지만, 이 구절은 이스라엘이 "의에 이르지 못한"(**롬 9:31**) 것은 그들이 "믿음으로 의롭다 함을 얻는 진리의 지식대로 하지 않았기 때문"(**롬 9:30, 10:3**)이고, "이방인들은 이 진리의 지식을 섭취하여 순종하였기 때문에 칭의를 받았다."라는 것, 곧 "유대인만은 그렇게 믿음으로 의롭다 함을 얻는 지식에 순종하지 않았으나, 그때 이방인들 중에는 이 지식을 순종한 자가 많았음"을 말합니다.[1243] 따라서 바르트의 주장은 성경의 의도를 왜곡한 것입니다. 칼빈은 이렇게 주석합니다.

> 어떤 사람이 책망을 들을 때, 자기에게 악의가 없었던 것으로 말할 것 같으면, 대개 가장 적절한 변명으로 간주해 준다. 그래서 오늘날 많은 사람이 이 같은 구실을 내세워 하나님의 진리를 찾는 데 전심전력하지 않는다. 왜냐하면 고의적인 악의가 없이, 다만 알지 못한 까닭에 선의로 저지른 과실은 어떤 것이나 용서받을 수 있다고 저들은 생각하기 때문이다. 그렇지만 우리 중에 아무도 유대인들이 그리스도를 십자가에 못 박아 죽이고, 잔인무도하게 사도들을 학대하고, 그리

1242) Karl Barth, 손성현 옮김, 『로마서』, 768.
1243) 박윤선, 『성경주석 로마서』, 291, 292.

고 복음을 파괴하여 없애버리려 했던 것을 용서할 수는 없을 것이다. 그러나 그들도 우리가 자랑삼아 내세우는 것과 똑같은 구실 - '악의 없었다' 또는 '몰라서 그랬다'라고 말하는 것 따위 - 을 가지고 있다. 그러므로 선의에 대하여 적당히 얼버무리려 하는 그 같은 빈말은 다 집어치워야 한다.[1244]

바르트는 **롬 10:2**의 주장과는 상반되게 이렇게 주장하기도 합니다.

기독교 신앙은 사람들이 예수 그리스도의 진리 안에서 자유롭게 살고 그럼으로써 그들 자신의 존재의 의미와 일어나는 모든 일의 근거와 목표를 또한 확신하게 되는 이성의 조명입니다. … 기독교계와 신학계는 이성과 반대의 진영에 몸담는 것을 종교적 열광에서든지 혹은 신학적인 개념에서든 간에 이런저런 이유를 붙여서 언제나 분별없이 자신들의 의무라고 생각하였습니다. … 교회의 선포는 언어인데, 우연적이고 자의적이며 혼란스럽고 이해할 수 없는 종류의 언어가 아니라, 참되며 스스로를 거짓에 대하여 진리로서 확인하는 주장을 가지고 앞으로 나아가는 언어입니다. … 로고스는 인간의 이성 속에, 즉 인간의 누스(*nous*) 속에, 로고스로서, 즉 터득되어야 할 의미와 진리로서 포함되어 있고, 나타나 있으며 계시되어 있습니다. 기독교 선포의 말씀 속에서 우리는 인간의 이성(*ratio*)이 또한 반영되고 재현될 수 있는 라티오(*ratio*), 즉 이성이 관계하고 있습니다. … 기독교 신앙의 신조는 지식에 의존합니다. 신조가 공언되고 고백 되는 곳에서, 지식이 창조되어야 하고, 또 창조되도록 의도되어야 합니다. 기독교 신앙은 비이성적이거나 반이성적이거나 초이성적이지 않고, 그것의 고유한 의미에 있어서 이성적(합리적)입니다. 신조를 공표하고, 기쁜 소식을 설교하고 선포하라

1244) John Calvin, *Romans*, 10:2.

는 거대한 요청을 가지고 앞으로 나아가는 교회는 자기가 어떤 것을 깨달았으며 - 이성은 지각하는 데서 나옵니다 - 이해된 것이 다시 이해되기를 원한다는 사실에서 유래합니다. 기독교 교의학과 신학의 역사들이 *gnosis*(지식)와 *pistis*(믿음)로 분리되었을 때, 이 시대는 기독교 교회에서 언제나 불운한 시대였습니다. 바르게 이해된 *pistis*는 *gnosis*입니다. 바르게 이해된 신앙의 행동도 역시 지식의 행동입니다. 신앙은 지식을 의미합니다. … 하나님에 대한 지식은 신적인 계시가 일어나고, 하나님이 인간을 조명하시며, 인간의 지식이 전달되고, 이 비교할 수 없는 교사가 인간을 교훈하시는 곳에서 일어납니다. … 기독교 신앙과 기독교 신앙의 지식은 신적인 이성, 즉 신적인 로고스가 인간의 법이나 피조물의 이성이 순응해야 하는 그의 율법을 인간의 이해의 영역 안에 세우는 지점에서 일어납니다. … 하나님은 알려지실 수 있습니까? 하나님께서 자신을 통하여 알려지실 수 있다는 것이 실제로 참되고 진정한 것이기 때문에, 하나님은 알려지실 수 있습니다. 그 일이 일어날 때, 인간은 자유롭게 되고, 능력을 얻게 되며, 하나님을 알 수 있게 - 자신에게는 신비이지만 - 됩니다.[1245]

여기에서 바르트는 신앙을 철저하게 이성 또는 지식의 차원에서 이해하고 있는 것으로 보입니다. 이러한 주장은 그의 로마서 주석에서의 주장들을 뒤집는 것으로 보입니다. 이러한 경우는 그의 『교의학 개요』에서 자주 보이는 현상이기도 합니다. 그것은 앞에서도 이미 언급했듯이 그의 사상적 변화라기보다는 그때그때의 상황에 따른 변장일 뿐입니다.[1246]

1245) Karl Barth, 『(칼 바르트)교의학 개요』, 31-34.
1246) "1. 바르트 성경해석의 전제, 4) 바르트의 변화"를 참조하시기 바람.

그리스도를 예배하거나 설교할 수 없는 인간

바르트는 **롬 10:6**의 "네 마음에 누가 하늘에 올라가겠느냐 하지 말라"에 대하여 이렇게 주석합니다.

> 어떤 때는 자기들이 하는 말의 역동성과 마력을 통해, 어떤 때는 제의(祭儀)의 미적 완결성을 통해, 어떤 때는 언어의 대중화를 통해, 어떤 때는 교회의 사역을 두 배, 세 배로 늘리고 그것의 토대를 더욱 강화하고 확산함을 통해, 어떤 때는 너무나도 미심쩍은 '평신도들의 바람' 하나하나에 조급하게 신경 씀을 통해, 어떤 때는 미래/과거의 낭만주의적인, 진보적인, 국가적인, 사회주의적인 시대정신을 통해 하나님의 성육신과 인간성의 부활을 무대에 올리려는 노력 말이다! 왜냐하면 바로 그것이 중요하다고 여기기 때문이다. 그러나 거기서 교회는 알게 되리라. 인간은 그리스도를 무대에 올릴 수 없다. '끌어내릴' 수도 없고 '끌어올릴' 수도 없다.[1247]

이러한 주석을 통해 바르트가 주장하려는 것이 무엇일까요? 인간의 수단 방법으로는 그것이 어떤 것이든지 하나님의 성육신과 인간성의 부활을 알 수도 없고 알릴 수도 없다는 것이 아닐까요? 물론 하나님의 계시와 성령의 역사가 없으면 그렇습니다. 그러나 바르트의 의도는 그렇지 않은 것으로 보입니다. 여기에서도 원역사, 또는 하나님의 초월성의 관점에서 볼 때 시공간에서 역사적으로 일어나는 모든 것을 부정하려는 것으로 보입니다. 만일 그렇다면 신앙생활 전체가 무(無)가 될 것입니다. 선교나 신학, 예배, 성

1247) Karl Barth, 손성현 옮김, 『로마서』, 776-777.

경 공부, 설교 등 이 모든 것이 아무 의미가 없을 것입니다. 그러나 성경은 어디에서도 그렇게 말하지 않습니다.

이 구절은 오히려 "믿음과 생명을 위해 계시된 것들은 접근이 가능하다."라는 것입니다.[1248] "그리스도의 죽음과 부활이 주는 유익이 이제 복음으로 말미암아 우리에게 전달"되므로 "더 이상 어떤 것을 우리가 구할 하등의 이유가 없다."라는 의미입니다.[1249] 여기에서 "누가 하늘에 올라가겠느냐"라는 말은 "아주 어려운 일을 묘사하는 표현"인데, 그런 표현을 사용하여 "모세는 자기의 교훈은 이처럼 어려운 것이 아니다.", "그것은 이해하기 불가능한 것이 아니고 명백하고 알기 쉬운 것"이라고 말하는 것입니다.[1250] "하나님은 그의 편에서 자기 자신과 그의 백성을 위한 자기의 뜻을 알리"셨기에 "이스라엘 자손이 하나님의 명령을 발견하기 위해 '하늘에 올라갈' 필요가 없었듯이, '그리스도를 모시고 내려오기' 위해 하늘에 올라갈 필요가 없다.", 곧 핑계할 수 없다는 것입니다.[1251]

하나님의 뜻에 전혀 맞닿거나 겹치지 않는 모든 신앙 행위

바르트는 **롬 12:1**의 "너희 몸을 하나님이 기뻐하시는 거룩한 산 제물로 드리라 이는 너희가 드릴 영적 예배니라"에 대하여 이렇게 주석합니다.

> 제물은 오히려 하나님께서 요구하시는 것, 하나님의 영예를 위한 하나의 외적

1248) John Murray, *Romans*, 10:6.
1249) John Calvin, *Romans*, 10:6.
1250) Albert Barnes, *Romans*, 10:6.
1251) Douglas J. Moo, *Romans*, 10:6.

인 표현(시위)이다. 그러나 그것이 아무리 좋거나 나빠도 그 자체로는 다른 모든 행위와 마찬가지로 역시 인간적인 행위다. 제아무리 대단한 제물 앞에서도 하나님은 홀로 하나님이시다. 그분의 의지는 예나 지금이나 제 갈 길을 간다. 어린아이 수준의 사람은 노동절 시가행진이 그저 무언가를 시위하는 노동자 운동일 것이라고 생각하겠지만, 계급의식이 있는 노동자는 그런 시위에 참여하는 것을 최고의 의무로 여기지 않을 수 없다. 한마디로, 필수적인 시위, 요구되는 시위, 오직 그것만이 모든 에토스(윤리)다. … '유기적으로 자라는' 하나님 나라, 혹은 더 정직하게, 하지만 더욱 도발적으로 말해서 '건축' 중에 있는 하나님 나라처럼 보이는 것은 하나님 나라가 아니라 바벨탑이다. 우리가 두려움과 떨림으로(**빌 2:12**) 모두 우리의 방식으로 애써 실행하고 있는 위대하고 보편적인 '인생의 시도'가 있으나, 여기서는 하나님의 뜻이 털끝만큼이라도 맞닿거나 겹치지 않는다.[1252]

"'건축' 중에 있는 하나님 나라처럼 보이는 것은 하나님 나라가 아니라 바벨탑", "우리가 두려움과 떨림으로 모두 우리의 방식으로 애써 실행하고 있는 위대하고 보편적인 '인생의 시도'가 있으나, 여기서는 하나님의 뜻이 털끝만큼이라도 맞닿거나 겹치지 않는다."라는 주장의 의도가 무엇일까요? 키르케고르의 "신과 인간 사이의 질적 차이" 사상을 바탕으로 하나님을 "완전 타자"라고 주장하려는 것일까요? 앞에서 누누(屢屢)이 살펴보았지만, 그런 사상은 시간과 공간 안에서 이루어지는 모든 역사적 사실을 무의미한 것으로 돌리는 것으로 성경과는 모순됩니다. 바르트의 주장대로라면 "너희 몸을 하나님이 기뻐하시는 거룩한 산 제물로 드리라"라는 말씀도 무의미할 것입니다.

1252) Karl Barth, 손성현 옮김, 『로마서』, 872-873.

그러나 "찬양과 건덕을 위한 그리스도인의 정기적인 모임은 적절하고, 실로 성경에서 명하는 것"이며, "이런 모임에서 일어나는 것은 분명 '예배'"입니다.[1253]

소망과 기도는 초월

바르트는 **롬 12:12**의 "소망 중에 즐거워하며 환난 중에 참으며 기도에 항상 힘쓰며"에 대하여 이렇게 주석합니다.

> 소망한다는 것은 보지 못함, 결핍, 빈손이다. '아니요!' 앞에 서 있음(**8:24-25**)이다. … 기도가 윤리적 행위가 되는 것은 지속을 통해서다. 지속이란 기도의 양을 늘리는 것도 아니요 기도의 질을 높이는 것도 아니다. 기도 안에서 기도가 계속되는 방향으로 지속하는 것이다.[1254]

바르트가 "소망한다는 것은 보지 못함, 결핍, 빈손"이라고 주석한 것은 "위기 신학", 또는 변증법적 신학의 원리에 근거한 것으로 보입니다. 그런 원리에 의하면 이 시간과 공간의 세상에서 일어나는 역사를 무(無)로 돌리기 때문에 소망은 무의미한 것이 될 것입니다. 그렇다면 "소망 중에 즐거워하며"라는 권면 자체가 성립될 수 없을 것입니다.

그는 또 "기도에 항상 힘쓰며"에 대해서도 동일한 원리로 "기도가 윤리적 행위가 되는 것은 지속을 통해서다. 지속이란 기도의 양을 늘리는 것도 아

1253) John Murray, *Romans*, 12:1.
1254) Karl Barth, 손성현 옮김, 『로마서』, 916-917.

니요, 기도의 질을 높이는 것도 아니다. 기도 안에서 기도가 계속되는 방향으로 지속하는 것이다."라고 주장합니다. 그러나 "소망 중에 즐거워하며 환난 중에 참으며 기도에 항상 힘쓰며"라는 "이 세 조언은 서로 연관되어 있으며, '시간을 섬기는 것'을 두고 하는 말"이고 "내세에 대한 소망으로 즐거워하며 참을성 있게 환난을 감당하는 자라야 시간을 가장 잘 선용하는 자요, 활기차게 자신의 진로를 추구할 기회를 이용하는 자"라는 뜻입니다.[1255]

반면 바르트는 기도에 대하여 "16세기에는 교회의 성인들이나 먼저 세상을 떠난 자들이 우리를 도울 수 있는 가능성이 없다고 말해 주는 것이 대단히 중요했습니다. … 교회의 성인들, 또는 예를 들어 종교개혁자들이나 현재 지구상에 존재하는 성인들이 과연 우리를 도울 수 없을 것인지에 대해 나는 확신이 서지 않습니다."[1256]라고 매우 충격적인 말을 하기도 합니다. 왜냐하면 그것은 성경의 가르침에 모순될 뿐만 아니라 천주교의 주장에 동조하는 것으로 종교개혁자들에 의해 그 잘못됨이 분명하게 이미 드러났기 때문입니다.

박해자는 환영받아 마땅한 하나님의 심부름꾼

바르트는 **롬 12:14**의 "너희를 박해하는 자를 축복하라"에 대하여 "만일 그 박해자가 하나님의 은혜를 받은 자에게 개인적으로 고통을 주어 위협한다면, 그 사람이야말로 원수가 아니라 환영받아 마땅한 하나님의 심부름꾼이다."[1257]라고 주석합니다.

1255) John Calvin, *Romans*, 12:12.
1256) Karl Barth, 『칼 바르트 기도: 종교개혁 교리문답에 따른 주기도 해설』, 47-48.
1257) Karl Barth, 손성현 옮김, 『로마서』, 919.

바르트의 이 해석은 “그의 변증법적 원리에서 나온 것인데, 우리의 신앙에 대한 박해자는 우리의 긍정에 대한 부정이 된다는 의미에서 환영받아 마땅한 하나님의 심부름꾼”이라는 의미일 것입니다.[1258] 물론 우리가 핍박자를 용서하고 축복하는 것은 마땅하지만, 핍박자가 원수가 아니라 환영받아 마땅한 하나님의 심부름꾼이라고 말하는 것은, 성경적으로 받아들일 수 없는 지나친 주장입니다.

모든 개혁 운동은 악에게 지는 것

바르트는 **롬 12:21**의 “악에게 지지 말고 선으로 악을 이기라”에 대하여 이렇게 주석합니다.

> 인간이 다른 인간에게 객관적으로 정의를 주장할 권리, 바로 그 권리가 인간에게는 없다. 그가 그런 정의를 주장하면서 둘러치는 객관성의 기품이 크면 클수록, 그가 다른 사람에게 끼치는 불의도 그만큼 크다. … 그러나 바로 그 혁명적인 인간(물론 그가 처음부터 그렇게 경멸하는 행동, 곧 피의 폭력을 사용하지 않는다. 처음에는 기존 질서에 독기 어린 반감을 품는다. 그런데 ‘폭력’을 혐오하는 사람일수록 더욱 그런 반감에 빠져든다!), 바로 그 사람이 들어야 할 말이 있다. 그가 이런 계획을 세움으로써 이미 ‘악에 진 것’이라는 말이 바로 그것이다.[1259]

바르트는 “인간이 다른 인간에게 객관적으로 정의를 주장할 권리, 바로

1258) 박윤선, 『성경주석 로마서』, 336.
1259) Karl Barth, 손성현 옮김, 『로마서』, 952, 953.

그 권리가 인간에게는 없다. 그가 그런 정의를 주장하면서 둘러치는 객관성의 기품이 크면 클수록, 그가 다른 사람에게 끼치는 불의도 그만큼 크다." 라고 주석하면서 개혁 운동을 일으키는 자를 향하여 "이미 악에 진 것"이라고 주장합니다. 만일 그런 주장을 받아들인다면 이 세상에서는, "인간이 확실성 있게 할 선한 일은 하나도 없을 것"입니다.[1260]

이 구절은 바르트의 주장과는 달리 "부단한 노력으로 남이 우리에게 가(加)하는 악과 싸워 이기기 위해" "적극적인 수단도 강구하라고 촉구"합니다.[1261] 그러므로 바르트의 주석은 성경의 의도와는 전혀 다르다고 볼 수 있습니다. 다른 한편 바르트는 앞의 주장과는 전혀 상반된 주장을 하기도 합니다.

> 정치 권력에 대한 '저항'은 경우에 따라서 허용될 뿐만 아니라 하나님에 의해 요구되기도 합니다. 다만 수동적인 저항만이 아니라 '적극적인' 저항도 할 수 있다는 말입니다. 경우에 따라서는 폭력에 맞서서 폭력으로 저항할 수도 있습니다. 그렇지 않고서는 폭정에 대한 저항, 무고한 피 흘림의 방지는 아마도 이루어질 수 없을 것입니다. …
>
> 세상 속에 산다는 것과 이곳에서 하나님께 복종한다는 것은 직접적으로나 간접적으로 폭력의 행사에 가담하고 있다는 사실을 뜻합니다. … 분명히 말합시다. 하나님의 계명에 따라서 정치적 질서에 복종할 때, 우리는 어떠한 형태로든 폭력의 행사에 참여하게 됩니다. 설령 우리가 수동적으로 가담하는 중도의 길을 선택할 수밖에 없다고 하더라도, 이것은 역시 폭력에 가담하는 것입니다.

1260) 박윤선, 『성경주석 로마서』, 336-337.
1261) Douglas J. Moo, *Romans*, 12:21.

국가 서열이 낮은 단계에 있는 사람이나 여기에 전혀 속해 있지 않은 사람이 전체를 구하기 위해 명백하게 법치국가의 근본이 되는 문제를 자신의 개인적인 책임으로 받아들이고 - 다른 모든 길이 막혔을 때 - 자신의 생명을 걸고 공동체를 위협하는 인물을 제거(살해)하는 일에 나서야 하지 않겠습니까? 이것을 살인이라고 말할 수 있겠습니까? 달리 말하면 이것은 '최악의 경우'에 명령된, 국가에 대한 충성의 행위이며, 그래서 살인이라고 말할 수 없는 것이 아니겠습니까? 그 누구라도 그렇게 하도록 '허락'되었을 뿐만 아니라 실제로 그렇게 할 '의무'가 있지 않습니까?

또한 그들이 (아돌프 히틀러) 암살을 매우 진지하게 고려했고 실로 모든 형태의 암살을 결심했다는 사실 때문에 우리가 그들을 비난해서도 안 될 것입니다. 그들의 결심과 행동은 바로 그러한 상황에서 하나님이 명령하신 순종이라고 할 수 있습니다.

만약 복음이 올바른 방식으로 실제의 사람들(그리스도인과 비그리스도인들)에게 선포된다면, 복음은 '예언자적 - 정치적'일 수밖에 없습니다. … 그리스도인 공동체는 시민 공동체의 더 넓은 영역에 대해 정치적으로 건전한 비판을 제기하도록 노력을 기울여야 할 것입니다.[1262]

바르트의 주장은 매우 혁명적이고 폭력적입니다. 그러나 예수님은 "통치 제도나 시민 질서를 바꾸는 것을 전혀 원하지 않으셨으며 다만 그것을 조금도 위반하지 않은 채 자신이 세상에 오신 목적인 죄를 용서하는 자신의 임무"에 충실하셨습니다.[1263] "그리스도의 강림이 정치 질서에 속한 것을 바

1262) Karl Barth, Richard Grunow, 『칼 바르트의 신학묵상』, 502, 503, 505, 506, 533.
1263) Jean Calvin, "재세례파 논박", 『칼뱅작품선』, 6:148.

꾸지 않았고 위정자의 올바른 직무를 조금도 감소시키거나 삭제하지 않았습니다."[1264] 성경은 어디에서도 폭력을 정당화하지 않으며 신앙을 정치화하지 않습니다.

가장 급진적인 혁명도 기존 세력에 맞서는 또 다른 기존 세력이 될 뿐

바르트는 **롬 13:1**의 "각 사람은 위에 있는 권세들에게 복종하라"에 대하여 이렇게 주석합니다.

> 가장 급진적인 혁명도 기존 세력에 맞서는 또 다른 기존 세력이 될 수밖에 없다. 가장 급진적인 혁명도 결국 폭동이 될 수밖에 없다. … 혁명이 승리를 거두었을 때, 기존 질서가 가진 모든 상대적인 정당함은 혁명의 상대적인 부당함을 통해 그 옳음이 판명될 뿐이다. 반면, 혁명의 상대적인 정당함은 승리하는 경우라 해도 어떤 경우에도 기존의 질서의 상대적인 부당함을 통해 그 옳음을 입증받지 못한다. … 혁명은 폭도의 행위를 통해 결코 기존 세력에 대한 심판이 될 수 없다. 여기에는 예외가 없다. 폭도가 조심성 없이 뛰어든 싸움은 하나님의 질서와 기존 질서 사이의 싸움이다.[1265]

이 구절에서는 "가장 급진적인 혁명도 기존 세력에 맞서는 또 다른 기존 세력이 될 수밖에 없고", "가장 급진적인 혁명도 결국 폭동이 될 수밖에 없

1264) 위의 책, 7:337.
1265) Karl Barth, 손성현 옮김, 『로마서』, 956.

으므로" 혁명은 상대적일 뿐이라고 주장합니다. 물론 그런 면이 있는 것도 부정할 수 없을 것입니다. 그러나 그런 주장이 키르케고르의 "신과 인간 사이의 질적 차이" 사상을 바탕으로 하나님의 말씀과 신앙으로 하는 모든 개혁조차도 무의미한 것으로 돌리려는 의도는 아닌지 의구심이 듭니다.

어쨌든 이 구절은 "혁명의 옳고 그름의 문제와 관련된 원리들"에 대한 암시를 담고 있다고 하더라도 직접적으로 혁명에 관련된 문제들을 다루지는 않습니다.[1266] 그러나 "복음은 모든 혁명을 거부할지라도, 오히려 개혁을 권장"하고, "복음은 자연 그 자체를 반대하지 않고, 언제 어디서나, 어떤 영역에서든지 가장 은밀한 곳에 이르기까지 죄와 거짓에 대해 투쟁"하며, "따라서 복음은 혁명의 길이 아니라 도덕적이고 영적인 길을 따라 어디서나 역사하고 모든 것을 개혁하고 갱신하는 원리들을 선포"합니다.[1267] 바르트는 이와는 다르게 주장합니다.

> 공산주의와 나치즘을 비교할 때, 교회는 나치즘에 대해 저항한 것처럼 동구의 러시아 공산주의에 대해서도 그렇게 똑같이 저항적인 행동을 취해야 할 이유가 전혀 없습니다. 다시 말하면 공산주의에 관해 말할 경우에 우리는 전체주의적인 공포 그 자체와 긍정적인 의도를 구분해야 합니다. … 한순간이라도 마르크스주의를 제3국의 '사상'과 동일시하려고 하는 것은 참으로 이성을 잃은 태도입니다. 소비에트 연방에서 착수된 것은 - 우리가 정당하게 분노하듯이, 만약 매우 더럽고 잔인한 손으로 실행되지 않았다면 - 일종의 건설적인 이상이며, 우리에게도 진지하고 시급한 문제들을 해결하려는 것이었습니다. … 곧 공산주의는 기독교

1266) John Murray, *Romans*, 13:1.
1267) Herman Bavinck, 『개혁교의학 4』, 464.

자체를 왜곡하고 날조하고 자신을 기독교적 의상으로 포장하려는 그 어떤 작은 시도도 감행하지 않았습니다.

공산주의는 나치즘이 자행한 근본적인 악행 곧 게르만 민족적인 예수님을 통해 진정한 그리스도를 제거하려는 잘못을 범하지 않았으며, 반유대주의도 결코 범하지 않았습니다. 공산주의는 잘못된 예언과도 상관이 없습니다. 또 공산주의는 반기독교적이지 않습니다.

참으로 양쪽 모두 '인간성'에 관심을 갖는 것처럼 보입니다. 왜냐하면 양쪽 모두 상대방을 향해 반인간적이라고 격렬하게 비난하기 때문입니다. … 교회는 건설을 위해 존재합니다. 그러므로 교회는 한쪽을 향해서는 옳다고 말하고, 다른 쪽을 향해서는 옳지 않다고 말할 수 없습니다.[1268]

바르트는 여기에서 "교회는 나치즘에 대해 저항한 것처럼 동구의 러시아 공산주의에 대해서도 그렇게 똑같이 저항적인 행동을 취해야 할 이유가 전혀 없습니다."라고 주장합니다. 왜냐하면 "마르크스주의는 긍정적인 의도를 가지고 있고", 그것은 "일종의 건설적인 이상이며, 우리에게도 진지하고 시급한 문제들을 해결하려는 것"이기 때문이라는 것입니다. 그는 "공산주의는 나치즘이 자행한 근본적인 악행 곧 게르만 민족적인 예수님을 통해 진정한 그리스도를 제거하려는 잘못을 범하지 않았으며, 반유대주의도 결코 범하지 않았고", "공산주의는 잘못된 예언과도 상관이 없으며", "또 공산주의는 반기독교적이지 않다."라고 주장합니다. 이러한 주장은 매우 충격적인 주장입니다. 적어도 이런 주장들을 감안(勘案)한다면 바르트가 공산주의를 지지한다고 말하지 않을 수 없을 것입니다.

1268) Karl Barth, Richard Grunow, 『칼 바르트의 신학묵상』, 452, 452-453, 454.

물론 마르크스주의 이전의 생 시몽, 샤를 푸리에, 로버트 오언 등의 유토피아 사회주의 - 마르크스가 공상적 공산주의라고 비판했지만 - 라면 "긍정적인 의도를 가지고 있고", "일종의 건설적인 이상"이며, "반기독교적이지 않다."라는 주장이 어느 정도 일리가 있을 것입니다. 그러나 마르크스주의는 그 정반대입니다. 마르크스주의는 유토피아 사회주의의 "긍정적인 의도", "일종의 건설적인 이상", "반기독교적이지 않다."라는 점을 비판하고 배척했기 때문입니다.

마르크스는 1843년 "독-불연보"에 발표한 "헤겔 법철학 비판 서설"이라는 논문에서 종교에 대해 "종교는 민중의 아편이다."라는 주장을 했는데, 이 주장의 진의는 미신적 종교의 폐기, 특히 '천국'이라는 '아편'으로 프롤레타리아(노동자계급)의 혁명 의지를 마비시키는 기독교의 폐기를 뜻하는 것으로 볼 수 있습니다. 마르크스주의의 창시자 마르크스와 엥겔스에 의해 1848년에 작성된 공산주의의 최고의 경전, 공산당의 기본 강령인 "공산당 선언"에서 "공산주의 이외의 모든 영원한 진리, 모든 종교와 사상들을 새로운 토대 위에서 구성하는 대신에 폐기하고 이제까지의 모든 역사적 경험과 반대로 행동한다."라고 선언했습니다. 실제로 1917년 러시아혁명 이후 공산주의자들이 혁명에 성공하여 공산당 정부를 수립하면 반드시 가장 먼저 기독교에 대한 탄압과 말살 정책이 추진되었습니다. 마르크스주의의 이념으로 구소련과 중국, 캄보디아에서만 8,500만에서 1억 1,000만 명이 처형되거나 노동수용소에서 목숨을 잃었고 굶주림으로 죽었으며 인종청소의 희생양이 되었습니다.[1269] 그런데도 바르트와 같은 주장이 정당하다고 본다

1269) Ian Goldin, Robert Muggah, *Terra incognita: 100 maps to survive the next 100 years*, 추서연 외 옮김, 『앞으로 100년: 인류의 미래를 위한 100장의 지도』(서울: 동아시아, 2021), 271, 291.

면 그는 마르크스주의자가 아니고는 불가능할 것입니다.

하나님과 인간, 계시와 역사를 분리하는 변증법의 문제

바르트에게 있어서 하나님은 인간과 질적으로 다른 알려져 있지 않은 하나님입니다. 그가 그토록 인간과의 질적 차이를 강조한 이유는 "19세기 문화기독교 신학자들의 인간 형상적 하나님 우상을 깨뜨림으로써 기독교적인 창조자, 구속자로서의 살아계신 하나님을 다시 파악"[1270]하고자 함이었을 것입니다. 그러나 그는 "희랍적, 플라톤적인 계시 이해를 받아들이는 데서 그의 계시 이해는 '비역사적'인 초절에 빠짐"[1271]으로서, "계시는 '드러내는 것보다 더 많이 은폐한다'라는 변증법적 이해 속에서 완전히 순수한 사건, 비역사적 사건으로 파악"[1272]되었습니다. 결국 "하나님의 말씀 안에서의 계시의 연속성과 신앙적 단계와 구원사적 접촉"을 인정하지 않음으로써[1273] "바르트의 변증법적 방법에서의 신앙의 개념은 성경적 개념에서 이탈해서 변증법적인 역설적 성격"을[1274] 지니게 되었습니다. 하나님과 인간의 분리, 계시와 역사의 분리가 초래하는 문제에 대하여 김영한은 다음과 같이 반문, 지적합니다.

그러나 하나님의 계시와 역사를 다시 키르케고르와 플라톤적인 이원론으로써

1270) 김영한, 『바르트에서 몰트만까지』, 25.
1271) 위의 책, 26.
1272) 위의 책, 27.
1273) 위의 책, 35.
1274) 위의 책, 28.

극단적으로 분리시킨다면, 이것 역시 19세기의 역사적 범신론과 다름없는, 그 정반대의 새로운 이데올로기적 신학 형성이 아닌가? 또한 변증법적 신학이 "하나님 말씀"을 그 신학의 주제로 삼으면서도 계시와 역사를 변증법적으로 매개시킴으로써 하나님의 말씀을 변증법화 시키는 것은 아닌가? 변증법적 신학은 종교와 계시 신앙을 극단적으로 분리한 나머지 부정의 신학에 이르며, 자연적 신인식을 그 단초적인 실마리까지도 거부하기에 이르렀다. 하나님의 계시와 인간적인 종교와는 엄연히 구분되어야 하지만 역사 속에서 하나님의 뜻을 나타내는 계시의 역사적 연속성을 거부한다면, 그것은 이미 하나님의 말씀을 중심으로 도는 "말씀"의 신학을 떠나 변증법에 구심점을 가지고 도는 신학인 "방법의 신학"이 되고 마는 것이 아닐까? 이러한 변증법적 역설의 신학은 모든 신학의 정언적 명제를 거부하는 회의론과 가치 부정론에 빠진다. 하나님의 계시는 나타나기보다 더 많이 감추어지며 더 많이 제한된다. 이러한 계시의 변증법적 이해에 있어서 바르트는 계시를 세계사적 사건 속에 있는 역사적 사건으로 보지 않고, "원역사", "비역사적 사건", "비시간적 시간", "비공간적 장소"로 묘사한다. 따라서 기독교적인 역사 속에서의 구체적인 사건으로서의 계시의 개념은 이 변증법적 방법에 의해서 그 구조가 변질되어 역설적인 개념, 칸트적 물자체(物自體)의 개념으로 환원되어 버린다. 여기서 기독교의 하나님은 "알려지지 않는 신"으로 초절되며 세계에 대한 하나님의 "일식(日蝕)"이 야기된다.

세계 속에 내재하지 않는 초절하는 하나님은 이미 플라톤적 이데아적인 신이며 초월과 동시에 내재하셔서 역사 가운데서 그 구원을 성취하시는 기독교의 인격적 신은 더 이상 아닌 것이다. … 초기의 로마서 주석에서 전파된 신은 그 내용에 있어서 구원을 수행하시는 성서적 인격적 신이기보다 "불가지론적 초절적 신"이며 성경적, 개혁주의적이기보다 플라톤적, 칸트적, 키르케고르적인 사상적 방향에 정위(定位)되는 것이 아닌가? … 플라톤적, 칸트적 이원론 사상을 이러한 하나님 말씀 파악의 방법으로 사용함으로써 하나님과 역사의 이원적인 초절주의에 빠지면서, 신학적 관념주의 방향으로 나아가게 되었다.[1275]

바르트는 그가 세상을 떠나기 얼마 전 "새해를 위한 기도"에서 "우리는 선량한 사람이기도 하고, 불량한 사람이기도 하나이다. 만족하는 사람이기도 하고, 불평하는 사람이기도 하나이다. 평안한 사람이기도 하고, 불안한 사람이기도 하나이다. 확신에 찬 그리스도인이기도 하고, 습관적인 그리스도인이기도 하나이다."[1276]라고 기도합니다. 그의 말년에도 여전히 변증법적인 사고에서 벗어나지 못하고 있었음을 확인할 수 있는 단면(斷面)입니다.

"하나님의 행위가 그 창조한 자연과 역사 속에 실재적으로 작용하지 않게 될 때 희랍적 이신론적 초월주의에 빠지게 되며 그러한 알려지지 않은 신은 곧 사도 바울이 2차 전도 여행 당시 아테네에서 목격한 '알지 못하는 신'에 지나지 않을 것"[1277]입니다. 바르트는 플라톤적, 키르케고르적, 초절주의적 이원론으로 모든 신학적 주제들을 이해함으로써 역사 속에 내재적으로 구원을 성취하시고 계시하는 인격적 하나님을 거부하고 역사, 세계, 문화, 윤리와 인간의 삶에 대해서 초절적인 하나님으로 변신시키는 잘못을 범했습니다.

1275) 위의 책, 36-37.
1276) Karl Barth, Richard Grunow, 『칼 바르트의 신학묵상』, 18.
1277) 김영한, 『바르트에서 몰트만까지』, 46.

9. 교회

1) "원역사"의 관점에서 본 교회, 그 문제

교회와 복음은 대립적

바르트는 **롬 9:1-2**의 "나에게 큰 근심이 있는 것"에 대하여 이렇게 주석합니다.

> 그리고 예수 그리스도의 구원의 메시지 반대편에 서 있는 것이 바로 역사 속에 나타난 - 덧붙여 말하자면, 역사 속에서 가장 순수하고 강력하고 가장 적절하게 나타난 - 이스라엘, 교회, 종교의 세계다. 지금 우리는 어떤 변질된 교회만이 아니라, 완전하고 이상적인 교회를 포함하여 말하고 있다. 반대편에 서 있다고? 그렇다면 두 관점이 서로 대립하고 있는 것인가? 하나(복음)는 맞고 다른 하나(교회)는 틀린 것인가? 그렇다. 이것은 명백한 사실이다. 교회는 복음과 대립하여 서 있다. … 복음과 교회의 대립이니 근본적이고 모든 면에서 무한한 대립이라는 사실은 명백하다. 그렇다 여기서는 입장과 입장이 맞부딪히고 있다. 여기서 누군가는 옳고 누군가는 그르다. 복음은 교회의 지양, 교회는 복음의 지양이다. … 우리는 옳고 우리의 반대편에 있는 다른 사람들은 옳지 않다고 주장할 기회가 우리에게는 없다.[1278]

1278) Karl Barth, 손성현 옮김, 『로마서』, 698, 700, 702.

바르트는 **롬 11:28**의 "복음으로 하면 그들이 너희로 말미암아 원수 된 자요 택하심으로 하면 조상들로 말미암아 사랑을 입은 자라"에 대해서도 이렇게 주석합니다.

> 인간적인 실용주의 관점에서 볼 때, 여기서 대치 상태에 있는 둘 중의 하나는 그리스도의 복음이고 다른 하나는 인간의 작품인 교회인데, 이렇게 둘이 대치하고 있다면, 교회란 의심의 여지 없이 하나님과 인간의 적대 관계가 드러나는 장소다. 인간의 무관심, 인간의 오해, 인간의 반항이 가장 숭고하면서도 가장 순진한 형태로 나타나는 장소다.[1279]

바르트는 "복음과 교회의 대립이니 근본적이고 모든 면에서 무한한 대립", "우리는 옳고 우리의 반대편에 있는 다른 사람들은 옳지 않다고 주장할 기회가 우리에게는 없다.", "복음은 교회의 지양, 교회는 복음의 지양", "교회란 의심의 여지 없이 하나님과 인간의 적대 관계가 드러나는 장소"라고 주장합니다. 이러한 주장 역시 키르케고르의 "신과 인간 사이의 질적 차이" 사상을 그 바탕에 둔 것으로 보입니다. 그러나 복음도 교회도 시간과 공간에 속합니다. 따라서 바르트의 주장은 일리(一理)도 없습니다. 만일 그런 주장을 받아들인다면 복음도 교회도 아무 의미가 없어질 것입니다.

그의 주장처럼 복음과 교회의 대립은 근본적이고 모든 면에서 무한한 것도 아니며, 복음은 교회의 지양, 교회는 복음의 지양도 아니며, 교회란 의심의 여지 없이 하나님과 인간의 적대 관계가 드러나는 장소도 아닙니다. 교회는 그리스도의 몸이기 때문입니다. 우리는 옳고 우리의 반대편에 있는

1279) 위의 책, 845.

다른 사람들은 옳지 않다고 주장할 기회가 우리에게는 없다는 주장도 받아들일 수 없습니다. 교회는 정통 신앙을 가지고 그것이 옳다고 주장하며 이단을 분별하고 배척합니다. **딛 3:10**은 "이단에 속한 사람을 한두 번 훈계한 후에 멀리하라"라고 말씀하며, 칼빈의 『기독교강요』와 주석들과 작품들에는 우리는 옳고 우리의 반대편에 있는 다른 사람들은 옳지 않다는 합리적인 논증들로 넘쳐납니다. 역대 교회 회의에서 논쟁이 되었던 것들이나 교부들, 신학자들 사이의 논쟁은 대부분 성경적으로 옳고 그름에 대한 것들이었습니다. 만일 이런 것들을 다 부정한다면 바르트 자신이 붓을 먼저 꺾어야 했을 것입니다. 가르치는 일도 하지 말았어야 할 것입니다. 그는 대부분 성경의 의도와는 전혀 상관없거나 자주 성경의 의도와는 상반된 주장을 합니다. 이 구절 또한 바르트의 주장을 전혀 담고 있지 않습니다.

압도적이고 신적인 알려지지 않음이 교회의 특징

바르트는 **롬 9:3**의 "나의 형제 곧 골육의 친척을 위하여 내 자신이 저주를 받아 그리스도에게서 끊어질지라도 원하는 바로라"에 대하여 이렇게 주석합니다.

> 바울이 바리새인들을 대하는 태도는 역설적이다. 그는 경멸의 시선이라든지 어떤 밀교(密敎)적인 유보(留保) 없이 그들을 아주 명백하게 '형제'라고 부른다. 그는 자신이 그들의 '육신의 친척'이라는 사실을 받아들이면서, 그들의 알지 못함을 알고 있으나 자기 자신의 알지 못함도 알면서 그들과 더불어 압도적이고 신적인 'InKognito'(알려지지 않음) - 바로 이것이야말로 교회의 특징이다 - 앞에 무릎

을 꿇는다.[1280]

이 구절은 바울이 "이스라엘 민족의 불신앙을 보고 심히 한탄"한 것입니다. 그런데도 바르트는 "바울이 기독 신자인 자기와 반기독자인 바리새인(불신 이스라엘 사람)들을 동일시하였다."라고 주장합니다. 그러나 바울의 근심은 "자기가 바리새인이나 불신 유대인보다 신앙적으로 나음이 없다는 생각에서 생긴 것이 아니라" "자기가 그들과 달리 은혜를 받아 영원한 구원을 받은 줄 알고 그들을 불쌍히 여겨 근심한 것"입니다.[1281] 여기에서도 바르트는 여지없이 성경의 의도와는 상관없이 특정 철학적 전제에 바탕을 둔 자신의 주장을 펼치고 있음을 확인할 수 있을 뿐입니다.

하나님의 말씀을 듣고 말하자마자 그것이 더 이상 참된 것이 아닌 교회

바르트는 **롬 9:6**의 "그러나 하나님의 말씀이 폐하여진 것 같지 않도다"에 대하여 이렇게 주석합니다.

> 교회의 주제는 진정 하나님의 말씀, 종말과 태초의 말씀, 창조주요 구원자의 말씀, 심판과 의의 말씀이다. 바로 그런 하나님의 말씀이 이제 인간의 귀에 들리며 인간의 입술로 선포된다. 왜냐하면 교회는 하나님의 말씀을 듣고 말하는 인간의 공동체, 언제나 새롭게 생겨나는 공동체이기 때문이다. 그리고 이러한 상

1280) 위의 책, 704.
1281) 박윤선, 『성경주석 로마서』, 275.

황에서 도출되는 결론이 있다. '인간의 귀와 인간의 입술은 절대 실패하지 않는 하나님의 말씀과 대면할 때 언제나 또다시, 아니 무한히 실패할 수밖에 없다.' '인간은 하나님에게 있는 참된 것을 항상 듣고 말해야 한다.' '그런데 그가 그것을 듣고 말하자마자 그것은 더 이상 참된 것이 아니다.'[1282]

바르트는 "인간의 귀와 인간의 입술은 절대 실패하지 않는 하나님의 말씀과 대면할 때 언제나 또다시, 아니 무한히 실패할 수밖에 없다.", 인간은 하나님에게 있는 참된 것을 "듣고 말하자마자 그것은 더 이상 참된 것이 아니다."라고 주장합니다. 시간과 공간에서 이루어지는 것은 실패할 수밖에 없고 참된 것이 될 수밖에 없다는 뜻일까요? 따라서 이스라엘 민족이 불신앙적인 태도를 가진다고 하더라도 그것은 당연한 것이고, 그것 때문에 구원을 의심할 수는 없다는 주장일까요? 그렇다면 이스라엘의 불신앙으로 인해 바울이 크게 근심할 필요가 전혀 없었을 것입니다.

바울은 이스라엘의 불신앙으로 크게 근심했지만, 그러나 그것으로 하나님의 약속이 폐하여진 것은 아니라는 것을 선언합니다. 왜냐하면 성경은 "하나님의 약속은 아브라함의 영적 자손에게 해당하므로 폐하여지지 않았고(**롬 9:6 이하**), 이 영적 자손 가운데서 언제나 성취될 것"이기 때문입니다(**롬 11:1-10**).[1283]

1282) Karl Barth, 손성현 옮김, 『로마서』, 714-715.
1283) Herman Bavinck, 『개혁교의학 4』, 794.

객관적인 종교나 경건한 실행을 통해서는 아무것도 얻을 것이 없는 교회

바르트는 **롬 9:31**의 "의의 법을 따라간 이스라엘은 율법에 이르지 못하였으니"에 대하여 이렇게 주석합니다.

> 객관적인 것에서 주관적인 것으로 도피하거나, '예배'에서 '경건 훈련'으로 도피하거나, 의로움에서 '의로움의 율법'으로 도피하는 것도 교회에 전혀 도움이 되지 않는다는 사실을 알아야 한다. 그래 봐야 교회가 정말 추구하는 것을 찾지 못하기 때문이다. 물론 율법의 행위, 인간의 행위, 종교 같은 것은 얼마든지 '추구'할 수 있다. 윤리적 · 논리적 · 미학적 수단을 통해서 그런 체험을 훈련할 수는 있다. 그러나 그 이상은 할 수 없다. 하나님 체험은 믿음이 아니다. 하나님의 의, 하나님의 임재와 현실성도 체험이 아니고, 하나님의 '그렇기 때문에!'도 체험이 아니다. 체험은 그저 하나님에 대한 우리의 인간적인, 그것도 대단히 미심쩍은 관계에 불과하다.[1284]

여기에서 바르트는 인간의 모든 노력 자체를 부정합니다. 그러나 이 구절은 "옳은 노력이 헛되어졌다는 의미가 아니라", "행함으로 의를 얻으려는 유대인들의 그릇된 노력이 헛되어졌다."라는 뜻입니다.[1285] 성경의 의도는 "유대인들이 아무도 긍휼을 얻지 못했다는 말이 아니라 하나님의 백성으로서 유대 민족의 주된 원리에 따라 의를 얻으려고 했으나 얻지 못했다는 사실"을 말하려는 것입니다.[1286]

1284) Karl Barth, 손성현 옮김, 『로마서』, 757.
1285) 박윤선, 『성경주석 로마서』, 277.
1286) Albert Barnes, *Romans*, 9:31.

참고문헌

1. 1차 문헌

조용기. 『다니엘서 강해』. 서울: 서울서적, 1989.

______. 『더 깊은 곳으로』. 서울: 영산출판사, 1979.

______. 『로마서 강해』. 서울: 서울말씀사, 1998.

______. 『믿음의 씨앗』. 서울: 영산출판사, 1977.

______. 『병을 짊어지신 예수』. 서울: 영산출판사, 1976.

______. 『4차원의 영적 세계』. 서울: 서울말씀사, 2008.

______. 『삼박자 구원』. 서울: 서울서적, 1989.

______. 『3차원의 인생을 지배하는 4차원의 영성』. 서울: 교회성장연구소, 2010.

______. 『성공하기 원하십니까』. 서울: 서울말씀사, 2003.

______. 『순복음의 진리 (상)』. 서울: 영산출판사, 1979.

______. 『순복음의 진리 (하)』. 서울: 서울서적, 1984.

______. 『5중복음과 삼박자 축복』. 서울: 서울서적, 1991.

______. 「오늘의 만나」(제1집). 서울: 서울서적, 1990.

______. 『요한계시록 강해』. 서울: 서울서적, 1985.

______. 『우리 시대의 지혜서 믿음』. 서울: 서울말씀사, 1995.

______. 『위대한 환상』. 서울: 영산출판사, 1982.

______. 『조용기 목사 설교전집』(제11권). 서울: 서울말씀사, 1996.

______. 『조용기 목사 설교전집』(제14권). 서울: 서울말씀사, 1996.

______. 『종교냐 사랑이냐』. 서울: 서울서적, 1984.

______. “4차원의 영성, 여의도순복음교회의 부흥 DNA”. 교회성장연구소 편. 「여의도 순복음교회 성장동력」. 서울: 교회성장연구소, 2008, 38-39.

______. “로마서 4:17-18 설교”. “로마서 4:17-25 설교”. “로마서 4:17-22 설교”. “로마서 8:1-9 설교”. “로마서 8:1-2 설교”. “로마서 8:1-9 설교”. “로마서 8:1-17 설교”. “로마서 8:28 설교”. “로마서 10:7-10 설교”. 설교신문.

http://www.sermon66.com/news_view.html?s=k2002&no=177646&l_page=1&find_how=&find_value=&s_id=6438&ss_id=&hd=

Barth, Karl. *Das vaterunser nach den Katechismen der Reformation*. 오성현 옮김. 『칼 바르트 기도: 종교개혁 교리문답에 따른 주기도 해설』. 서울: 복 있는 사람, 2017.

______. *Die Auferstehung der Toten*. 황정욱 역. 『죽은 자의 부활』(2판). 서울: 한국신학대학출판부, 1983.

______. *Dogmatics in Outline*. 전경연 역. 『바르트 교의학 개요』. 서울: 성문학사, 1986.

______. *Dogmatics in outline*. 신경수 옮김. 『(칼 바르트) 교의학 개요』. 고양: 크리스챤다이제스트, 2001.

______. *Einführung in die evangelische Theologie*. 이형기 옮김. 『복음주의 신학입문』. 고양: 크리스챤다이제스트, 1987.

______. Richard Grunow. *Barth Brevier*. 이신건, 오성현, 이길용, 정용섭 옮김. 『칼 바르트의 신학묵상』. 서울: 대한기독교서회, 2009.

______. *Römerbrief*. 조남홍 옮김. 『로마서 강해』(제2판). 서울: 도서출판 한들, 1997.

______. *Römerbrief*. 손성현 옮김. 『로마서』(제2판). 서울: 복 있는 사람, 2017.

______. 전경연 역. 『義認과 聖化』. 오산: 韓神大學出版部, 1990.

______. 전경연 역. 『죽은 자의 부활』. 대한기독교서회, 1983.

______. "학생의 질문과 신학자의 대답". 「기독교사상」(1962년 1월호), 70.

______. "성서 안의 새로운 세계". 『복음주의신학총서 1권』. 대한기독교서회, 8-9.

______. 이신건 옮김. 주기도문 해설. http://sgti.kehc.org/

Finney, Charles Grandison. *Lecture on Systematic Theology*. New York: George Doran Company, 1878.

______. *Power from on high*. 김광원 옮김. 『높은 곳으로부터 오는 능력』. 서울: 필그림, 2001.

______. *Principles of Victory*. 양낙홍 옮김. 『승리의 원리』(4판). 서울: 크리스챤다이제스트, 1991.

______. *Systematic Theology* III. Oberlin, 1878.

______. *You can be holy*. 윤지영 옮김. 『내가 거룩하니 너희도 거룩하라』. 서울: 필그림, 2011.

2. 2차 문헌

김대진. 『부흥, 찰스 피니에게 듣다』. 용인: 도서출판 목양, 2016.

김세윤. Fee, Gordon D. Kaiser, Walter C. Jr. Moo, Douglas J. Hollinger, Dennis P. Larsen, David L. *Gospels and contemporary perspectives*. 김형원 옮김. 『탐욕의 복음을 버려라: 부와 건강을 해부한다!』. 서울: 새물결플러스, 2011.

김재진. 『칼 바르트의 신학 해부』. 서울: 한들, 1998.

김영재. 『기독교 교회사』. 수원: 합동신학대학원출판부, 2005.

김영한. 『바르트에서 몰트만까지』(11판). 서울: 대한기독교출판사, 1990.

______. 『현대신학과 개혁신학』. 서울: 대학촌, 1990.

______. 『현대신학의 전망』. 서울: 기독교서회, 1988.

김요섭. 『칼빈의 종교개혁』. 서울: 솔로몬, 2024.

김향주. 『기독교 변증학』. 서울: 엘맨출판사, 2010.

김호환. 『장로교 신학자가 본 조용기 목사』. 서울: 쿰란출판사, 2012.

나용화. 『현대신학평가』. 서울: 기독교문서선교회, 1991.

라은성. 『정통과 이단 (하)』. 서울: 그리심, 2007.

민병소. 『순복음의 대명사 조용기 목사』. 서울: 들소리사, 1982.

목창균. 『현대신학논쟁』. 서울: 두란노, 1995.

박영선. 『다시 보는 로마서』. 서울: 남포교회출판부, 2015.

______. 『생각하는 신앙』. 서울: 포이에마, 2022.

박용호. 『미국교회 부흥신학』. 서울: CLC, 2012.

박윤선. 『개혁주의 교리학』. 수원: 영음사, 2011.

______. 『박윤선과 한국 개혁주의』. 서울: 영음사, 2024.

______. 『성경신학』. 서울: 영음사, 2001.

______. 『성경주석 로마서』(2판). 서울: 영음사, 1989.

박종칠. 『구속사적 성경해석』. 서울: 기독교문서선교회, 1989.

박형용. 『성경해석의 원리』. 서울: 도서출판 엠마오, 1997.

박형룡, 『교의신학: 서론』. 서울: 한국기독교교육연구원, 1983.

______. 『박형룡 박사 저작전집 Ⅷ』(현대신학비평 상권). 서울: 한국기독교교육연구원, 1977.

변종호. 『한국의 오순절 운동사』. 서울: 신생관, 1972.
서광선 외 4인. 크리스챤 아카데미 엮음. 『한국교회 성령운동의 현상과 구조』. 서울: 對話出版社, 1984.
손희영. 『세속화와 복음』. 서울: 복 있는 사람, 2011.
유진열. 『21세기 현대신학』. 서울: 대한기독교서회, 2010.
윤광원. 『무슨 재미로 사세요?』. 파주: 한국학술정보, 2019.
______. 『성경해석 바로잡기 500』. 파주: 한국학술정보, 2019.
______. 『영원을 준비하고 계시나요?』. 파주: 한국학술정보, 2019.
______. 『존 칼빈의 자기부정의 렌즈로 본 신앙생활의 핵심』. 파주: 한국학술정보, 2009.
______. 『지성적 무신론과 기독교』. 파주: 한국학술정보, 2022.
이신건. 『칼 바르트의 교회론』. 서울: 성광문화사, 1989.
이인규. 『평신도들이 혼동하기 쉬운 성경 50』. 파주: 카리스, 2014.
이종성. 『평신도신학』. 총회교육부, 1969.
정규철. 『성경해석과 복음』. 서울: 그리심, 2021.
정승훈. 『칼 바르트와 삼위일체 해설』. 서울: 동연, 2021.
______. 『칼 바르트와 동시대성의 신학』. 서울: 기독교서회, 2006.
한제호. 『성경의 해석과 설교』. 서울: 솔로몬, 1995.
한종희. 『정통주의 신학에서 본 칼 바르트 신학 -계시관을 중심으로-』. 서울: 대한예수교장로회총회출판부, 2002.
Achtemeier, Paul J. *Romans*. 김도현 번역. 『로마서』. 서울: 한국장로교출판사, 2003.
Banks, Robert. *And man created God: is God a human invention?*. 김은홍 옮김. 『그리스도인을 위한 무신론 사용설명서』. 서울: 새물결플러스, 2014.
Barrett, Matthew. *Simply trinity: the unmanipulated Father, Son, and Spirit*. 전의우 옮김. 『정통 삼위일체 교리: 조작되지 않은 아버지와 아들과 성령』. 서울: 생명의 말씀사, 2023.
Bromiley, Geoffrey W. *Introduction to the theology of Karl Barth*. 신옥수 옮김. 『칼 바르트의 신학 개론』. 서울: 크리스챤다이제스트, 1994.
Berkhof, Louis. *Systematic theology*. 권수경 · 이상원 옮김. 『(벌코프) 조직신학』. 서울: 크리스챤다이제스트, 2000.
Bromiley, Geoffrey William. *Introduction to the theology of Karl Barth*. 신옥수 옮김.

『칼 바르트 신학개론』. 서울: 크리스챤 다이제스트, 1994.

Busch, Eberhard. *Grosse Leidenschaft: Einführung in die Theologie Karl Barths*. 박성규 옮김. 『위대한 열정: 칼 바르트 신학 해설』. 서울: 새물결플러스, 2017.

Barnes, Albert. *Barnes'notes on the New Testament commentary ROMANS*. 정중은 역. 『로마서』. 서울: 크리스챤서적, 1987.

Bavinck, Herman. *Gereformeerde Dogmatiek 1*. 박태현 역. 『개혁교의학 1』. 서울: 부흥과개혁사, 2014.

_______. *Gereformeerde Dogmatiek 2*. 박태현 역. 『개혁교의학 2』. 서울: 부흥과개혁사, 2014.

_______. *Gereformeerde Dogmatiek 3*. 박태현 역. 『개혁교의학 3』. 서울: 부흥과개혁사, 2013.

_______. *Gereformeerde Dogmatiek 4*. 박태현 역. 『개혁교의학 4』. 서울: 부흥과개혁사, 2013.

Berkouwer, G. C. *Triumph of grace in the theology of Karl Barth*. 조동진 역. 『칼 바르트의 신학: 은총의 승리』(개정판). 화성군: 별, 1996.

Brunner. 김해연 옮김. 『신현대주의: 바르트와 부루너 신학의 평가』. 서울: 성광문화사, 1992.

Calvin, Jean. 박건택 옮김. 『칼뱅 작품선』(1권~8권). 서울: 부흥과개혁사, 2021-2022.

Calvin, John. *Institution of the Christian Religion*. ed. John T. McNeil. trans. Ford Lewis Battles. Vol. 1~4. Library of Christian Classics. Philadelphia: The Westminster Press, 1960.

_______. *Institution of the Christian Religion*. 원광연 옮김. 기독교강요』(상, 중, 하 전권). 고양: 크리스챤다이제스트, 2003.

_______. *Institution of the Christian Religion*(1559). trans. Ford Lewis Battles. 성서서원 편집부 편저. 『신학인을 위한 새 영한 기독교강요』 (상, 중, 하 전권). 서울: 성서서원, 2005.

_________. *Commentary on the Epistle to the Romans. The Ages Digital Library Commentary*. Books for the Ages, AGES Software, 1998.

_______. 존 칼빈 성경주석 출판위원회 편. 『존 칼빈 성경주석 19』(로마서, 빌립보서). 서울: 성서원, 2003.

_____. 존 칼빈 성경주석 출판위원회 편. 『존 칼빈 성경주석 1』(창세기). 서울: 성서원, 2003.

Chrysostom, John. 송종섭 역. 『크리소스톰 로마서 강해』. 서울: 地平書院, 2000.

Dayton, D. W. *Discovering An Evangelical Heritage*. 배덕만 역. 『다시 보는 복음주의의 유산』. 서울: 요단출판사, 2003.

Duewel, W. L. *Revival Fire*. 안보헌 역. 『부흥의 불길』. 서울: 생명의말씀사, 1996.

Frame, John M. *Salvation belongs to the lord: an introduction to systematic theology*. 김용준 옮김. 『조직신학개론: 구원은 주께 속한 것이다』. 서울: 개혁주의신학사, 2011.

Godsey, John D. *KARL BARTH how I changed my mind*, 김희은 역. 『바르트 思想의 變化』. 서울: 大韓基督教書會, 1981.

Goldsworthy, Graeme. *Gospel-centred hermeneutics*. 배종열 옮김. 『복음중심 해석학: 성경적-신학적 기초와 원리』. 서울: 기독교문서선교회, 2010.

Grenz, Stanley J. & Olson, Roger E. *20th-century theology*. 신재구 옮김. 『20세기 신학』. 서울: 한국기독교학생회 출판부, 1997.

Hanegraaff, Hank. *Christianity in crisis*. 김성웅 옮김. 『바벨탑에 갇힌 복음: 번영신학을 고발한다』. 서울: 새물결플러스, 2010.

Horton, Michael S. Geisler, Norman L. Ashby, Stephen M. J. Harper, Steven J. Pinson, Matthew. *Four views on eternal security*. 이한상 옮김. 『한 번 받은 구원 영원한가: 견인에 대한 네 가지 관점』. 서울 : 부흥과개혁사, 2011.

Jeanrond, Werner G. *Theological hermeneutics*. 최덕성 옮김. 『신학적 해석학: 해석학의 역사와 특성』. 서울: 본문과현장사이, 2000.

Longenecker, Richard N. *Epistle to the Romans*. 오광만 옮김. 『NIGTC 로마서』. 서울: 새물결플러스, 2020.

Lucas, Sean Michael. *On being presbyterian*. 김찬영 옮김. 『장로교회에 오신 것을 환영합니다』. 서울: 부흥과개혁사, 2014.

MacArthur, John. *Charismatic chaos*. 이용중 옮김. 『무질서한 은사주의』. 서울: 부흥과개혁사, 2008.

______. *Gospel according to Jesus*. 황을호 옮김. 『주님 없는 복음: 예수님이 전한 복음에서 무엇이 빠졌는가?』. 서울: 생명의말씀사, 2017.

______. *Our sufficiency in Christ*. 이용중 옮김. 『그리스도만으로 충분한 기독교』. 서울: 부흥과개혁사, 2008.

_______. *Truth war: fighting for certainty in an age of deception*. 신성욱 옮김. 『진리 전쟁: 속임의 시대에 확실한 진짜를 가려내는 싸움』. 서울: 생명의말씀사, 2007.

Machen, J. Gresham. *Christianity and liberalism*(Legacy ed.). 황영철, 원광연 옮김. 『기독교와 자유주의』. 서울: 복 있는 사람, 2023.

Moo, Douglas J. *Epistle to the Romans: new international commentary on the New Testment*. 손주철 옮김. 『NICNT 로마서』. 서울: 솔로몬, 2012.

Mueller, David L. 이형기 옮김. 『칼 바르트의 신학 사상』. 서울: 엠마오, 1996.

Murray, Iain H. *Revival & revivalism: the making and marring of American evangelicalism 1750-1858*. 신호섭 옮김. 『부흥과 부흥주의』. 서울: 부흥과개혁사, 2005.

_______. *Pentecost-Today?* 서창원 옮김. 『성경적 부흥관 바로 세우기』. 서울: 부흥과개혁사, 2001.

Murray, John. *Epistle to the Romans*. 아바서원 번역팀. 『존 머리 로마서 주석』. 서울: 아바서원, 2014.

Pauck, Wilhelm 편. *Luther: lectures on Romans*. 이재하, 강치원 옮김. 『루터: 로마서 강의』. 서울 : 두란노아카데미, 2011.

Ramm, Bernard. *Protestant biblical interpretation*. 정득실 옮김. 『성경 해석학』. 서울: 생명의 말씀사, 1996.

Schreiner, Thomas R. *Romans*. 배용덕 옮김. 『로마서』. 서울: 부흥과개혁사, 2012.

Swindoll, Charles R. 권달천 옮김. 『찰스 스윈돌 성경연구 2 로마서』. 서울: 두란노, 1994.

Sykes, Stephen Whitefield. *Karl barth studies of his theological method*. 이형기 역. 『칼바르트의 神學方法論』. 서울: 牧羊社, 1986.

Thiselton, Anthony C. *Two horizons*. 권성수 외 역. 『두 지평: 신약해석학과 철학적 기술』. 서울: 총신대학출판부, 1990.

Van Til, Cornelius. 이상근 역. 『칼 바르트』. 서울: 한국개혁주의신행협회, 1971.

_______. *New modernism: an appraisal of the theology of Barth and Brunner*. 김해연 옮김. 『신현대주의: 바르트와 부루너 신학의 평가』. 서울: 성광문화사, 1992.

Ward, Keith. *Christianity: a beginner's guide*. 차건 옮김. 『그리스도교와 만나다: 그리스도교 신앙의 주요 흐름들』. 서울: 비아, 2021.

Weber, Otto. 金光植 譯.『칼 바르트의 教會教義學』. 서울: 大韓基督教出版社, 1976.
Wessel, H. (편저). *The Autobiography of Charles G. Finney*. 양낙홍 역.『챨스 피니의 자서전』. 서울: 생명의말씀사, 1984.
Williams, Thaddeus J. *Don't follow your heart: boldly breaking the ten commandments of self-worship*. 윤종석 옮김.『마음을 따르지 않을 용기: 이 시대를 집어삼킨 '나'라는 신에 맞서다』. 서울 : 두란노(두란노서원), 2024.
William W. Blomberg, Craig L. Hubbard, Robert L. *Introduction to Biblical interpretation*. 류호영 역.『성경 해석학 총론』. 서울: 생명의 말씀사, 1997.
Witmer, John A. *Bible knowledge commentary 24 ROMANS*. 허미순 옮김.『로마서』. 서울 : 두란노서원, 2011.

3. 기타

Muller, Richard. "What I Haven't Learned from Barth". 태동열 역. "내가 바르드로부터 배우지 못한 것들". The Reformed Journal, 2016.11.07. http://reformedjr.com/xe/board05_02/4509
NAS Exhaustive Concordance. https://biblehub.com/
Strong's Concordance. https://biblehub.com/
갓피플 몰. https://mall.godpeople.com/?G=9788986463590&r=
고광필. "칼 바르트의 예정론 비판".
https://sermon-jesus.tistory.com/17949305
김용준. "칼 바르트의 성경관에 대한 개혁신학적 비판 2". 2016/03/23
http://www.reformednews.co.kr/5488#
대한예수교장로회 통합 제78회 총회. "조용기 씨에 대한 연구보고서".「교회와 신앙」 1993년 11월호(통권 2호), 131.
박명수. "조용기 목사, 서구 중심이던 오순절 운동 전 세계로 전파". 크리스챤 투데이. 2022.09.13. 13:57.
https://www.christiantoday.co.kr/news/349925
박봉랑. "바르트의 신앙론".「기독교사상」(1961년 5월호), 14.
박성규. "칼 바르트 신학에서『이해를 추구하는 신앙』(Fides quaerens intellectum)의 위치와 의의". 「長神論壇」(第39集). 2010. 11. 3.
박용규. "찰스피니와 완전주의". 「신학지남」 제59권 제4집(1992.12), 131-159.
______. "19세기와 찰스 피니의 부흥운동". 「그말씀」 11월호 (1996), 121.
______. "찰스 피니 신학 비판했다". 2018/05/07. newspower.
http://www.newspower.co.kr/38129
박윤선. "개혁주의 계시론 소고". 「신학정론」. 1984.11, 96-102.
______. "칼 빨트의 계시관에 대한 비평". 「신학지남」 19권 5호(1937), 32-35.
______. "바르트의 교의학에 나타난 신론, 성령론". 「신학정론」. 1985.05, 94-98.
박희재. "근・현대 부흥운동과 성경적 부흥관 연구". 주전담백 主前淡白 2011. 7. 14. 12:25. 주세움교회. http://news.kukinews.com/article/
서재주. "칼 바르트 기독론 및 예정론 비판".
http://www.dtucyber.or.kr/upload/dtucyber/lec_file/pdf/20151211_170459_0.pdf
https://sermon-jesus.tistory.com/17955767
양낙홍. "찰스 피니의 생애와 사상". 「그말씀」 11월호(1996), 99.
________. "현대 복음전도 방식의 원조 찰스 피니의 신학 재고". 개혁논총 Korea Reformed Journal. 2013, vol. 25, 149-182.
이길호. "미국 개혁주의신학의 역사 (4) 찰스 하지(Charles Hodge, 1797-1878)".
KHL0206@gmail.com 02.26.2022
https://www.chpress.net/column-detail.html?cate=column&c_id=317&id=18863
_______. "찰스 하지는 원죄교리의 직접전가론을 주장하며 정통 개혁주의 신학 방어". 미주 크리스천 신문사 2022.02.26.
https://www.chpress.net/column-detail.html?cate=column&c_id=317&id=18863
이동준. "찰스 피니의 부흥론과 법학". 「신앙과 학문」. 기독교학문연구회, 2022, vol. 27, no. 4, 221-246.
이상직. "칼 바르트의 삼위일체론".
http://sgti.kr/data/person/barth/10.htm
이종성. "창세기 1:26-27의 해석 문제". 『신학적 인간학』. 서울: 대한기독교출판사, 51.
이현주. "조용기 목사, 전세계 기독교 발전 큰 영향". 2021/09/14 14:00:42. 공감언론 뉴시스. lovelypsyche@newsis.com
https://mobile.newsis.com/view.html?ar_id=NISX20210914_0001583273#_PA

임경근. "찰스 피니". 기독교보. 2018.07.18. ksnews@chol.com
http://www.kosinnews.com/news/articleView.html?idxno=10400
정이철. 조용기 목사와 성령 사역의 신학적 문제. 뉴스앤조이. 2014.01.08. 15:50.
https://www.newsnjoy.or.kr/news/articleView.html?idxno=195950
________. "찰스 피니는 원죄, 대속죽음, 의의전가 등을 부정했던 이단". 한돌교회. 2017.07.13.
https://blog.naver.com/PostView.naver?blogId=beaggobddeaa&logNo=221046083111
______. "정통신앙과 찰스 피니". <바른신앙>. 2018.6.5.
http://www.reformanda.co.kr/theology/100420
피영민. "찰스 피니의 설교 분석."「그말씀」11월호(1996), 120.
한국교회총연합. "한국교회사 최초의 이단해제 사건 '고 조용기 목사 이단 시비'". 2021-11-17.
http://kidokilbo.com/news/view.php?wr_id=260&id=theology
『독일성서공회해설 관주해설성경전서』(개역개정판). 서울: 대한성서공회, 2015.

조용기, 찰스 피니, 칼 바르트의
로마서 강해, 설교, 주석에 나타난 성경해석
VS
정통 기독교

초판 1쇄 발행 2025년 7월 1일

지은이　윤광원
펴낸이　이기봉
편집　좋은땅 편집팀
펴낸곳　도서출판 좋은땅
주소　서울특별시 마포구 양화로12길 26 지월드빌딩 (서교동 395-7)
전화　02)374-8616~7
팩스　02)374-8614
이메일　gworldbook@naver.com
홈페이지　www.g-world.co.kr

ISBN　979-11-388-4431-4 (03230)